HISTOIRE

DE

FRANCE.

LES

GRANDES CHRONIQUES
DE FRANCE,

SELON QUE ELLES SONT CONSERVÉES

EN L'ÉGLISE DE SAINT-DENIS

EN FRANCE.

PUBLIÉES PAR M. PAULIN PARIS.

TOME PREMIER.

PARIS.

TECHENER, LIBRAIRE,

12, PLACE DU LOUVRE.

1836.

PARIS, IMPRIMERIE DE BÉTHUNE ET PLON,
RUE DE VAUGIRARD, 36.

LES GRANDES CHRONIQUES DE FRANCE,

SELON QUE ELLES SONT CONSERVÉES

EN L'ÉGLISE DE SAINT-DENIS

EN FRANCE.

I.

DISSERTATION

SUR LES CHRONIQUES DE SAINT-DENIS ET SUR LES PREMIÈRES SOURCES
DE L'HISTOIRE DE FRANCE JUSQU'A LA MORT DE DAGOBERT Iᵉʳ.

Les moines ont donné l'exemple des bibliothèques aux rois. Les manuscrits qui nous conservent aujourd'hui les plus anciens monumens de la littérature païenne ont été copiés pour des gens d'église; et de même qu'il nous a fallu troubler les Romains dans leurs tombeaux, pour retrouver la mosaïque de leur vie privée, nous avons dû, pour entrer en possession des premiers titres de notre histoire, interroger exclusivement ceux qui pourtant avoient rompu tous les liens qui les attachoient au monde. Supposez un instant que nul monastère n'ait été fondé avant le xiiiᵉ siècle, vous n'avez plus aucun moyen de pénétrer dans le secret des âges précédens. Il faudra vous contenter de ces récits populaires fort beaux sans doute, mais dans lesquels tout se confond, les années, les lieux, les héros et les peuples. Il faudra, pour la France, consulter exclusivement les chansons de Roland, de Guillaume au court-nez, de Garin le Loherain ou de Renaud de Montauban. Rien de plus trompeur que les traditions vulgaires; en moins d'un siècle elles peuvent confondre le beau Dunois, Marlborough, Charlemagne et l'invincible Cambronne. Voilà pourquoi les Celtes, qui confièrent leurs annales à la mémoire des hommes, n'ont plus d'annales, et pourquoi les premières générations de la Grèce, pour s'en être trop rapportées aux poètes, n'ont pas eu de véritable histoire.

La France a, comme la Grèce, ses *temps fabuleux et héroïques;* mais elle a de plus que cette reine de la civilisation, l'histoire contemporaine de ses héros d'épopée. Agamemnon existe par la seule grâce des poètes, tandis que Charlemagne est entouré de la double auréole dont Eginhard et la chanson de Roncevaux ont éclairé son front. Ainsi, près de nos récits poétiques, s'élève une autre série de récits plus austères; et tandis que le peuple applaudit ses jongleurs, les monastères recueillent des souvenirs que les générations suivantes viendront consulter de préférence.

Les moines ne se contentèrent pas de rassembler les débris du temps passé et d'ouvrir un asile à tous les monumens écrits de l'intelligence : ils furent plus d'une fois les émules de ceux dont ils gardoient les dépouilles. Comme les navigateurs se plaisent à raconter les dangers de leurs anciennes courses, ils se plurent, échappés eux-mêmes aux passions mondaines, à jeter sur la mer du monde un regard mélancolique qui pouvoit bien aussi n'être pas dépourvu de charme. Sans doute des habitudes contraires, des préventions exagérées dirigèrent alors le cours de leurs réflexions; sans doute ils retracèrent de préférence les faits analogues aux sentimens qui dirigeoient leur conscience ; mais la vie active n'en étoit pas moins l'objet de leur examen, et sous les fausses couleurs qu'ils employèrent, il nous est facile de reconnoître la forme des objets sur laquelle ils les répandirent.

Quand les temps épiques disparurent avec la barbarie, leur compagne fidèle, le peuple (c'est-à-dire les hommes du monde qui avoient le loisir de rechercher les plaisirs de l'esprit), cessa de jurer exclusivement sur la parole des jongleurs. De leur côté, quand les jongleurs s'aperçurent du déclin de leur puissance sur les imaginations, ils ajoutèrent à l'exagération de leurs premiers récits, ils entassèrent plus d'aventures incroyables, ils tendirent le dernier fil qui les retenoit encore à la vérité. Enfin, pour conjurer l'orage de l'opinion publique, ils essayèrent de rejoindre les légendes populaires aux chroniques dont les monastères passoient confusément pour être les discrets dépositaires. On étoit au XII° siècle : alors on les vit retenir encore l'attention, en attribuant la source de leurs récits aux confidences des clercs et des moines les plus savans et les plus graves. On aimoit à les en croire, car on avoit toujours besoin de mensonges ; et, si l'on étoit blasé sur les fables, on ne connoissoit pas encore l'art de les distinguer de la vérité. La vérité est fille de la réflexion.

Telle étoit la situation des esprits, fatigués des chansons populaires, et vaguement avertis de l'existence d'autres chroniques composées par des hommes graves, dans la langue des savans et des clercs ; quand Suger réunit sur sa tête les deux fonctions d'abbé de Saint-Denis et de ministre du roi de France. Nourri de la lecture de tous les monumens d'histoire ancienne et de littérature contemporaine, Suger écrivit lui-même, mais en latin, les annales de son temps et la relation des principaux actes de son administration. Il fit plus sans doute : avant lui le trésor littéraire de Saint-Denis ne l'emportoit pas en célébrité sur ceux de Saint-Remy de Reims, Saint-Benoît-sur-Loire, Saint-Victor ou Saint-Germain de Paris ; grâce à sa constante sollicitude pour la gloire de son ordre, la bibliothèque de Saint-Denis cessa de compter en France une seule rivale ; les dons lui arrivèrent de toutes parts, et l'on en vint bientôt à la regarder comme la sainte sauvegarde de l'honneur françois et des traditions nationales.

Toutefois, l'ancienne séparation formée entre l'histoire d'après les écrivains contemporains, et l'histoire d'après les croyances populaires, n'étoit pas encore levée; d'un côté, comme je viens de le dire, les jongleurs ou rapsodes ne manquoient pas de rassurer la foi de leurs auditeurs en attestant les voyages qu'ils avoient faits aux abbayes les plus respectées; de l'autre, peu de moines jetoient eux-mêmes les yeux sur les chroniques anthentiques conservées dans leurs maisons. Quel attrait pouvoit offrir les récits de Grégoire de Tours ou d'Eginhard, aux esprits qui donnoient encore toute leur confiance aux aventures de saint Patrice et de saint Joseph d'Arimathie, aux malheurs d'Ogier le Danois, aux courses de Beuves d'Hanstone et aux enchantemens de Maugis d'Aigremont?

La vérité dans les questions historiques ne devint que sous le règne de Philippe-Auguste un objet sérieux de recherches. Pour la première fois alors, on conçut l'idée de reproduire les chroniques latines conservées dans un grand nombre d'abbayes et surtout à *Saint-Denis en France*. Et je remarquerai ici qu'il ne faut pas croire, avec M. de Foncemagne (1), que le nom de *Chroniques de Saint-Denis* ait d'abord appartenu au monument françois que nous publions aujourd'hui. Les véritables chroniques dites *de Saint-Denis* étoient toutes sans exception des

---

(1) *Mémoires de l'Académie des Inscriptions.*

compositions rédigées en latin. C'étoit Grégoire de Tours, Fredegaire, Eginhard; c'étoit Aimoin, c'étoit le faux Turpin, etc.; et quand nous voyons dans nos poëmes historiques les jongleurs déclarer qu'ils ont eu recours à ces autorités respectables, il faut bien se garder de leur supposer l'idée d'une allusion à la collection françoise qui, depuis, porta le même nom; si cette collection eût alors existé, il eût été trop facile aux assistans de donner aux jongleurs un démenti formel et de rétablir le texte des historiens de Dagobert, Charles Martel ou Charles-le-Chauve. Mais ils citoient à témoin les livres de l'abbaye de Saint-Denis, tant que ces livres ne furent dans le monde à la portée de personne; et, bien plus, les épopées cessèrent de se perpétuer et même d'avoir cours, dès l'instant où parut la traduction de nos Chroniques. Ainsi, les anciens oracles s'étoient évanouis devant les prédications de l'Évangile.

Et maintenant, on ne sera pas surpris d'apprendre que parmi toutes ces chroniques conservées dans les abbayes, celle qui frappa d'abord l'attention et sembla digne d'être *translatée* en langue romane, fut précisément de toutes la moins authentique, la plus incroyable, la plus absurde. Cela devoit être. On demandoit la vérité, mais on ne la connoissoit pas et l'on ne devoit en accepter la forme que sous la condition d'un fonds mensonger.

Il arriva donc que plusieurs barons illustres, lassés de voir la réputation de Charlemagne à la merci des jongleurs, imaginèrent de chercher, dans les principales abbayes de France, si l'on n'y conservoit pas en latin une histoire véridique de ce grand empereur. On répondit que la relation de Turpin existoit; qu'elle étoit l'œuvre de Turpin lui-même, de cet archevêque qui, dans le récit des jongleurs, jouoit un si grand rôle; que cette relation, sans réfuter complètement les chansons populaires, donnoit cependant le secret des pieux motifs qui n'avoient cessé de diriger l'empereur Charlemagne dans toutes ses guerres. La chronique de Turpin fut aussitôt mise en françois et nul ne s'avisa d'en contester l'authenticité. Il nous est aujourd'hui bien aisé de le faire; comment, disons-nous, seroit-elle sincère, quand les historiens précédens n'en parlent pas, quand les contemporains de Charlemagne racontent les faits d'une manière toute différente et tout autrement vraisemblable? Mais personne alors, dans le monde, ne connoissoit ces historiens contemporains; on ne savoit qu'une chose, c'est que la chronique de Turpin étoit rédigée dans la langue latine, et cela suffisoit pour justifier la confiance des plus scrupuleux.

Cependant, depuis la fin du xiie siècle, les deux mots *savans* et *clercs*, avoient cessé d'être inséparables, et l'on ne faisoit plus exclusivement hommage à la religion de l'instruction que l'Université répandoit de tous côtés. La science, en débordant l'église, trouva sa place dans le monde; le droit, la médecine, la politique la réclamèrent, et l'on vit de toutes parts la langue vulgaire se dénouer dans les livres et dans les discours d'apparat. Alors les uns écrivirent en françois l'histoire de leur temps, les autres hasardèrent la traduction des anciennes chroniques monastiques. La plus ancienne tentative que je connoisse dans ce genre après la traduction de Turpin est l'ouvrage d'un écrivain de Senlis, nommé Nicolas, qui dans un dialecte semi-françois, semi-provençal, nous a laissé un abrégé bien obscur et néanmoins fort précieux de l'histoire de France, depuis les origines jusqu'au règne de Louis d'Outremer. Son travail réuni à l'inévitable traduction de Turpin est encore aujourd'hui conservé à la bibliothèque du roi, sous le numéro 10307. En voici le préambule :

« Co est li començamens de la gent daus Franx e
» de lor lignea. Daus fais deus reis. En Aisa e una
» citez qui es dita Ylion. Ici regna li reis Heneas.
» Cela gent furent most fort combateor en contra
» lur veisins. Donques li rei Gresca se tornarent
» contre lui et ot grant ost conbateren se encontre
» lui ot grant batallie et mori grans gens, etc. »

La rédaction françoise de cette chronique date, suivant toutes les apparences, des premières années du xiiie siècle ; mais l'original en étoit bien plus ancien si nous nous en rapportons à ce qu'on lit au bas du feuillet qui précède l'antépénultième. En désignant les endroits où, dans chaque localité importante du Languedoc, du Maine, de la Touraine et de l'Ile de France, on cachoit les trésors de l'église pour les soustraire à la rapacité sacrilége des Normands, le narrateur s'exprime ainsi :

« Tuit li trésor de France daus yglises furent porté » à madama sancta Mari à Paris, e furent seveli » apres l'auter nostra dama. Ceil qui fit icest livra » savet certanament qu'en l'iglise saint Estevre de » Paris estet la copa dau chep saint Denis et daus » cheveus nostra dama tres lauter. »

Mais après tout, l'époque de la rédaction latine importe ici foiblement. Il nous suffit d'avoir de bonnes raisons de présumer que la traduction françoise remonte aux premières années du xiiie siècle. L'écriture d'abord accuse cette date, et de plus la chronique de Turpin, que le même scribe Nicholas de Senlis a traduite ou copiée, est dédiée au comte de Saint-Pol et à sa femme la comtesse Yoland, sœur du comte Baudoin de Haynault. Or, Hugues de Camdavènes, comte de Saint-Pol et mari d'Yoland, avoit quitté la France pour la croisade en 1201 et étoit mort à Constantinople en 1205.

Après cet informe essai d'histoire générale de la France, dont *Nicholas* pourroit bien être, après tout, seulement le copiste et non l'auteur, Villehardoin composa son admirable relation du voyage de Constantinople, Guillaume de Tyr écrivit l'histoire de la guerre sainte et vit sans doute une partie de la belle traduction françoise qu'on en fit immédiatement. Mais avant un nouvel essai d'histoire générale il faut attendre un demi-siècle. C'est le ménestrel anonyme de l'un des frères de Saint-Louis, Alphonse, comte de Poitiers, qui d'abord entre dans la lice, et je ne sais même si l'on ne doit pas le considérer comme le premier rédacteur de ce qu'on a depuis appelé les *Chroniques de Saint-Denis*. Il est, du moins, certain que son début est le modèle que suivirent plus tard les autres traducteurs. Il semble même qu'ils se soient contentés d'étendre le réseau qu'avoit d'abord tressé le vieux ménestrel; supprimant les passages dont leurs intercallations ne pouvoient plus s'accommoder, mais respectant toutes les anciennes réflexions et même assez volontiers les contre-sens de la traduction primitive. La Bibliothèque royale a le bonheur de posséder deux leçons de ce précieux travail, le plus ancien est inscrit sous le N° 10298, et l'arbre chronologique des rois de France qui remplit les premiers feuillets et s'arrête à la mention suivante :

    Loeys (IX°) qui
    Ore est, et sera
    Roi tant con.
    Dieu plera.

Cet arbre, dis-je, ne peut laisser de doute sur l'époque de la transcription; comme celle de la rédaction est éclairci par ce début de la chronique :

« A son très chier seigneur le très bon crestien la très vaillant personne, conte de Poitiers et de Tholouse; cil qui est ses serjans, ses menestereux et ses obeissanz, qui a ceste œuvre translatée de latin en françois encore soit-il poi digne de lui saluer, salus en Jhésucrit :

« Sire, ce sachiez vos et tres tuit qui cest escrit verront que cil qui le latin compila, lequel latin j'ai en françois translaté, parla en tel manière :

« Por ce que je véoie et ooie moult de gens douter
» et presque toutes gens des gestes des rois de France,
» dont li uns en disoit avant et il autres arrières, li
» uns en gaboit et li autres non, li uns en disoit bien
» et li autres mal; je regardai tot ce, et me porpen-
» sai en tant que je me fis dignes, por ce que ce me
» sembloit profis de secorre à leur opinions. Si
» commençai à garder et à lire ès hautes croniques
» qui parloient des gestes des rois de France, qui
» estoient esparses cà et là par divers volumes et
» estoient ausi come perdues. Quar nus n'en parloit
» ni ne s'en voloit entremettre, ains estoient leurs fais
» ainsi come estains; et je alai çà et là par divers lieus
» où je savoie que li sage home en avoient escrit. Si
» en cueilli ci et çà ainsi comme l'on met fleurs de di-
» vers prés en un mont. Si en ai traitié briement et

» muées aucunes paroles. Mais je n'i ai rien du
» miens ajousté. Je en treterai au plus briement que
» je porrai, quar longue parole et confuse plait petit
» à ceus qui l'escoutent, mais la brief et apertement
» dite plait aus entendans. Et por l'amor des bones
» gens avoir et por apesier les langues des mesdi-
» sanz veil-je tretier de ceste œvre ce que j'en ai en-
» tendu des vrais acteurs. Ce meismes me greva une
» fois trop durement que je oï dire à un François
» meismes que li roi de France n'avoient oncques
» fait nule vaillandise, quar il dist que s'il eussent
» fait nul bien on en trovast à Paris aucun moz es-
» criz. Ceste parole et autres vilaines que j'en oï dire,
» me contraignent à faire ceste œvre por faire con-
» noître as vaillans gens la geste des rois de France...
» Et bien sache cil qui cest livre lira qu'il n'y a rien
» du mien, ains est tout des anciens et de par eus di-je
» ce que je parole, et ma vois est leur mesme lan-
» gue. Mais je ne m'i vœil pas nommer por ce que
» aucun ne s'en gabast... Et por ce que l'en ne me
» tiegne à mençongier de ce que je dirai, ce que je
» dirai est estrais des gestes d'ices sains : Saint-Remi,
» saint Lou, saint Vindecel et de la vie saint Lam-
» bert qui ensi commence *gloriosus vir*, etc., et es
» croniques Hues de Florence et es Robert d'Au-
» cuerre, et el livre Isidore qui est nommé Ethy-
» mologie, et es croniques saint Pere le vif de Sens,
» et en l'istoire des Lombards et el livre Guetin qui

» dit que il norri Carllemaigne, et en une estoire
» que l'en appelle Thupin. Et en un livre qui parole
» des gestes des rois de France qui est à Saint-Ger-
» main-des-Prés. Et el livre Nithart qui parole de la
» discorde des fil Loeys le Py, et es croniques de
» Charité, et en l'estoire de Jérusalem, et en un li-
» vre qui parole des œuvres Loeys le Pi, et de son
» fils Philippe qui à ce tems régnoit ; je proi aussi à
» celi qui voudra lire cest livres qu'il ne me tiegne à
» presumpcieus de ce que j'ai ceste œuvre entreprise..
» Je li proi que il regart et lise es pages qui sont au-
» tentiques que j'en trai à tesmoignage, pour ce que
» il sache pluscertainement que je ne sui mie faisierres
» ne trovierres de cest livre, ains en sui compilierres
» et ne sui fors que racontierres des paroles que li
» ancien et li sage en ont dit.... »

Ce passage consigné dans le monument historique le plus ancien pourrait nous aider à redresser quelques erreurs dans lesquelles Foncemagne est tombé. Contentons-nous d'en tirer la preuve évidente que l'abbaye de Saint-Denis n'avoit pas seule fourni les diverses parties de la compilation originale ; bien plus, il n'est pas une seule fois parlé des chroniques de Saint-Denis dans la traduction du ménestrel.

Le ménestrel avoit-il traduit la compilation latine en tout ou seulement en partie, c'est ce qu'il est impossible de déterminer, attendu la perte de cette dernière. Son travail, poursuivi jusqu'au couronnement de saint Louis, pourroit comprendre la matière contenue dans notre premier volume. Je ne doute pas que la publication d'un travail aussi curieux pour des hommes qui déjà prenoient goût à l'histoire nationale, n'ait produit une véritable révolution dans les idées; sans doute les chapelains attachés à la personne des hauts barons et les moines les plus studieux des abbayes déjà riches en collections historiques s'empressèrent non-seulement de faire transcrire la compilation latine, mais en outre d'y ajouter d'autres fragmens et d'autres chroniques. Voilà comment, un demi siècle après le ménestrel du comte de Poitiers et quand se répandirent de nouvelles copies de la première traduction, elles se présentèrent deux fois plus étendues que les copies faites sous le règne de saint Louis. Car le travail de l'écrivain vulgaire avoit suivi la progression de la compilation latine.

C'est dans les premières années du règne de Philippe-le-Bel que parut ce deuxième texte des Chroniques de France. On pourroit tout simplement l'appeler une nouvelle édition revue et considérablement augmentée. Cependant, on a pris soin d'y supprimer, dans le préambule, les obligations que l'on avoit au ménestrel du comte de Poitiers; mais le prologue dont j'ai cité des fragmens est conservé dans son intégrité, et l'on n'y trouve pas encore la mention spéciale du trésor de Saint-Denis.

Comme on le voit, depuis la chronique en dialecte semi-provençal, jusqu'à celle que je viens de citer, les études historiques avoient fait dans notre patrie de grands progrès. Un mouvement plus important devoit bientôt leur être imprimé : les moines de Saint-Denis ouvrirent aux traducteurs leurs riches archives. Eux-mêmes traduisirent les ouvrages qu'ils avoient précédemment rédigés en latin; et bientôt parut une troisième édition des *Chroniques*, comprenant les fastes de notre histoire depuis les origines les plus reculées jusqu'au règne de *Philippe-le-Bel*. Ce dernier monument est le seul qui ait pris dans l'origine et qui ait dû prendre le titre de *Chroniques de France, selon qu'elles sont conservées à Saint-Denis*. Dans le prologue, les emprunts nombreux faits au ménestrel d'Alphonse et au premier rédacteur de Philippe-le-Bel sont évidents; mais on y supprime la mention des volumes que d'autres monastères avoient d'abord fournis, et l'on y modifie les réflexions qui par l'effet du progrès des études historiques avoient cessé d'être exactes.

La quatrième édition des Chroniques de France fut donnée sous le règne du sage roi Charles V. Elle ajoute à la narration précédente celle des événemens écoulés depuis; elle nous offre le texte qui seul est demeuré pour ainsi dire *sacramentel*. C'est alors que les copies s'en multiplièrent et que tous les collecteurs de livres se firent un devoir d'en demander. Le roi lui même en faisoit un cas particulier ; ses scribes les plus habiles en exécutèrent un grand nombre d'exemplaires que ses enlumineurs furent chargés d'orner de toutes les ressources de leur talent. La Bibliothèque royale possède aujourd'hui un admirable manuscrit de ce temps-là, et je l'ai fréquemment consulté avec grand profit : c'étoit le livre de prédilection de Charles-le-Sage ; telle étoit d'ailleurs la vénération généralement portée aux *grandes Chroniques de France*, qu'on ne manquoit pas de les donner à considérer aux rois et aux étrangers de distinction qui venoient alors visiter la capitale de la France (1).

Les chroniques de Saint-Denis sont en effet le plus beau, le plus glorieux monument historique qui peut-être ait jamais été élevé dans aucune langue et chez aucun peuple, à l'exception du livre par excellence LA SAINTE BIBLE. Les rois de la terre ont souvent encouragé les historiens, souvent ils ont permis à des écrivains courageux de ne pas trahir la

---

(1) Le duc de Berry, frère de Charles V, faisoit le même cas des grandes chroniques de France. Dans un inventaire de ses meubles, dont je dois la communication à l'obligeance de M. le comte Auguste de Bastard, on trouve cette note placée à la suite de la description de l'une de ces chroniques de Saint-Denis : « Lequel livre mondit seigneur de Berry fit prendre en l'église de Saint-Denis pour montrer à l'empereur Sigismond, et aussi pour le faire copier. »

vérité dans le récit des événemens de leur règne ; mais accepter la sentence ordinairement très sévère que les anciens annalistes avoient portée sur chacun de leurs prédécesseurs ; tolérer l'existence permanente d'un tribunal qui les menaçoit de la même sévérité ; surtout ne pas essayer d'infirmer les arrêts en érigeant juges contre juges, apologies contre censures ; voilà ce qu'ont fait nos rois de France. La grande Chronique de Saint-Denis fut pendant près de trois siècles, pour eux et avec leur adhésion, ce qu'étoit pour le cadavre des rois égyptiens le jugement des prêtres, jugement souvent terrible et toujours sans appel.

Depuis les premiers mots jusqu'à l'*explicit*, les Chroniques de Saint-Denis sont un livre de bonne foi. La première partie nous offre beaucoup de récits fabuleux, bien des appréciations que notre raison a droit de combattre ; mais l'un des charmes qui s'attachent à la lecture de ce beau monument vient, sans contredit, de la grande variété des jugemens, parce qu'elle est proportionnée à la grande variété des témoins et des juges. Nous sourions de voir cette pénible généalogie qui rattache nos barbares ancêtres aux rejetons du vieux Priam, nous nous étonnons de la pieuse simplicité qui faisoit admettre, avec la foi la plus robuste, des légendes fabuleuses et incroyables ; mais si notre Chronique nationale mettoit dans le récit des premiers siècles monarchiques l'esprit de critique et de discrétion qui caractérise la science moderne, où retrouverions-nous le caractère, les croyances, les préjugés et les mœurs du temps passé? L'histoire contemporaine doit être le miroir fidèle des opinions contemporaines. Et puis, ces légendes pieuses que vous regrettez de voir mêlées aux événemens les plus authentiques ont elles-mêmes eu le résultat des événemens incontestables. La tête de saint Denis, portée comme on le sait, est devenue l'origine de la glorieuse maison dépositaire de l'oriflamme; la chappe de saint Martin a conduit à la victoire plus d'un roi de France; et si l'on n'avoit pas ajouté foi aux miracles de saint Cloud, de sainte Geneviève et de saint Sulpice, le château royal de Saint-Cloud, dix fois reconstruit, n'auroit jamais été construit; saint Sulpice et sainte Geneviève n'auroient jamais excité l'admiration ni la piété de personne au monde. On peut en dire autant des autres légendes; dans nos chroniques, il n'est pas une seule vie de bienheureux qui ne réponde à une fondation de ville, ou d'église ou de monastère.

C'est donc à mon avis l'un des torts principaux des modernes historiographes d'avoir dédaigné les légendes dont les anciens annalistes sont parsemés. Ceux qui veulent connoître l'antiquité consacrent une partie de leur attention aux traditions répandues sur les personnages d'Hercule, de Thésée, de Castor et Pollux ; les abstracteurs d'histoire de France ont été plus délicats, c'est-à-dire plus malheureux. Dans les siècles d'enthousiasme et de crédulité, ils n'ont pardonné qu'aux événemens incontestables ; ils ont négligé tout ce qui leur sembloit romanesque, et souvent même ils ont retranché fort mal à propos, tout ce qui faisoit le fonds de la vieille opinion publique. En voulant tout épurer, ils ont tout desséché. Il faut donc aujourd'hui revenir à notre Hérodote, à notre Plutarque, à notre Tite-Live, c'est-à-dire aux *grandes Chroniques de France selon ce qu'elles (étoient) conservées en l'église de Saint-Denis en France.*

Avant de passer au dernier point de cette dissertation, je me hâte de dire que nos Chroniques, bien qu'elles n'aient réellement plus rien de commun avec l'abbaye de Saint-Denis à compter de l'année 1340, et qu'elles présentent des ouvrages non plus traduits du latin, mais rédigés pour la première fois en françois par des écrivains séculiers, conservent pourtant leur nom glorieux dans les diverses continuations qui leur font atteindre le règne de Louis XI. C'est à la vie de ce méchant prince que les *grandes Chroniques de France* s'arrêtent, comme si l'on eût alors vu dans la politique du fils de Charles VII trop d'ambiguité, et dans son gouvernement trop de crimes pour oser tracer de son règne une chronique authentique et cependant nationale. Il n'y eut donc pour Louis XI que des mémoires particuliers et cette relation fameuse que, pour la distinguer de la bonne vieille bible de Saint-Denis, on appela *Chronique scandaleuse*.

Je vais maintenant parler des sources historiques de notre histoire, réunies dans la première compilation latine de Saint-Denis, puis traduites en françois d'après cette compilation. Je ne m'occuperai pour le moment que des écrivains antérieurs à l'année 638, époque de la mort de Dagobert Ier. C'est en effet au règne de son fils Clovis II que s'arrête notre premier volume.

Pour tout ce qui précède le règne de Dagobert Ier, la compilation latine, source de l'ouvrage françois, avoit elle-même suivi le travail d'Aimoin, moine de Fleury-sur-Loire. Dans cette première partie, il n'y a guère que la belle fin du prologue qui semble bien lui appartenir.

Vers la fin du xe siècle, Aimoin avoit composé les quatre livres des *Gesta Regum Francorum*, à la prière d'Abbon, son abbé. Il s'étoit proposé de poursuivre son récit jusqu'au règne de Pepin; mais des huit derniers rois de la première race dont il devoit nous raconter l'histoire dans le dernier livre, il ne nous en reste que trois, Clotaire II, Dagobert Ier et Clovis II. Nous sommes donc obligés de supposer qu'Aimoin ne termina pas son ouvrage, ou que la dernière partie en est aujourd'hui perdue.

Le moine de Fleury n'est pas un historien, c'est un arrangeur de textes historiques. Il a conféré tous les témoignages qu'il a pu réunir; il nous en a présenté une sorte de concordance, et on ne peut mettre en doute son impartialité. Incapable de ces réticences qui déshonorent les compilations historiques moins anciennes, il copie avec intelligence, souvent même avec sagacité, ce qui se rapporte le plus directement à son but dans Grégoire de Tours, dans Fredegaire, dans l'auteur des *Gesta Regum*, enfin dans l'histoire des Lombards de Paul Diacre. Souvent il change l'ordre des récits, souvent aussi il a soin d'ajouter aux anciens témoignages quelques développemens discrets, dans le but d'éclaircir la narration. Nous lui devons aussi la conservation de plusieurs traditions fabuleuses qui, sans doute, appartenoient aux chants épiques de son temps; d'un autre côté il arrive fréquemment au traducteur des *Chroniques de Saint-Denis* d'intercaler dans le récit d'Aimoin des Légendes pieuses empruntées au culte des églises. Mais à cette exception près, je le répète, le travail d'Aimoin sert de base à celui des *Chroniques de Saint-Denis*, jusqu'au règne de Dagobert Ier.

Aimoin a d'abord pris dans les Commentaires de Jules César et dans Orose ce qu'il nous a dit de l'ancien état des Gaules et de leur division topographique. Puis, suivant religieusement l'esprit de l'histoire ecclésiastique de Grégoire de Tours, il a su le plus souvent abréger son modèle sans trop le défigurer. Sans doute, rien n'est à négliger aujourd'hui pour nous dans le père de l'histoire de France, mais il falloit une intelligence assez ferme, pour distinguer aussi bien que notre Aimoin les faits d'une importance générale des récits qui regardoient les intérêts particuliers d'une ville, ou l'honneur isolé d'un pieux personnage. On verra que nous l'avons plusieurs fois convaincu d'avoir mal rendu Grégoire de Tours et Fredegaire; mais il faut convenir que les érudits modernes lui ont fait souvent des chicanes emportées, pour avoir entendu le texte qu'il avoit sous les yeux, comme au premier aspect chacun est tenté de le comprendre. C'est là surtout le tort de l'abbé Dubos. Dans son *histoire de l'établissement de la monarchie françoise*, qui sans doute est fort belle, il est arrivé trop souvent peut-être à l'académicien de préférer l'opinion la plus ingénieuse à l'interprétation la plus vraisemblable.

J'ai dit que la première partie du texte d'Aimoin étoit fondée sur l'histoire ecclésiastique de Grégoire de Tours, sur Fredegaire, sur les *Gestes* des rois de France et sur l'histoire des Lombards de Paul Diacre. Grégoire de Tours avoit écrit dans les dernières années du sixième siècle. Ce fut un évêque rempli de

zèle, un citoyen fort prudent, un écrivain très-passionné. « Si l'on regarde son ouvrage, » dit très-bien l'abbé Dubos, « comme le flambeau de
» notre histoire, ce n'est point parce qu'il met en
» un grand jour l'origine et les premiers accrois-
» semens de la monarchie françoise, c'est parce
» que nous n'avons pas une lumière qui répande
» plus de clarté, c'est parce que à la lueur de
» ce flambeau, toute pâle qu'elle est, nous décou-
» vrons bien des choses que nous ne verrions pas si
» nous n'en étions pas éclairés. »

La justification de Grégoire de Tours est pourtant en grande partie dans le titre qu'il avoit adopté d'*Histoire ecclésiastique des Francs*. Son but n'étoit pas de rechercher le fil des intrigues et des révolutions du monde, il vouloit signaler les miracles que le Dieu des chrétiens faisoit alors en France par l'intermédiaire de ses dévoués serviteurs. Mais ne peut-on soupçonner la bonne foi de l'évêque de Tours quand on le voit raconter avec insouciance les épouvantables forfaits de Clovis Ier, dont il ose même vanter, dans un endroit célèbre, la rectitude de cœur et la haute piété! Ne peut-on soupçonner sa vertu d'avoir su garder un parfait déguisement à la cour de ce Chilperic, digne petit-fils de Clovis, qu'il n'épargne pas dans son histoire, mais auquel il avoit eu cependant l'art de plaire, d'après ses propres aveux. Dans les synodes, dans les conseils de la couronne, le pieux historien ne cesse pas de jouer le plus beau, le plus noble rôle : à lui les discours éloquens, les imprécations généreuses, les remontrances téméraires ; mais je ne puis avoir, dans toutes ces révélations *autographes*, la confiance que me commanderoit plus parfaitement l'opinion d'un témoin désintéressé.

Grégoire parle avec complaisance des visions dont la providence l'a favorisé, des prédictions qu'il a faites, quelquefois aussi des guérisons qu'il a opérées : tout cela prouveroit la vertu et les mérites de saint Grégoire, tout cela ne prouve pas son irrécusable bonne foi. Ajoutez qu'il sait rarement gouverner les mouvemens de sa colère ; l'arme de l'invective lui est familière, il a quelque chose du génie des Francs quand il s'agit de couvrir d'opprobre ou de ridicule un ennemi terrassé. Qu'ajouterois-je enfin? Saint Grégoire fut un grand évêque, mais il n'avoit pas les vertus d'un autre âge, et le plus grand éloge qu'on puisse faire de lui, c'est de dire qu'il représente fort bien l'esprit du siècle dont il nous a fait connoître tant de choses.

De *Grégoire de Tours*, notre histoire passe entre les mains d'un écrivain sans nom que Scaliger a le premier, on ignore aujourd'hui sur quelle autorité, désigné sous celui de *Fredegaire*. L'évêque de Tours s'étoit arrêté à l'année 594, Fredegaire reprend les événemens un peu plus haut, c'est-à-dire à l'année

592, et les poursuit pendant un demi-siècle. Il vécut, suivant toutes les apparences, dans les temps mêmes que son travail nous a fait connoître. Il s'attache beaucoup moins que Grégoire de Tours aux questions ecclésiastiques, mais comme il vivoit loin de Paris, dans les états des rois de Bourgogne, il néglige presque complètement les faits qui se rattachent à Clotaire II, roi de l'Ile de France. Ajoutons qu'il pousse plus loin que Grégoire de Tours la partialité et le défaut de sagacité. Sa haine aveugle pour la malheureuse Brunehaut suffiroit à mon avis pour diffamer une réputation d'historien plus honorable que la sienne.

Telles sont les deux grandes sources auxquelles Aimoin avoit puisé, pour l'histoire des premiers rois Mérovingiens : j'ajouterai qu'il a fait tout ce qu'il a pu pour dissimuler les énormes lacunes qu'elles présentoient. L'auteur des *Gesta Regum Francorum*, qui écrivoit au huitième siècle, a été mis par lui fréquemment à contribution, et Paul Diacre, le savant historien des Lombards, est revenu figurer dans le cadre de notre compilateur. Mais l'impartialité dont Aimoin ne vouloit pas se départir lui a fait une loi de respecter les sentimens des autorités qu'il consultoit, même quand l'aiguillon des passions contraires les avoit fait marcher dans un sens entièrement opposé. Ainsi Grégoire de Tours ne dissimule pas la scélératesse de Fredegonde qu'il ne vit pas mourir ; il rend témoignage aux grandes qualités de Brunehaut dont la mort n'épouvanta pas ses yeux ; après lui, Fredegaire n'a pour la femme de Chilperic aucune parole sévère ; il réserve ses imprécations et ses calomnies à la reine Brunehaut. Aimoin, dans une histoire suivie, s'est rendu l'écho de Grégoire de Tours et de Fredegaire, et voilà comment la mémoire de la reine d'Austrasie a été si souvent outragée et glorifiée. De même Paul Diacre avoit pour but d'élever un monument glorieux à la nation lombarde. Aimoin a trop explicitement relevé, d'après lui, les mêmes grandes actions et raconté les victoires que l'historien lombard met souvent et gratuitement sur le compte de ses compatriotes. Ce n'est plus ainsi que nous écririons aujourd'hui l'histoire, mais c'est sur des résumés semblables à celui d'Aimoin que nous serions encore fort heureux de travailler.

Il me reste à dire quelques mots de l'historien particulier du roi Dagobert. Aimoin en a conservé très-peu de chose, nos chroniques ont heureusement suppléé à son silence. C'est, à mon avis, un retour aux épopées vulgaires ; c'est la traduction latine faite au x° siècle et par un moine de Saint-Denis, d'une véritable *chanson de gestes* dont ce prince étoit le héros. Tout y porte le caractère des traditions populaires ; le maître auquel le jeune prince fait couper la barbe, le combat singulier de

Clotaire II et du duc Bertoalde, les vengeances éclatantes que se plaît à exercer le *bon roi Dagobert*, plusieurs autres circonstances encore font de ces *gestes* la première partie, et bien plus, le modèle de la fausse chronique de Turpin. Dagobert s'y trouve représenté sous les traits dont Charlemagne fut affublé plus tard. Il n'y a pas jusqu'aux douze pairs de France et jusqu'à la défaite de Roncevaux dont on ne pourroit facilement reconnoître les premières données dans un passage du chroniqueur mérovingien. On a donc eu tort jusqu'à présent de ne faire aucune attention à ce curieux monument, et l'on me pardonnera de le signaler, en finissant, à l'attention des lecteurs de nos Chroniques de Saint-Denis.

Paulin Paris.

2 avril 1836.

LES GRANDES CHRONIQUES DE FRANCE,

SELON QUE ELLES SONT COMPOSÉES

EN L'ÉGLISE DE SAINT-DENIS

EN FRANCE. ET CI

COMMENCE LE

PROLOGUE.

Celui qui ceste euvre commence, à tous ceus qui cette histoire liront salut en nostre Seigneur! Pour ce que plusieurs gens doutoient de la généalogie des roys de France, de quel original et de quelle lignée ils sont descendus, emprist-il ceste euvre à faire, par le commandement de tel homme que il ne put ni ne dut refuser. Mais pour ce que sa lettréure et la simplesce de son engin ne souffist pas à traitier de euvre de si haute histoire, il prie au commencement à tous ceus qui ce livre liront, que ce que ils y trouveront à blasmer, ils le souffrent patiamment sans vilaine reprehension. Car si comme il a dit devant, les défauts de lettréure et de loquence qui en lui sont et la simplesce de son engin le doivent escuser par raison.

Tous sachiez que il traitera au plus briefment qu'il pourra : car longue parole et confuse plait petit à ceus qui l'escoutent; mais la parole brieve et apertement dite plait aus entendans. Et sera ceste histoire descrite selon la lettre et l'ordonnance des Croniques de l'abbaye de Saint-Denis en France, où les histoires et les faits de tous les roys sont escrits : car là doit-on prendre et puisier l'original de l'histoire (1). Et s'il peut trouver ès croniques d'autres églyses chose qui vaille à la besoigne, il y pourra bien ajouster, selon la pure vérité de la lettre, sans riens oster si ce n'est chose qui face confusion, et sans riens ajouster d'autre matière, si ce ne sont aucunes incidences. Et pour que on ne le tiegne à mençongier de ce que il dira, il prie à tous ceus qui ceste histoire liront que ils regardent aus Croniques de saint Denis; là pourra-on esprouver par la lettre s'il dist voir ou mençonge. Et peut bien chascun savoir que ceste œuvre est pourfitable pour faire cognoistre aus vaillans gens la geste des roys, et pour monstrer à tous dont vient la hautesce du monde. Ce est exemple de bonne vie mener, et mesmement aus roys et aus princes qui ont terres à gouverner: car un vaillant maistre (2) dit que ceste histoire est *mirouer de vie*. Ici pourra chascun trouver bien et mal, bel et laid, sens et folie, et faire son preu de tout par les exemples de l'histoire; et de toutes les choses que on lira en ce livre, si elles ne pourfitent toutes, toutesfois la plus grant partie en peut aidier. Bien sachent que il n'i a riens du sien ajousté, ains est tout des anciens aucteurs qui traitièrent et compilèrent les histoires selon les fais des roys; et de par eus dit-il ce qu'il parole, et sa vois est leur meisme langue. Pour ce, prie à tous ceus qui ce livre liront, que ils ne le tiegnent à presumptueus de ce que il a ceste œuvre emprise, s'il est, pour ce, de petite affaire. Et pour ce que trois générations ont esté des roys de France, puis que il commencièrent à estre, sera ceste histoire devisée en trois livres principaux. Au premier parlera

---

(1) **Comme** on le voit d'après cette phrase, les livres que les anciens auteurs appellent les *Chroniques de Saint-Denis* étoient les textes originaux, et non pas les traductions que nous publions et qui seules ont conservé ce nom.

(2) Vincent de Beauvais.

de la généalogie Mérovée; au second de la génération Pépin et au tiers de la génération Hue Chapet. Et sera chascun livre sous-devisé en divers livres, selon les vies et les fais des divers roys. Ordonés seront par chapitres, pour plus plainement entendre la matière et sans confusion. Le commencement de ceste histoire sera pris à la haute lignée des Troiens, dont elle est descendue par longue succession.

(1) CERTAINE chose est donques que les roys de France, par les quels le royaume est glorieus et renommé, descendirent de la noble lignée de Troie (2). Glorieux furent en victoire, nobles en renommée, en la foy crestienne fervens et dévots : et bien que celle nacion soit forte et fière et cruele contre ses ennemis, selon que le nom le ségnifie, si est-elle miséricors et débonnaire vers ses subgets et vers ceus que elle soumet par bataille. Car ils ne se combatoient pas anciennement tant pour accroistre leur royaume et leur seigneurie, comme ils faisoient pour aquerre la gloire de victoire. Et ne fut-elle pas sans raison dame nommée (3) sur autres nascions; car elle ne souffrit pas longuement la servitude de ydolatrie ni de mescréandise, puis que elle oy la sainte prédication de vérité; tost obéit à son créateur, quant elle oy ses messages; à Dieu offrit et sacrefia les premices et le commencement de son règne; en si grant amour et en si grant dévocion reçut la foy crestienne, que puis cele heure que elle obéit à son créateur, elle desiroit plus le mouteplie-

---

(1) *Aimoini proemium.*

(2) Il n'est guères de peuples modernes qui n'aient long-temps fait remonter aux Troyens leur origine. On n'ajoute plus foi à ces généalogies, mais il ne faut pas les trouver plus ridicules dans Sigebert que dans Tite Live. Les Romains n'étoient pas moins crédules que nos vieux historiens, et c'est à leur crédulité que nous devons l'*Enéïde*.

(3) La plupart des leçons manuscrits portent : *Dame et Renommée*. Mais le texte d'Aimoin indique ici le sens que je restitue à la traduction : « *Quæ non immeritò domina evasit multarum nationum.....* »

ment de la foi, que elle ne faisoit l'accroissement de la seignourie terrienne (1). Et lui a nostre sire donné, par sa grâce, une prerogative et un avantage sur toutes autres terres et sur toutes autres nascions. Car onques puis que elle fu convertie et elle commença à servir à son créateur, ne fut heure que la foi n'y fust plus fervemment et plus droitement tenue que en nule autre terre : par elle est moutepliée, par elle est soustenue, par elle est-elle deffendue. Si nule autre nascion fait à sainte Eglyse force ni grief, en France en vient faire sa complainte, en France vient à refuge et à secours ; de France vient l'espée et le glaive par quoi elle est vengiée, et France, comme loiale fille, secourt sa mère à tous besoins ; elle a tousjours la selle mise, pour lui aidier et secourre. Si la foi donques y est plus fervemment et plus droitement tenue, ce n'est mie sans raisons. La première est que mon seigneur saint Denis le glorieus martyr et apostre de France, par lequel ministère elle fu premièrement convertie, la soustient et garantist comme sa propre partie qui, pour introduire la foi, lui fut livrée. La seconde raison si peut estre tele, que la fontaine de clergie, par qui sainte Eglyse est soustenue et enluminée, fleurist à Paris. Et, comme aucuns veullent dire, clergie et chevalerie sont tousjours si d'un acort, que l'une ne peut sans l'autre : tousjours se sont ensemble tenues et encore, Dieu merci, ne se départent-elles mie. En trois régions ont habité en divers tems : en Grèce régnèrent premièrement ; car en la cité d'Athènes fu jadis le puis de philosophie, et en Grèce la fleur de chevalerie. De Grèce vinrent puis à Rome : de Rome sont en France venues. Dieu par sa grâce veuille que longuement i soient maintenues, à la loenge et à la gloire de son nom, qui vit et règne par tous les siècles des siècles. *Amen!*

(1) Le reste du prologue n'est pas dans Aimoin. C'est probablement une addition de notre traducteur.

LIVRE PREMIER.

I.

Comment François descendirent des Troiens.

Quatre cens et quatre ans avant que Rome fut fondée, régnoit Priant en Troie la grant. Il envoia Paris, l'aisné de ses fils, en Grèce, pour ravir la royne Hélène, la femme au roy Ménalaus, pour soi vengier de une honte que les Grecs lui eurent jà faite. Les Grecs qui moult furent corrouciés de ceste chose s'esmurent et vindrent asségier Troie.

A ce siège qui dis ans dura, furent occis tous les fils au roy Priant, lui et la royne Ecuba sa femme. La cité fu arse et destruite, le peuple et les barons occis. Mais aucuns eschapèrent de cele pestilence et plusieurs des princes de la cité, qui s'espandirent en diverses parties du monde pour querre nouvelles habitacions ; comme Hélénus, Énéas et Anthénor, et maint autre. Cil Hélénus fu l'un des fils au roy Priant, et si estoit poëte et bons clerc. Il enmena avec lui mil deus cens des exiliés de Troie : en Grèce s'en ala au règne Pandrase : de lui sortit grant lignée. Enéas, qui refut un des grans princes de Troie, se mist en mer avec quatre mil et quatre cens Troiens ; en Cartage arriva après grans périls et grans tourmens que il eut en mer souffers. Avec Dido, la royne de la cité, demoura une pièce de temps, puis s'en partit et arriva en Ytalie qui, par sort, lui estoit destinée selon les fables Ovidiennes. La terre conquist et régna, puis, trois ans. Après sa mort, Ascanius son fils espousa Lavine, la fille au roy Latin : un fils eut de celle dame qui fu appelé Silvius. Quant il fu grans et parcréus, il hanta tant ès chambres de sa mère que il engroissa une siene nièce, si engendra en elle

Brut. Ce Brutus enmena puis la lignée de Lern (1) dont nous avons dessus touchié, en l'ile d'Albion qui ore est apelée Angleterre, et Corinée qui estoit descendu de la lignée de Anthénor. Quant ils eurent cette ile prise, qui au temps de lors estoit habitée de jaians (2), Corinée ot à sa part une contrée de la terre qui encore est apelée Cornouaille, par la raison de son nom. L'autre partie de la terre que Brutus retint à soy, refut de son nom apelée Bretaigne. Lors fonda une cité tout à la semblance de Troie la grant, et l'apella Trinovaque (3), c'est-à-dire Troie nouvelle. De celui Brut descendirent tous les roys qui puis furent en la terre, jusques au temps que Anglois, qui vinrent de une des contrées de Saissoingne (4) qui estoit apellée Angle, pristrent la terre, des quels elle est apelée Angleterre.

Turcus et Francio qui estoient cousins germains, (car Francio estoit fils de Hector et celui Turcus fils Troylus, qui estoient frères et fils au roy Priant) se départirent

(1) *Lern.* Tous les manuscrits et tous les imprimés portent ce nom ou celui de *Lévi*; c'est donc une faute du traducteur plutôt que du copiste. Il faut lire *Helenus*. Brut en effet, chassé d'Italie, vint en Grèce, où s'étoit établi *Helenus*. On lit dans le roman de *Brut* que va publier M. Leroux de Lincy :

  Cil (Brutus) passa mer, en Gresce ala
  De cels de Troie iloc trova
  Tote la lignie *Heleni*....
       (Tom. 1, vers 1049.)

(2) Voy. le roman de *Brut*, terminé en 1165, et qui le plus souvent traduit Geoffroi de Montmouth. (Tom. 1er, v. 1063.)

(3) *Trinovaque*, c'est encore un mot mal lu par le traducteur. Il falloit écrire *Trinovant* (Troja-Nova), qui, suivant les historiens bretons, fut le second nom de Londres.

  Por ses encestres remembrer
  La fist *Troie-nueve* apeler.
  Puis ala li noms corrompant,
  Si l'apela-on *Trinovant*...
  Et nous or *Londres* l'apellons.
       (BRUT, t. 1, v. 1259.)

(4) *Saissoingne.* Saxe. (Saxonia.)

de leur contrée et alèrent habiter de lez une terre qui est apelée Trace. Là demourèrent sur un fleuve qui a nom la Dinoe (1). Quant ensemble eurent habité un grant temps, Turcus se départit de Francio son cousin, lui et une partie du peuple que il enmena avec soi : en une contrée s'en ala qui est nommée Stice (2) la petite. En celle terre habita si longuement lui et sa gent, que ils créèrent de eus quatre manières de gens, Austroghotes, Ypoghotes, Wandes et Normans. Francio demeura sur le devant dit fleuve, après que son cousin se fut de lui départi. Là fondèrent une cité que ils apelèrent Sicambre ; longuement furent apelés Sicambriens, pour le nom de cele cité. Tributaires estoient aus Romains aussi comme les autres nascions. Mil cinq cens ans et sept demeurèrent en celle cité, puis que ils l'eurent fondée.

II.

De diverses opinions pour quoi ils furent apellés François.

(3) Après, il avint, au temps de Valentinien l'empereour des Romains, qui régna puis la passion Jhésucrist trois cens et soixante-seize ans, que une manière de gens qui estoient apellés Alains, habitoient ez palus de Meode (4) : fortes gens estoient et batailleurs. A celui empereur Valentinien se combatirent plusieurs fois. Aucunes fois les vainqui et les embati par force dedans les dites palus ; mais les Romains ne les purent suivre, car les lieux estoient si forts et si périlleus pour les fontaines et pour les mareschières, que quant ils estoient dedans embatus, ils ne les pouvoient de riens gréver.

(1) La *Dinoe*, c'est l'ancien nom françois du *Danube*.
(2) *Stice*. Il auroit fallu traduire ici *Scythie*, d'après le texte de Hugues de Saint-Victor.
(3) *Aimoini lib. 1, cap. 1.*
(4) *Palus de Meode* pour *Palus-Méotides*. — C'est Valentinien II dont il est ici question. Valentinien Ier mourut en 375.

Quant l'empereour vit ce, il apela en son aide les Troiens qui habitoient en Sicambre et leur pria qu'ils feissent une voie tant seulement, par quoi sa gent peussent venir à ses ennemis soudainement. Ils lui respondirent que ils ne feroient pas ce sans plus (1), ains lui promirent que ils les prendroient et chasceroient fors par force. L'empereour qui moult lié fut de cele response, leur quitta le treu de dix ans, s'ils povoient ce faire.

Joyeux furent les Troiens de la promesse l'empereour : soudainement se férirent ès palus, comme ceux qui bien savoient esquiver les périls et les maus-pas que ils connoissoient ; les Alains de euls ne se prenoient garde ; car ils cuidoient que nuls ne se peust jusques à euls venir, pour la forteresce des lieux. Grant partie en occistrent, (l'autre partie eschapa par fuite,) et aucuns en pristrent.

L'empereour s'esmerveilla moult de la force et de la hardiesce des Troiens, pour ce que ils avoient osé entrer en lieux si périlleux, occire, prendre et chascier les plus grans ennemis de l'empire; ce que les Romains vainqueurs de tout le monde n'osoient faire : pour ce les apela-on lors François, par la raison de leur fierté.

(2) Autre opinion pourquoi ils furent dits François : aucuns des aucteurs racontent qu'ils furent apellés François du nom d'un prince que ils orent, qui estoit apellé Francio, duquel nous avons là-dessus parlé ; et dient ainsi que quant ils se départirent de Troie la grant, ils firent un roy qui eut nom Frigan ; puis alèrent par maintes régions jusques en Aise (3) la grant. Là se devisèrent en deus parties, dès quelles l'une habita en Grèce en la terre de Macédoine ; par la vertu des

---

(1) *Illi non id solum se facturos, verum se Alanos hinc expulsuros spondent.* (Aimoini cap. 1.)

(2) *Aimoini lib.* I, *cap.* 2.

(3) *Aise.* Asie.

quels les Macédoniens furent si redoutés que ils firent
moult de batailles et orent plusieurs victoires par leur aide
au temps le roy Phelippe et le grant roy Alixandre son fils.
L'autre partie de ce devant dit peuple ala en Europe : habitacion prist entre la grant mer (1) et une région qui est
apellée Trace sur la rive de la Dinoe. Quant ainsi orent
là habité une pièce de temps, ils se devisèrent en deus parties, et furent deus nascions diverses, apelées par divers
noms; car les uns furent nommés Torgotins, pour leur roy
qui estoit apellé Torgotus (2), et les autres, pour leur roy
qui avoit nom Francion, furent apelés François, qui chacièrent les Alains des palus de Méode, si comme nous avons
la sus dit, à la requeste l'empereour de Rome.

III.

*Comment ils conquirent Alemaigne et Germanie, et
comment ils desconfirent les Romains.*

(3) Quant les dis ans furent trespassés, l'empereour Valen-
tins (4), duquel nous avons parlé dessus, envoia ses messages
aus Troiens, pour querir le treu que ils avoient, devant les dis
ans, accoustumé à paier. Ils respondirent aus messages que
ils en estoient quites par le pris de leur sanc, et que pour eus

---

(1) *Inter Oceanum.* (Aim., cap. 2.)

(2) *Et una quidem natio Torgorum, à Torgoto rege.. adepta nomen est.* Le vieux traducteur a mal rendu cette phrase, trompé par l'incorrection du manuscrit de la chronique d'Aimoin, qui auroit dû porter : *Turchorum a Turchoto rege*, au lieu de *Torgorum*, etc. Il eut fallu traduire : « Les uns furent nommés Turcs, pour leur roy qui estoit appellé Turcotus. » —C'est le *Turcus* du chapitre précédent.

(3) *Aimoini lib. I, cap. 3.*

(4) Tous les manuscrits ont ici *Valentin*, il faut *Valentinien*. Cette erreur vient de la première traduction faite au 13ᵉ siècle, et qui portoit partout *Valentin* pour *Valentinien*. Les copistes postérieurs ne changèrent le nom que dans les premières phrases.

racheter de ce treu à tous-jours-mais, s'estoient-ils mis en péril de mort; et que jamais treu ne leur rendroient. L'empereour plain d'ire et d'indignacion vint sur eus à grant ost; ses batailles ordona pour combattre; et les Troiens bien que ils ne fussent que une seule nascion assez petite contre l'empire de Rome, issirent à bataille. Mais quant ils virent que la force des autres nascions estoit ajoustée avec les Romains, ils surent bien que ils ne pourroient avoir longue durée encontre si grant pueple : pour ce, jugièrent plus profitable chose à cesser que à combattre. Leur cité guerpirent lors, car ils ne vouloient plus estre tributaires : en Germanie descendirent; les rivages prirent du fleuve qui est apellé le Rin : trois ducs firent de leur gent pour eus gouverner : l'un eut nom Marchomires, l'autre Sunnones, et le tiers Genebaus. Leur peuple estoit ja fortement mouteplié et cru : car au temps qu'ils issirent de Aise, ils n'estoient pas plus de douze mille de gent d'armes, et jà estoient si mouteplié, que les Germains et les Alemans, qui en quantité et en force sont puissans, avoient merveilleusement paour de eus. Parmi la terre s'espandirent, et prirent plusieurs chastiaus et plusieurs cités.

En ce temps, régnoit l'empereour Théodosie. Mainte complainte eut des François qui Alemaigne avoient ainsi prise : contr'eus envoia à grant ost Nannie et Quentin qui estoient deus grans maistres de chevaliers (1). Aus François se combatirent, vaincus furent en la première bataille. Quant ils virent ce, ils apelèrent en leur aide Eracle et Jovinien (2) qui estoient deus princes de la chevalerie de Rome. Derechief se combatirent aus François tous ensemble; en cele seconde

(1) *Magistri militum.* (Aimoin.)

(2) Il falloit corriger le texte d'Aimoin, et écrire : *Eracle tribun des Joviens*, lequel fut tué dans la bataille. Voy. la *Chronique d'Idace.*

bataille furent les Romains desconfits : mais Eracle et Jovinien s'enfuirent. Et alors firent les François si grande occision de Romains, que toutes les autres nascions en furent durement espoentées, et onques puis ne fu nul qui les osast contraindre ni conseiller de rendre treu. Arbogastes, qui estoit conte de cele gent, s'enfouit aus Romains, après que les François les eurent vaincus : mais toutes fois raparcilla-il bataille contre eus : une partie en desconfit, et aus autres fist pais, si comme il est escrit plus plainement en la vie saint Ambroise. En ce temps, prirent les François la cité de Trèves par le conseil et par l'aide de Luce, l'un des conseillers de Rome : car ce Luce avoit grant dueil et grant despit de ce que Avites, qui estoit ainsi comme empereour sur la terre de Gaules, avoit géu à sa femme : et ce fu la raison pour quoi il le fist.

IV.

Comment et quant la cité de Paris fut fondée, et du premier roy de France.

Toute celle gent ne demeura pas en ce païs, ains s'en départit une compaignie ; vingt-trois mil furent par nombre. Entr'eus firent un duc qui eut nom Ybors. Ils laissièrent Alemaigne et Germanie, pour querir nouvele habitacion. En Gaule arrivèrent : le païs et la terre leur plut moult, et moult leur sembla délitable à demourer. Sur le fleuve de Saine habitèrent et fondèrent une cité qu'ils nommèrent Leuthèce, (qui ore est apelée Paris), huit cent et quatre vins et quinze ans devant l'incarnation nostre Seigneur : là habitèrent, mil deus cent soixante dis ans puis que leur ancesseur se furent partis de Sicambre. En ce temps vivoient simplement, peu savoient de l'usage d'armes. Au temps de lors n'avoit onques eu roy en France ; chascun faisoit ce que bon lui sembloit : mais toutes-fois estoient ils subgects aus Romains et faisoient, chascun an, nouviaus conseilleurs de leur gent, meismes pour le peuple gouverner, ainsi comme ceus de Rome.

En ce temps, entra Marchomires en France. Ce Marchomires avoit esté fils au roy Priant d'Osteriche, qui estoit descendu de la ligniée le grant roy Priant de Troie. Ceus de Gaule le reçurent moult honnourablement et toute sa gent ; et pour ce que il leur enseigna l'usage des armes, et que il fist clore les cités et les chastiaus de murailles contre les assaus des larrons, l'establirent-ils gouverneur et deffendeur du païs; et aussi, pour ce que il estoit descendu de la ligniée de Troie comme ils estoient, ils furent tout un peuple et une gent.

Ce Marchomires avoit un fils qui eut nom Pharamons, noble chevalier estoit et preus aus armes. Les François qui voulurent avoir roy, aussi comme les autres nascions, pristrent ce Pharamons par le conseil Marchomire son père : seigneur et roy le firent sur eus, et lui leissièrent le païs à gouverner. Pharamons fut le premier roy de France : car à ce temps n'avoit onques eu roy : ains estoit le païs sous l'empire de Rome. Pour ce que Marchomires vouloit aquerir leur grâce et leur amour, mua le nom de la cité qui devant estoit apelée Leuthèce, qui vaut autant à dire comme ville plaine de boue, et lui mist nom Paris, pour Paris, l'aisné fils au grant roy Priant de Troie, de la quelle ligniée il estoit descendu : car tous ceuls qui de celle généracion estoient, en quelque terre que ils fussent, désiroient moult que leur nom et leur renommée fust espandue et mouteplíée par tout le monde. Ce roy Pharamons gouverna noblement le royaume tant comme il vesqui ; mort fu quant il eut régné vint ans.

V.

Du secont roy qui eut nom Clodio.

(1) Jusques ici, nous avons récitées les opinions d'aucuns aucteurs ; mais pour ce que nous ne volons pas que l'on puisse trouver contrariété en ceste lettre, nous prendrons la matière comme elle gist ès Croniques qui ainsi disent que les François quand se partirent de Sicambre et quand ils eurent Alemaigne et Germanie conquise, coronnèrent un roy qui eut nom Pharamont. Ce Pharamont engendra Clodio, qui après lui fu roy. Apelé fu Clodio le chevelu : car en ce temps estoient les roys chevelus.

Peu de temps après que le roy Clodio fu couronné, lui et les François se prirent à envaïr les terres voisines et à courir sus à ceus qui à eus marchissoient. Ils dégastèrent la contrée de une gent qui près d'eus habitoient, et que on apeloit Toringiens : cele terre siet en une partie d'Alemaigne. Un chastel prirent qui estoit nommé Dispargue (2) et en ce chastel le roy establit le siége de son règne.

(3) Dès lors commençoit jà l'empire de Rome à abaissier et à décheoir, et la force des Romains qui souloit estre comparée à force de fer, estoit jà chéue en la fragilité qui est comparée à pos de terre : car les Bourgoignons avoient jà pourprise et saisie la province de Lyon, et les Gottiens celle d'Aquitaine ; et les Romains ne tenoient plus de toute Gaule fors cele partie qui est enclose entre Loire et le Rin.

Le roy Clodio qui moult désiroit à eslargir les bornes de son royaume, envoya ses espies oultre le Rin pour savoir

---

(1) *Aimoini lib. I, cap.* 4.
(2) On croit reconnoître Dispargue dans la ville de Dœsbourg, entre Bruxelles et Louvain.
(3) *Aimoini lib. I, cap.* 5.

quelle deffense le païs avoit; puis passa oultre avec tout son ost; la cité de Cambrai assist et prist; oultre passa parmi la forest de la Charbonière. A la cité de Tournai vint, le siége mist entour la ville, assez tost après la prist; tous les Romains qui contre lui vinrent, pour le païs deffendre, occist et mist à mort.

(1) Mais pour ce que nous avons ci fait mencion de deus provinces de Gaule, qui ore est appelée France, avenante chose est que soit mise ici la distinction de toute Gaule en la manière que la descrit Jules César, qui en dis ans la conquist. A lui s'accorde Plinius et mains autres philosophes. En trois provinces principaus est toute Gaule devisée. La première si est Celte qui vaut autant à dire comme celle de Lyon; la seconde celle de Belge; et la tierce celle d'Aquitaine. La province de Lyon, qui commence au Rosne et fenist à Gironde, contient maintes nobles cités, desquelles nous avons ci mis les noms; car par les noms des cités sera plus légièrement la description entendue.

(2) La première si est Lyon; Chalons, Ostun, Sens, Troies, Aucerre, Miaus, Paris, Orliens, Chartres, Rouen, Evreus, Lysieux, Avrences, le Mans, Nantes, Renes, Vanes, Angiers, Nevers, Tours et Bourges; mais Sens et Ostun furent jadis de plus grand noblece et de plus grant auctorité que nule des autres: car la cité d'Ostun fu comme principale et maistresse de toute Gaule, au temps que Jules César et les Romains tenoient le païs; pour ce qu'elle obéit tous jours volentiers aus empereours de Rome, et garda et nourrit tous jours la grâce et l'amour qu'elle avoit aus Romains. La cité de Sens fu de si grant affaire et de si grant fierté que les Frans Sénonois assirent Rome et la prirent par

---

(1) *Aimoini præfatio, cap.* 4.
(2) *Aimoini præfatio, cap.* 5.

force, et enfermèrent les Romains dedans le Capitole; et les Romains les firent retourner, par grant avoir qu'ils leur donnèrent avant qu'ils s'en voussissent partir.

Mais Oroses qui fait une autre distinction de toute Gaule et la devise en quatre provinces, ne s'accorde pas que Tours et Bourges soient en la province de Lyons : ains veut dire que elles sont en celle d'Aquitaine, pour ce que elle commence au fleuve de Loire et dure jusques aus mons de Montjeu (1). Mains fleuves courent par ceste province, des quels le Rosne est le plus grant.

Après la description de la province de Lyons met Jules César celle de Belge (2) qui commence aus dernières parties de Gaule par devers le Rin, et dure jusques à la cité de Senlis (3); et s'estent tout contremont vers orient (4). Les plus nobles cités sont ci nomées : Coloigne, Tongres, Trèves, Mez, Toul, Verdun, Rains, Chaalons, Laon, Soissons, Amiens, Noyon, Biauvais, Vermans, Arras, Tournay, Cambray, et maintes autres. Mains fleuves courent par celle province, dont le Rin, Matrone et Muese sont les plus grans (5); maintes riches forests, des quelles Ardenne est la plus grant : si grant est que elle dure plus de cinq cens milles de lonc.

La tierce province si est celle d'Aquitaine selon la description Plinius et Jules César. Elle commence au fleuve de Gironde, et d'une part jusque aus mons de Montjeu, et d'au-

(1) *Montjeu*, les Pyrénées. « Aquitaniam à flumine Ligeris usque ad » Pyrenæos montes determinat. » (Aimoini Præfatio, IV.)

(2) *Belge*. « Belgica provincia. » (Aimoin.)

(3) *Et dure jusques à la cité de Senlis*. Ce membre de phrase n'est pas dans Aimoin, et semble une interpolation. Plusieurs manuscrits portent *Paris*, au lieu de *Senlis*.

(4) *Tout contremont vers orient*. Le texte d'Aimoin n'est pas traduit complètement : « Belgæ spectant in septentrionem et orientem solem. »

(5) « *Ejus provinciæ fluvii Scaldus, Matrona atque Mosa.* » *Matrona* c'est la Marne.

tre costé jusques à l'entrée d'Espaigne (1). Maintes nobles cités contient. La première est Clermont, Narbonne, Caours, Thoulouse, Gaiete (2), Rodais, Limoges, Pierregort (3), Poitiers, Bordiaus, Saintes et Angoulesme. Maintes riches forests contient et maints grands fleuves : deux des plus renommés sont Gironde et Dordonne. Ce fleuve qui est nommé Dordonne, retient le nom de deus fontaines dont il sourd, dont l'une est apelée Dor, et l'autre Donne. Si est nommée ceste province Aquitaine, pour ce qu'elle est plus habondant de fontaines et de fleuves que nulle des autres. Quant les François eurent conquis toutes ces provinces, ils les devisèrent en deus parties tant seulement. La partie devers Septentrion, qui est enclose entre Meuse et le Rin, apelèdent Austrie; celle qui est entre Meuse et Loire, apelèrent Neustrie, et par ce nom fu jadis Normendie apelée, avant que Normans la prissent. La partie devers Lyons que les Bourgoignons pristrent, retint le nom de eus; pour ce fu-elle apelée Bourgoigne. Ci avons descrit le siège de toute Gaule au mieus que nous povons, selon les livres des anciens aucteurs.

VI.

Du tiers roy qui eut nom Mérovée, du quel la première génération sortit.

(4) Quant le roy Clodio eut régné vint ans, il paia le tribut de nature. Après lui régna Mérovée. Ce Mérovée ne fu pas son fils, mais il fu de son lignage. De lui sortit la première gé-

---

(1) *Et d'une part*, traduction encore inexacte, « *Aquitania à Garumnâ flumine usque ad Pyrenœos montes et eam partem quœ ad Hispaniam pertinet spectat.* » (Aimoin.)

(2) *Gaiete*. Variante : *Gareste*. *Gavalis* dans Aimoin. On s'accorde à reconnaître ici *Javouls* ou *Javols*, aujourd'hui bourg de Languedoc à cinq lieues de Marvejols.

(3) *Pierregort*. Perrigueux.

(4) *Aimoini lib*. I, cap. 6.

nération des rois de France qui dura, sans faillir, jusques
à la génération de Pépin le secont, le père au grant Charle-
maine. Et ce roy fu moult profitable au royaume. En ce temps
passèrent le Rin une gent qui estoit apelée les Huns. La cité
de Trèves ravagèrent, tout le païs d'entour Tongres brulè-
rent et gastèrent; en tele manière que toute Gaule estoit en
batailles et en persécutions; par tout résonnoient cris, pleurs,
douleurs et pestilences, occisions et rapines. Si dura ceste
male aventure jusques à la cité d'Orliens. La ville assirent et mirent gardes aus portes, que nul n'en peust sortir.
En ce temps estoit saint Agnien, évesque d'Orliens: le saint
homme fist sa prière vers nostre Seigneur, pourque il confortast le païs et la cité; Nostre Sire oy sa prière, car, par ses
oroisons et par sa mérite, fu l'orgueil de ce peuple si troublé,
qu'il s'enfuirent et se perdirent en telle manière que l'on ne
put onques puis savoir ce qu'il devindrent, ni où il habitèrent. Mort fu le roy Mérovée après ce qu'il eut régné dix-
huit ans (1).

VII.

*Du quart roy qui eut non Childéric, comment les barons
le chascièrent hors du royaume.*

(2) Un fils eut le roy Mérovée, qui eut nom Childéric; coronné fu après la mort de son père, mais il ne commença pas
à régner moult gracieusement: haï estoit de ses barons pour
les vilennies et les hontes qu'il leur faisoit; car il prenoit à
force leur filles ou leur femmes, quant elles lui plaisoient,
pour accomplir les délis de sa char. Pour ceste raison le

---

(1) Grégoire de Tours et surtout Jornandès racontent moins explicitement les revers des Huns et la défaite d'Attila dans les Champs Cata-
launiques. Mais les *chroniques de St-Denis* suivent le texte d'Aimoin.

(2) *Aimoini lib. I, cap.* 7.

chascièrent hors du royaume, plus ne pouvant souffrir les griefs de sa desfrenée luxure. Quant ainsi fu exilié, il s'enfui à Bissin, le roy de Toringe, qui moult débonnairement le reçut, et le tint avec lui moult honnorablement tout le temps de son exil. Mais nul n'est si haï qu'il n'ait par fois aucun ami. Ce roy Childéric eut à ami un des barons qui moult avoit tous jours esté son familier : Guinement avoit nom : par son conseil faisoit le roy moult de choses tandis comme il gouvernoit le royaume. Le roy qui bien savoit que les barons ne l'avoient pas à cuer et qu'il le menaçoient, apela un jour Guinement, avant que il fust essilié du royaume : conseil lui demanda de ceste chose. Celui-ci lui conseilla que il donnast lieu à l'ire des barons (1) : car s'il demouroit, il acroitroit plus leur male volonté que il ne l'apetisseroit; et la nature humaine est tele que ils portent envie et haine à celui que ils voient présent; et quant ils ne le voient mie, aucune fois advient que ils en ont compassion. Il lui promist que il essaieroit (2) les cuers des barons, et s'il povoit il les apaiseroit à lui : mais pour ce que il n'en pust de riens estre déceu, il prit un besant d'or et le coupa parmi, l'une moitié lui bailla et l'autre retint, puis lui dist ainsi : « Si je te puis réconcilier aux François, je t'envoierai ceste partie que j'ai retenue ; et si tu vois que
» elles accordent ensemble aussi comme elles sont orendroit,
» ce sera certain signe de ta réconciliation : lors t'en reviendras pour recevoir ton règne, dont tu es maintenant exilié. » Après ces paroles s'en ala le roy en exil, comme nous avons dit, et celui-ci demoura pour sa besoigne procurer.

(1) *Qu'il donnât lieu à l'ire*, c'est-à-dire qu'il laissât passer la colère des barons. « Iræ eorum cedendum suadet. » (Aimoin.)
(2) *Il essayeroit*. Il mettroit à l'essai.

VIII.

Comment les barons firent roy Gilon le Romain, après qu'ils eurent chacié le roy Childéric.

(1) Apres que le roy Childéric se fust destourné du royaume, les barons qui pas ne vouloient estre sans seigneur, eslirent un roy, Gile avoit nom ; Romain estoit de nascion ; de par les Romains avoit la cure reçue de garder ce que ils tenoient de la terre de Gaule. Pas n'estoient remembrans des injures et des griefs que ils avoient fait à ceus de Rome et à ce Gilon meisme. Moult est l'umaine pensée déceue et avuglée qui pense que celui-là les doive aidier et conseillier à qui l'on aura fait tant de persécutions et tant de dommages : par quel raison conseillera-il son ennemi qui lui aura ses biens gastés, ses maisons arses, son peuple occis, et ses cités acravantées? Guinement, qui tant estoit ami au roy Childéric, estoit sage et plain de grant malice : tant fit en brief temps que il fu accointé du roy Gilon, lequel ne faisoit rien sans son conseil, pour ce que il pensoit que il fust le plus loial ami qu'il eust. Bien savoit Guinement qu'il avoit les François soupeçonneux ; et pour ce lui conseilla tant comme il put que il passast le temps par faintises et par simulacions, et que il les grevast de tributs et de exactions. Mais pour ce que il pensoit bien que les François ne se fléchiroient mie tellement, pour semblables griefs, que ils ne demourassent en bayne vers le roy Childéric, comme ils avoient commencié, et que ils ne se tenissent à Gilon qu'ils avoient esleu, il lui dist en tele manière : « Tu ne pourras
» brisier la félonie ni l'orgueil des François, si tu ne détruis
» aucuns des plus nobles et des plus puissans ; par ce pourras

---

(1) *Aimoini lib. I, cap.* 7.

» tu légièrement les autres fléchir à ta volenté. » Gilon qui
pas n'estoit averti de la malice que celui-ci pensoit, s'acorda
à ce conseil et le soin de ceste besoigne lui confia. Guinement qui eut atendu temps et lieu de ce faire, commença
à ceus qui avoient esté plus contraires au roy Childéric :
de crime les accusa et les prist, puis les envoya au roy Gilon,
pour faire justice. Il commanda aussi tot que ils fussent punis du crime de conspiracion et de magesté lesée.

Quant les autres barons virent la cruauté de Gilon, ils
furent fortement esmu contre lui : lors ils vinrent à Guinement, par lequel conseil Gilon faisoit ce; mais ils ne le savoient
mie. A lui se descouvrirent en complaignant de Gilon qui
telle cruauté leur faisoit. Il leur respondi que moult s'esmerveilloit de la légièreté et de la muableté de leur cuers,
quant ils se plaignoient déjà de celui que ils avoient tant loué
un peu devant et jugié digne du règne : puis leur dist:
« Quelle forsenerie vous démenoit, quant vous getastes hors
» de son règne votre droit seigneur, né de vostre gent, et
» vous vous soumites à un ourgueilleux de estrange nascion?
» Mais, par aventure, vous me respondrez que ce fu pour sa
» luxure; et je vous demande pour quoi vous vous plaignez
» de celui que vous eslutes par dessus vostre seigneur lige.
» Vous avez outragé et chacié votre roy né et créé de vous
» méismes, qui estoit débonnaire par nature, et pust en-
» core estre plus débonnaire et plus pourfitable au royaume,
» s'il eust laissé la joliveté (1) de son cors que il n'eust pas
» maintenu tous jours : et vous avez pris un tiran que vous
» deussiez esquiver et redouter, pour ce que il est né de
» estrange nascion. Mais si vous voulez croire mon avis, je
» vous conseille que vous le rapelez, et que vous rapaisiez
» son cuer que il a troublé vers vous pour la honte que

(1) *Joliveté*, la légèreté. C'est peut-être la traduction du mot *Juvenilitas*.

» vous lui avez faite. Certes c'est moult dure chose que
» vous ne poviez souffrir la luxure d'un seul homme, et
» vous souffrez la perdition de tant de nobles hommes et
» princes. »

IX.

Comment le roy Childéric fu rapelé, et Gilon bouté hors.

(1) Les barons qui furent encouragiés de ces paroles (car
bien leur sembloit que il dist voir) et esmeus contre Gilon
le Romain, respondirent : « Nous nous repentons moult des
» vilennies et de la honte que nous avons faites à nostre
» propre roy, et si nous savions là où l'on le peust trouver,
» nous envoirions à lui messages, et li pririons humble-
» ment que il retournast en son règne. » Moult fu lié Guinement quand il oy ces paroles. Par un certain message
envoya au roy Childéric la moitié du besant d'or qu'il lui
avoit donné quant il se fu de lui parti, et lui manda en tele
manière : « Retourne à ton règne, et use bieneureusement
» de ta seignourie, comme sire désiré. » Quant le roy Childéric oy le message, et il eut la vérité sceue par tesmoing du
besant, il retourna liément en France. Quant il fu enmi
voie, il manda Guinement son loial ami qu'il lui venist à l'encontre promptement. Celui-ci vint à grant compaignie des
barons, droit à un chastel qui est apellé Bar (2); puis commanda
aus bourgeois et au peuple de la ville que ils receussent le
roy leur seigneur honorablement. Eux qui volontiers le
firent, le reçurent à moult grant joie et lui firent tant de
honneur comme ils purent. Moult leur en sut le roy bon
gré; et pour l'honneur qu'ils li eurent faite, selon sa libéra-

---

(1) *Aimoini lib.* 1, *cap.* 7.
(2) *Bar.* « Barrum. » (Aimoin.) Depuis *Bar-le-Duc.*

lité, les franchi du tribut que la ville lui donnoit tous les ans. Grant joie lui firent les barons, et moult se humilièrent vers lui : leurs forces joignirent ensemble pour aller sur Gilon, qui déjà par aventure s'estoit aperceu de la conspiration qu'ils avoient faite contre lui. A lui se combatirent et le desconfirent à la première bataille : il s'enfui et s'en ala en la cité de Soissons que il tenoit : là demoura tout le restant de sa vie. Quant mort fu, Siagres, un sien fils, tint la cité après lui.

Le roy Childéric, qui estoit bon chevalier de sa main et sage de conseil, esmut ses batailles contre Odoacre, le roy de Saissoigne (1) : ensemble se combatirent euls et leur gens. Desconfit fu Odoacre et ses batailles; par fuite garanti sa vie. Le roy Childéric qui moult estoit ardent de le tenir, le chaça jusques à Orliens, mais il s'en fui parce que il n'osa attendre sa venue. Le roy assist la ville et la prist par force; un comte romain qui là estoit, occist, Pons avoit non (2). Ainsi accrut le roy son règne jusques à Orliens, et puis jusques à la cité d'Angiers.

X.

Des trois avisions du roy Childéric; et comment la royne Basine vint à lui.

(3) Quant la royne Basine femme de Bissin le roy de Toringe, à qui le roy s'enfui, sut que Childéric se fu accordé à ses barons et qu'il fu receu en son règne, elle quitta son seigneur et s'en vint après Childéric en France; car l'on disoit que il l'avoit cognüe tandis que il demouroit avec son

---

(1) *Saissoigne.* Saxe. « Saxonum rege. » (Aimoin).
(2) *Pons.* Aimoin dit *Paulum.*
(3) *Aimoini lib. 1, cap.* 8.

seigneur. Il lui demanda pourquoi elle l'avoit suivi, et son seigneur quitté; elle lui respondi : « Je sui à toi venue, » pour ce que j'ai cognue et esprouvée ton atrempance (1) » et ta vertu, et si je pensois meilleur de toi trouver en » nule des parties du monde, nuls griefs de voie, nuls tra- » vaux de corps ne me tiendroient que je ne l'alasse requerir. » Quant le roy oy ceste response, il la prist par mariage comme paien que il estoit; et ne lui souvint pas des bontés et des bénéfices que Bissin le roy de Toringe son premier mari lui eut faites quant il eut esté chacié de France.

Quant ils furent le soir couchiés ensemble, et ils furent au secret du lit, la royne l'avertit qu'il se tenist cele nuit d'habiter à elle; puis lui dist qu'il se levast, et alast devant la porte du palais et lui sut dire ce que il auroit vu. Le roy se leva et fist son commandement. Quant il fu devant la sale, il lui sembla qu'il véist grans formes de bestes, ainsi comme d'unicornes, de liépars et de lyons, qui aloient et venoient par devant le palais. Il retourna tout espoenté, et raconta à la royne ce que il avoit vu. Elle lui dist que il n'éut pas paour, et que il retournast arrières. Quant retourné fu, il vi grans images de ours et de loups ainsi comme s'ils vousissent courre sus l'un à l'autre : il retourna au lit de la royne et lui raconta la seconde avision. Elle lui redist que il retournast encore une fois. Quant retourné fu, il vit figures de chiens et de petites bestes qui se entredespéçoient toutes. Quant il fu retourné à la royne et il lui eut tout raconté qu'il eut vu, il lui requist que elle lui fist entendre que ces trois visions signéfioient; car il savoit bien que elle ne lui avoit pas envoié pour néant. Elle lui dist que il se tenist chastement celle nuit et elle lui feroit au matin entendre la signification des trois avisions. Ainsi

---

(1) *Atrempance*, tempérance. *Modestia cognita*. (Aimoin).

furent jusques au matin que la royne apela le roy que elle vit moult pensif; puis lui dit : « Sire, ostes tes pensées de ton
» cuer et entens ce que je dirai. Sachés certainement que
» ces avisions ne sont pas tant significations des choses pré-
» sentes comme de celes qui à avenir sont : et ne prens
» pas garde aus formes des bestes que tu as vues, mais
» aus fais et aus meurs de la ligniée qui de nous doit sortir.
» Le premier hoir qui de nous sortira sera homme de noble
» proesce et de haute puissance : et cela est signefié en la
» forme de l'unicorne et du lyon, qui sont les plus nobles
» et les plus hardies qui soient. La signeficacion de la se-
» conde vision est tele que en la forme du loup et de
» l'ours sont signefiés ceus qui de nostre fils sortiront, qui
» seront rapineux, comme les bestes sont. La signefi-
» cation de la tierce avision en la forme du chien qui
» est beste gloutonne et de nule vertu, ni ne peut riens
» sans l'aide de homme, est la mauvestié et la paresce
» de ceus qui vers la fin du siècle (1) tiendront le sceptre et
» la couronne de ce royaume. En la tourbe des petites bestes
» qui s'entrebatoient est signefié le menu peuple qui s'en-
» treocciront, pour ce que ils seront sans paour de prince.
» Sire, dist la royne, vez-ci l'exposition des trois avisions,
» qui est certaine démonstreresse des choses qui sont à ave-
» nir. » Ainsi fu le roi hors de la pensée en quoi il estoit
chéu pour les avisions, et fu joyeus de la noble ligniée et du
grant nombre des preus hommes qui de lui devoient
sortir.

(1) *La fin du siècle.* Aimoin dit : *Ultimis in sœculis,* c'est-à-dire dans les derniers temps de la monarchie. Sur ce rêve de Childéric, il y a bien à rêver aujourd'hui.

XI.

D'une incidence, comment l'empereour de Constantinoble envoia Thierri contre Odoacre pour deffendre les Romains.

(1) En ce temps, vint en Ytalie Odoacre qui estoit sire d'un peuple qui habite sur les rivages de la Dinoe (2) : fortement estoit devenu orgueilleux pour une victoire qu'il avoit eue contre Pheletée le roy de Rugie. Avant que il entrast en la terre, il ala parler à saint Severin qui en ces parties habitoit. Le saint lui dist ainsi comme par prophétie : « O tu Odoacre qui es maintenant vestu de vieus piaus de » bestes, assez tost seras sire de toute Ytalie. » Car en ce point que il ala visiter le saint homme, il avoit une piau affublée. Quant il eut cele parole oye, il entra en Lombardie : assez i fist rapines et occisions et gasta le païs, non pas si comme il dut, mais si comme il voulut. Enthemie l'empereour de Rome fu mort en ce point, si fu occis par la traïson Recimère son gendre. Odoacre prit fortement à menacier la cité de Rome; et les Romains de la menace furent moult espoventés, meismement pource que ils n'avoient adoncques point d'empereour ni chief qui les gouvernast. Pour ce, envoièrent leur message à Lyon, empereour de Constantinoble et lui prièrent que il leur envoiast un des princes de son palais par quoi ils fussent deffendus de leurs ennemis.

(3) En ce temps estoit Thierri un des plus grans princes du palais de l'empereour, fils avoit esté Théodore (4) : Celi Théodore fu né en une des parties de Grèce qui est apelée Ma-

---

(1) *Aimoini lib. I, cap. 9.*
(2) *La Dinoé*, le Danube.
(3) *Aimoini lib. I, cap. 10.*
(4) Aimoin auroit dû, au lieu de *Theodori*, écrire *Theodemiri*, lequel fut en effet le père du grand *Théodoric*.

cédoine et sa femme aussi qui estoit apelée Lilie : serjant avoit esté à un des nobles hommes du palais, qui avoit nom Ydaces. Thierri s'estoit si bien prouvé tous jours, que il estoit l'un des plus vaillans hommes de la cour l'empereour, par son sens et par sa prouèce : car aussi comme il seurmontoit les autres en grandeur de cors, tout aussi les seurmontoit-il en force et en hardiesce. Moult l'avoit l'empereour chier au temps de lors, et maint des sénateurs pour son sens et pour sa valeur l'honoroient. Quant les messages aus Romains furent devant l'empereour venus et il eut la cause de leur voie entendue, il leur livra Thierri et le fist patrice et deffendeur de toute Ytalie. Quant il fu là venu et les Romains l'eurent receu, il appareilla ses batailles et se combati contre Odoacre par plusieurs fois. Un jour que il se combati à lui, il fu desconfit lui et sa gent : tellement que il convint que il fuist. En ce qu'il s'enfuioit droit vers la cité de Ravenne, Lilie sa mère lui courut au devant et lui pria que il retournast à la bataille : mais quant elle vit que il refusoit et doutoit à retorner, elle lui dist : « Biau fils, » croi moi, tu n'as forteresce, ni refuge où tu puisse fuir ni » cacher toi, si je ne lève ma robe, et si tu ne rentres en la » maison dont tu sortis quant tu fus né. » Quant le jouvencel oy ce, il fu tout enflammé et tout honteus des paroles de sa mère, il reprist cuer et hardement, et rassembla autant de sa gent comme il en put avoir ; au champ de la bataille retorna sur ses ennemis, qui gisoient çà et là parmi le champ, comme ceus qui estoient asseurés, pour la victoire qu'ils avoient eue. Une partie en occist, l'autre partie s'enfui, Odoacre prist et assez tost après l'occist. Ainsi délivra les Romains et toute Ytalie de lui et de sa gent.

(1) *Incidence*. Lors advint en la cité de Thoulouse que un

---

(1) *Aimoini lib.* I, *cap.* 9.

grant ruis(1) de sanc courut tout un jour en milieu de la cité. De ceste merveille furent ceus du païs esbahis, et dirent les plus sages que ce signifioit la perdition de la cité et l'accroissement de la seigneurie des François.

XII.

Comment Thierri fu mellé à l'empereour et fu garanti de mort par un sien ami, qui eut nom Tholomée.

(2) Quant Thierri fu parti de l'empereour, envie qui tous jours dure esmut les cuers d'aucuns des sénateurs; ils commencièrent à diffamer à lui et ses fais qui estoient dignes de loenge. A l'empereour alèrent, et tant firent et tant lui dirent que ils parvertirent la bonne volonté que il avoit vers lui, et sa grâce muèrent en hayne: entendre lui firent que il tendoit à avoir le règne espérial (c'est-à-dire le règne d'Ytalie, et puet estre dit règne espérial, si comme aucuns veullent dire, pour une estoille prochaine à ce royaume, qui ainsi est apelée: les autres dient que ce fu pour un roy qui en celle terre régna, qui eut non Hespérus.) (3). L'empereour qui trop légièrement les crut, fu si durement esmu contre lui, que il le rapela et manda que il retournat arrières en Constantinoble: de si desmesurée hayne le haoit que il avoit proposé que il le feroit occire, tout seul dessevré de sa gent. Mais Tholomée, l'un des sénateurs, qui moult estoit sage homme, et moult avoit tous jours amé Thierri, ne pot onques estre parverti pour nule malice de ses ennemis, que il ne fust tousjours entier en son amour. Quant il aperçut la traïson que ceus machinoient

---

(1) *Ruis.* Nous n'avons conservé que le diminutif de ce mot, *ruisseau.*
(2) *Aimoini lib. I, cap. 9.*
(3) Cette parenthèse est du translateur, qui s'est cru obligé d'expliquer les mots *Hesperiæ regnum* du texte d'Aimoin. — Quant à toutes ces aventures de Théodoric, elles semblent empruntées par Aimoin à l'une des épopées anciennes dont ce grand prince était le héros.

contre son ami, il s'en ala à l'empereour, quant il vit point
et heure, puis lui dit en tel manière : « La loenge et la gloire
» des Romains et des empereours qui jadis ont esté, n'est
» pas tant seulement essauciée et renommée par batailles
» et par victoires, mais par les mérites de pitié et de foi en-
» terine envers les subjets : car les plus grans de nos princes qui
» jadis ont esté, désiroient plus à vaincre leurs ennemis par
» miséricorde et par pitié, que ils ne faisoient par droit
» d'armes et par loy de bataille : ce peut-on prouver par
» mains examples. Scipion, l'un des sénateurs de Rome,
» aquist grant nom et grant loenge de ceus de Cartage; mais
» plus fu loué et prisié de ce que il ne fu pas tant seulement
» aus obsèques d'un sien mortel ennemi, ains porta la bierre
» d'une part à ses propres espaules. Pompée redut avoir
» grant gloire quant il eut vaincu Mitridate lui et sa gent,
» qui si estoient fors hommes et puissants; mais plus dut
» avoir grant loenge en ce que il ne leva pas tant seulement
» de terre le roy Tigrane qui s'estoit agenoillié devant ses
» piés, et tenoit sa couronne sur ses genoulz en priant
» merci : ains lui mit la couronne sur son chef, puis le leva
» de terre et l'assist delez lui. Régulus, un des conseil-
» leurs de Rome, refu plain de si grant loiauté que il ama
» miex à morir entre ses ennemis et périr par divers tour-
» mens, que brisier la foi de son serement. Si celui et
» mains autres de qui nous ne parlerons mie gardèrent
» jadis loyauté et justice, ils n'eurent pas loenge ni renommée
» sans raison. Bon empereour, ne reçois doncques pas les
» fausses paroles de ceus qui veullent salir la gloire de
» l'empire et de ton nom par leur faus amonestemens. Que
» dira-on par tout le monde, si tu ocis ainsi sans raison un
» si vaillant home et si puissant, et qui tant peut profiter à
» l'empire? Mais si tu voulois croire mon conseil, Thierri
» seroit mandé, pris et lié seroit si tost comme il en-

» terroit au palais; puis seroient envoiés aus Romains
» aucuns des sénateurs pour ceste chose noncer et pour
» raporter leur response. » Pour ce monstra Tholomée ceste
voie à l'empereour : car il avoit jà envoié un sien message
aus plus grans hommes d'Ytalie, et leur avoit mandé que ils
meissent en prison les sénateurs que l'empereour leur devoit envoier, puis lui remandassent telles paroles : « Nous ne
» te rendrons tes sénateurs, si tu ne nous rens avant nostre
» avoué et nostre deffendeur. » Tout ainsi comme cil le
manda ainsi le firent, quand l'empereour leur eut envoié les
sénateurs. Quant l'empereour vit ce, il se douta que ils ne
feissent pis, pour ce leur rendi Thierri et reçut ses sénateurs. Ainsi fu Thierri délivré du péril de mort à celle fois
par le conseil de son ami. Quant il fu à Rome retourné, il
fist diverses batailles contre ses ennemis et vainqui glorieusement partout, comme cil qui moult estoit sage et puissant
en armes.

Par plusieurs fois se combati à une manière de gent que
on apele les Avares : maintes fois les vainqui, et aucunes
fois fu revaincu. Un jour se combati à eus, si les desconfi
et chaça des champs, moult en ocist en fuiant; il les enchassa jusques à un fleuve qui est apelé Hester. Quant il
eut fait tendre ses tentes sous les rivages de cele eaue, il prist
aucuns de ses chevaliers et s'en ala selon la rive du fleuve
pour espier ses ennemis, qui de l'autre part estoient. Lors
vit venir Xersès un de ses ennemis d'autre part, pour
son ost espier : trois de ses compaignons envoia pour lui
prendre. Quant Xersès les vit venir, il fist semblant de fuir;
en ce que ils l'enchaçoient, il les ocist tous trois l'un après
l'autre. Après ces trois, il en y envoia trois autres qui tout
en telle manière furent occis. Quant Thierri vit que ses
compaignons refusoient, il frappa son cheval des esperons, et
s'ala combattre à lui. Fortement et longuement se combati-

rent, mais à la parfin fu Xersès navré au bras; pris fu et amené aus herberges. Quant ainsi fu emprisonné, Thierri qui moult s'esmerveilloit de sa force et de sa chevalerie et moult le prisoit en son cuer, le pria premièrement par blandices et par belles paroles, puis l'espoenta par menaces; car il le cuidoit contraindre à ce que il demourast avec lui, ainsi lui fist faire assez de hontes et de tourmens. Toutes fois quant il vit qu'il ne le pourroit fléchir en nule manière, il l'en leissa aler tout quite à sa gent : cil se féri maintenant en l'eau. Quant il fu au milieu du fleuve, il se retourna par devers l'ost Thierri, et lui commença à hucier : « Puis que je suis, » dit-il, « hors de ton pooir et de ta sei- » gnourie, et que je suis rendu à ma volonté et à ma fran- » chise, je te promet que je retournerai à toi comme à mon » seigneur, et te servirai mais tant come je vivrai comme » loial serjant. » Quant il eut ce dit, il retourna arrières, et se soumist à la seignourie Thierri.

XIII.

Comment l'empereour manda derechief Thierri pour le occire, et comment il demoura, par l'exemple Tholomée.

Tandis comme le victorieux prince Thierri se combatoit en Ytalie ainsi glorieusement contre ses ennemis, estoit-il accusé vers l'empereour de Constantinoble, et despeciés et detrais par les langues ennemies de faus traitres. Car l'empereour estoit de rechief si esméu contre lui, pour ce que ils lui faisoient entendre que il estoit ennemi de l'empire; pour ce, lui manda que il revenist en Constantinoble. Tous les sénateurs assembla pour traiter de sa mort; jurer les fist que nul ne révéleroit les secrés de son conseil. Quant il eut oy le commandement l'empereour, il se douta

moult : mais toutes fois envoia, avant qu'il se méust, un message à Tholomée son loial ami, et lui manda que il lui seust à remander si ce seroit son profit ou non d'obéir au commandement l'empereour. Quant Tholomée eut le message oy, il se douta, pour le serrement que il avoit fait à l'empereour de garder les secrès de son conseil; pour ce estoit à mésaise qu'il ne savoit lequel faire : mais toutesfois l'ancienne amistié du prince et l'enchaus (1) du message le vainquit et contraint à ce que il dist au message : « L'empereour fera hui la feste de sa nativité, je et tous les
» autres sénateurs devons mengier avecques lui : tandis
» que le mengier sera plenier, tu te mettras avec les ser-
» jans ; si gardes que tu soies si près de moi que tu puisses
» apertement entendre ce que je dirai à l'empereour et aus
» sénateurs, et si rapporte à ton seigneur ce que je dirai en
» tele manière que tu le m'orras raconter. » Quant l'empereour et touz les sénateurs furent assis au mengier, et ils furent jà eschauffés de viandes et de vins, Tholomée commença à parler en tele manière : « Pour ce, dit-il,
» que ce jour est solempnel et habundans de viandes et
» de vins, est-il bien avenante chose que nous racontions
» fables et narracions pour esbater et solacier. Or faisons
» donques à la volenté de ceus qui volentiers se délitent
» en tex choses escouter. » Quant il eut ce dit et il vit qu'ils estoient tous ententifs pour escouter ce que il voudroit dire, il commença à parler en tel manière.

« En ce temps, » dist-il, « que les bestes parloient, toutes
» les bestes sauvages s'assemblèrent pour faire roy ; car l'u-
» maine seignourie leur dépleisoit. Quant elles se furent
» toutes à ce accordées, elles alèrent au lyon ; moult lui priè-
» rent que il ne contredéist pas leur volenté, car elles le vo-

---

(1) *L'enchaus*, la poursuite ou la sollicitation. Le texte d'Aimoin porte *instantiâ devictus pueri qui missus fuerat*.

» loient avoir à roy, pour ce que il estoit sage et hardi. A
» leur volenté s'accorda le lyon, la seignorie reçut, coronné
» fu comme roy et assis en son trosne. Toutes les bestes le
» vinrent saluer et adorer comme leur seigneur et leur
» roy. Entre les autres vint le cerf qui moult estoit biau et
» grant, et avoit les cornes hautes et ramues. Si comme il
» s'enclinoit pour le roy adorer, il le ravi parmi les cornes
» pour le dévourer. Le cerf qui senti la tricherie, escout
» la teste de tout son pooir, et pour ce que il estoit fort et
» légier, il s'estordit du lyon, mais il lui laissa ses cornes: tout
» ainsi s'enfui au bois. Le roy fu moult courroucié du despit
» que le cerf lui eut fait, fortement le commença à menacier.
» Les bestes se commencièrent à plaindre de la honte que
» le cerf avoit faite à leur roy, mais toutes-fois n'en fu
» nule qui osast aler après lui pour la honte vengier. Entre
» les autres fu le goupil (1) qui tant set de barat : eles lui
» prièrent que il alast après le cerf, et que il féist tant que il
» amenast le cerf au roy. Le renart fist leur prière. Quant
» il vint à lui, il lui dist que moult avoit grant compassion
» de sa douleur, et que bien lui sembloit que le roy eust fait
» cele vilenie sans raison. Le cerf commença à maudire
» le lyon pour ce que il l'avoit ainsi afolé de ses beles cornes
» quant il le voloit adorer. Le renart lui dist : *Garde s'il ne*
» *féist pour cause d'amour ce que tu dis que il te fist par vi-*
» *lenie ; par aventure quant il te prist par les cornes, il te vou-*
» *loit redrecier en pais et en amour ; si samble bien que ce soit*
» *vérité, car moult lui poise dont tu es de lui départis : il ne parle*
» *si de toi non ; toute sa pensée et s'intencion est en toi. Re-*
» *tourne à lui, et te mets en sa jurisdiction.* » Tant lui dist le re-
» nart que le cerf retourna. Quant il se fu devant le roy
» agenouillié ainsi comme devant, le lyon geta les piés et le

(1) *Goupil.* Le renard.

» saisit; les autres bestes saillirent et le despecièrent tout;
» le renart qui fu près, lui arracha le cuer et le mengea lar-
» recineusement. Le roy quist le cuer longuement, trouver
» ne le put : lors fu moult courroucié. Quant les bestes vi-
» rent que le roy estoit si courroucié, elles orent grant paour,
» l'un demanda à l'autre que le cuer du cerf estoit devenu; au
» derrenier, fu la soupeçon du larrecin mis sus le renart,
» pour ce que on l'avoit veu près du cerf, tandis comme
» l'on le dévouroit. Arraisonné en fu, il respondi que il
» n'en savoit riens. Pource que on ne l'en crut pas, l'on le
» commença à tourmenter, il commença à crier : *Hélas*
» *pourquoi sueffre-je tels tourmens sans raison, pour quoi me*
» *demande l'on ce que on seit bien que je n'eus onques? car*
» *certes, s'il eust cuer, il ne fust pas ça retourné: il s'enfui*
» *les cornes arrachiés premièrement, tout désarmé des armes que*
» *nature lui eut données; ainsi se mist en péril de mort, puis que il*
» *eut aperçeu la cruauté du lyon. Il ne put onques avoir cuer,*
» *quant il ne se seust conseillier.* » Quant Tholomée eut son
conte finé, il se tut. Le message Thierri, qui bien et sagement
eut entendu l'exemple Tholomée, retourna à son seigneur,
tout lui raconta par ordre ce qu'il eut oy conter. Quant Thierri
eut ceste exemple entendu, il demoura et n'obéi pas au
commandement l'empereour. En poy de temps après, les
princes d'Ytalie le firent roy et seigneur du païs : en tele
manière fu sauvé par son loial ami.

XIV.

Comment S. Pascases que l'on cuidoit que il fust en
paradis, fu trouvé en un purgatoire.

(1) En ce temps trespassa l'apostoile Anastaise ; grant dis-
sention fu en peuple après sa mort, car une partie s'acordoit

(1) *Aimoini lib.* 1, *cap.* 11.

en une personne qui avoit nom Lorens, et l'autre partie plus seure et meilleure, si comme il parut après, se consentoit en un autre qui estoit nommé Simmaques ; dont il avint que ils furent ordonés (1) tout en un jour, et comme l'une partie ni l'autre ne voulut cesser ni donner lieu à l'autre, les deux parties s'accordèrent que le débat fust terminé par le jugement le roy Thierri, duquel nous avons ci-dessus parlé. Le roy donna sa sentence et dist que celui qui avant avoit esté esleu de la plus grant partie du clergié et du peuple, demourast au siège. En telle manière demoura Simmaque apostoile, et l'autre fu évesque d'une cité. Ainsi comme saint Grégoire raconte, saint Pascases, diacre de l'église de Rome, s'accorda en celle dissension à celui Lorent : Si estoit-il saint homme et de haute vie ; car il chastioit son corps par abstinences, les povres amoit et leur donnoit largement pour l'amour de nostre Seigneur ; dont il avint, quant il fu trespassé, que l'on portoit son corps à la sépulture ; un homme plain de dyables atoucha à sa dalmatique, et fu tantost délivré du dyable qui au corps lui estoit entré ; et jà soit que il se fust assentis en l'élection du devant dit Lorent, si le cuidoit-il faire selon Dieu, mais il ne le faisoit pas selon science : dont il avint que un évesque de la cité de Capue, qui avoit à nom Germain, s'ala laver ès bains d'Angoulême par le conseil des phisiciens, pour une maladie que il avoit. Ainsi comme il fu ès bains descendu, il trouva saint Pascases en grans chaleurs là dedens, tout apareillié de lui servir. Quant celui évesque le vit, il fu espoenté, et lui demanda comment si grant homme et de si grant opinion dont il avoit esté, demouroit là. Il respondi que il ne souffroit ces chaleurs pour autre raison fors pour ce que il s'estoit consenti à l'eslection de Lorens ;

---

(1) *Ordonés.* Sacrés.

« Et si tu vouloies, » dit-il, « prier pour moi à nostre Seigneur
» et tu ne me trouvoies ci au retourner, tu pourroies savoir
» certainement que Dieu auroit ta prière receue. » Quant ce
preudomme s'en fu retourné, il pria pour lui en messes et
en oroisons, et puis retorna arrières; mais il ne le trouva
mie.

(1) *Incidence.* En ce temps fu merveilleusement grant famine par toute Bourgoigne : pour quoi un des sénateurs fist une chose qui moult plut à nostre Seigneur : ce sénateur avoit nom Edices. Il envoia par tout ses serjans, bien assembla jusques à quatre mille povres de ceus qui plus grant mésaise souffroient, à ses propres despens les soustint toute la chierté du temps, dont il avint que une vois lui dist: « O tu, Edices, pour ce que tu m'as saoulé en mes
» membres et mes povres sousteuns et relevés en temps de
» nécessité, pain ne te faudra jamais né à ta lignée. » Moult dut estre lié de telle response.

XV.

Comment le fort roi Clovis fu couronné après la mort de son père; et comment il rendi l'orcel à saint Rémi; et puis comment il se vengea de celui qui le contredit.

Retourner nous convient à nostre matière que nous avons un petit entrelessée pour aucunes incidences qui sont beles à raconter. Quant le roy Childéric eut tenu le royaume de France vint-quatre ans, il fu mort : un fils eut de Basine la royne, qui eut nom Clovis. Moult estoit biau et preu et gracieux : aussi comme il croissoit et amendoit en corps, ainsi pourfitoit-il en noblece de cuer et en bonnes meurs.

Le royaume reçut par héritage et fu couronné après la

(1) *Aimoini lib.* I, *cap.* 12.

mort de son père : noble fu en batailles, glorieux en victoires plus que nul de ceux qui devant lui eurent régné. Il chasça hors de Soissons Syagre, le fils Gilon le Romain, de qui nous avons dessus parlé : la cité prist et soumist à sa jurisdiction. En celui temps couroit les osts (1) de France par tout le païs, ils toloient et roboient ce que ils povoient tenir et trouver ès moustiers et aus églyses, comme ceus qui encore estoient paiens et mescréans. En ce temps estoit saint Remi archevesque de Rains : dont il avint entre les autres choses que ils lui tolirent un orcel (2) d'argent, qui moult estoit grans et pesans. Le preudomme manda au roy par un sien message, et pria moult que s'il ne lui voloit autre grâce faire, que il lui rendist son orcel. Le roy respondi que il alast après lui jusques à Soissons, car là seroient ensemble mises et départies par sort toutes les choses qu'ils avoient : « Et si j'ai, » fait-il, « à ma part cet orcel que tu me demandes, » je te le rendrai maintenant. » Quant le roy et sa gent furent venus à Soissons, il fist crier parmi l'ost que toute la proie fust mise ensemble pour départir et pour donner à chascun droite porcion, telle comme il devoit avoir par sort ; mais pour ce que il se doutoit qu'un autre éust cet orcel, il apela les plus haus barons et les plus nobles chevaliers et leur dist ainsi : « Seigneurs, mes chevaliers et mes compaignons, quant
» prince ou roy veult accomplir sa volenté d'aucunes choses
» envers sa gent, il est mieux droit et raison selon sa di-
» gnité, qu'il le face par commandement que par prière ;
» mais toutes-fois, aime-je mieulx à requerre aucunes
» choses de vous par débonnaireté et par grâce, que par
» auctorité de seignourie ; car il apartient aus tirans à ac-
» complir par cruauté leurs commandemens, aus bons

(1) *Osts*. Armées.
(2) *Orcel*. Vase. (Urceus.)

» princes par débonnaireté et par douceur de paroles. La
» dignité de mon nom doit ensuivre les exemples de mon
» débonnaire père; et ai plus chier que l'on me porte hon-
» neur et révérence, par la raison de débonnaireté que de
» paour : dont je vous prie tous, par amour plus que par sei-
» gneurie, que vous me donniez cel orcel par dessus ma por-
» tion, et je vous promets que je vous guerredonnerai bien
» ceste bonté en lieu et en temps, si je puis envers vous
» impetrer ceste chose en amour et en bonne grace. » Les
barons respondirent : « Sire noble roy, nous connoissons
» bien que nous t'avons fait serrement et hommage, et
» nous sommes tout prests de morir, si besoing est,
» pour la prospérité de ton règne et la santé de ton corps
» deffendre : donques, si la vie du corps est plus chière chose
» que nulle autre richece, sache qu'il n'est nulle chose que
» tu nous requières que nous ne te doions donner? Nous
» n'avons nul droit en toutes ces despoilles, à nous n'en
» apartient de riens, ta volenté en peus faire plainement,
» ou geter en eaues, ou ardoir en feu. » Ainsi comme le
roy eut oy ceste response, il s'esmerveilloit de la bonne volenté que les barons et tous ceus de l'ost avoient envers
lui. Dont vint avant un des François, meu de grant légièreté de courage, et frappa de l'espée en l'orcel, puis dist au
roy : « Tu n'emporteras riens de ces despoilles, fors ce que
» tu en auras, par droit sort et par droite porcion. » Moult
s'esmervellièrent tous de sa folie et de sa légière har-
dièce; mais le roy qui pas ne fist grant semblant que il
portast grièvement ceste chose, prist l'orcel et le rendi au
message saint Remi, si comme il lui avoit promis.

Un an après que ces choses furent avenues, le roy manda
ses princes et ses barons : commandé fu généralement que
chascun venist armé et fervestu (1), comme pour son corps

(1) *Fervestu*. Vêtu de fer. Nous avons perdu cet adjectif pittoresque, sans doute avec l'usage des armures de fer.

deffendre et pour assaillir ses ennemis. Quant l'ost fu assamblé et chascun fu armé au plus belement que il put, le roy issi hors pour son ost regarder et pour savoir comment et de quelles armes chascun estoit apparellié. Quant il eut tout l'ost avironné (1), il vint à celui qui, l'année devant, avoit féru de l'espée en l'orcel : bien le regarda et avisa, puis lui dist : « Je ai tout l'ost véu, si ai apris comment chascun est » d'armes atourné ; mais je n'en ai nul véu plus mauvais » de toi, ni armes moins souffisans des tiennes ; car ta lance, » ton escu, ni t'espée ne valent riens. » Après ces paroles, geta la main à l'espée de celui et la flati contre terre. Et comme cil s'abaissa pour prendre s'espée, le roy sacha (2) la sienne et le féri si grant cop parmi la teste que il le rua mort, puis lui dist ceste parole : « Ainsi féris-tu de t'espée » en l'orcel, à Soissons. » Après ce qu'il fu mort, se parti le roy de sa gent et retourna chascun en sa contrée. Ce fait espoventa si tous les François, que nul ne fu puis si hardi qu'il osast contredire sa volenté. Moult estoit le roy apert et de noble contenance ; fierté et léesce (3) estoient ensemble mellés en lui et en son regart ; fierté pour les mauvais espoventer ; léesce pour les bons asouagier.

XVI.

Comment il envoia joiaus à la pucelle Crotilde avant qu'il l'épousast.

(4) Ci après dirons comment il fu converti à la foi crestienne et comment il prist à feme la nièce le roy Gondebaut de Bourgoigne, sainte dame dès les jours de s'enfance, Cro-

---

(1) *Avironné.* Entouré. Quand il eut fait le tour de l'armée.
(2) *Sacha.* Tira.
(3) *Léesce.* Enjouement. C'est la traduction du *Jucunditas aspectus* d'Aimoin.
(4) *Aimoin. lib. I, cap.* 13.

tilde estoit apelée. Or avint que le roy envoia ses messages à Gondebaut pour pais et pour alliance fermer ensemble, si comme les anciens princes soloient faire. Quant ils eurent parfaite la besoigne, pourquoi ils estoient envoiés, ils esgardèrent le palais, si virent la pucelle Crotilde qui moult estoit plaine de grant biauté : ils demandèrent qui elle estoit, et de qui elle estoit née. On leur respondi que elle estoit nièce le roy Gondebaut et fille de son frère : et la gardoit le roy son oncle comme orpheline de mère et de père. Ces messages retournèrent en France à leur seigneur et annoncièrent comment ils avoient esploitié de la besoigne pour quoi il les avoit envoiés. Puis lui contèrent de la pucelle qu'ils avoient veue, qui tant estoit bele qu'elle estoit digne d'estre espousée du plus puissant roy du monde, comme elle estoit descendue de roial lignée. Quant le roy Clovis oy que la pucelle estoit de si grant biauté, il fu maintenant espris de s'amour, et pourtant ne l'avoit onques véue. Puis en espérance tomba d'avoir le royaume de Bourgoigne par occasion d'elle. Il transmit donc en Bourgoigne un sien familier qui avoit nom Aurelien, pour parler à la pucelle : dons et joiaus lui porta de par le roy et lui fu commandé qu'il raportast certainement la devise et la descripcion de sa biauté, et tentast la volenté de la pucelle, savoir-mon si elle le voudroit prendre par mariage, s'il la faisoit requerir. Aurelien s'apareilla ; un anel prit entre les autres joiaus ; en Bourgoigne vint au plus tost que il put. Quant il aprocha de la cité où la damoiselle demouroit, il laissa ses compaignons ès bois ; il prist habit de povre home mendiant et se mist entre les gens qui atendoient l'aumosne. Du palais s'aprocha, au plus convenable lieu qu'il put trouver pour parler à la damoiselle. Diemenche estoit, si étoit-elle jà alée au moustier, pour rendre à Dieu ses oblacions. Après le service, elle issi de la chapele, par les povres s'en vint pour ses aumosnes faire, si comme elle avoit tousjours acoustumé. Aurelien se traït avant, pour son aumosne recevoir : et comme elle lui tendoit le denier, il la saisi parmi la main, la manche lui rebouta contremont (1), à sa bouche la traït, si la baisa tout à nu. Elle commença à rougir de la honte que elle en eut, comme sainte pucelle; et quant elle fu retournée en sa chambre, elle envoia querir par une de ses damoiselles le povre, si comme elle cuidoit, qui lui avoit la main baisée. Devant lui vint; elle lui demanda pour quoi il lui avoit la main baisée et desnuée (2) : Aurelien lui respondi que il estoit message au fort roy Clovis de France, qui avoit oy parler de sa biauté et de sa noblesce, et que moult la désirroit avoir en mariage : pour ce, lui envoioit son anel et autres joiaus qui apartiennent à espousailles. Quant il eut ce dit, il retourna pour querir les joiaus que il avoit laissiés en son saquelet, derrière l'huis de la chambre; mais il ne les trouva pas, jusques à tant que ils eurent esté demandés, pour ce que on les avoit detournés. Il présenta les joiaus à la pucelle, comme celui qui estoit sûr des espousailles; car elle lui avoit jà respondu, quant elle oy parler du mariage, que ce n'estoit pas droit que femme crestienne eust mari paien; mais si le créateur du monde avoit ordonné que il le reconnéust par lui, elle ne le refusoit pas, mais sa volenté fust faite. Aurelien lui promist que le roy feroit plainnement sa volenté. La pucelle lui pria moult que ceste chose fust si bien célée, que son oncle ni autres ne s'en peussent apercevoir : il lui jura et fiança que nul ne le sauroit par lui. La pucelle prit l'anel et le mist au trésor son oncle. Aurelien qui bien eut sa besoigne faite, retourna à son seigneur et le rendit lié et alègre de la bonne response de la damoiselle.

(1) *Pallio super brachium reducto*. (Aimoin.)
(2) *Desnuée*. Découverte, mise à nu.

XVII.

Comment il l'envoia querir en Bourgoigne ; et puis comment il l'espousa à Soissons.

(1) Ne demoura pas longuement après ce, que le roy envoia ce mesme Aurelien au roy Gondebaut de Bourgoigne. Il lui manda que il lui envoiast la pucelle que il devoit espouser. Quant Aurelien fu là venu et il eut la besoigne de son seigneur proposée, le roy Gondebaut respondi qu'il ne povoit donner response de ceste chose, pour ce que il ne savoit quelle femme il demandoit : mais pour ce qu'il se doutoit qu'il ne fust là venu pour espier son règne, il lui dist : « Gardes » que tu ne soies venu soubs la couverture de ceste chose, » pour décevoir moi et ma gent et mon règne ; car je te fe- » roie vilainnement traitier et honteusement chacier de » cest palais. » Aurelien lui respondi : « Je suis, » fait-il, « message au roy Clovis ton seigneur, le fort roy de » France, qui te mande par moi que si tu lui veus envoier » Crotilde sa feme, que tu lui enseignes un certain lieu où il » la viendra querir. » Quant le roy Gondebaut entendit que le fort roy Clovis requéroit sa nièce, il s'esmerveilla moult, ses barons et sa gent manda pour soi conseillier que il feroit de ceste chose ? Mais les Bourgoignons, qui moult redoutoient la hardiesce des François et que le fort roy Clovis ne venist sur eulz à armes, si on ne lui envoioit la pucelle, eslurent une voie la plus saine et la meilleure ; car ils souloient plus deffendre leurs terres par conseil que ils ne faisoient par armes. A leur seigneur respondirent en tele manière : « Sire, nous te louons que tu saches la volenté à » la damoisele, si elle s'acorde à ce mariage et si le roy lui a

---

(1) *Aimoin. lib. 1, cap. 14.*

» envoié son anel; et s'il est ainsi que le roy lui ait envoié
» son anel ou autres joiaus et que elle les ait receus, tu ne
» peus le mariage contredire, ains la dois livrer aus mes-
» sages sans demourer. » Le roy demanda toutes ces choses
à la pucelle; elle respondi sans tromperie que elle avoit
receu son anel et ses joiaus, et que bien lui plaisoit le mariage. Quant le roy Gondebaut oy ce, il livra la pucelle à
Aurelien contre son cuer et contre sa volenté; et monstra
bien que le mariage ne lui plaisoit pas moult; car il ne voulut
riens donner à la damoisele de son trésor, ni joiaus ni autre
chose. Mais Aurelien fist puis tant, que son seigneur le fort
roy Clovis en eut la plus grant partie. Et quant le roy eut
puis eslargi et acru son royaume jusques au fleuve de Loire, il
donna à Aurelien Meleun et toute la duchée, en guerredon
de ce service (1). Aurelien reçu la pucelle et se parti du roy
bourgoignon au plus tost que il put, pour retourner à son
seigneur. Quant la pucelle Crotilde s'aperçut qu'elle aprochoit du royaume qui avoit esté de son père, elle commanda
aus François qui la menoient que ils préissent les proies par
tout le pays et que ils boutassent le feu es chastiaus et ès
viles. Son commandement firent moult volentiers : de
Bourgoigne issirent en prenant et en ardant tout devant
eulz. Quant la pucelle vit que le païs et la terre estoit ainsi
endomagiés, elle tendi ses mains au ciel et dist : « Souverain
» Dieu! je te rens grâces et merci de ce que je vois si biau
» commencement de la venjance de la mort mon père et
» ma mère. » Car le roy son oncle, Gondebaut, avoit son
père fait mourir de trop cruelle mort, et sa mère avoit fait
noier en un fleuve, une pierre à son col pendue. Le roy

(1) La chronique conservée dans le manuscrit du roi, n° 8396², raconte autrement ce fait, qu'elle semble d'ailleurs reporter au règne des enfans de Gondebaud : « Clovis avoit un sien mestre conseillier qui estoit d'Or-
» liens; icil prist Meleun et le tint en duché. »

reçut sa femme à grant liesce de cuer en la cité de Soissons, et là l'espousa à grant honneur et à grant gloire. Après ce que ils eurent esté ensamble une pièce du temps, la sainte dame le préescha plusieurs fois et faisoit son pooir de l'atourner à la foi crestienne; mais il lui disoit que il ne povoit ce faire, et que il ne guerpiroit pas la loi et la coustume que les François et les anciens princes avoient tousjours devant lui gardée et maintenue.

XVIII.

Comment la royne Crotilde conçut son premier enfant et comment le roy desconfit les Alemans.

(1) En pou de temps après, conçut la royne un fils : quant il fu né, elle le fist baptizier; Ingomire eut nom, et mort fut en aubes (2), assez tost après le baptizement De la mort l'enfant fu le roy moult courroucié et plain de mautalent (3); la royne commença à reprendre par teles paroles : « Nos dieux » ont osté à l'enfant la vie du corps, pource que il estoit » baptizié au nom de vostre Dieu » La bonne dame qui pleine de pacience et de longue espérance estoit, lui respondi : « Je rens grâces au tout puissant Dieu qui a daigné » recevoir en son règne l'ainsné enfant et le premier fruit » de mon ventre. » Elle conçut le second filz : quant il fu né et baptisié, il eut nom Clodomire. Cil enfant chaï en maladie, dont le roy fu si dolent que il commença à blasmer la royne et lui dist : « Cil second enfant ne peut longuement » vivre, car il a la haine de nos dieux par votre mescréan- » dise » Mais la sainte dame qui moult avoit mésaise au

---

(1) *Aimoin. lib. I, cap.* 15.
(2) *En aubes.* C'est-à-dire dans la robe blanche dont on revêtoit les enfans immédiatement après leur baptême. *In albis positus.* (Aimoin.)
(3) *Mautalent.* Mauvaise disposition. Colère.

cuer pour les reproches que il disoit et pour la foi crestienne que il mesprisoit, pria tant à nostre Seigneur que l'enfant reçut plaine santé.

En ce point que le roy estoit encore en l'erreur de l'ydolatrie, avint que il semont ses osts pour aler sur les Alemans que il vouloit faire tributaires. Le roy d'Alemaigne, car à ce temps y avoit roy, semont d'autre part tant comme il put avoir de sa gent; si que les deus royaumes furent esmeus l'un contre l'autre, à tout leur efforcement. Quant ils furent au champ de la bataille et les eschielles (1) furent ordenées d'une part et d'autre, le fort roy Clovis donna signe à sa gent de l'effort commencier. Les Alemans les reçurent moult aigrement. Longuement dura la bataille, moult en y eut d'occis et d'une part et d'autre : car les François se combatoient pour aquérir gloire et louenge, et les Alemans pour leurs vies et pour leurs franchises garantir. Mais puis que le roy eut aperceu l'occision de sa gent et la hardiesce de ses ennemis, il eut plus grant paour de confusion qu'il n'eut espérance de victoire. Lors il regarda le ciel humblement et dist en tele manière : « Dieu très-puissant, que la royne » Crotilde prie et aoure de cuer et de pensée, je te promet » perpétuel servise de foi enterine (2), si tu me donnes » maintenant victoire de mes ennemis. » Tantost comme il eut ce dit, sa gent fu toute ardent de fine hardiesce, et une si grant paour envaï ses ennemis que ils tornèrent les dos et quittèrent la bataille et la victoire demeura au roy et aus François ; le roy d'Alemaigne fu occis. Quant les Alemans virent que ils furent desconfis, et que leur roy fust mort, ils s'abandonnèrent au service du roy et des François, et devindrent ses tributaires : ainsi ne doit-on pas cuider que ceste chose venist d'aventure, ains fu par divine ordenance.

(1) *Eschielles.* Divisions de combattans.
(2) *Enterine.* Intérieure. (Interna.)

XIX.

Comment et par quel miracle le roy fut converti à la foi, par la victoire que il eut soudainement.

(1) Le roy retorna après cele victoire en France. Quant il fu en la cité de Toul, il trouva là saint Vaast qui puis fu évesque d'Arras : il lui manda que il s'en venist avec lui. Le roy vint à Rains; tout raconta à la royne, tant comme il lui estoit avenu; grâces rendirent communément à nostre Seigneur. Le roy fist la confession de foi, de cuer et de bonne volenté. La royne qui merveilleusement estoit liée de la conversion son seigneur, s'en ala tost et isnelement (2) à saint Remi qui lors estoit archevesque de la cité : tout lui conta, comment le roy estoit converti, puis lui demanda conseil que ils feroient : forment le hasta de venir au palais pour enseignier au roy la voie par quoi l'on va à Dieu, tandis comme sa pensée estoit encore en douteux sort (3). Car elle disoit que elle se doutoit moult que son cuer ne fust élevé des victoires et des bonnes aventures qui lui estoient avenues, et que il ne desprisast le souverain donneur, qui tout ce lui avoit donné. Messire saint Remi se hasta moult de venir au roy : il se présenta hardiement devant sa face, quant, un pou devant ce, il s'esloignoit ni ne s'osoit monstrer devant lui. Quant il lui eut la foi dénoncié et la manière de croire enseignié, et que le roy eut la foy connéue, il promist fermement qu'à tousjours-mès serviroit à celui qui est un seul Dieu tout puissant. Après il dist à saint Remi et à la royne que il tenteroit et essaieroit le cuer et la volenté de ses barons et du menu peuple : car ils se converti-

(1) *Aimoin. lib. I, cap.* 16.
(2) *Isnelement.* Promptement.
(3) *Dum animus adhuc dubia pendet sub sorte.* (Aimoin.)

roient plus doucement, s'ils se convertissoient débonnairement et par beles paroles, que s'ils le faisoient à force. Ceste condicion plut moult à saint Remi et à la royne. Le peuple et les barons furent assemblés par le commandement le roy. Le roy se leva au milieu d'euls et commença à parler en tele manière : « Seigneurs François qui estes des-
» cendus de la haute ligniée des Troiens, vous devez avoir
» en remembrance la hautesce de vostre nom et de vostre
» lignage, et devez ramener à mémoire quels dieux vous
» avez servis jusques à ore; car ce me semble raison moult
» profitable que vous connoissiez premièrement quels dieux
» sont que vous cultivez, pour ce que quant nous serons
» certains de leur fausseté, nous recevions plus volentiers
» la connoissance de celui qui est vrai Dieu; et ce sera fait
» droitement, si vous regardez les fais de vostre lignage :
» or, prenez vostre premier essample à celle noble cité de
» Troie la grant, que l'on cuidoit qui deust estre si forte
» par l'aide et par la deffense de tant de dieux, qui point
» ne deffendirent que elle ne fust prise et cravantée par les
» Griex, et plus par ruse et par traïson que par armes.
» Si, disoit-on que les dieux l'avoient faite et fondée de leurs
» propres mains, et estoient encore ès tours de la cité les
» ymages qui estoient à eux sacrées, pour qu'elle ne peust
» estre prise par nul assaut de leurs ennemis. Quel secours
» et quel aide vous puent-ils donques faire, quant ils
» meismes ne se porrent garantir? Laissons donques leur
» chétif cultivement et les getons de nous, puis que nous
» avons certainement esprouvé que ils ne nous puent aider;
» mais servons et cultivons Dieu le père, Jhésucrist le fils et
» le Saint-Esperit qui est un seul Dieu en trois personnes;
» et véez ici domp Remi nostre patron et nostre maître,
» qui nous enseignera la manière de ceste sainte religion
» et de ceste sainte doctrine; et dame Crotilde notre colla-

» térale et nostre espouse, qui m'amoneste que je aie espé-
» rance en la sainte aide de la souveraine puissance en tous
» périls et en tous besoings. Et si sachiez certainnement
» que cil meisme Dieu que je vous presche, vous a donné
» victoire de vos ennemis en la bataille que nous avons nou-
» vellement faite contre les Alemans. Levons donques nos
» cuers en droite espérance et envoions humbles prières au
» ciel, et requérons le souvrain deffendeur, qui tout donne
» à ceus qui en lui ont espérance, que il face nos âmes
» sauves et nous doint victoire contre nos ennemis. » Quant
le roy plain de foi eut ainsi le peuple préeschié et amon-
nesté, aucuns ostèrent adoncques leurs cuers de mescréandise et reconnurent leur créatour. Par ce, peut-on savoir
que moult eut saint Remi grant joie, quant il véoit le roy
nouvellement converti, qui jà estoit apostre de sa gent;
et avant encore que il fust baptisié.

XX.

*Comment le roy fu baptisié ; et comment il vainquit le roy Gon-
debaut de Bourgoigne.*

Messire saint Remi fist tout maintenant les fons appareillier, pour le roy baptisier et ceus qui par sa prédicacion
estoient convertis. Quant tout fu appareillié, le roy descendi ès fons, ainsi comme un autre Constantin. Et comme
saint Remi récitoit la manière de la passion Jhésucrist,
comme il fu lié à l'estache, batu, escopé et puis crucefié,
le roy, qui moult avoit grant compassion des griefs que on
lui avoit fait, dist un biau mot : « Certes, » dist-il, « si je
» eusse là esté atout mes François, je eusse bien vengié les
» outrages que on lui faisoit » Nostre sire monstra bien apertement combien il avoit aceptable et gréable la foi du roy
nouvelement converti, par le grant miracle qui là avint.

Car en ce point que l'on dut faire l'onction, et comme celui qui le saint cresme devoit aministrer ne put avant venir pour la presse du peuple, un coulon avola soudainement devers le ciel, non mie coulon mais le Saint-Esperit, en semblance de coulon. En son bec, qui moult estoit cler et resplendissant, aporta la sainte onction en un petit vaissel, puis le mist ès mains du saint archevesque qui bénissoit les fons. Moult eurent grant joie et grant liesce tous ceus qui là estoient; tous commencièrent à crier, *grâces et loenges à nostre Seigneur*. Là fu baptisiée une partie du peuple. Quant le roy fu baptisié et l'office du baptisement fait, il sortit de l'église lié et alègre : à Paris s'en retourna, qui deslors estoit siège des roys et chief du règne. Il monstra bien la foi et la dévocion de son cuer en ce que il fonda assez tost après, par l'amonnestement la royne, une églyse à Paris, en l'onneur du prince des apostres (1), qui ore est apelée Sainte-Geneviève; en quoi il repose en corps il et la royne Crotilde son espouse, et deus de ses neveus, qui furent fils Clodomire le roy d'Orliens, duquel nous parlerons après. Foi et religion et ferveur de justice persévérèrent fermement en lui puis tous les jours de sa vie.

(2) Les bourgeois de Verdun se révélèrent contre lui. Il assist la cité tout entour, drécier fist perrières et mangonneaus pour lancier aus murs; les moutons fist aussi lever pour les portes brisier. Ceus qui dedans estoient eurent moult grant paour, quant ils virent l'apareillement que les roiaus faisoient. (3) Toutes-voies, espargna le roy la cité, par la prière saint Eupisce qui estoit archeprestre de la vile. Quant le roy eut la cité receue, et les citoiens se furent à lui rendus, il retourna en France pour aler en la cité d'Orliens et il commanda à saint Eupisce et à saint Mauximin, son neveu, que

---

(1) Cette fin de phrase n'est pas dans Aimoin.
(2) *Aimoin, lib. I, cap.* 17.
(3) *Les roiaus.* Les gens du roi.

ils venissent après lui : son commandement firent : il leur donna un grant manoir et grans possessions (1); et pource que ils et ceus qui après éulz viendroient les tenissent sans débat, il leur en donna lettre seelée de son seel.

(2) *Incidence*. En ce temps, vint en France des parties d'Irlande saint Fursin; le moustier de Laigni sur Marne édifia par l'octroi le fort roy Clovis; mais ains que il venist en France, avoit-il jà esté en Sassoigne; là avoit-il fondé une abaïe par la volenté le roy Sigebert, qui moult honorablement l'avoit reçu. De ce roy Sigebert (3) ne povons riens trouver ès ystoires anciennes, fors en la vie saint Fursin, qui dist tant seulement qu'il le reçut en son ostel : mais l'on treuve ès croniques l'archevesque Grigoire de Tours (4) que un roy Sigebert envoia Chloderic son fils au roy de France, Clovis, pour quérir secours contre les Gotiens : et puis se dist après en ces meismes croniques que ils furent tous deux occis par la ruse aus François, qui envaïrent et saisirent leur règne et leur trésor après leur mort. Mais pour ce que le livre en quoi nous trouvasmes ce escrit, estoit corrompu par le vice de l'escrivain, nous ne pusmes pas savoir plainnement de quel gent il fu roy, ni la cause de sa mort ; mais seulement disoit-il que le roy Clovis de France avoit saisi son règne et ses trésors.

(5) Le fort roy Clovis assembla son ost et entra en Bourgoigne sur le roy Gondebaut, duquel nous avons ci-dessus parlé, à la requeste Crotilde la royne. La raison fu pour ce qu'il avoit murtri le roy Chilpéric son frère meisme, qui père

---

(1) Quibus *Miciacense* contulit prædium. (Aimoin.) *Micy* est à deux lieues d'Orléans.
(2) *Aimoin. lib. 1, cap. 18.*
(3) Sigebert étoit roi des Angles et mourut assassiné en 635. (D. Bouquet.) Au reste, il paroît que ce fut sous Clovis II que S. Fursin vint en France.
(4) Le texte d'Aimoin est ici bon à conserver : *In chronicâ quæ dicitur Grægorii et putatur esse Turonensis episcopi.*
(5) *Aimoin. lib. 1, cap. 19.*

estoit la royne Crotilde, et sa mère avoit fait noier en fleuve, une grant pierre au col pendue. Bataille y eut grant; mais le roy Gondebaut fu desconfi, luy et toute sa gent. Le roy prist la terre, tout gasta et destruit : longuement assist le roy Gondebaut ; à la parfin, le contraigni à ce que il devint son tributaire. Godegésile, le frère au roy Gondebaut, s'alia aus François contre son frère, et Gondebaut donna au roy tant or, argent et autres richesces que il retourna en France. Tout ce fist Gondebaut, par le conseil d'un sage home qui avoit nom Aredes, et si estoit à lui venu d'Arle le blanc (1) pour secours faire contre les François. Avant que le roy retournast en France, laissa-il en Bourgoigne, pour la guerre maintenir, Godegésile, le frère le roy Gondebaut, avec cinq mil François. Après que le roy Clovis s'en fu retourné en France, le roy Gondebaut, qui jà se fu asseuré que le roy n'i estoit pas, assist Godegésile, son frère, en la cité de Vienne : tant fist qu'il entra en la vile, parmi le Rosne, et son frère occist ; puis fist grant occision de l'autre gent : et les François, qui en une tour s'estoient mis, fist occirre.

XXI.

De la cause de la bataille que le roy fist contre le roy Alaric.

(2) Le fort roy Clovis fist bataille contre le roy Alaric, qui roy estoit des Gotiens. La raison fut pour ce que les Gots qui estoient corrumpus de l'érésie ariene, avoient les Borgoignons soustenus contre lui : si avoient-ils jà saisi et pris de France dès Loire jusques aus mons de Pirène. Autre cause peut l'on enseigner pourquoi la bataille fut ; car le fort roy Clovis avoit envoié au roy Alaric un sien message qui avoit nom Paterne, pour traitier de pais et d'autres choses, pour

---

(1) *Arle le blanc. Ab Arelatensi urbe.* (Aimoin.)
(2) *Aimoin. lib. 1, cap.* 20.

le profit des deux parties : si lui avoit mandé que il lui féist assavoir en quel lieu il voudroit que ils assemblassent et que le roy Alaric touchast à la barbe du fort roy Clovis, pour que il (Clovis) fust son fils adoptif, selon la coustume des anciens roys. Quant le message fut là venu et il eut sa besoigne proposée, le roy Alaric respondi que il ne faudroit mie à son seigneur de parlement (1). Paterne lui demanda s'il viendroit à peu de gent ou à plenté; il respondit que il iroit à peu et privéement. Après il lui demanda s'ils iroient armés ou désarmés; il respondit qu'ils seroient tout désarmés et que les leur fussent aussi sans armes. Arrières retourna le message, au roy conta la volenté d'Alaric et comment ils s'estoient acordés à venir au parlement. Le roy vint en Aquitaine, mais avant qu'il venist au lieu où le parlement devoit estre, il envoia arrières Paterne, ledit message, pour savoir de quel usage les Gotiens usoient et comment ils s'apareilloient à venir contre lui. Là vint le message : comme il parloit au roy Alaric, il senti et aperçut que il portoit en sa main une verge de fer, en lieu de baston, de telle quantité comme le contreappui d'un huis : telle en portoit tous ceus qui avec lui estoient. Paterne prist Alaric par la main et lui dist : « O tu roy, que t'a mesfait mes sire et » les François, que les cuides ainsi décèvoir par ton malice » et par ta traïson? » Le roy lui respondi que à ce ne pensoit-il pas et que nul mal n'i entendoit; Paterne dit que si faisoit : paroles i eut et tençons : en la fin, s'acordèrent à ce que la querelle fust déterminée par le roy Thierri d'Ytalie, dont nous avons dessus parlé. Les deus roys envoièrent leur message au jugement. Quant le roy Thierri eut la cause de l'une partie et de l'autre connéue, il dist, par droit jugement, que le message au roy de France monteroit sur un

---

(1) *De parlement.* « Dicitque se colloquio non defuturum. » (Aimoin.)

cheval blanc, une lance tendroit en sa main devant les portes du palais Alaric le roy, sur laquelle le roy Alaric et les Gotiens geteroient tant de deniers d'argent, que la pointe de la lance en seroit toute couverte, et que le roy Clovis auroit tous ces deniers et les François. Les messages retournèrent; ils raportèrent le jugement le roy Thierri, que tous les François loèrent : il ne plut pas aux Gotiens, car ils dirent que ils ne porroient pas finer de si grant somme de deniers. Ils ne se tindrent pas tellement qu'ils ne féissent vilenie au message le roy; car tandis que il aloit, une nuit, dormir en un solier de maison, ils errachièrent l'entablement qui estoit devant son lit. Lui qui pas ne le savoit, se leva par nuit por faire sa nécescité : il chaï parmi la frainte (1) si raidement, que il eut un bras brisié, et fu si froissié en l'autre partie du corps que à pou qu'il n'en morut. Au roy Clovis retourna au mieux et au plus-tost que il put; les nouvelles raconta ainsi comme elles estoient avenues, et puis se complaignit des griefs que les Gotiens lui avoient faits. Le roy qui pas ne voulut que la venjance de ceste injure fust prolongiée, car moult estoit courroucié et dolent de la honte que on avoit fait à son message, assembla son ost. Quant tous furent assemblés, il les enorta par telles paroles : « O » seigneurs François, mes compagnons et mes chevaliers, » je ne vous enorte mie en bataille pour ce que je aie dou- » tance de vostre vertu et de vostre hardiesce, laquelle nos » ennemis ont tant redoutée que ils voloient occire nostre » message, non apertement, mais en traïson; ils ont bien » monstré par ce fait que ils ne pourroient mie souffrir l'ire » de nostre gent, quant ils ont tant de paour de la con- » tenance d'un seul. Si vueil bien que vous sachiez que » nous ne nous combatterons pas contre eus pour nos

---

(1) *Frainte.* La fracture du plancher.

» femmes, ni pour enfans, ni pour terriennes richesces,
» mais pour la Sainte-Trinité qui est sans division, que
» eus, comme mauvais hérétiques, devisent par erreur es-
» comeniée. Après, nous nous combatterons pour les de-
» vines et les humaines lois, qui commandent que l'on ne
» face vilenie à ceux qui sont messages entre les osts, et qui
» portent les paroles des uns aux autres : car entre les armes
» des ennemis doivent estre messages asseurés. Hastons-
» nous donques d'aler à la bataille, et nous férons hardie-
» ment entre noz adversaires, sur la fiance de l'aide nostre
» Seigneur Jhésucrist. » Quant le roy eut ainsi parlé, les
hommes de vertu furent si esmus de combatre encontre leurs
ennemis que ils estoient tous appareilliés ou de mourir,
ou d'avoir victoire encontre ceus qui les avoient esmus.

XXII.

Comment le roy occist le roy Alaric par son corps; et comment sa gent fu vaincue.

(1) Avant que le roy se combatist contre le roy Alaric, il reçut certain signe de victoire, selon l'ancienne coustume, en
telle manière comme nous vous dirons. Il envoia ses mes-
sagiers au moustier saint Martin de Tours, pour porter de
par lui dons et offrandes au corps saint, et leur dist :
« Alez, et si me raportez signe de victoire. » En ce point
que les messages entroient en l'églyse, ils entendirent que
l'on chantoit ce vers qui est escrit au Sautier : *Præcinxisti
me, Domine, virtute ad bellum et inimicorum meorum dedisti
mihi dorsa :* si vaut autant en François; *Sire, tu m'as ceint
et armé de vertu à bataille, et m'as donné les dos de mes ennemis.*
Les messages qui ce oïrent, furent moult liés et leurs of-

(1) *Aimoin. lib. 1, cap.* 21.

frandes firent; puis retornèrent au roy et lui racontèrent le signe de victoire de par nostre Seigneur. Moult en fu lié et alègre et tous ceux de l'ost. Après ce que il eut tout son ost assamblé, il vint contre ses ennemis à un fleuve qui est apelé Vianne; outre cuidièrent passer, mais ils ne purent, car les eaues abondoient plus qu'elles ne souloient, pour les grans pluies qui eurent esté. Dolant fu le roy, quant il vit qu'il ne put passer ni sa gent, outre : tantost requist l'aide nostre Seigneur par telles paroles : « Sainte-Trinité et un seul » Dieu en majesté, donne moi victoire contre les ennemis de » la foi crestienne et si m'otroie légier trespassement parmi » ce fleuve. » Nostre Sire oï sa proière; car au matin, au point du jour que l'ost fu levé et apareillié, une cerve apparut devant eux soudainnement. Quant les François, qui d'ancienne coustume sont chaceurs plus que nulle autre gent, virent la beste, ils cuidièrent avoir trouvé proie; fortement la prisrent à enchacier de toutes parts. La cerve se feri en l'eaue et passa tout outre pour eux enseignier le passage. Par là, se purent bien apercevoir que nostre Sire leur démonstroit ainsi la voie. Le roy et tout l'ost passèrent outre par là où la cerve avoit passé : tant errèrent que ils vindrent à Poitiers. Le roy fist tendre son tref (1) assez près du moustier saint Illaire; il fu crié de par le roy parmi l'ost que nul ne fust si hardi qui préist ni vins ni viandes ni nule autre nourriture, par force, en toute la contrée. Endroit la mie-nuit que toutes choses sont en silence, un grant rais de feu ardant issi du moustier saint Illaire et descendi sur les paveillons le roy, là endroit où il dormoit : aucuns qui cest signe virent le tinrent à grant segnifiance. Au matin tous se levèrent : le roy commanda que tous fussent armés, il ordona ses batailles bien et sagement, puis che-

---

(1) *Tref*. Tente (de *trabes*).

vauchièrent en ordenance contre leurs ennemis, qui à bataille les atendoient. Après que le roy eut donné signe de l'estour (1) commencier, François se férirent en leurs ennemis ardens de combatre. Fortement se combatirent et d'une part et d'autre; mais à la parfin, furent les Gots desconfits, les dos tournèrent et s'enfuirent, si comme le signe l'avoit devant segnifié. Le fort roy Clovis se feri en la bataille où il choisi le roy Alaric au plus dru de sa gent; à lui se combati corps à corps et l'abati à terre. Comme il le tenoit dessous lui et cerchoit là où il le peust férir à mort, deux Gots le hurtèrent de deux glaives en ses deux costés, mais ils ne le purent navrer; car la souveraine vertu et le haubert le garantirent, et sous lui il occist le roy Alaric, avant qu'il se remuast de la place. En telle manière eut le roy victoire de ses ennemis, par l'aide de nostre Seigneur, comme celui qui du tout s'estoit mis en sa garde.

XXIII.

Comment le roy fu apelé Auguste et comment il fist occire le roy Cararique et un sien fils en sa prison.

(2) Le roy Alaric régna douze ans. Après ce qu'il fu occis et son ost desconfit, ainsi comme je vous ai devisé, le fort roy Clovis envoia un sien fils, qui avoit nom Théodoric, avec grant ost, aux principales parties de son règne. Il chercha (3) toute la province et soumist à la seigneurie de son père tous les Rodais et tous les Caoursins et les Auvergnas. Il retourna, glorieux vainqueur, à son père qui lors yvernoit en la cité de Bordiaus. Quant l'yver fu passé et le prinstens revenu, le roy s'en ala à Tholouse, là prist les trésors qui avoient

(1) *L'estour.* La lutte.
(2) *Aimoin. lib. I, cap.* 22.
(3) *Chercha.* Parcourut, fit le tour de.

esté au roy Alaric. De là, s'en alèrent en la cité d'Angolesme : les murs de la ville trébuchièrent à son avénement, sans nulle force, par la volonté de nostre Seigneur. En la cité entra; tous les Gots qui léans furent trouvés furent mis à l'espée : par toutes les voisines cités occist aussi tous ses adversaires, et les garnist de sa gent françoise. Quant il eut tout conquis le païs et les chastiaus garni et les choses ordonnées, il vint à Tours.

Là vindrent à lui les messages d'Anastasie, l'empereour de Constantinoble, qui lui aportèrent présens de par leur seigneur, et épistre dont la sentence estoit tele : « que il » plaisoit à l'empereour et aus sénateurs que il fust ami de » l'empire, patrice et conseillier des Romains. » Quant le roy eut ses lettres lues, il s'apareilla de robe de sénateur que l'empereour lui avoit envoié; sur un destrier monta; ainsi ala à une large place qui siet entre l'églyse Saint-Martin et la cité; là, donna grans dons au peuple. Puis, ne fu jour que il ne fust apelé conseillier et auguste. Il envoia cent souls pour racheter son cheval, que il avoit envoié pour offrande à la fierte Saint-Martin, avec mains autres dons. Ceus qui là furent envoiés ne purent le cheval mouvoir de la place. Quant le roy sut ce, il commanda que l'on offrëist autres cent souls. Ce fu fait; et le cheval en ramenèrent légièrement; dont le roy dit une parole ainsi comme par moquerie : « Saint Martin, » dit-il, « est bon aideur au be- » soing, mais il veult estre bien paié. » Après ces choses faites et pais par tout confermée, le roy retourna à Paris.

(1) Or, en ce temps là prist-il le roy Cararique et un sien fils par ne sais quel barat (2), pour ce que ce roy lui avoit plevi qu'il lui aideroit contre Siagre, le fils Gilon le Romain, dont nous avons parlé; et quant il lui dut aidier, il se traït hors

---

(1) *Aimoin. lib.* 1, *cap.* 23.
(2) *Barat.* Tromperie.

de la bataille, pour ce que il vouloit, en après, ensuivre la partie de celui qui vaincroit. Il les fist ambedeus tondre, le père fist ordener à prestre et le fils à dyacre. Ainsi que ce Cararique se complaignoit de ce qu'il estoit abatu et humelié, son fils lui dist, en montrant sa barbe qui de nouvel estoit tondue : « Ces feuilles, copées en vert arbre seront » tost recréues ; oh ! que aussi tost fust mort et peri celui qui » ce nous a fait ! » Le roy sut ceste parole ; tantost commanda que ils fussent occis : après, saisi leurs trésors et leur royaume: mais les croniques ne parolent point dont il fut, ni de quel païs fut roy.

XXIV.

Comment le roy fist occire Ranacaire le duc de Cambray et un sien frère : et si estoient ses cousins.

Le roy son ost appareilla pour guerroyer le duc Ranacaire qui tenoit Cambray et toute la duchée. Son cousin estoit de lignage, mais il le haoit, pour ce qu'il estoit de mauvaises meurs et de mauvaise manière : ses gens meismes ne l'amoient pas, pour ce qu'il estoit trop abandonné à luxure et à moult d'autres vices. Un sien familier avoit apelé entour lui, qui avoit nom Pharon, que il cuidoit moult sage. Lui qui grant deceveur estoit l'avoit si afolé et si allegié de son sens, que quant on lui faisoit aucun présent, il disoit: « Ce sera à moi et à Pharon mon conseillier. » La mauvestié de lui et la paresce avoit si esmeus sa gent meisme et ceux qui avec lui chevauchoient, qu'ils se plaignoient et se conseilloient comment ils pourroient oster ceste honte, qui à tous estoit commune : car la mauvestié du Seigneur est le reproche de sa gent. Pour ceste raison, mandèrent au fort roy Clovis que il cherchast occasion de bataille contre lui, et, s'il leur vouloit donner dons, ils se soustrairoient de la bataille avant qu'elle fust commenciée, et leur roy lui rendroient tout pris. Le roy vint à grant force de gens après ce mandement; mais il eut, avant, envoié aus traïteurs espaulières (1) de cuivre dorées et espées et autres choses ouvrées en telle manière, pour dons. Eux les reçurent qui cuidièrent que elles fussent de fin or. L'on vint au lieu de la bataille : ceus qui estoient consentant de la traïson, firent samblant de fuir. Ranacaire fu pris tandis que il s'apareilloit de fuir; présenté fu au roy de sa gent meisme. Le roy le fist occire comme mauvais. Un sien frère avoit-il; le roy commanda qu'il feust occis, et lui reprocha qu'il ne voulust son frère aidier, mais se laissast prendre avecques lui. En telle manière fist-il occire maint de ses parens meismes, prist et saisi leurs trésors, si que aucun ne demeurast pour lui occire et pour son royaume avoir après sa mort. A la cité du Mans envoia un message et commanda que on occéist Ricemer, qui estoit frère audit devant Ranacaire, pour ce que il cuidoit que il fust celui qui plus souhaitast son royaume. Un jour avint que le roy dist une parole devant tous les plus grans barons de France : « Pour ce, » dist-il, « que je suis veuf et orphelin de tous mes parens, je me » garde moult, car je n'ai nul prochain de lignage qui me » garde ma vie et ma santé. » Les barons qui notèrent en autre sens ceste parole, cuidièrent qu'il le déist pour savoir si nul se traieroit avant, pour estre de son lignage. Quant les traïteurs qui avoient Ranacaire leur seigneur vendu, s'aperçurent que le roy les avoit déceus, par les faux dons qu'il leur avoit envoiés, ils retournèrent à lui en complaignant, et le prièrent que il leur restablist le défaut (2) : mais le roy leur respondi : « Vous ne savez gré de la grâce » mienne, quant vous n'estes remembrans des bénéfices

---

(1) *Espaulières.* « *Armillas.* » (Aimoin.)
(2) *Le défaut.* La différence, ce qui manquoit.

» que je vous ai fais. De quels tourmens cuidez-vous que
» l'en dust ceus tourmenter qui traïssent leur seigneur et
» sont cause de sa mort? Alez vous en arrières, et vous
» souffise cele dolereuse vie et indigne que l'on vous a lais-
» siée. » Quant les traïteurs oïrent ceste parole, ils furont
fortement espoventés et moult leur tarda que ils s'en fussent partis.

XXV.

*D'aucunes incidences qui en ce temps advindrent et de la mort
le fort roy Clovis.*

(1) En ce temps vivoit saint Seurin et estoit abbé de l'a-
baïe de Saint-Morisse de Gaunes (2), qui ore est apelée
Chablies. Le roy qui eust esté malade près d'un an de fièvre,
le manda. Quant le saint homme fu venu, il pria tant à
nostre Seigneur pour le roy, que il recouvra pleine santé :
mais il ne retorna puis là dont il estoit venu ; ains demoura
en France au païs de Gastinois, en un chastel qui est apelé
Chastel-Landon. Là vesqui saintement le restant de sa vie,
puis trespassa glorieusement de ceste mortelle vie à la joie
perdurable.

En ce meisme temps estoit en vie sainte Geneviève ; née
fu près de Paris en une ville qui est apellée Nanterre ; sainte
vierge fu et resplendissant de mérite et de bonne vie ; sa-
crée fu et bénéïe par la main saint Germain l'Aucerrois, qui
en ce temps aloit en Bretaigne, pour destruire l'érésie pé-
lagienne dont sainte Eglyse estoit corrompue en ces parties.
Quant ses père et mère furent morts, elle s'en vint à Paris
au temps le fort roy Clovis, et vesqui puis, jusques au temps
le roy Clotaire et le roy Childebert.

(1) *Aimoin. lib. I, cap.* 24.
(2) *Gaunes. Agaunum.* Aujourd'hui *S. Maurice en Chablais,* entre Sion et
Genève.

En ce temps aussi, vivoit saint Germain qui fu évesque de Paris, saint homme et plein de grans vertus, si comme il est escrit en sa vie.

En ce temps gouvernoit l'empire de Constantinoble, Justin le vieux, qui l'avoit receu après la mort Anastaise.

En ce temps estoit le glorieux confesseur messire saint Beneoist, qui fu benéois en vie et en nom, de qui la mémoire est renommée par universel monde, pour les mérites de la haute vie que il mena.

En ce meisme temps gouvernoit l'Églyse de Rome un apostole qui avoit nom Hormisde; receue l'eut, après l'apostole Simmaque. A son temps envoia le fort roy Clovis à l'églyse Saint-Pierre une couronne d'or aournée de pierres précieuses, par l'amonnestement monseigneur saint Remi. En ce fait monstra-il bien que il ne voloit pas recevoir en vain la grâce que nostre Sire lui avoit faite, ni estre coupable du vice d'ingratitude envers nostre Seigneur, par qui il gouvernoit son royaume glorieusement. Ainsi avoit déjà fait Sosies (1), un des conseilliers de Rome; quant il eut pris Jhérusalem, il offri une couronne d'or au temple. Mais le don de cestui fu plus agréable à nostre Seigneur, car il estoit meilleur en foi et attentif honoreur de sainte Églyse; et cil Sosies estoit paien et cultiveur d'idoles.

(2) En ce temps fu croulléis (3) et esmouvement de terre si grant en la cité de Vianne que moult d'églises et de maisons trébuchièrent le jour de Pasques meismes droit en cele heure que saint Mamert, évesque de la ville, chantoit sa messe. Le palais du roy fu brulé du feu qui descendi soudainement devers le ciel; les ours et les loups issoient des bois et faisoient moult de doumages aus citoiens, car ils les

---

(1) *Sosies.* Voy. Joseph. *antiquit.*, *lib. XIV*, cap. 28.
(2) *Aimoin. lib. I*, cap. 25.
(3) *Croulléis.* Tremblement.

enchassoient et embatoient dedans la ville, et en dévoroient aucuns. Pour ceste raison fist saint Mamert sermon au peuple et les amonnesta que ils jeunassent trois jours et féissent processions en chantant létanies. De-là vint la bele et bonne coustume (1) qui encore est en sainte Églyse par tout là où Dieu est servi et honnoré, si comme aucuns veullent dire.

Le fort roy Clovis qui avoit déjà tant vescu que il avoit aprochié les termes de son âge, trespassa de ce siècle, quant il eut regné trente ans crestien, et le neuvième an après qu'il eut occis le roy Alaric (2). Mis fu en sépulture en l'églyse Saint-Pierre de Paris, (qui maintenant est apelée Sainte-Geneviève) (3), laquelle il avoit fondée à la requeste sa femme la royne Crotilde. Sur sa sépulture fu mis une éphitaphe, par vers moult bons et moult bien dis, que mesire saint Remi fist, si comme l'on cuide (4). Mort fu le fort roy cent et douze ans après le trépassement monseigneur saint Martin.

Ci fénist le premier livre des Croniques de France.

(1) *Coustume*. Les Rogations.
(2) C'est une faute, il faut *la cinquième année*, comme il est marqué dans Grégoire de Tours et dans Aimoin. (*Note de Dom Bouquet.*)
(3) Cette parenthèse n'est pas dans Aimoin.
(4) Elle se retrouve dans le tome II des historiens de France, page 538.

CI COMMENCE LE SECOND LIVRE DES GRANDES CHRONIQUES.

I.

Comment le royaume fu départi aux quatre frères ; et de la mort Clodomire.

(1) Le fort roy Clovis eut quatre fils de la bonne royne Crotilde ; Théodoric, Clodomire, Childebert et Clotaire. Tous les quatre frères furent roys et devisèrent le royaume en quatre parties. Théodoric fist le siège de son royaume à Mès, Clodomire à Orliens, Clotaire à Soissons, Childebert à Paris, ainsi comme le père (2) : et bien que en France il y ait eu plusieurs roys en divers sièges et en diverses parties du royaume, nous ne metons au nombre des roys de France, fors tant seulement ceus qui ont esté au siège de Paris roys.

(3) Quant le royaume fu ainsi devisé en quatre, un peu de temps fu que guerres ne sourdirent de nule part : mais Danoys qui ne puent estre en pais, arrivèrent par mer en la terre le roy Théodoric : en partie la prisrent et gastèrent. Le roy envoia contre eux un sien fils, Théodebert, pour son ost conduire. Il leur vint à l'encontre, à eux se combati, desconfits furent et chaciés du païs, et aucuns pris et retenus. Quant Théodebert eut ainsi esploitié, il retorna à son père.

(1) *Aimoini lib. II, cap. 1.*
(2) La fin de cet alinéa n'est pas dans Aimoin.
(3) *Aimoini lib. II, cap. 2.*

(1) *Incidences.* Entre ces choses, manda la royne Crotilde ses trois fils le roy Clodomire, le roi Childebert et le roy Clotaire; puis leur dist en tel manière : « Le tout puissant » Dieu créeur et gouverneur du monde voulut que vous » fussiez hoirs du règne votre père : pour laquelle chose, » beaus dous fils, si je ai riens vers vous deservi, je vous pri » que vous vengiez la mort de mon père et de ma mère; je » me doi moult esjoïr de ce que j'ai enfanté et nourri ceux » qui doivent estre exécuteurs de ma douleur; mais je me » dois douloir de la mort de leurs aieux, qui leur fussent à » grant honour, s'ils vesquissent. Orendroit vous ne devez » pas mesprisier la cause de ma complainte, par laquelle » vous estes orphelins de l'aide de si grans amis, que traïson » et envie vous ont tolus, avant que vous feussiez nés. Aver-» tissiez-vous quelle espérance vous povez avoir en ceus » qui ce vous ont fait : cuidez-vous que ils espargnent les » neveus, qui pas n'espargnèrent leurs frères? et certes, » ils les occirent pour petite partie du règne. Si vous » estiez morts, ils auroient grant espérance que ils eussent » vos royaumes. Certes si vous n'en prenez la venjance, ils » vous occiront. Si vous n'estes meu pour la raison de vos » aieux que ils vous ont occis, au moins soiez dolents pour » la dolour que j'ai eu quant je vis mon père morir, et ma » mère noier en un fleuve, et ma seerour dampnée par essil. » Quant la royne les eut ainsi amonestés de vengier la mort de son père, ils furent moult esmus pour la dolour de leur mère; ils assemblèrent leur ost en Borgoigne, entrèrent à grande force pour la terre gaster et destruire. Mort estoit jà le roy Gondebaut, qui le père et la mère la royne Cro-tilde avoit fait destruire. Deus fils eut lessiés qui estoient hoirs son royaume : l'un avoit nom Segimont, et l'autre Godemaire.

(1) *Aimoini lib.* II, *cap.* 3.

(1) En ce point, faisoit Segimont édifier l'églyse St-Morise de Chablies, à grans couts et à grans despens. Il monstra bien la dévocion que il avoit au martir, en ce que il enrichit le lieu si noblement de possessions et de rentes, et de clers qu'il i mist pour faire le service nostre Seigneur, comme celui qui estoit homme de bonne volenté et noble fondeur d'églyses. La cause pourquoi il estoit si dévot au martir saint Morise estoit pour ce que il avoit fait occire un sien fils, par l'amonnestement de sa femme qui haïssoit l'enfant comme marrastre. Il s'avertit (2) et regarda la quantité du péchié que il avoit fait; de cuer se repentit, les martyrs requist par grant dévocion et leur pria que ils fussent ses avocats envers nostre Seigneur et lui impetrassent pardon et miséricorde : puis pria à nostre Seigneur que s'il avoit riens meffait contre sa volenté, que il le pugnist en ceste mortele vie, et que il n'attendist pas la vengeance jusques au jour du jugement. Nostre Sire oy sa prière : en celui point entrèrent en sa terre les François. Quant il en sut la nouvelle, il assambla ses ost et s'ala contre eux à bataille. Quant l'estour fut commencié, les François se combatirent moult aigrement selonc leur coustume et les Borgoignons se desconfirent et tornèrent le dos pour fuir. Le roy Segimont qui vit la desconfiture de sa gent, prist à fuir droit vers l'abaïe de Saint-Morise de Chablies en espérance que le martir le déust garantir. Le roy Clodomire qui le chaçoit, le prist, en prison le mist en la cité d'Orliens. En ce temps estoit saint Avit abbé d'un couvent assez près de la cité : moult pria le roy Clodomire que il n'occist pas home de si grant noblece et de si grant bonté. Sa prière ne voult oïr, ains fist occire lui et ses enfans et les cors geter en un puis (3) : de là

(1) *Aimoini lib. II, cap. 4.*
(2) *S'avertit.* Réfléchit, revint en lui-même.
(3) Grégoire de Tours et Aimoin nomment la *villa* où ce puits étoit situé *Calumpnia* ou *Colomna.* C'est aujourd'hui *Coloumelle.*

furent ostés et portés à Saint-Morise de Chablies, et mis en sépulture honorablement : et l'on ne doit pas douter que il ne soit saint; car les malades qui là viennent et font sacrefices à Dieu pour l'amour de lui, sont tantost garis de leur infermeté. Le roy Clodomire qui occire les fist, ne s'esjoït pas moult longuement de sa mort, car l'an après venant, il entra derechief en Borgoigne à grant ost pour la terre gaster : le roy Godemaire vint à grant ost contre lui à bataille, désirant de vengier la mort de son frère. D'une part et d'autre se combatirent moult fortement; mais, en la parfin, les Borgoignons qui pas ne purent souffrir la force des François, s'abandonnèrent à fuir. Le roy Clodomire qui fut bien armé, hardi et encoragié pour la victoire, les enchauça plus hardiement que il ne dut, il trespassa toutes les compaignies de ses ennemis, ainsi comme la force du destrier l'emporta. Quant ils le virent au milieu d'eus et esloignié de sa gent, ils lui lancièrent dars et javellos de loin, car la fierté et le semblant de sa contenance et la renoumée de sa prouesce espoentoit si durement ses ennemis, que nul n'osoit atendre ni aprouchier pour le férir de près. Mais puis que il se vit enclos entre ses ennemis et il ne vit secours ni aide de nule part, il mist le remède de sa vie en la seule vertu, il tourna vers ses ennemis, puis se moula en armes (1), et s'acesma pour combattre. Tandis comme il estoit en ce point, il commença à penser s'il retourneroit à sa gent, où il se plungeroit entre ses ennemis; mais honte qui vainquist toute paour l'exhorta que il ne retornast : le destrier heurta des esperons, puis se jeta au plus dru de ses adversaires. Le premier qu'il encontra occist, bientôt fu environné, tant le férirent des lances et des épées parmi les

---

(1) Ce passage est la traduction bien obscure du texte suivant d'Aimoin : « In virtute sola, remedium ponens salutis, convertit equum, seseque collegit in arma. » S'acesma. S'habilla.

costez que ils le ruèrent mort. Chevalier fu hardi et preu, mais peu fu sage, vengeur des injures de sa mère fu tant comme il put. Quant François virent que leur sire fu occiz, ils ne s'enfuirent pas ainsi comme autres nascions eussent fait, ainçois enchacièrent les Bourgoignons et en occistrent grant partie. En France retournèrent, quant ils eurent la terre gastée. Le roy Clotaire prit en garde la royne Gondealque, qui avoit esté femme de son frère. La royne Crotilde prit ses neveus Theodoalt, Gontier, et Clodoalt; si les nourri en tel amour et en tele affection, comme mère nourrist ses enfans.

II.

Comment le roy Tierri fist mourir en prison l'apostole Jehan, Simaque et le grant clerc Boesce.

(1) *Incidence.* En ce temps ala en Constantinoble li apostole Jehan : saint homme estoit et de bonne vie; la cure de sainte église gouverner eut prise après l'apostole Hormisde. A Justinien l'empereour l'envoia parler le roy Tierri d'Ytalie, duquel nous avons parlé plusieurs fois. Cet empereour Justinien qui estoit vrai cultiveur de la foi de l'Église de Rome et punisseur de ceus qui demouroient en hérésie, avoit enlevé les églises aus prestres qui estoient corrompus de celle hérésie, et les avoit donné à ceus qui gardoient la foi de l'Églyse de Rome, par le conseil et par l'amonestement de l'apostre Jehan : pour ce, l'eut là envoié ce roy Tierri, qui estoit corrompu aussi de tel vice. A l'empereour mandoit par lui que s'il ne rendoit les églises aus Arriens, il occiroit le peuple d'Ytalie. Le saint homme qui estoit malade et foible, se mist en mer et arriva en Con-

(1) *Aimoini lib. II, cap.* 1.

stantinoble. L'empereour ala encontre lui, et le reçut moult honourablement : grant joie firent de ce que ils avoient receu le souverain pastour de toute sainte Églyse. Quant il eut dit la cause de sa voie et obtenu ce que il demandoit, il lui assist la couronne sur le chef, comme vicaire de saint Pierre. Congié prist à l'empereour, puis s'en retourna en la cité de Ravenne. Le roy Tierri le mist en prison et ceus qui avec lui avoient esté, quant il oy dire que l'empereour l'avoit si honourablement receu. Si longuement l'i tint et tant l'i fist souffrir soif et faim et autre malaise, que le saint homme comme droit martir i rendi à Dieu son esprit. Les preudoms qui eurent avec lui esté, fit-il aussi martirs ; les uns fist-il ardoir, les autres tourmenter de diverses paines, entre les quels il fist occire Simaque et Boesce. Ce Boesce fu le grant clerc qui translata la philosophie d'Aristote et des autres philosophes de grec en latin ; et fu bon et vrai crestien, comme il appert à ses livres que il fist de la consubstancialité de la Sainte-Trinité l'art de dialectique, d'arithmétique, de géométrie et de musique, que il translata, moustrèrent bien sa grant clergie. Ne demoura pas après ce moult longuement que le roy Tierri reçut le loier de sa félonie : quatre vins et dix huit jours après ce que il fist les sains hommes martiriser, fu mort de mort soubite : l'ame de lui vit un saint homme solitaire qui habitoit en une ile de mer, qui est apelée Lipparis, en ce point que elle issi du cors, qui estoit mise et posée, ce lui sembloit, entre Simaque et saint Jehan l'Apostole qu'il avoit fait martiriser, comme vous avez oy ; il vit que elle fu cravantée et plongiée en la chaudière boulante (1). Ce lieu estoit assez près de l'ile où le solitaire demouroit ; si est ainsi apelée pour ce que la mer est illuec

---

(1) *La chaudière boulante.* « In Vulcani ollam. » (Aimoin.)

aussi chaude que l'eaue qui bout en la chaudière. En tele manière fini le roy Tierri sa vie, qui avoit esté à son commencement plain de bonnes mœurs, et avoit donné chacun an aus Romains en aide et en secours cinq mil muis de blé. En la fin de sa vie perdi tout ce qu'il avoit fait devant, et changea les grâces que il avoit en vices. Il avoit épousé Audeflède la sœur de Clovis le roy de France : ses sœurs et ses filles avoit mariées aus princes qui à lui marchissoient (1); nule nacion ni nule manière de gent n'estoient à Ytalie voisins, à qui il n'eut affinité.

Notez. A cestui prince doivent tous princes prendre exemple, et garder que ils ne courroucent nostre Seigneur et ses ministres; car qui sans raison les grève, il en atent la vangeance nostre Seigneur à la vie ou à la mort (2).

III.

Comment le grant Justinien qui fist les lois fu empereour, et Antonie son amie imperatrice.

(3) *Incidence.* En ce temps morut Justin qui gouvernoit l'empire de Constantinoble : après lui le prist Justinien en une manière que nous vous dirons. Cil Justinien avoit esté en son temps garde des escrins et des trésors de l'empereour, et un autre qui avoit nom Bélisaire, maître des chevaliers. Cil deus s'entr'amoient moult; pour la grant amour que l'un avoit vers l'autre jurèrent-ils et fiancièrent que si l'un avoit jamais plus grand dignité que l'autre, celui qui plus grand sire seroit feroit son compaignon égal à lui en honneurs et en richesses. Un jour avint que ils alèrent ensamble en la rue où les légières femmes sont establies (4) : là virent deux

(1) Etoient limitrophes.
(2) Cette réflexion n'est pas d'Aimoin.
(3) *Aimoini lib. II, cap.* 5.
(4) « Lupanar ingressi. » (Aimoin.)

jeunes femmes nées de la terre d'Amazonie, qui avoient esté prises et enmenées en captivité. Sœurs estoient, si avoit l'une à nom Anthonie, et l'autre Anthonine. Justinien prist Anthonie, et Bélisaire Anthonine. Un jour avint entour l'heure de midi que Justinien se reposoit dessous un arbre et Anthonie près de lui; son chief enclina pour dormir au giron de son amie : un aigle vint volant par desus, qui s'efforçoit de le garantir de l'ardour du soleil. La pucelle qui moult sage estoit, entendi tout maintenant ce que cela signifioit : son ami éveilla et lui dist en telle manière : « Biau dous ami, je te prie quant tu seras esleu à la di- » guité de l'empire, que tu ne me despises pas et que tu » ne me juges pas moins estre digne de ton lit et de tes » embracemens. » Il lui respondit que ne pooit estre que il fust empereour. Elle lui respondi que ceste chose aviendroit et que elle le savoit certainnement. Puis le pria derechief que il lui octroiast sa requeste. Le jouvenciau la lui octroia : ils changièrent leur anneau en signe et tesmoignage de ceste convenance; après se départirent. Ces mêmes alliances fist Bélisaire de mariage à Anthonine, pour ce que il savoit bien que il seroit plus grant sire, si Justinien son compains estoit empereour. Après ne demoura longuement que l'empereour Justin appareilla grant expédition et grant armée contre le roy de Perse; mais en cet appareillement que il faisoit le prist une maladie dont il mourut : mort fu en le huitième an de son empire.

Le sénat et tous les camps qui sans seignour ne povoient estre, et mesmement (1) en tel besoing, élurent Justinien de commun accord. Tout maintenant que il fu empereour, il prit ses troupes et marcha contre ses ennemis : bataille y eut grant : à la fin les chaça, et prit le roy de Perse. Quant

---

(1) *Mesmement.* Surtout (de *maximè*).

pris l'eut, il l'assit el siège impérial près de lui ; il lui commanda que il lui rendist toutes les provinces que il avoit prises aus Romains : il lui répondit que non feroit ; et l'empereour lui respondit, *Daras* (1) ; pour ceste parole fist fonder une cité en ce meisme lieu, qui est apelée Daras. A la fin lui rendit le roy de Perse toute la terre qu'il avoit conquise sur l'empire de Rome, bien que ce fust contre sa volonté. En tel manière le laissa l'empereour retorner en Perse. A grant gloire retorna l'empereour en Constantinoble ; mais Anthonie qui s'amie avoit esté, comme je vous ai dit, n'oublia pas sa besoigne : elle prit cinq deniers d'or, elle vint au palais, deux en donna aus portiers, trois à ceux qui tenoient la courtine devant l'empereour, pour ce qu'ils la laissassent conter sa cause. Quant elle fu devant l'empereour, elle commença sa raison en tel manière : « Comme
» l'Ecriture dit, l'honneur du roy aime jugement ; après,
» l'autre Ecriture témoigne que le roy qui sied en siège de
» juge, déjoue tout mal par son regard ; bon empereour, en-
» tends ces Écritures, car elles sont dites de toi. J'ai pris
» hardiesse de ça venir pour ma cause depêchier. Un jou-
» venciaus est en celle ville qui sa foi m'a promise, qu'il
» me prendroit par mariage : mon anneau prist, et je pris
» le sien en tesmoignage de ceste chose. Pour ce sui à toi
» venue que tu donnes le jugement et la sentence de ce
» cas. » L'empereour respondi : « S'il y eut, dit-il, foi,
» elle ne doit pas être vaine. » Quant l'empereour eut ce dit, elle tira l'anneau de son doit que il lui avoit donné, puis lui dist : « Drois empereour, regarde de qui cet anneau fut. » Bien connut que ce estoit l'anneau qu'il lui avoit donné :

(1) Cette phrase d'Aimoin a été l'occasion de longues controverses entre les philologues. *Daras*, au lieu de *Dabis*, semblant pour les uns attester l'existence d'une langue romaine vulgaire dès le temps de Justinien, et ne prouvant rien du tout pour les autres.

maintenant commanda qu'elle fust menée en ses chambres, et vestue d'ornemens impériaux et que dorenavant fust apelée Auguste. Pour ceste chose eurent les sénatours et tous le peuple si grant dédain, que ils commencièrent à crier que grant honte estoit, quant l'empereour avoit fait imperatrice d'une folle femme chétive d'étrangère nacion. De telles paroles fu Justinien si courroucié, que il fist occire aucuns des sénatours; pour ce furent les autres et tout le peuple si espoventé, que nul n'osa depuis parler de ceste chose.

IV.

Comment Bélisaire fut trahi par envie, et comment il prist le roy des Wandes.

(1) Bélisaire prist à femme Anthonine la sœur de l'imperatrice, puis l'envoia l'empereour en Afrique, et le fist patrice et deffendeur du païs. De si grant amour l'amoit, que il le faisoit seoir à sa table, et servir de pareilles viandes comme lui-même estoit servi. Moult estoit en grant soin de l'avancier et honourer. Mais envie qui de povreté n'a cure fors de ceus que elle voit monter par bonne fortune et par bonnes avantures, et touz jours detrait et despiece ceus que elle voit monter en honneur et en richeces, fu moult dolente, quant elle vit monter Bélisaire en prospérité. Pour laquelle chose aucuns traitres alèrent à l'empereour, et lui dirent que Bélisaire tendoit à l'occirre, et saisir l'empire. L'empereour crut assez légièrement ce que les traitres lui affirmoient, et avant qu'il eust la vérité connue, savoir ou non si ce estoit mençonge ou vray, il lui commanda que il s'alast combattre contre les Wandes (2). Ces Wandes estoient

(1) *Aimoin. lib. II, cap. 6.*
(2) *Wandalos.* (Aimoin.)

une gent hardie et forte et batailleuse, qui aucune fois avoient vaincu la force des Romains, soumis et humelié les plus nobles princes et les plus renommés de Rome.

Quant Bélisaire eut ce commandement reçu, il ala à son hostel triste et plain de larmes. Anthonine sa femme vit que il avoit la face pâle et descolorée et plaine de pleurs : elle lui demanda la cause de sa tristesce, et le pria fort qu'il lui dist le secret de son chagrin, pour savoir s'elle i pourroit metre conseil. Il lui respondi que ce estoit chose de bataille et non pas de fileure de laine, et pour ce lui estoit-il mieux métier que il s'en conseillast à homme que à femme. Lors lui respondi Anthonine : « Je me fie tant en Jhesucrist » que je donnerai conseil d'homme, si tu me dis la vérité » de ta besoigne ; car l'apostre dist que l'homme qui n'est » pas fidèle sera sauvé par fidèle femme. » Ceste Anthonine estoit bonne crestienne de la foi de Rome ; mais Bélisaire estoit enveloppé de l'hirésie arienne. Lors commença un petit à penser, et regarda que aucune fois trouve-t-on conseil et sens en cœur de femme : pour ce si elle est de plus frêle nature que n'est homme, ne demeure-t-il pas pour ce que elle n'ait aucune fois entendement de profondes choses. Lors lui dist que l'empereour lui avoit commandé que il s'apareillast d'aller encontre les Wandes, qui estoient si hardis et si forts que nul ne povoit d'eus à chef venir. Anthonine lui respondi lors hastivement, de bele chière comme celle qui eut mise jus toute paor féminine et pris la vigour d'homme : « Nul, » dit-elle, « si comme l'Écriture » nous tesmoigne, ne met son espérance en nostre Seignour, » qui n'ait de lui secours et aide : pour laquelle chose, sire, » je te prie et amonneste que tu déguerpisses l'erreur et le » blasphême des hérétiques et croies en celui qui est triple » et un seul Dieu ; fais vœu au Dieu du ciel, et je te pro- » mets que tu retourneras plus grant et plus glorieux vain-

» queur que tu ne fus onques. » Car l'empereour Justinien avoit par lui brisié la fierté de mainte nacion. Quant il eut promis que il feroit ce que elle lui conseilloit, elle lui dist de rechief : « Garde que la beauté de ton visage ne soit plus » mue, pour le soin et pour la sollicitude de ceste bataille. » N'avons-nous douze mille sergens que nous soustenons à » nos dépens? n'as-tu dix-huit mille chevaliers, que tu as » acquis et qui sont tiens par la dignité de ton office et de ta » seigneurie? »—« Oui, » dit Bélisaire. —« Prends donques » douze mille chevaliers et quatre mille sergens; si che- » vauche par terre, et entre soudainnement en Afrique, et » je prendrai six mille chevaliers, je entrerai en mer et » arriverai en l'isle (1). Quant il sera point d'assembler à nos » ennemis, tu feras alumer et embraser grans lumières de » feu : quant nous qui serons ès nefs, verrons ce signe, nous » ferons aussi et vous montrerons ce même signe; lors at- » taquerez nos ennemis, et nous aussi d'autre part. »

Bélisaire s'acorda bien à cette chose; ils ordonèrent leur besogne comme elle l'eut devisé. A tant, s'esmurent les Wandes, qui bien s'aperçurent de Bélisaire et de la gent qui par terre venoient; ils s'apareillèrent de bataille encontre lui, si lessièrent leurs femmes et leurs enfans aus tentes sus la mer; fermement et longuement se combatirent. Tandis qu'ils se combatoient si aigrement, que l'un ni l'autre ne faisoient nul semblant de lacher ni de donner lieu les uns aux autres, un messager s'en vint aus Wandes qui leur dit que leurs femmes et leurs enfans estoient tous occis. Car Anthonine et sa gent se férirent en leurs tentes sitost comme ils issirent des nefs, tout mirent à l'espée ce qu'ils trouvèrent, femmes et enfans. Les Wandes qui cette nouvele oïrent, guerpirent maintenant la bataille pour retourner à leurs

---

(1) *En l'isle.* C'est une faute du traducteur ou plutôt des scribes. Aimoin dit : *Fines petam Libiæ*, et il falloit écrire : *En Libie*.

tentes. Ceus qui des nefs estoient issus avoient jà leurs tentes saisies et leurs familles occises. A l'encontre vindrent en compagnie, facilement les déconfirent; car ils venoient épars les uns çà et les autres là, comme gens sans chef et sans ordre. En telle manière furent tous mors et déconfits : leur roy qui avoit nom Childemer (1) échapa par fuite, et douze Wandes avec lui tant seulement. En un fort chastel se mist : Bélisaire assiégea le chastel. Quant celui-ci se vit ainsi entrepris et que il ne pooit de nulle part sortir fors par les mains de ses ennemis, il apela Bélisaire et lui dist que volentiers se rendroit en telle condition que il fust mené devant l'empereour sans fers et sans liens. Bélisaire lui promist que il ne seroit mis ni en liens ni en chaînes *de fer*. Quant il se fu ainsi rendu, il fu mis en une chaîne d'argent et mené en Constantinoble. Devant l'empereour fu mené, là fu souffleté et frappé et honteusement atourné. Quant ainsi se vit traiter, il requit à l'empereour qu'il lui rendist le cheval que il avoit d'abord eu, puis le laissast tout seul combatre contre douze de ceus qui telles vilenies lui faisoient; adonc pourroit veoir sa mauvestie et leur prouesce. L'empereour lui octroia cette requeste. Il fist armer douze jouvenciaus contre lui seul, mis furent ensamble. Le roy des Wandes fit samblant de fuir. Comme ils l'enchaçoient, il leur lançoit dars en fuiant par derrière son dos, si les occit tous en telle manière, l'un après l'autre. L'empereour qui fort prisa son courage et sa hardiece, lui pardonna tout son mauvais vouloir; puis le fist patrice et deffendeur d'une contrée qui est voisine aus Persans : mainte bataille leur fit et eut depuis mainte victoire; à la fin mourut en ces meismes parties.

(1) *Childemer*. Et mieux : *Gelimer*.

V.

Comment le roy Clotaire et Childebert prirent Bourgoigne; et comment Amauri fils d'Alaric fu occis.

(1) Temps est de retourner à l'ordre de nostre matière que nous avons un petit entrelessiée pour aucunes incidences qui droitement ne sont pas de l'histoire. Quant le roy Clodomir qui estoit l'ainsné des trois frères fu occis, ainsi comme vous avez oy, les autres deux frères Clotaire et Childebert assamblèrent leur ost et entrèrent en Bourgoigne pour la mort de leur frère vengier. Ils chacièrent le roy Godemaire et prirent le royaume de Bourgoigne, et le soumirent à leur seigneurie. Un frère avoient qui avoit nom Theodoric; de bast estoit (2), car le fort roy Clovis l'avoit engendré en soignentage (3). En celle bataille ne voulut aider à ses frères, pour ce que il avoit épousé la fille au roy Segismont qui estoit niece au roy Godemaire.

(4) Quant le fort roy Clovis eut occis le roy Alaric, si comme vous avez oy, il ne conquist pas tout son royaume, ainz en demora une contrée qui est à l'entrée d'Espaigne, que un sien fils qui avoit nom Amauri prist et saisi après la mort son père. Cet Amauri qui en ces parties demouroit manda par ses messages foi et alliance au roy Clotaire

---

(1) *Aimoin. lib. II, cap. 7.*

(2) *De bast.* De naissance illégitime. D'où nous avons fait *bâtard* ; suivant la traduction que donnoient de ce mot vulgaire les écrivains néo-latins du XIIIe siècle.

(3) *En soignentage.* En concubinage. Voyez le *Romancero François* :

La bele li respont : « Jà Diex ne le consente,
» Qu'en *soignentage* soit usée ma jouvente. »
(*Romance d'Argentine.*)

(4) *Aimoini lib. II, cap. 8.*

et au roy Childebert; puis leur manda qu'ils envoiassent une de leurs sœurs, car volentiers auroit à eus affinité par mariage. Volentiers s'i acordèrent les frères; leur sœur y envoièrent à grant honneur, si comme il convenoit à dame née de si haute lignée. Quant la dame eut habité une pièce avec lui, celui-ci, qui estoit cruel et divers par nature et par raison de lignage, la commença à laidengier (1) : pas ne l'amoit ni honouroit comme royne, ni comme dame née de tel gent; et lui disoit autant de vilenies et de reproches, comme si ce fust une chambriere, ou une serve que il eust achetée : et pour ce que il estoit corrompu de l'hirésie ariene, aussi comme ses pères avoient esté, il la tenoit aussi en despit pour ce que la bonne dame estoit cultiveresse de sainte foi de l'Églyse de Rome. Quant elle aloit aus églyses des bons crestiens, il lui disoit moult de vilenies : aucune fois advenoit que il lui lançoit boue et ordure au visage, ou lui faisoit lancier au milieu de sa voie, quant elle alloit au moustier, et faisoit esmouvoir la pueur et la corruption de l'ordure pour la troubler, et pour lui empeschier la pure dévocion d'oraison. Mais quant la bonne dame eut tant souffert qu'elle ne pouvoit plus, elle envoia à ses frères une charte par un sien loial serjant à plours et à larmes, qui contenoit ceste telle sentence : « Biaus très-dous frères, » aiez pitié et merci de moi! daigniez recevoir la cause » de ma nécessité et de ma tristesce. » Le roy Childebert estoit à Clermont en Auvergne que il avoit soutrète à son frère (2), quant le message vint à lui; il estoit moult sage de guerres mener. Tout maintenant que il eut ses troupes appareillées, il mut sans attendre l'aide de son frère : soudainement entra en Espaigne. Amauri son serourge (3) qui

---

(1) *Laidengier*. Maltraiter.
(2) *Son frère*. Théodoric.
(3) *Serourge*. Beau-frère. (Sororis-vir.)

bien sut sa venue, vint d'autre part tout appareillié de combattre par mer et par terre. La bataille fut ordonée en un champ par l'acort des deux parties : ensamble joustèrent leurs batailles, fortement et longuement se combatirent; mais en la parfin le roy Childebert qui plus avoit de gent, tourna ses ennemis en fuite ; car les Gotiens qui fortement furent espoventés des lances et des armes de France, ne purent pas longuement souffrir l'estour (1). En diverses parties fuioient; les uns aloient aux villes et aux retraites des bois, les autres aux navires qui estoient sur le rivage. Les François coururent au devant de ceux qui fuioient à la mer et les firent arière retourner par force. En cele desconfiture s'enfuit Amauri pour sa vie garantir à une églyse qui pas n'estoit des Ariens : un François qui l'aperçut féri le cheval des esperons après lui, d'une lance le féri, quant il le put atteindre, si durement qu'il le rua mort. Quant le roy Childebert sut que Amauri fut occis, il enchaça ses ennemis jusques à souveraine desconfiture, puis vint jusques à la cité de Thoulète (2). Les citadins qui moult furent espoventés de la victoire qu'il avoit eue, lui rendirent la cité assez tost après ce que il l'eut assiégée ; tous les trésors et les joiaus que il trouva en la ville prist. Quant il eut sa sœur receu, il retourna en France : mais en ce qu'elle retournoit, elle acoucha (3) d'une maladie dont elle mourut. Le roy Childebert qui moult en fu dolent, fist le corps atourner et mettre en un escrin. (4) Quant il fu à Paris, il le fist mettre delez son père le fort roy Clovis en l'églyse Sainte-Geneviève. (5) Entre les trésors que le roy

(1) *L'estour.* La lutte.
(2) *Thoulète.* Tolède.
(3) *Acoucha.* Elle se mit au lit ; *fut alitée.*
(4) *Escrin.* « In loculo. » (Aimoin.) Dans un tombeau portatif, comme les châsses.
(5) *Sainte Geneviève.* « Sancti Petri. » (Aimoin.)

aporta d'Espaigne furent trouvés très-riches vaissels qui apartiennent au service de l'autel; c'est à savoir soixante calices d'or très-riches et très-précieux, quinze patènes et vingt textes d'évangiles : (1) aucuns disoient que ils avoient esté des joiaux Salemon le roy, car ils estoient de fin or esmeré et aornés de très-riches pierres précieuses d'œuvre triphoire (2). Mais convoitise ne put onques le roy à ce mener que il en voulut riens retenir; ains les departi tous à diverses églyses, comme large et libéral qu'il estoit.

VI.

Comment Théodoric recouvra la cité qu'il eut perdue; et comment il desconfist Hermenfroy le roy de Toringe.

Ainsi prist le roy Childebert la cité de Thoulète, comme vous avez oy; mais tandis qu'il conqueroit terre sur autrui, perdit-il celle qu'il cuidoit estre sienne. Car en ce point que il fist cele ost en Espaigne, le roy Theoderic, son frère, reprist la cité de Clermont, que il lui avoit tolue. Tous ceux occist ou chaça hors que il trouva léans en garnison, puis commanda que Monderic fust occis, et que tout ce qu'il avoit fust ajousté aus fiefs roiaus. Ce Monderic se vantoit que il estoit de son lignage et que son royaume lui devoit par droit escheoir après sa mort. Devant ce, avoit fait moult

---

(1) *Textes.* C'est-à-dire, vingt volumes ornés d'une riche *couverture* d'ivoire ou de métal précieux, comme les anciens diptyques. *Texte* rend le *capsa* d'Aimoin.

(2) « Ex vasis quæ dicunt fuisse Salomonis.... Omnia cum solido fabri-» cata forent auro, gemmisque ornata opere inclusorio. » (Aimoin.) *Par incrustation,* rendroit bien ces deux derniers mots. Quant à l'*OEuvre triphoire* de notre texte françois, je crois que c'est encore un synonyme de l'*Opus inclusorium.* Du Cange le définit parfaitement : *Ornamentum ad oram rei alicujus adtextum,* c'est-à-dire : Incrustation.

de domages au roy Theodoric ; car il avoit cherché (1) toutes les cités d'Auvergne, et avoit assamblé grant multitude de gent à pié et des vilains du païs, et garni un trop fort chastel qui avoit nom Victri. (2) Le roy assiégea le chastel ; mais quant il vit qu'il fu si fort et si bien garni, que il ne le povoit prendre sans trop lonc siège et sans trop grant domage, il apela un de ses hommes qui avoit nom Aregesile, puis il lui dist : « Va, si apèle Monderic, et lui donne ta foi pour » asseurement que il n'aura garde, (3) si l'amoneste que il isse » hors du chastel, en tele manière que il puisse estre occis. » Il obéit au desloial commandement du roy : à celui vint, et tant le déçut par parole que il issit hors de la forteresse. Quant Aregesile eut donné signe à sa gent de lui occire, il leur cria en tel manière : « Que faites-vous ? pourquoi » regardez-vous cest homme comme si vous ne l'eussiez » onques veu ? » Après ce mot lui coururent tous sus ; mais quant il aperçut la traïson que Aregesile lui avoit faite, il lui dist ainsi : « Aregesile pour ce que tu as ta foi mentie » vers moi, et que tu m'as deceu par traïson, nuls yeux de » chair ne te verront vivant en avant de ceste heure. » Quant il eut ce dit, il se traist près de lui ; la lance que il tenoit lui apuia entre les espaules, puis le bouta si fort qu'il lui perça tout outre, si que le fer de la lance ferit en terre. Après ce biau coup que il eut fait, il escria ceus qui avec lui estoient, et se ferit entre ses ennemis, et ne cessa onques d'occire ni d'acraventer tant comme il put durer. Archades qui eut livré la cité de Clermont au roy Childebert, (4) s'en-

---

(1) *Cherché.* Parcouru.
(2) *Victri.* C'est *Vitrac* en Auvergne, et non pas Vitry en Champagne, comme l'a pensé Valois.
(3) *Dato sacramento securitatis.* (Aimoin.)
(4) *Childebert.* Toutes les leçons manuscrites et imprimées portent *Théodoric*, mais c'est une faute que le texte d'Aimoin seul feroit reconnoître.

fuit à Bourges qui lors estoit au roy Childebert : sa femme et sa mère furent envoiés en exil en la cité de Caours.

(1) En ces entrefaites, pacifia le roy Childebert à son frère le roy Theodoric; leurs troupes assamblèrent, et chevauchièrent en la terre de Toringe, qui ore est apelée Loraine. Du païs estoit roy Hermenfrois, qui ses frères avoit occis par l'enhortement Amalberge sa femme. Moult estoit ce roy Hermenfrois enorgueilli en son cœur, et plain de vaine gloire, pour ce que Amalberge sa femme estoit fille le roy Tierri d'Ytalie, duquel nous avons parlé, et fille de la sœur du fort roy Clovis. La royne estoit aussi moult orgueilleuse pour ce qu'elle estoit descendue de royale lignée. Le roy Hermenfrois avoit un frère qui avoit nom Berchaire, que elle haïssoit de mortelle haine, si comme il apparut puis, car elle lui mist sus que il portoit envie à son seignour pour avoir son royaume. Tant fist et tant enchaça le roy, que il le fist occire en la prison où il estoit. Adonc un sien autre frère qui Baudri estoit apelé commanda le roy que il fust aussi occis pour que il ne venjast la mort de son frère. Par tel malice la mauvaise délivra le païs de ses deux beaux-frères que elle haïssoit, à semblant que elle fust jalouse et curieuse de garder la vie et la santé de son mari. Bien estoit le chétif aveuglé qui cuidoit que ils eussent pensée de lui occire, et ne s'avertissoit pas comme grant pechié il faisoit d'occire ses frères et les compaignons de son royaume sans raison. Certes, la pensée du mauvais est si vile que elle est tantost pervertie par mauvaises suggestions. En ce point que le roy Theodoric fut entré en Toringe, ainsi comme nous vous avons touché, le roy Hermenfrois lui vint à l'encontre à grant chevalerie et à grant multitude sans nombre. Un aguet firent les Toringiens pour grever leurs ennemis,

---

(1) *Aimoini lib. II, cap. 9.*

qui petit leur valut; car ils firent un fossé profond que ils couvrirent de verds gazons, pour ce que leur ennemi et leur cheval trébuchassent dedans en leurs venues. Mais quant François eurent la fraude aperçeue, ils en eurent merveilleux desdaing. Lors leur coururent sus et les menèrent en petit d'heure à souveraine déconfiture. A la fuite s'abandonnèrent quant plus ne purent endurer : François les enchassièrent jusques à une iaue qui est apelée en leur langue Ouestrudh. (1) Là se recueillirent et livrèrent combat à leurs ennemis, et s'éforcèrent en toutes manières de défendre le passage. Mais François qui d'ancienne coustume ont que ils soient vainqueurs se confermèrent et se joindrent ensemble; en eus se férirent, et les hurtèrent des corps et des escus par si grant vertu, que ils les firent saillir en l'eaue : et ce ne fu pas moult grant merveille, car la bataille estoit dessus le rivage. Là eut grant occision de Toringiens; et le fleuve fu si plain des corps de ceus qui furent occis ou noiés, que François trespassèrent par dessus les corps comme par-dessus un pont jusques en l'autre rivage du fleuve. Le roy Hermenfrois s'enfuit à peu de gent et se féri en une cité qui près estoit. Le roy Theodoric lui manda que il venist parler à lui à un chastel qui est apelé Tulbic (2), et l'assura que'il n'auroit garde de lui. Il vint à son mandement. Un jour avint ainsi que ils aloient parlant ensamble par dessus les murs de la forteresse, le roy Theodoric le bouta jus soudainement : cil chaï en tel manière que il fu tout escervelé. Puis commanda que ses enfans fussent estranglés. Après ces choses faites, François prisrent et saisirent toutes les cités et les chastiaus de Toringe, et chascièrent le peuple au païs dont ils estoient premièrement venu : car avant que celle

(1) *Ouestrudh.* Unstrudt.
(2) *Tulbic.* « Tulbiaco. » (Aimoin.)

gent vinssent au païs, avoient les François tenu toute la région. De celle gent fait mention saint Jherosme en la Vie saint Iliarion que il nous descrit, et dist que celle nacion est plus forte et hardie que elle n'est grande en nombre de personnes : si habite en la marche de Saissoigne et Alemaigne, qui ores est apelée l'ancienne France.

VII.

Comment le roy Theodoric cuida faire occire le roy Clotaire son frère par traïson.

(1) Le roy Theodoric qui demouroit en Loraine que il avoit conquise, comme vous avez oy, haoit de mortel haine le roy Clotaire son frère, comme il parut par son fait; car il lui batissoit et appareilloit un piège en traïson, par quoi il le peust occire. Un jor lui manda que il venist à lui parler; mais avant, eut fait tendre une courtine (2) en une des parties de son palais : chevaliers armez fist cacher derriere, puis leur commanda que ils occissent le roy Clotaire tantost comme il seroit devant lui venu. Celui-ci vint à lui, qui pas ne s'apensoit de la traïson. Si comme il vint au palais, il vit les piés des gens armés qui paroient par desous la courtine. Quant il vit ce, il se douta et se tira arriere; sa gent fist armer et leur commanda que ils alassent devant lui. Le roy Theodoric entendit maintenant que son frère s'estoit du barat aperçu; et pour ce qu'il ne voulut que le fait fust adonc plus descouvert, il l'apela et lui fist biau semblant en traïson; puis lui donna un moult biau platel d'argent et le mercia moult du secours et de l'aide que il lui avoit fait encontre ses ennemis : car il avoit esté avec

---

(1) *Aimoini lib. II, cap. 11.*
(2) *Courtine.* Tapis, couverture.

lui en ceste bataille qu'il avoit faite contre le roy Hermenfrois.

VIII.

Incidence. Comment Atalus fu délivré de servitude.

Après ces choses, le roy Clotaire retourna à Mès, qui estoit siège de son royaume ; si emmena sa gent qui encore ne s'estoit aperceu de ce fait : mais le roy Theodoric qui moult se doloit du don que il avoit fait à son frère, se complaignoit à sa gent de ce que il avoit ainsi perdu son vaissel d'argent sans raison. Theodebert son fils apela, et lui commanda que il alast à son oncle à Mès, et que il lui raportast le platel que il en avoit porté. Celui-ci fist le commandement son père : à son oncle ala et le raporta sans demeure. Après ces choses le roy Clotaire issit de son païs pour quelques besoignes dont l'histoire ne parle pas : en son retour amena avec lui Radegunde la fille au roy Berthaire. Celle dame fu puis de sainte vie, et elle resplendit de maintes vertus en la cité de Poitiers.

Le roy Theodoric et le roy Clotaire, qui frères germains estoient d'un père et d'une mère, estoient conjoints par nature : mais ils estoient désunis par discorde et par haines. Maintes émotions et maintes assamblées firent l'un contre l'autre ; mais toutes voies pacifièrent ensamble et demorèrent les batailles d'eus et de leurs gens. Ceste concorde ne dura pas moult longuement qu'elle ne fust brisiée par la perversité d'aucuns mauvais hommes qui s'esjoïssent des mutations des choses, quant ils les voient souvent avenir. De quoi il avint que les ostages qui estoient donnés et d'une part et d'autre pour la confirmation de la pais, nés et extraits de hautes gens, furent vendus en servitude, entre lesquels Atalus, un noble enfant et extrait de grant lignage, fu vendu à un barbarin en la cité de Trèves. Cet Atalus estoit neveu de saint Grigoire l'évesque de Langres, qui moult estoit dolent de lui. Ses messages envoia à Trèves à celui qui son neveu tenoit en servitude. Cet homme estoit l'un des plus grans et des plus riches de la cité. Quant ils parlèrent à lui de l'enfant racheter, il respondi : « Cet enfant qui » est de si grant lignage ne m'eschapera pas, si je n'ai dix » livres d'or pour sa rançon. » Lors retournèrent à leur seigneur et lui noncièrent la réponse. Lors se trait avant un sien queu (1) qui lui appareilloit ses viandes, si avoit nom Lyon; à l'évesque dist ainsi : « Sire, laissez-moi aller, et » j'espère que je délivrerai l'enfant à l'aide de Dieu. » L'évesque s'i acorda moult volontiers. Quant Lyon fu à Trèves venu, il vint à un homme du païs, et lui dist que il le vendist au seigneur de cet enfant, comme son propre serviteur et le pris retint à soi en guerredon de ceste bonté. Cet homme s'i acorda volontiers pour son preu; car le pris de ce marché monta à douze besans. Celui qui Lyon acheta lui demanda quel mestier il savoit : « Je suis, » dist-il, « si » bon queu, que nul n'est meilleur que moi. » Lors lui commanda que il appareillast un manger tel que tous ses amis, qui avec lui devoient manger le dimanche, le tinssent à merveille. Lyon qui moult fu curieux de bien faire la besogne, lui fit un manger de poucins tel que tous ceus qui en goustèrent dirent que onques, meismes à la table le roy, n'avoient mangé de si bonne viande, ni si bien appareillée. Pour ceste chose le reçut son sire à si grant amour que il le fist tout seigneur de son celier et de son hostel : et celui-ci entendit à lui servir au mieux et au plus loiaument que il put. Un an après avint que Lyon alla jouer ès prés où celui Atalus le neveu l'évesque gardoit les che-

---

(1) *Queu.* Cuisinier. (Coquus.)

vaus son seigneur : quant ils eurent tourné le dos les uns aus autres, pour ce que on n'aperçut qu'ils parlassent ensemble, il dit à l'enfant Atalus : « Il est désormais temps » que nous pensions de retourner en nostre païs. Quant » tu venras donques encore à nuit et que tu ramenras ces » chevaux, garde que tu ne soies endormis, si que tu aies » appareillié nostre erre (1) au mieux que tu pourras, quant » tu orras que je t'apelerai. » Le soir avint que Lyon convoioit le gendre son seigneur à son hostel, et que celui-ci lui dist en jouant : « Dis moi, vallet, si tu as encore pour- » veu en quel nuit tu désires retourner en ton païs. » Et Lyon lui respondit ainsi que par moquerie, (mais toutes voies lui dist-il voir), « en celle mesme nuit, mès que Dieu » l'en vousist aidier. » Et celui - ci respondit après : « Je » vueil, » dist-il, « donques que mes serviteurs me gar- » dent mieux que ils n'ont coutume, que tu n'enportes » rien du mien ostel. » Quant ce vint après le premier somme, Lyon ala à l'enfant et lui demanda s'il avoit point d'espée, il dist que non. Lors ala Lyon au chevet son seigneur, si prist son espée et son bouclier. Le sire qui bien l'oï, demanda que ce estoit. « Je suis, » dist-il, « qui vais es- » veiller Atalon pour les chevaus mener ès prés, qui dort » si fortement que il semble qu'il fust hier soir yvre. » Il se tut à tant, pour ce que il cuida que celui-ci lui dist vrai. Puis s'en alla à l'enfant ; quant il eut pris aucun harnois dont ils avoient mestier, ils montèrent sur deus bons chevaus, puis chevauchièrent pendant trois jours et trois nuits sans boire et sans mangier. Tant errèrent que ils vindrent à un fleuve qui est apelé Muese : là furent détenus et perdirent leurs chevaus ; mais toutes voies passèrent-ils outre à quelque peine. Quant ils eurent l'eaue passée, ils trouvèrent un

---

(1) *Erre*. Course. Formé par contraction de *iter*.

arbre chargié de fruit, assez en cueillèrent et bien s'en saoulèrent en alant. Une nuit avint ainsi comme ils erroient, qu'ils oïrent bruit de chevaus qui après eux acouroient. Lors dist Lyon à l'enfant : « Baissons-nous vers terre que » nous ne soions vus. » Ils se tapirent derrière le tronc d'un arbre qui près d'eux estoit ; mais avant tirèrent leurs espées pour eus défendre, si mestier leur fut. Ceus qui après eus chevauchoient s'arrestèrent là endroit pour leurs chevaus établer ; lors dit l'un à l'autre : « Hastons-nous que ces » larrons s'enfuient ; certes si je les puis trouver, je pen- » drai l'un parmi la gueule, et l'autre occirai de mon espée. » Celui qui ce disoit estoit leur sire mesme. A tant, heurtèrent chevaus des esperons, et s'en passèrent outre. Ils se remistrent au chemin, et errèrent tant que ils vindrent à Rains celle nuit mesme : là les reçut un prestre qui estoit nommé Paulelins ; deux jours les tint en son hostel pour récréacion dont ils avoient bien mestier ; puis s'en allèrent à Langres à l'évesque Grigoire, qui moult fu liés de leur venue. A Lyon son bon serjant donna terre et l'affranchi et lui et sa femme et ses enfans en guerredon de son bon servise.

IX.

Comment le roy Clotaire et le roy Childebert occirent leurs neveus.

(1) La bonne dame Crotilde demouroit adonc à Paris ; là nourrissoit ses neveus les fils du roy Clodomire en grant chierté et en grant honneur. Childebert qui roy estoit de Paris avoit bien grant mauvais vouloir et bien grant envie de ce que il véoit que elle les tenoit si chiers ; car il cuidoit que l'amour et l'afection que sa mère deust

(1) *Aimoini lib. II, cap. 12.*

avoir vers lui fust amoindri en ce que elle les amoit tant. Pour occasion de ceste jalousie apella son frère Clotaire le roy de Mez : ensamble se conseillèrent comment ils pourroient avoir les enfans par devers eux pour occire. Pour ce que mauvais ont tost trouvé voie et occasion de faire leur mal, ils mandèrent à leur mère qu'elle leur envoiast leurs neveus, car ils les vouloient veoir, et savoir s'ils estoient en aage de leur terre tenir, que ils leur voloient livrer. La royne qui pas ne savoit la desloiauté qu'ils avoient pourparlée, leur envoia les enfans. Moult avoit grant joie de ce que il lui sambloit que ils les amoient et que ils avoient bon conseil vers eus. Livrés furent aus mesages qui les estoient venus querre. Quant ils s'en furent partis, et ils eurent les enfans livrés à leurs oncles, autres mesages revindrent maintenant à la royne de par ses fils, qui lui aportèrent une espée et unes forces. (1) Quant elle vit ce, elle demanda que ce ségnifioit. L'un des mesages qui Veridaire(2) avoit nom lui respondit : « Ce te mandent les tiens fils que tu eslises et » prennes lequel que tu voudras de ces deux choses, ou que » tes neveux soient mis en religion et tondus de ces forces, » ou que ils soient occis de ceste espée : car il convient faire » le quel que soit de ces deux choses. » Quant la royne oy ce, elle gémi et soupira profondément ; puis respondit : « Ha ! pitié est morte ; bonne chose est que je meure avec » mes enfans : ore est le temps venu que nul conseil n'a » mestier à trouver remède contre ce mal. Ce est une nou- » velle manière de tourment que les oncles convoitent la » mort de leurs neveus simples et innocens. Certes moult » ai grant deuil quant je ai enfanté enfans homicides et » meurtriers de leurs parens et de leur chair mesme. S'ils

---

(1) *Unes forces.* Des ciseaux. « Forcipes. » (Aimoin.)
(2) *Veridaire.* Notre brave traducteur n'entend pas ici le *veredarius* d'Aimoin, qui signifie *courrier* et dont il fait un nom d'homme.

» ont autres de leurs parens occis qui desservi l'avoient et
» pour vengier la douleur de leur mère, de ceus ne parole-
» je pas, mais de ceus où l'en ne puet trouver nule cause
» de haine ni de mesprise. Ils n'ont nule raison de leur
» mort, mais pour ce seulement les veulent occire que il s
» veulent avoir leur héritage et le royaume leur père. Ha
» ils périssent; et leur mort leur profite, à moi est à dou-
» leur. Lasse, dolente quel enfantement ai-je fait! pour-
» quoi tendi-ge onques mes mameles à ceus qui me tollent
» l'amour que je avoie à mes neveus doux! Hé! mes
» enfans, je suis cause de votre perdition, qui par mon
» mauvais amonestement conduisis vostre père au péril de
» mort, duquel vous demeurastes orphelins. Je avoie esté
» mère mauvaise et la plus malheureuse, ore voloie estre
» aïeule plus heureuse. Je vois le terme de ma vie apro-
» cher : si voloie à mes neveus conseillier ; or les veulent
» ceus-là occire, qui contre tous hommes les deussent ga-
» rantir, et en qui ils deussent trouver pitié et miséricorde
» selonc nature. Souverain Dieu, ne mets pas les ames d'eus
» avecques les mauvais, que eles ne soient pas tourmentées
» ès paines d'enfer, ains veilles qu'elles soient en perdurable
» vie! » Quant la royne eut ainsi faite sa lamentation sur ses
neveus, la voix lui rompit en parlant par la grant compassion et par la grant dolour qu'elle sentoit au cuer. Quant
elle fu revenue et elle eut repris son esprit, elle dist :
« Puis qu'il est ainsi que la condition d'élire l'un des deux
» m'est offerte, quoique il aviègne d'eux, je ne veil pas que
» ils soient clers. » La bonne dame eslut ceste voie, car elle
ne cuidoit que pour rien ils les occissent, ains avoit espérance
que pitié et nature les fléchiroit à ne faire telle déloiauté et
telle félonie : jasoit ce (1) qu'elle sut bien la déloiauté de Clo-

---

(1) *Jasoit ce que.* Bien que.

taire, elle ne povoit croire que il durast en sa félonie jusques au meurtre de ses neveus. Moult autrement avint que elle ne cuida; car le desloial Clotaire prist l'aîné des enfans, le jeta contre terre, et lui lança un coutel parmi le corps, si lui toli sa vie et son règne. Quant le moins agé vit que son frère fu occis, il fu moult espouventé, et ce ne fu pas de merveille. Au roy Childebert s'en courut pleurant, puis s'attacha à ses jambes, merci lui cria moult piteusement, et le pria que il apaisast le courroux de son oncle envers lui. Celui-ci qui estoit meu de pitié, ou fit semblant qu'il en fust meu, dist à son frère que il amollist la colère de son cuer par la contemplacion de nature, et que il mist droit naturel sur le mouvement d'ire, et s'il vouloit ce faire, il lui promettoit tel guerredon comme il voudroit, pour ceste chose et en lieu de ceste bonté. Le roy Clotaire lui respondit : « Tu » qui es ministre de ce fait, pourquoi fais-tu semblant que » tu vueilles avoir pitié de lui? jette le ensus de toi, (1) ou tu » mourras en lieu de lui. » Childebert qui douta la cruauté de son frère ne put ni ne voulut aller contre sa volenté, et bouta l'enfant qui à lui s'estoit attaché : celui-ci le combra (2) tantost et l'occit en telle manière comme il avoit l'autre occis. Clodoual le troisième des enfans, qui eut vu ses deux frères occire, fu moult plus attentif à sauver sa vie que à requerir son règne; il eschapa de ce péril par l'aide d'aucuns prudhommes qui pitié en eurent; puis fu-il prestre sacré et homme de sainte vie et de sainte conversation. Mort fu et mis en sépulture au terroir de Paris en une ville qui a nom Nogent (3). Les miracles que nostre Sire fist puis pour lui sont signes que il soit en perdurable vie.

(1) « Puerum à te expelle. » (Aimoin.)
(2) *Combra.* Saisit.
(3) On sait que cet endroit a depuis, du nom de *Clodoual*, été nommé Saint-Cloud.

Quant le desloial eut ainsi occis ses deux neveus, ce ne lui fu pas assez, ainz occist leurs nourrices en telle manière comme les enfans, puis monta entre lui et sa gent (1), si partit de Paris. La sainte royne Crotilde prist les corps de ses neveus en grans pleurs et en grandes larmes, atourner et embaumer les fist, puis les fist enterrer en l'églyse Saint-Pierre (qui aujourd'hui est apelée Sainte-Geneviève), delez leur aïeul le roy Clovis.

X.

Incidence. De qui les Lombars descendirent.

(2) Après ces choses faites, le roy Theodoric fist espouser à son fils Theodebert Guisegarde (3) la fille de Wacon (4) le roy de Lombardie. Mais puisque ci avons fait des Lombars mention, nous raconterons brièvement l'original de cette nacion et reprendrons aucunes choses qui là dessus ont esté déterminées. Celle gent qui sont apelés Lombars, furent premièrement apelé Guimes (5) : d'une île d'Alemaigne vinrent qui eu leur langue est dite Scandinavie. Deux ducs avoient, desquels l'un estoit nommé Ibor et l'autre Maion (6). Pour habiter, entrèrent en une région qui estoit apelée Scoringue; mais quant ils virent que cette terre n'estoit pas habondante et que ils ne pourroient pas guérir (7), ils passèrent en une autre qui est apellée Mauringue. Lors firent un roy de leur gent pour eus gouverner qui avoit nom Agel-

---

(1) « Ascenso equo unà cum suis. » (Aimoin.)
(2) *Aimoini lib. II, cap.* 13.
(3) « Wisegardam. » (Aimoin.)
(4) Paul Diacre le nomme *Baco.*
(5) *Guimes.* « Winili. » (Aimoin.)
(6) *Maion.* « Agio. » (Paul Diacre.)
(7) *Guérir.* Subsister.

mont : fils estoit Maion, l'un de ces deux princes que ils eurent devant eu. Ce roy Agelmont régna trente ans; après lui régna Lamis; après Lamis Lehus; après Lehus Hildehoc; après Hildehoc reçut le royaume Gudehoc; mais après la bataille qui fu entre Odoacre et Pheletée, dont nous parlasmes là dessus (1), se départirent les Lombars de la terre de Gollande, et entrèrent en une autre qui estoit apelée Rugiland en leur langue, qui vaut autant en françois comme *païs de Rugiens*; car celle sillabe *Land* vaut autant comme *païs*. Quant Gudehoc leur roy fu mort, si régna après lui un sien fils, qui avoit nom Kaffo; après lui régna Taco. Au temps de cestui roy guerpirent la terre de Rugiland, et vindrent habiter en des champs grans et larges qui en langue barbarine sont apelés Flech. (2) En ce temps que ils demouroient là, Rodulphe roy d'une gent qui estoit nommé Heruliens, fit alliance à Taco le roy des Lombards : peu de temps dura cette alliance; car le roy Rodulphe s'aperçut que la fille du roy Taco avoit fait mourir un sien frère de trop cruelle mort : pour ce appareilla bataille contre lui; mais il fu desconfit lui et sa gent, et fu occis en cele bataille. En celle desconfiture avint à sa gent une merveilleuse chose; car ils estoient tous si déçus et si enchantés, que ils cuidoient des blez qui verdoyoient parmi les champs, que ce fussent grans fleuves; et si comme ils levoient les bras aussi comme pour noïer (3), leurs ennemis les occisoient assez légièrement. Celui roy Taco occit Wacon qui son neveu estoit, fils de son frère. Quant il eut occis son oncle, il saisit le royaume et fu le huitième roy sur les Lombars. La fille de ce roy Wacon épousa Theo-

---

(1) Liv. I, ch. 11.
(2) *Flech*. Almoin écrit *Felth*, et P. Diacre *Filden*. C'est le même mot que *Feld*, champ.
(3) *Noier*. Nager.

debert le fils au roy Theodoric, si comme vous avez oy ; mais il la guerpit puis après la mort son père, et prit une autre qui avoit nom Deuthere (1) née du lignage de Rome.

Après la mort du fort roy Clovis, envahirent les Gots plusieurs terres que ils avoient perdues à son temps. Pour cette raison envoya le roy Theodoric Theodebert son fils contre eux pour recouvrer ce que ils avoient sur lui conquis. Quant il eut amené son ost jusques à une cité qui estoit apelée Bittere (2), il manda par ses mesages aus bourgeois du chatel qui estoit nommez Capraire, que ils lui rendissent le chatel et lui ouvrissent les portes. Cette dame Deuthère, que nous avons dessus nommée, qui estoit sage et de noble lignée des Romains descendue, et estoit venue avec son mari en ce chatel à garant pour ses ennemis, lui manda que il vint seurement et il seroit en païs reçu. Quant il aprocha du chatel, elle issi hors et ala encontre lui ; maintenant fut espris de son amor, quant il la vit pleine de si grant biauté : puis la prit-il et guerpi Guisegarde la fille au roy Wacon de Lombardie, que il avoit avant espousée.

XI.

Comment le roy Theodoric mourut.

En ce temps occit le roy Theodoric Sigivalt qui son cousin estoit ; puis manda tout secrètement à Theodebert que il occist son fils qui avec lui estoit en l'ost. Mais quant Theodebert eut reçu le commandement de son père, il ne le voulut pas accomplir, pour ce que l'enfant estoit son filleul ; car il l'avoit levé des fons. Quant il lui eut les lettres

(1) « Deutheriam. » (Aimoin.)
(2) *Bittere.* C'est Beziers.
(3) *Aimoini lib. II, cap.* 14.

de sa mort monstrées, que son père lui avoit envoié, il lui dit que il s'enfuist et détournast jusques après la mort de son père, puis revinst après à lui. Celui-ci se détourna en telle manière et en tel païs que nul ne sut onques puis nouvelles de lui. Lors vinrent mesage à Theodebert, qui lui noncièrent la grave maladie de son père. Il laissa toutes besognes, quant il eut ces nouvelles oïes, et Deuthère au chastel d'Auvergne; puis retourna en France au plus tost que il put. Le roy Theodoric fu forment agrevé de maladie; il trespassa de ce siècle, quant il eut régné trente ans. Le règne reçut après Theodebert son fils, il ne ressembla pas à son père, car il fu sage, atrempé (1) et débonnaire à toutes gens. Plus grant vertu lui eut encore Dieu donnée, car il fu loial et droiturier en justice. Le roy Childebert et le roy Clotaire qui estoient ses oncles, lui cuidèrent tolir sa terre, mais il les supplia et amollit leur orgueil en telle manière, que il reçut son royaume sagement et en pais; puis envoia querre Deuthère que il avoit lessiée au dit devant chastel, et l'épousa par mariage. Le roy Childebert qui toujours à mal pensoit, sut bien et aperçut que il ne pourroit surmonter ni vaincre Theodebert par force, si sut bien que ce estoit plus profitable chose à soi que il le tinst à amour, que il esmeust vers lui chose dont il ne put venir à chief. Pour ce lui manda que il vinst parler à lui. Quant venu fu, il lui fist grant joie et belle chière par dehors et lui donna assez de ses ornemens et de ses joyaux. Quant Givals oy (2) dire que Theodebert régnoit au lieu de son père, il retourna à lui. Le roy le conjoï moult et le baisa comme son filleul; tout son héritage et toute la terre que son père tint, lui rendit et avec ce la tierce partie des meubles et des choses que on avoit receues de son père. Deuthère que le roy avoit

(1) *Atrempé*, modéré.
(2) « Ginaldus autem Siginaldi filius. » (Aimoin.)

nouvelement épousée, avoit une fille de son premier seigneur, grande estoit et parcreue (1) : moult eut grant peur que son sire le roy Theodebert ne la convoitast, pour ce la fist mettre en un char et tirer par bœufs qui onques n'avoient esté domptés, puis fu par son commandement getée en Muese à une ville qui est appelée Verdun. Quant le roy Theodebert, qui assez avoit de bonnes graces et bien estoit morigené, sut que elle eut ce fait, il la guerpit et reprit Wisegarde que il eut devant épousée.

XII.

De Justinien l'empereour et de Bélisaire.

(2) Ci endroit nous convient reprendre aucunes incidences qui s'acordent à ce dont nous avons parlé là dessus. Bien avez oy comme Justinien l'empereour de Constantinoble eut haï et repoussé de soi Bélisaire par l'enortement des traistres; et puis comment il recouvra sa grace par la bataille que il fist contre les Wandes. Bien que l'empereour l'eust plus amé que nul autre avant que il fu esleu à l'empire gouverner, il le haï puis moult durement, sans raison comme il apparut; car il lui fu toujours bon et loial. Après ce donques que il eut vaincu les Wandes, et leur roy pris et amené en liens devant l'empereour, il l'ama tant et crut que à tous ses conseils il estoit le premier apelé. De ceste chose furent les traistres dolents et esmeus contre lui, pour ce que ils se doutoient que le povoir où ils le veoient monter ne leur fust à nuisance et à abaissement : pour ce s'en alèrent une heure à l'empereour, samblant firent par fausses simulacions que ils fussent

---

(1) *Grande et parcreue.* « Valde adultum. » (Aimoin.)
(2) *Aimoini lib. II, cap.* 15.

moult curieux de garder son honneur et sa santé ; puis lui dirent en telle manière : « Sire, nous te faisons à savoir pour » nos seremens aquiter, et mesmement pour l'amour que » nous avons vers toi, que tu eschives les conseils de Béli- » saire, et que tu te gardes de lui ; car il n'atent à toi occire » fors que temps et lieu de ce faire : et si nous n'eussions » ceste chose destourbée et empeschiée par simulacion de » meilleur conseil, il t'eust occis et tout l'empire saisi » et fait orphelin de droit seigneur. » Par telles paroles que les traistres, les serjans et les plus grans du palais disoient à l'empereour, croissoit petit à petit haine en son cuer contre Bélisaire, et de là en avant l'eut en soupçon pour le grant povoir et la grant seigneurie que il avoit au palais. Devant lui le manda, puis lui commanda que il ne s'entremist plus de la sénéchaucée de l'empire (1). Celui-ci s'en vint à son hostel, après ce que il fu ainsi déposé de son office, et proposa à vivre en pais d'ore en avant sans sollicitude et sans cure. Il n'issoit nule fois hors de son hostel que il n'eust douze hommes de sa propre maison bien armés devant lui et bien appareillés pour lui deffendre, si besoin en eust. Mais pour ce que ce est trop fort chose de vivre en prospérité sans envie, il ne souffisoit pas à ses ennemis ce que ils lui avoient fait, ains croissoit l'envie et la haine d'eus de jour en jour contre lui. Si eut aucuns qui eurent propos et volenté de lui occire en son hostel. De plus grant félonie se pourpensèrent les traistres : quant ils virent que ils ne povoient encliner l'empereour du tout à leur volonté et à leur sentence, ils pensèrent que ils le déposeroient de la dignité de l'empire.

Ainsi comme l'empereour alloit un jour au théâtre de la cité pour soi esbatre et pour regarder les geux, ceux-ci qui

---

(1) « Patriciatus interdixit curam. » (Aimoin.) La sénéchaussée, le commandement des troupes.

la déloiauté que ils avoient conceue vouloient acomplir, et avoient temps et lieu de ce faire, le tirèrent en un privé lieu, la couronne lui ostèrent de desus le chief vilainement, et le deffublèrent de la pourpre impériale; puis prirent un autre qui Florien avoit nom, au théâtre le menèrent, là le couronnèrent comme empereour et l'assirent en la chaire impériale. Le théâtre est une place commune en quoi tout le commun s'asamble pour faire les geux. Justinien qui ainsi fu déposé, envoia tantost à Bélisaire un sien mesage bien parlant, si lui manda telles paroles : « Bélisaire, biau » cher ami, je te prie qu'il ne te souviègne pas des vilenies » ni des hontes que je t'ai faites sans raison; mais ramaine » à mémoire l'ancienne amitié et les bénéfices que je t'ai » fais aucune fois, et me secours si tu peus. » A ce respondi Bélisaire : « S'il m'eust, « dist-il », lessié au povoir et en l'es- » tat en quoi je estois, je le secourusse bien : il me prie envain » maintenant, car je n'ai point de povoir pour ce que il m'a » tolue la dignité que j'avois coutume d'avoir. Mais toutes » voies veuil-je obéir au commandement nostre Seigneur » qui dist que l'on ne rende pas mal pour mal. Je m'appa- » reillerai et lui aiderai au mieux que je pourrai. » Quant il eut ce dit, il prist tous ses serviteurs et quanques il put avoir de sa maison, bien les fist tous armer, puis s'en alla au théâtre où le faus empereour estoit. Quant il fu un petit aproché, il regarda la tourbe de ses ennemis qui estoient tout entour la chaire Florien leur nouvel empereour; il retourna devers sa maisnie (1) et leur dist : « O mes bons amis et ma » bonne maisnie que je ai toujours trouvés bons et loiaus, » véez ici le jour et l'heure que je ai toujours désiré que » nous puissions prendre vengeance de nos ennemis. Véez » là le tiran qui est avironné de la tourbe de nos ennemis

---

(1) *Maisnie*, domesticité. Les gens attachés à la famille.

» et des traistres qui l'ont fait empereour par desloiauté :
» et ne doit nul douter qu'ils ne doivent tous mourir
» d'égale mort, car ils ont une cause de mesme volenté
» en la malice. Armez donc vos dextres de l'espée de jus-
» tice, et faites aussi comme vous verrez que je ferai. »
Quant il eut ainsi amonesté ses gens de bien faire, il entra
au théâtre, devant l'empereour vint. Quant il eut fait
samblant de soi agenouiller devant lui, il tira l'épée, et
le feri si qu'il lui fist le chief voler. Ses chevaliers et sa
gent tirèrent les épées, et se férirent ès traistres, puis férirent
à destre et à senestre si durement, que ceus qui devant estoient liés de leur empereour, pensèrent plus de fuir que
d'eus deffendre. Bélisaire prist la couronne et le chief Florien, puis vint à Justinien et lui dist ainsi : « Ceus qui avoient
» envie de ta santé et de la mienne, tendoient à mettre hayne
» et discorde entre moi et toi, pour ce que tu m'abatisses de
» l'honneur où je estoie; et quant tu fusses desnué et des-
» garni de ma présence, que ils te peussent faire la honte
» que ils t'ont maintenant faite. Je n'ai pas recordé à venjance
» les griefs que tu m'as fait sans raison par leur enorte-
» ment, ainz t'ai rendu la couronne et l'empire que ils t'a-
» voient tolu; et pour ce que je recors l'ancienne amour et
» les bénéfices que tu m'avoies fais, je t'en rends aujour-
» d'hui la récompense. » Quant il eut ce dit, il lui assit la
couronne sur le chief. Puis que Justinien fu ainsi resaisi de
l'empire, il fist derechef Bélisaire patrice et sénéchal de
tout l'empire. En peu de temps après l'envoia en Ytalie
contre les Gotiens, qui durement grevoient les Romains.

XIII.

Comment le pape Silvère fu envoié en exil.

(1) En ce temps estoit en vie le glorieus confesseur messire saint Beneois ; à quarante milles de Rome demeuroit en lieu qui est apelé Soublac : de là vint à Mont-Cassin ; là conversa saintement et dignement, et resplendit de maintes grans vertus, (si comme saint Gringoire raconte en sa vie) (2).

En ce mesme temps alla saint Agapites pape de Rome à l'empereour Justinien de Constantinoble qui estoit chéu en hirésie : mais le saint homme le ramena à la vraie foi de l'églyse de Rome. Anthime le patriarche de Constantinoble damna, qui estoit chef de cette hirésie : onques puis ne retourna à Rome le saint homme, ainz mourut en la cité de Constantinoble. Après lui tint le siège Silvère, que Theodore (3) le roy des Ghotiens mit au siège aussi comme par force sans le sçu et sans l'assentiment l'empereour. Il fu si corrompu par pecune, que il commanda que tous ceus-là fussent punis par glaive qui à lui ne se consentiroient. Mais Dieu en prist la vengeance assez tost après : car il ne vesquit que deux mois puis que il eut ce fait. Après lui fu couronné un autre qui estoit apelé Witige. En ce point vint Bélisaire en Secile ; là entendi que les Goths avoient fait nouveau roy : lors se hasta de chevaucher parmi la terre de Champaigne (4) jusques à Naples. Il mist le siège entour la cité, pour ce que les citoiens ne lui voulurent ouvrir les portes. A la parfin la prit par force, tous les Ghotiens que

---

(1) *Aimoini lib. II, cap.* 15.
(2) Cette parenthèse n'est pas dans Aimoin.
(3) *Théodore.* Var. *Théodose.* « Theodotus. » (Aimoin.)
(4) *Champaigne*, la Campanie.

dedans trouva, mit à l'espée. Après ce se combati à Witige le roy, et le desconfi : puis vint à Rome et garni la cité : puis si s'en parti. A tant Witige rassembla sa force après le département Bélisaire, et assist Rome. Un an tout plein dura le siège; les Romains tenoient en si grant destroit, que nul ne povoit issir ni entrer dedans la cité. Là furent les Romains et tous les peuples en si grant tourment de faim, que trop souffrirent de malaises. Bélisaire, qui pas ne séjournoit, fist maintes grans batailles contre ses ennemis, et eut mainte victoire et les chassa jusques en la cité de Ravane à la parfin.

(1) Un cler qui Vigile estoit nommé, dyacre, garde des escrins de l'églyse, s'aperçu que la damnacion d'Anthime le patriarche que saint Agapites le pape avoit dampné, ne plaisoit pas à l'empereour ni à l'imperatrice; leur grace cuida aquerre pour eus enhorter ce que il cuidoit qui leur deust plaire. Lors vint à l'imperatrice et lui dist que elle mandast Silvère le pape, quant il auroit ses lettres receues, que il rapelast Anthime le patriarche, et le restablist en son siège. Quant saint Silvère eut les lettres lues, il commença forment à gémir et à soupirer. Lors rescrit à l'imperatrice telle sentence : « Dame Auguste, bien que je aie vostre malveillance, » et que ce soit, par aventure (2), cause de ma fin tem- » porelle, jamais n'avendra, si Dieu plait, que je rapelle » homme corrompu et damné par hirésie. » L'imperatrice qui moult fu courroucée de ceste réponse, envoia Vigile le clerc, qui cette besogne avoit pourchacée, à Bélisaire qui lors estoit en ces parties, et manda que il trouvast aucune occasion par quoi il envoiast Silvère le pape en exil, et Vigile, qui les lettres portoit, mist en son lieu. Pour ce le fist l'imperatrice que Vigile lui avoit promis que il

---

(1) *Aimoini lib. II, cap.* 17.
(2) *Par aventure.* Peut-être.

rapelleroit Anthime. Quant Bélisaire eut les lettres receus, il ne fu pas joyeux de ce mandement, lors dist ainsi : « Je ne contredirai pas la volonté des princes, ainz accompli-» rai leur comandement contre mon cuer ; mais celui qui a » ceste félonie pourchacée, n'évitera pas la vengeance du juge » qui tout voit. » Lors furent faus tesmoings introduits contre saint Silvère, qui dirent que il vouloit livrer la cité et Bélisaire aus Ghotiens qui estoient ennemis de l'empire. Bélisaire lui commanda que il alast en Constantinoble et que il se présentast à l'audience l'empereour et l'imperatrice. Ainsi le fist comme il le commanda. Quant il fu au palais, l'imperatrice l'araisonna par telles paroles : « Dis-moi, Sil-» vère, que t'avons nous meffait, qui nous vouloies livrer à » nos ennemis? » Ainsi que elle parloit, un dyacre qui Jehan avoit nom, lui tira le mantel du col, et lui vestit habit de moyne; puis lui fu commandé que il alast en exil en l'isle de Ponce; et Vigile qui cette besoigne eut bastie, fu pape. Bélisaire rapareilla sa force et se recombati contre le roy Witige : en cette bataille fu ce roy si mal mené et à si grant déconfiture, que la plus grant partie de son armée fu occise, lui même fu pris et mené à Constantinoble.

XIV.

De la pais des deux roys par la prière de Crotilde leur mère.

(1) Le roy Childebert, qui le siège de son royaume tenoit à Paris, manda au roy Theodebert son neveu que il appareillast son armée pour lui aider encontre son frère le roy Clotaire. Celui-ci fist ce qu'il lui manda. Leurs armées joignirent ensemble et firent moult grant appareil pour grever le roy Clotaire. Un mesage vint à leur mère la bonne

(1) *Aimoin. lib. II, cap.* 18.

royne Crotilde, qui à Paris demeuroit; il lui dist que ses fils assambloient grans forces et grans assamblées de gens pour destruire l'un l'autre. La mère qui entendit que ses enfans avoient conçu telle félonnie en leurs cuers l'un contre l'autre, et que ils vouloient destruire eux et leurs gens par occisions, eut grant douleur à son cuer selon la tendresse de mère. A Tours alla hastivement; devant le corps monseigneur saint Martin s'étendi en oroisons et en grans soupirs et en grant effusion de larmes; sa prière fist à Dieu et à saint Martin en telles paroles : « O Dieu Jhesu-cris, qui les
» descordables cours des élémens concordes et joins en-
» semble par sainte conjonction; les deux frères, qui sont
» disjoints par le mal de discorde, fais repairer en l'unité
» de pais selon le droit de nature : Sire, je te prie que ce ne
» me nuise pas, si je ai porté et enfanté tels enfans qui sont
» de si grant cruauté, qu'ils n'espargnent l'un l'autre, ni ne
» connoissent ni parent ni ami. Ils ont occis leur oncle et
» estranglé leurs neveus; et bien que ils aient tant de
» maux fais, je ne cuidasse pas que leur forsenerie les menast
» à ce que ils oubliassent leur fraternité et l'amour de na-
» ture. Beau Sire Dieu, père puissant qui es juge et auteur
» de nature, je te prie que tu mettes pais et amour entre les
» frères germains; et que tous ceus qui troublent pais et
» concorde espoventes par ta puissance. » Nostre Sire oy la prière de la sainte Dame; car tout maintenant commença à tonner en ceste partie où le ciel estoit plus cler et plus net. Le roy Clotaire qui bien vit qu'il n'avoit pas gent pour assambler, ni pour soutenir la force de deux roys si puissans comme ils estoient, douta le péril; il s'enfuit en Orlenois en une ville qui a nom Combrons (1), jusques à tant que son

(1) Voici l'un des passages que l'obscurité de la première rédaction et l'inexactitude des copies ont rendus inintelligibles sous la plume des copistes postérieurs Grégoire de Tours avoit dit : *Chlotacarius.... in silvam*

frère fust apaisé vers lui en aucune manière, et que son armée fust creue et enforcée de gent qui venir devoient et de aultre secours que il atendoit de jour en jour. Mais la plus grant espérance qu'il eut estoit en nostre Seigneur. Lors monstra bien nostre Sire que il avoit receu les prières de leur mère. Car là où les deux roys et leur ost estoient logés, un tonnerre leva soudainement, qui donna si horribles éclats que tout le camp en fut espoventé. Lors commença à plouvoir trop abondamment, foudres et tempestes à chéoir si menument et si rudement; le vent à venter si forment, que il arrachoit les pavillons et esparpilloit les chevaux en divers lieux : les chevaliers n'avoient défense contre les pluies et contre les coups de la tempeste, fors des escus, dont ils se couvroient. Ils se couchièrent tous à terre en grant peur et en grant dévocion, et prièrent à nostre Seigneur que il les épargnast, et que il ne prist pas la vengeance de ce que ils avoient deservi par leurs meffais. Plus grans miracles advint : car en celle partie où l'armée du roy Clotaire estoit logée, il ne venta point ni ne tomba eau, ni nuls signes de tonnerre n'y apparut. Les deux roys qui là estoient venus pour tout confondre, envoyèrent maintenant leur message au roy Clotaire pour requerre pais et concorde perpétuelles. Le roy Clotaire leur octroia volentiers : lors départirent les troupes en amour et en pais,

confugit et concides magnas in silvis illis fecit. Les *Gesta regum francorum* dirent ensuite : *In silvam confugit in Arelauno, fecitque Combros.* Je serois assez porté à croire qu'en donnant un nom à la forêt anonyme de Grégoire de Tours, les *Gesta* ont confondu cette défaite de l'année 537 avec celle que le même Clotaire essuya en 599: *Super fluvium Aroannam, nec procul à Doromello vico.* (Fredegaire, chapitre 20). Quoiqu'il en soit, Aimoin s'étant servi d'un manuscrit des *Gesta* qui portoit *Auriliano* pour *Arelauno*, a dit : *Confugium in Aureliano pago, in loco qui Combros dicitur, fecit.* Commettant ainsi une bévue grossière et prenant *Combros* (amas de bois), pour un nom de lieu. Nos chroniques ont suivi Aimoin.

et retourna chacun en sa contrée. En telle manière furent les enfans sauvés et garantis du péril de mort eus et leurs gens par la prière de leur dévote mère, ni ne souffrit pas nostre Sire, que ils accomplissent les félonnies que ils avoient conceues. De ceste chose furent joyeux tous ceus qui aimoient pais et concorde entre les deux frères.

Incidence. En ce temps advint une avision à saint Germain. En dormant il lui sembloit que un vieux homme lui tendoit les clés des portes de Paris : il demanda à ce vieillard ce que cela signifioit, et il lui respondi que il le sauroit après. Lors avint que l'évesque de Paris, qui avoit nom Eusebies, fu mort ainsi comme il aloit à l'encontre du roy Childebert pour aucunes besoignes de son églyse. A l'élection qui fu après parut bien la signifiance de cette avision; car messire saint Germain à la dignité de l'évesché fu eslu.

XV.

Comment le roy Childebert fonda l'abaie de Saint-Germain; et comment le roy Sigebert conquist Ytalie.

(1) Le roy Childebert qui, je ne sais quant (2) années devant, avoit esté en Espagne et avoit la cité de Thoulete prise, apela son frère le roy Clotaire en son aide, car il avoit entr'eus deux pais et amour par la concorde que ils eurent devant faite; il vint à lui et amena grant ost et fort. Ensamble partirent et chevauchèrent jusques à la cité de Saragoce, qui vaut autant comme Cesarauguste (3). En cette cité fu martirisé saint Vincent. Les roys firent assiéger la ville, pour ce que les citoyens ne voulurent les portes ouvrir. Assaut

---

(1.) *Aimoin, lib. II, cap. 19.*
(2) *Quant.* Combien de.
(3) *Cesaraugustum usque accesserunt.* (Aimoin.)

y eut grand et périlleux, moult se deffendirent bien ceux-ci dedens, mais à la fin quant les Espagnols virent le grant siège entour la cité, et ils eurent connu la force et la viguer des François, ils n'eurent plus talent de combattre; ainz tournèrent leur espérance en la miséricorde de nostre Seigneur. Croix et eau bénite prirent, et firent procession tout entour les murs de la cité, en chantant respons et litanies. Les roys qui ce virent, cuidèrent premièrement qu'ils le fissent pour aucunes sorceries ou pour aucun enchantement. Un vilain prirent du païs, si lui demandèrent de quelle religion ceus de laiens estoient, et pourquoi ils alloient ainsi parmi la ville. Le païsan leur respondit que ils estoient crestiens et que ils alloient ainsi priant à Nostre Seigneur, que il les secourut. « Va, » dirent les roys, « à l'évesque de » laiens, si lui dis que il vienne seurement parler à nous. » Le preudhomme alla à l'évesque et lui dit les paroles. Quant l'évesque venu fu devant les roys, le roy Childebert l'araisonna et lui dit : « Pour ce que vous estes crestiens et » creez en celui qui est vrai Dieu, nous avons résolu que » nous vous espargnerons, si vous voulez faire ce que nous » vous requerrons. » Lors tourna sa parole à l'évesque et lui dist : « O toi évesque qui es en cette cité au lieu de pré- » lat, si tu nous veux bailler les reliques du bon martyr » saint Vincent, qui en cette cité resplendit par sainte con- » versation de vie et fu couronné par martire, si comme » Germain évesque de Paris nostre cité nous a plusieurs fois » conté, et la pure vérité de plusieurs le témoigne (1), nous » osterons le siège de vostre cité et vous laisserons vivre » en pais. » L'évesque sans plus atendre, leur aporta l'étolle et la cotte saint Vincent. Les roys les reçurent en grant dévocion : lors se levèrent du siège, selon ce qu'ils leur avoient

---

(1) *Ut multorum sinceritas et signata veritatis verba testantur.* (Aimoin.) Le latin ne parle pas de Saint-Germain.

promis. Mais moult mauvaisement ils tindrent leurs convenances ; la province prirent et gastèrent, et puis s'en retournèrent en France.

Le roy Childebert fit fonder une abeie au dehors des murs de Paris, à la disposition et à la devise Saint-Germain, en l'honneur du beneoit corps saint Vincent, (qui ore est apelé Saint-Germain-des-Prés). En cette églyse mit l'estolle et la cotte du glorieux martyr, et moult grant partie des joiaus que il avoit devant apporté de Thoulete, (1) comme calices d'or, textes d'Évangile et croix d'œuvre merveilleuse.

(2) *Incidence.* Quant Amauri le serourge aus deux roys fu occis, si comme nous vous avons dit, Theodose reçut le royaume d'Espagne, tant comme Amauri en tenoit. Quant Théodose fu occis, fu roy après lui Theodegeles. Tandis que ce Theodegeles séoit une nuit au mengier à sa table plus gaiement que il ne souloit, sa gent mesme, qui sa mort avoit pourparlée, éteignit cierges et chandelles, et l'occit, séant au mengier. Après lui fu roy Agila qui aussi refu occis. Jà avoient les Ghots ce vice en telle accoutumance, que ils occioient leur roy tantost comme il leur desplaisoit un peu.

(3) En ce temps que les deux roys estoient encore en Espagne, le roy Theodebert leur neveu, fils de Theodoric leur frère, entra en Ytalie en grande compagnie et toute la prit et fit tributaire, dès les mons de Mongeu jusques à la terre maritime. (4) En France retourna après. Mais il laissa au païs un sien prince (5) qui avoit nom Bucellenne et la plus grande

---

(1) Voyez ci-dessus, liv. II, chap. 5.
(2) *Aimoin. lib. II, cap.* 20.
(3) *Aimoin. lib. II, cap.* 21.
(4) *Ab Alpibus usque ad maritimorum confinia locorum....* (Aimoin.)
(5) *Un sien prince.* « Ducem. » (Aimoin).

partie de son armée, pour conquérir aucunes terres que il n'avoit encore pas conquises, et mesmement pour le royaume de Secile soumettre à sa seigneurie. Ce Bucellenne passa la mer qui divise le royaume de Secile et la terre de Pouille et de Calabre, il fit tant que il conquist grande partie de la terre, les cités et les chasteaux prit et despouilla. Au roy Theodebert son seigneur envoya les conquets et les exploits de diverses nations que il avoit soumises et faites tributaires.

(1) En ce temps estoit allé adonc en Afrique Bélisaire, dont nous avons tant de fois parlé, par le commandement l'empereour contre Wiltharit le roy des Wandes qui s'estoit relevé (2) contre l'empire. Mais Bélisaire fit tant que il le prist par je ne sais quel barat (3) : car l'histoire ici n'en parle pas, occire le fit, et le remanant des Wandes qui fu demeuré de l'occision fit obéir à l'empire aussi comme devant. Quant il sut que Bucellenne et les François estoient en Italie, il se hasta moult de venir à Rome : en la cité entra, reçu fu à grant honneur d'hommes et de femmes : son offrande fist à l'autel Saint-Pierre par la main de Vigile le pape, une croix d'or offri de cent livres pesant ornée de riches pierres précieuses. En cette croix avoit fait escrire et entailler les victoires que il avoit eues contre ses ennemis ; puis retourna à bataille contre les François. Il les eut en despit, quant il vit que ils estoient si peu de gens ; déçu fu pour le petit nombre : car il ne cuida pas que ils eussent si grant vertu comme ils avoient. Hardiement assambla à eus, et ceux-ci le reçurent aussi par moult grande hardiesse : mais nul sage homme, tant soit sûr, ne doit ses ennemis despriser, mais douter ; et pour ce que il les eut en

---

(1) *Aimoin. lib. II, cap.* 23.
(2) *Relevé*, révolté.
(3) *Sub dolo pacis.* (Aimoin.)

tel despit, ne voulut-il prendre que une partie de ses gens. Les Romains se combatoient pour leurs vies et pour leur païs garantir, les François pour acquérir louange et gloire. Et pour ce que ils attendoient plus glorieuse victoire, s'ils peussent surmonter les Romains qui estoient vainqueurs de tout le monde, jurèrent-ils au commencement de la bataille que ils mourroient en la bataille avant que ils fuissent. Forment et longuement se combatirent les uns et les autres : assez dura la bataille avant que nulle des parties feist nul mauvais semblant. A la fin quand les Romains virent que leurs vies estoient en péril, et ils aperçurent que leurs ennemis estoient si aigres de combattre, ils commencièrent à se retirer de l'estour petit à petit les uns après les autres ; en telle manière laissièrent Bélisaire tout seul entre ses ennemis, moult se deffendit noblement tant comme il put durer : mais François l'environnèrent de toutes parts. Alors fu ateint et occis le noble, le loial, le puissant prince, qui tant de victoires avoit eues et tant de forts roys avoit pris et matés ; surmonté fu et vaincu, et perdi la vie et la gloire de son nom par un petit de gent et par un capitaine non d'empereour ni de roy, mais aussi comme d'un prince de France (1).

XVI.

Du trespassement saint Beneoit, et de ses miracles.

(2) Au temps de ce prince allèrent messages de la cité du Mans à Mont-Cassin en Pouille ; envoiés furent à monseigneur saint Beneoit, qui de son ermitage estoit là venu ; ils

---

(1) *A duce non dicam imperatoris aut regis, verum tetrarchæ Francorum victus.* (Aimoin.). Les historiens les mieux informés nous ont laissé ignorer les circonstances de la mort de Bélisaire. Le récit d'Aimoin n'a jamais obtenu grande confiance sur ce point.

(2) *Aimoin, lib. II, cap.* 22.

le prièrent et requirent que il envoiast ès parties d'Occident aucuns de ses moynes, qui fussent de telle religion et de telle conversacion, et qui peussent introduire et aprendre ceus qui se voudroient lier et soumettre à la discipline et à la sainte règle que il avoit compilée et baillée. Le saint homme qui moult fu joyeux de cette requeste, commanda à saint Mor son disciple que il aimoit tant, que il alast en France pour la besoigne que ils lui requéroient. Au départir le certifia de sa mort et lui dist que le terme approchoit que il trespasseroit de ce siècle. En ce signifia-t-il bien que il vouloit que les précieuses reliques de son corps fussent translatées au païs où il envoyoit son cher disciple, à qui il estoit joint en si grant amour et en si grande charité. Messire saint Mor obéit au commandement de son père. Quant il fu près de la cité d'Auçoire (1), il tourna à un moustier où messire saint Romain demouroit. Saint Romain estoit celui qui nourrit saint Beneoit et lui bailla les draps de religion. Quant saint Mor fu là venu, droitement le jeudi de la semaine que l'on célèbre la cêne de Jhesu-Crist, le saint homme fu moult joyeux de sa venue. Après que ils eurent parlé ensamble de moult de choses, ce qui moult alegea son hoste du travail qu'il avoit eu, messire saint Mor lui dénonça le jour que saint Beneoit devoit passer à la joie perdurable. En cette nuit mesme qui est devant la vigile de la nuit de Pasque en la douziesme kalende d'avril, advint que messire saint Mor fu ravi en esprit : lors vit une voie qui partoit de la cellule de saint Beneoit jusques au ciel ; cette voie estoit merveilleusement enluminée et resplendissante de la clarté des lampes, dont il y avoit sans nombre ; si estoit pourtendue et aornée de draps de soie : puis oït un ange qui lui dist que l'esperit saint Be-

(1) Auxerre.

neoit devoit monter aus cieux par cette voie. Quant saint Mor fu à lui revenu, il commença à pleurer moult tendrement en partie pour la joie de l'avision, en partie pour la tendreeur qu'il avoit du trespassement de son père. Il dist à saint Romain l'avision, pour ce que il le fist compaignon de sa joie. Moult est nostre Sire glorieux en ses saints, qui telles merveilles fait pour ceus qui lui plaisent. Il apareilla voie à ce noble père pour venir à lui plus que à autres saints. Car il avoit, toute sa vie, ordoné et disposé les montements et les degrés des vertus en cette vallée de larmes, c'est-à-dire en cette mortelle vie; et avoit monstré l'échelle de Jacob, par quoi les anges furent vus monter et descendre, à ceus qui sa vie et ses mœurs voudroient ensuivre. Mais, pour que nous puissions parler à la pais (1) de tous les autres saints, je ne le dis pas martyr mais apostre, quant à son trespassement lui fu voie apareillée resplandissante de clarté divine et ornée de robe de noces (2). Mais toutes voies ne doit-on pas croire que le paile (3) et le drap fussent ouvrés ni tissus par main d'homme mortel, dont la voie estoit ornée qui mène au royaume sans corruption. Et ne fait pas à merveillier, si l'apostre de nostre Seigneur qui avoit ordoné et presché en terre la nouvelle loy de sainte religion, eut si grant gloire à son trespassement, quant il resplandi de tant de miracles tandis qu'il estoit encore vestu et envelopé de la corruption de la chair. Et si monseigneur saint Grigoire qui nous décrit sa vie et ses miracles, n'eust été témoin de si grande opinion et de si grant vérité, aucuns fussent par aventure qui pas ne crussent ces faits.

(1) *A la pais.* Sous le bon plaisir.
(2) Notre traducteur n'a pas compris la phrase d'Aimoin : « *In cujus autem (ut pace omnium loquar sanctorum), non dicam martyris, verum et apostoli transitu, tam innumeris tamque divini fulgoris splendens apparuit via, luminaribus vestibusque ornata nuptialibus.*
(3) Paile. *Pallium.*

Bien que je trespasse les miracles que il fist quant il estoit enfant en l'ermitage, et ce que un sage homme dist de lui que saint Martin qui fu renommé par tout le monde, n'avoit onques fait autant de miracles; je ne passerai pas les trois vertus dont il resplendit, qui devant son temps n'avoient onques esté oïes. La première fu que il deslia un vilain qui estoit lié d'un fort lien, seulement par un regart : la seconde fu que il vit tout le monde en un moment en un rayon de soleil; la troisiesme que la voie lui fu appareillée à son trespassement jusques au ciel ornée de lampes ardentes et de pailes. Moult devrions estre attentifs et diligens à bien faire, qui avons en nostre présence si noble père et si grand patron. Si ne doit nul douter que il ne nous aidast, et que il ne nous déliast des liens spirituels de nos péchés, dont les ames sont liées, aussi comme il deslia le vilain qui estoit lié des liens matériels. Le glorieux sainct Grigoire de qui la vie et la doctrine resplendist en saincte Eglise, comme fin or, nous descrit la vie et les miracles de ce confesseur et apostre, monseigneur sainct Beneoit.

XVII.

De la mort de la royne Crotilde, et du roy Théodebert, et d'aucunes incidences.

(1) *Incidence.* En ce temps estoit messire saint Grigoire évesque de Lengres : ce ne fut pas ce saint Grigoire qui fu pape, ains fu un autre. Et pour ce que nous avons fait de lui mention, raison est que nous fassions mention du chastel où il demeuroit souvent, qui estoit appelé Dijon. Ce chasteau sied en pleine terre, et le fonda un empereour qui eut nom

(1) *Aimoini lib. II, cap. 24.*

Aurelien, comme les anciens du païs rapportent. Ce chasteau est clos de murs et de pierres carrées, taillées au ciseau de quinze pieds d'épais et de cinquante de haut : de trente trois tours est le chasteau environné, qui ferment les murs tout entour et sont assises par droite devise et par juste proportion : quatre portes a en ce chastel, qui regardent les quatre parties du ciel, l'une vers Orient, l'autre vers Midi, la troisiesme vers Occident, la quatriesme vers Septentrion. Le terroir qui est entour est moult fertile et moult abundant. Par devant Midi court une eau qui a nom Oscares(1) riche de diverses manières de poissons : par devers bise court un autre fleuve qui entre par l'une des portes et sort par une autre, si raidement que il fait les moulins tourner par merveilleuse légèreté. Ce est grant merveille quant si noble chasteau ne fu apelé cité.

(2) En ce temps accoucha la bonne royne Crotilde, d'une maladie dont elle mourut; ancienne estoit et pleine de jours, morte fu en la cité de Tours. Le roy Clotaire et le roy Childebert ses fils firent le corps aporter à Paris à grandes processions : enterrer le firent delès son seigneur, en l'églyse Saint-Pierre ; en cette églyse git sainte Geneviève.

Lors alla saint Germain évesque de Paris encontre le roi Théodebert jusques à Châlons, pour la besogne de l'églyse. Tant fu le preudhomme gracieux et plein du Saint-Esperit, que le roy lui octroya sa requeste avant que il eust sa pétition formée. Au roy dénonça la fin de sa vie, aussi comme par prophétie ; car peu de jours après, une fièvre le prit comme il venoit à Rheims. De ce siècle trespassa au treiziesme an de son règne, comme si la parole du saint homme eust esté dite de la bouche d'un ange. Avant que il trespassast il donna aux bourgeois de Verdun huit mille

---

(1) *Oscares.* L'Ousche.
(2) *Aimoini lib.* II, *cap.* 25. — *Acoucha.* Se mit malade au lit.

francs, que ils devoient chacun an en restorement de la cité, à la requeste saint Désirre, évesque de la cité. Ce roy fu bien fourni de bonnes mœurs et de belles responses à toutes gens. Moult aimoit saint Mor, et tant il lui octroia qu'il fondast une abbeie en une partie de son royaume; en Poitou sied ce moustier qui est appelé Glanne-fouele (1); rentes lui donna assez. Après lui, régna un sien fils, qui eut à nom Theodebaus : il fu abandonné à Dieu et à son service ; moult aimoit les prélats et les menistres de sainte église ; mais à sa gent estoit cruel. En son temps apparut au ciel un signe merveilleux, car une étoile vint si raidement parmi le firmament qu'elle se ferit au cours de la lune. En cette année porta raisin une manière d'arbre qui est appelé Sambucus, et les fleurs de ces arbres, qui ont coutume de porter des grains noirs (2), firent grapes. En ce temps fu si grant froidure que les noifs (3) soustenoient les gens. Les oiseaux furent si détruits de faim et de froidure, que on les prenoit sur l'arbre avec la main sans nul engin. Ce roy Théodebaus épousa Walderade, fille du roy Wacon de Lombardie; serour estoit-il de Wisegarde sa marastre : son royaume gouverna huit ans, puis mouru. A son oncle Clotaire laissa ses trésors et son royaume : car il n'eut nul enfant de son corps. (Ceus qui cette histoire lisent, ne doivent pas entendre que tous les rois que nous nommons ci, fussent roys de France, fors ceus seulement qui tenoient le siège à Paris de leur royaume. Car tous fussent-ils frères et neveux et tous issus d'un lignage, toutes voies avoient-ils leurs royaumes assignés en autres parties de la France,

---

(1) *Glandfeuille*, ou Saint-Maur sur Loire, près d'Angers.

(2) *Grains*, ou plutôt *graines*. Le sambucus est, comme on sait, le sureau.

(3) *Les noifs*. Les neiges. *Ita ut torrentes congelati pervium super se populis iter præberent.* (Aimoin.)

comme là sus fu devisé.) Ce roy Clotaire eut sept fils et une fille de diverses femmes, desquels les noms sont ici mis; Gontier, Childeris, Cherebert, Gontran, Sigebert, Chilperic, Crannes, et la fille fu apelée Closinde. De Caragonde la belle-sœur Yngonde(1), engendra-il Chilperic; en une autre qui eut nom Gonsinde fu Crannes engendré.

(2) En ce temps, avoient les François cueilli en grant haine Parthemie. Ce Parthemie estoit moult puissant au palais Theodebert, tandis que il régnoit. La cause pourquoi il fu si durement haï fu pour ce qu'il avoit le peuple grevé de tributs, quand il estoit en son pouvoir; bien vit que il ne pourroit vers eus durer qu'ils ne l'occissent, si il y demeuroit longuement. Pour ce pria à deus évesques que ils le prissent en conduit jusques à la cité de Trèves, et qu'ils apaisassent le peuple. Ainsi comme ces évesques emmenoient Parthemie, une nuit advint que il commença fortement à crier en dormant : « Haro, haro ! secourez-moi vous qui » entour moi estes. » Ceus qui entour lui gisoient, s'éveillèrent et lui demandèrent ce qu'il avoit : et il respondit qu'il avoit veu en son dormant Ausaine qui moult estoit de ses amis, et Papianille sa propre femme, que il avoit occis par jalousie et par mauvais soupçon, qui l'apeloient et disoient comme à force : « Viens devant Dieu pour plaidier » avec nous, pour ce que tu nous as occis sans raison. »

A Trèves vinrent les évesques qui Parthemie emmenoient, moult trouvèrent le peuple esmu contre lui : assez se peinèrent de leur colère apaiser, et de faire de tout leur pouvoir qu'ils pardonnassent à Parthemie leur mauvaise volonté. Mais quand ils virent que cela ne leur valoit rien, ils le menèrent en une églyse; en une huche le boutèrent, puis la couvrirent des courtines et des ornemens du moustier. Le

---

(1) *Yngonde.* La mère des cinq premiers fils.
(2) *Aimoini lib. II, cap. 26.*

peuple de la cité vint après tout esmu, ils quisrent et cerchèrent par tout là où ils le cuidèrent trouver. En ce qu'ils s'en retournoient aussi comme tout désolés de ce qu'ils ne le pouvoient trouver, un de la troupe dit: « Voyez ici une hu-» che en quoi nostre adversaire n'a pas esté cherché. » Après ce mot retournèrent tous: quand la huche fu ouverte, ils trouvèrent celui-ci dedans. Vilainement fut détiré et sachié hors. A une colonne fu fortement lié, tant le lapidèrent de pierres qu'il fu tout écervelé. Tout ainsi finit sa vie celui qui moult estoit vilain et plein de mauvais vices. Goulu estoit sur viandes; tantost qu'il avoit mangé, prenoit aloës ou autres chaudes espices pour plustost vider son ventre, et pour plustost manger après. Autre vilaine coustume avoit; car il métoit hors le croiz de son ventre (1) devant la gent hardiment et sans nulle vergogne.

XVIII.

Comment Crannes se releva contre le roy Clotaire son père, et comment Sesnes desconfirent les François.

(2) Le roy Clotaire fist crier et voulut establir que toutes les églyses lui rendissent la tierce partie de leurs fruits; mais cet establissement fu cassé par la contradiction des évesques qui assentir ne s'y vouloient. Le roy apareilla son ost pour marcher contre les Sesnes (3), qui par plusieurs fois estoient entrés en sa terre, et l'avoient forment endomagiée. Contre eus se combatti sur un fleuve qui est appelé Wisaire (4), desconfis furent; puis retourna le roy par les Torrigiens,

---

(1) *Strepitum quoque ventris in publico, sine ullâ verecundiâ, emittebat.* (Aimoin.) On voit qu'il y a certaines choses que nos pères n'ont jamais tolérées.
(2) *Aimoin. lib.* II, *cap.* 27.
(3) *Les Sesnes.* Les Saxons.
(4) *Wisaire.* La Vesère.

qui or sont appelés Loherens. Pour ce qu'ils avoient esté contre lui avec ses ennemis, toutes leurs terres que il trouva devant lui prist. Les Sesnes qui desconfits avoient esté en la devant dite bataille rapareillèrent leur force pour la bataille renouveler. Le roy revint d'autre part à tout son camp, tout appareillé d'eus recevoir. Mais pour ce que ils virent la force du roy qui si grande estoit, ils mandèrent au roy miséricorde et pardon, et que désormais ils s'amenderoient envers lui et lui donneroient la moitié de toutes leurs choses, sans leurs femmes et leurs enfans : bons ostages pour ces convenances donnèrent. De ceste offre eurent les François despit ; pleinement le refusèrent, et leur remandèrent que jà ne passeroient fors que par la bataille. Quand les Sesnes virent que combattre leur convenoit, ils accueillirent hardiesce et mirent bas désespérance. Lors se combatirent par si grant force et firent si grant occision des François, que petit en demeura avec le roy, et ceus qui avec lui demeurerent lui furent plus à compaignie de fuir, que à secours de lui aidier.

(1) Le roy avoit un fils qui avoit nom Crannes, que nous avons devant nommé ; beau estoit de cors et léger de corage, en malice et en desloiauté n'avoit point de pareil, hardi estoit et apareillé à bataille. Son père lui avoit son povoir baillé et l'avoit envoié en Aquitaine pour la province justicier. Lui qui avoit cœur deffrené et sans mesure ne fesoit pas comme fils de roy, mais comme tyran : car il estoit plein de si grande cruauté que il destruisoit la terre que il devoit garder. Le roy qui oy les complaintes de ses faits lui manda par message que il retornast à lui, pour ce qu'il le vouloit chastier et reprendre de son orgueil et de sa folie. Il ne volut retorner à son père, il alla à Paris

(1) Aimoin. lib. II, cap. 28.

au roi Childebert son oncle : car il n'avoit pas propos de retorner à son père le roy Clotaire; et mesmement avoit jà tant fait envers le roy son oncle, que il haïssoit son frère et désiroit sa mort. Ensamble firent conspiration contre lui : Crannes lui jura sur saints que son mortel ennemi seroit à tous les jours de sa vie. La desmesurée félonnie que ils avoient conceue en leurs cœurs eussent accomplie, si ils peussent; mais Dieu y mist empeschement : car le roy Childebert mourut avant. Après ce que Crannes se fu ainsi allié à son oncle, retourna-il en Acquitaine pour faire la malice que il avoit empensée, et pour prendre et saisir toute la terre son père. Le roy Clotaire qui moult fu courroucié de ce que son fils fesoit, ne put pas aller après lui, car il estoit encore embesogné de ses troupes qu'il avoit contre les Sesnes; mais il y envoia partie de son armée et deus de ses fils Gontran et Caribert. Ceus-ci murent et chevauchièrent tant qu'ils vinrent en Limosin : là tendirent leurs herberges (1) sur un mont qui estoit appelé Noire-Montaigne : à leur frère mandèrent que il rendist la terre qu'il avoit prise; et il leur manda que si feroit-il volontiers. Mais quand ils virent que il tardoit à ce faire par malice, ils s'approchèrent de lui et ordonnèrent leur bataille pour combattre : il revint d'autre part apresté de ce mesme faire : et eussent-ils tout outre fait la félonnie, si vent et orage ne les eust départis. Entre ces choses, Crannes qui plein de malice fu, fist entendre à ses frères, par persònnes introduites, que leur père estoit occis en la bataille des Sesnes. Ceus-ci pensèrent que ce fust vrai; lors s'apareillèrent et s'en allèrent en Bourgoigne au plustost qu'ils purent. Crannes qui vit qu'ils s'en furent allés, alla après, la cité de Chalons prist, puis vint au chastel de Dijon. Aucuns clers de la ville

---

(1) *Herberges*. Tentes.

furent moult désirreux de savoir quelle fortune lui devoit advenir : deux livres posèrent sur l'autel de l'églyse, l'un fu des Évangiles et l'autre des épitres saint Pol. Après que ils eurent fait des oraisons à nostre Seigneur, ils ouvrirent le livre des Évangiles, ils trouvèrent premièrement : « *Qui non audit verba mea, assimilabitur vero stulto qui œdificavit domum suam super arenam*, etc. » C'est-à-dire : « Celui qui ne veut oïr mes paroles, à moi qui suis père, il est comparé au fol qui édifia sa maison sur gravier. » Après ouvrirent le livre des épitres, si trouvèrent ce vers : « *Cum dixerint pax et securitas, tunc repentinus veniet eis interitus.* » Ce vaut autant à dire en françois : « Quand ils auront dit paix et sécurité, lors les prendra soudainement mort. » Lors entendirent assez que ces escritures estoient dites pour Crannes.

(1) Le roy Childebert qui cuida bien que le roy Clotaire, son frère, eut esté occis en la bataille, entra en Champaigne la Reinsiene (2), les proies prist et brusla tout le pays. Mais les entreprises et les faits de Crannes furent tost abaissiées et venues à néant par la mort du roy Childebert : car une maladie le prist, dont il lui convint morir. Mort fu ancien et plein de jours, quant il eut régné quarante-neuf ans. Enterré fu en l'églyse Saint-Vincent qu'il avoit fondé par la main saint Germain, évesque de Paris. Son royaume et ses trésors vinrent en la main du roy Clotaire, son frère : car il n'avoit nul hoir de son corps. En ce temps n'avoit encore esté dédiée l'églyse de Saint-Vincent. Le roy Clotaire la fist dédier par monseigneur saint Germain, en la présence Ultrogode la royne, la femme le roy Childebert, Crobergue et Crosinde ses cousines, et maints hauts hommes,

---

(1) *Aimoin. lib. II, cap.* 29.
(2) Aimoin dit seulement : *Remis accedens.* Remois, pour *habitant de Reims*, est un mot du XVIe siècle.

qui présens furent à cette dédicace. En cette journée donna le roy grande possession à l'églyse Saint-Vincent et grandes rentes, et les confirma par son sceau.

XIX.

Comment Crannes, sa femme et ses enfans furent bruslés.

(1) Dès que Crannes vit que il eut perdu l'aide et le confort du roy Childebert, son oncle qui mort estoit, il s'enfuit en Bretaigne la petite à Conabert, qui roy (2) estoit de cette terre, en cette intention qu'il peust avoir secours de lui et rapareiller bataille contre son père. Ce roy Conabert avoit épousée une moult haute dame : Chalte avoit nom, fille estoit du duc Guillecaire d'Aquitaine. Ce duc fu fortement espouventé des paroles du roy Clotaire, pour ce que il soustenoit Crannes contre lui, si comme le roy lui metoit sus. Pour ce s'enfuit au moustier Saint-Martin de Tours, comme uns autres duc qui avoit nom Austrapius avoit jadis fait. Ceus qui de par le roy furent là envoiés pour lui prendre le cuidèrent tirer hors du moustier, mais ils ne purent. Lors boutèrent le feu en l'églyse et la bruslèrent, et Guillecaire dedens. Mais le roy qui restorer voulut le dommage que il avoit fait à Saint-Martin, refist faire l'églyse plus belle et plus noble que elle n'eut esté devant, et la fit couvrir d'estain moult richement. Le roy qui moult avoit conceue grant ire contre son fils, ne voulut faindre par simulacion les dommages que il avoit faits : ains semont ses troupes, et rapareilla sa force de toutes parts ; puis entra en Bretaigne. Crannes, qui d'autre part se fu bien pourchacié et eut retenu les Bretons en soudées, et tant comme il povoit avoir

(1) *Aimoin. lib. II, cap.* 30.
(2) *Britonum principem.* (Aimoin.)

de gent, à bataille revint contre lui et amena en son aide Conabert, le roy de Bretaigne, et toute sa gent. Quant les deux armées furent venues au champ de bataille, chacune tenta et essaya le cœur de ses hommes. Crannes vit bien que les Bretons qu'il avoit retenus à gages se tenoient en bonne foi et en loyauté vers lui par les convenances qu'ils lui avoient mises : et le roy Clotaire, qui ne voulut pardonner à son fils son mauvais vouloir, vit, d'autre part, les siens désireux et appareillés de combattre. Lors jugièrent que la cause fust terminée par bataille et par armes. Mais le roy qui s'estoit mis en la douteuse sort de fortune, fist cette oraison à Dieu en pleurs et en larmes, avant que ils venissent ensemble : « Dieu Jhesu-crist, qui seul connois les cœurs
» des hommes, je te prie que tu reçoives mes prières, et
» sois droiturier juge de ma cause ; je suis certain que toi
» qui toutes choses sais, connois la félonnie de Crannes,
» mon fils, comment il a mis en oubli la grace de pitié natu-
» relle, et comment il s'est élevé par armes, comme mortel
» ennemi, contre la vie de son père, et ce que il ne peut faire
» en cachette et en traïson, il tend à acomplir apertement
» et par armes : et en ce qu'il désirre la mort d'un seul vieil-
» lard à haster, il n'a pas doute à abandonner à perdition si
» grande multitude de peuple. Et certes je lui avoie donné
» grande espérance de régner après moi, quant de ma vo-
» lonté lui avoie livré la cure de toute Aquitaine : mais il ne
» voulut pas tant attendre que ma vie fust finie : ains voulut
» mieux le règne conquerre par parricide et en espendant
» le sang de son père. Bieau sire Dieu, regardez donques
» du ciel, et jugez selon droit et selon le jugement que tu fis
» jadis contre Absalon, quant il se révéla aussi contre David,
» son père. Je suis, ce me semble, le second David, si je ne
» forligne pas en foy ; il crut que le Sauveur du monde vien-
» droit, et je crois que il soit jà venu et que il viendra au

« jour du jugement pour tout le monde juger. » Nostre Sire oy la prière Clotaire, car quand les batailles furent ajoutées et le combat eut longuement duré, il surmonta ses ennemis et les chassa jusques à leurs nefs que ils avoient garnies et appareillées sur le rivage, en cette intention que si fortune leur fust contraire, et ils vissent la desconfiture, ils venissent là à garant. En cette chasse fu occise la plus grande partie des Bretons. Crannes fu pris ainsi comme il emmenoit sa femme et ses filles pour ce qu'elles ne fussent prises. Tout maintenant que il fust amené devant son père, il fu étendu sur un banc, et fortement lié en une partie d'une petite maison. Avec lui fist le roy mettre sa femme et ses filles, puis fist bouter le feu dedans. Ainsi brusla Crannes et sa femme et ses filles et la maison, tout ensemble. Telle vengeance prist le père de son fils, qui sa mort lui pourchaçoit. Il fu condamné sans pitié par le jugement de son père, pour ce que de toute pitié estoit vide : car je ne sais à qui il eust espargné, quant à son père ne voulut espargner.

(1) *Incidences.* Deux grandes tourbes de langoustes (2) trépassèrent en cel an parmi Auvergne et parmi Limousin. Puis assemblèrent en une grande place, là firent bataille ; et tant en y eut de mortes, que les monceaux en gisoient à val les champs.

(3) En ce temps que Clotaire tenoit le royaume de France, gouvernoit Aldoin celui de Lombardie, qui en peu de temps après mena les Lombards en Pannonie, (à présent appelée Esclavonnie). En ce point fu Totile roy des Ghotiens qui habitoient en Ytalie, après la mort du roy Vitiges. Ce Totile alla visiter monseigneur saint Beneoit : le

---

(1) *Aimoin. lib. II, cap.* 29.
(2) *Langoustes.* Sauterelles. *Locustarum.*
(3) *Aimoin. lib. II, cap.* 31.

saint homme le chastia moult et reprit de sa cruauté. Celui-ci toutes voies s'amenda moult et diminua sa cruauté et la félonnie de son cueur par sainte correction; puis lui dist le saint homme en l'esprit de prophétie, que il passeroit la mer, après entreroit en la cité de Rome et y régneroit neuf ans; au dixiesme seroit la fin de sa vie.

XX.

Comment le pape mourut par les griefs que l'empereour lui fist.

(1) *Incidence.* Le pape Vigile, qui après saint Silvère fu mis en la dignité, en telle manière que nous avons plus haut devisé, reçut lettres de par Antonie, l'impératrice de Constantinople, dont la teneur estoit telle : « Viens à nous, et nous » accomplis la promesse que tu nous fis, d'humble volonté, » pour Anthime, nostre père, et le rapelle à l'honneur de la » patriarchie, ainsi comme il avoit coutume d'estre. » Quand Vigile, le pape, eut les lettres reçues, il lui rescrivit en telle sentence : « Dame auguste, jà ça ne m'avic- » gne que je fasse ce dont vous me requérez : j'ai parlé » lors follement et malement, jà ne me consentirai à rap- » peler à la dignité de patriarche homme cassé et damné » par hirésie. » Quand l'impératrice oï cette response, elle envoya à Rome Anthime, sous bon conduit et grant plenté de chevaliers armés, et lui commanda que il prist Vigile le pape par force, qui estoit contraire aus droits et aus sanctions communes de l'empire; et le fist venir par mer en Constantinoble, en sa présence; et que nulle église ne lui fust garandie, fors seulement l'église des Apostres. Quant cet Anthime fu à Rome venu, il trouva le pape Vigile qui

(1) *Aimoin. lib. II, cap.* 32.

chantoit sa messe au moustier Sainte-Cécile, de qui la feste estoit célébrée ce mesme jour en la dixiesme calende de décembre. Après que le prudhomme eut chanté, et il départoit ses aumosnes aus povres, Anthime le saisit, maintenant le fist metre en une nef pour mener en Constantinoble, selon le commandement que il avoit reçu de l'impératrice. Le peuple de Rome le convoia jusques à la nef; puis lui demandèrent la bénédiction. Tout maintenant après les notonniers levèrent les voiles, et se partirent du port. Moult estoient ceux de Rome dolens de ce département, et prirent Anthime en si grande haine, que ils lui lançoient pierres et javelots et quanque ils pouvoient retenir, et l'injurioient et lui disoient : « Faim et mesaise soit toujours avec toi! Tu as
» mal fait aus Romains, mal puisses-tu trouver là où tu vas. »
Aucuns des clercs de Rome qui plus l'aimoient allèrent avec lui, ceus-ci ordonna à ordre, quant il fu en Secile : car il fu par là mené en une cité qui estoit apelée Catinensis (1); puis leur commanda la cure de l'églyse et puis si les fist retourner. L'empereour et le clergé le reçurent honorablement; deux ans demeura en la cité. Puis après le requist l'empereour que il rappelast Anthime à la communauté de sainte églyse, si comme il lui avoit promis, et lui monstra la main de quoi il lui avoit fait la caution de cette promesse. Tant montèrent les paroles entr'eus, que le pape dist : « Je cui-
» doie estre remis à débonnaire gouverneur de la chose
» commune de l'empire, à l'empereour et à dame Auguste;
» mais je les trouve plus cruels que Dioclétien et Eleuthere
» sa femme ne furent. Mais puisque nostre Sire a jugé que
» je sois livré en leurs mains pour vengeance de mes pé-
» chez, je soufferrai tous les griefs que vous me ferez. Je
» vois bien que Dieu me rend les désertes de mon mérite;

---

(1) Sans doute : *Catane*.

» mais encore ai-je déservi plus grands tourmens par mes
» péchez ; la vengeance a tost ensuivi le fait et le péché que
» je fis, quant l'apostole Silvere fu hors bouté et envoié en
» exil par moi. Bien sai que je ne povoie pas trépasser les
» yeux de celui qui tout voit, que il ne prist vengeance de la
» machination que je fis contre le saint homme. » Quant il
eut ces paroles dites, un des ministres du palais haussa la
paume et le ferit parmi la face, puis lui dist : « Homicide,
» ne sais-tu à qui tu parles? Cuides-tu que nous ayions oublié
» que tu donnas une buffe à ton notaire, quant tu estois
» clerc du palais, qui tomba mort après ton coup : et à Has-
» teron qui estoit fils d'une femme veve à qui tu avois ta
» nièce mariée, que tu fis tant battre de bastons que il en
» fu mort ; et l'apostole Silvere qui fut exilé par ton pour-
» chaz et par ton conseil? » Quant l'apostole Vigiles oï ce,
il eut peur, toute son espérance mist en nostre Seigneur :
en l'églyse Sainte-Eufame s'enfuit et embraça une des
colonnes de l'autel. Ceus qui de par l'empereour y furent
envoiés lui lièrent une corde au col et le chascièrent hors de
l'églyse. Honteusement fu mené et fouetté par toute la cité.
Au soir fu mis en prison à petite livraison ; car on ne lui
donnoit chaque jour que pain et eau tant seulement. A la
parfin le fist l'empereour oster de prison, et lui donna congé
à lui et à ses clercs de retourner à Rome, à la prière de Narsès,
un des eunuques du palais. Quant il vint en Puille, il tomba
malade en une cité qui a nom Siracuse, par le travail qu'il
eut eu devant. Là fut mort de la pierre ; ses ministres qui
avec lui estoient, portèrent le corps à Rome ; enterré fu à
Saint-Marcel en voie Salaire. Après lui fu apostole un autre
qui eut nom Pelage.

XXI.

Comment l'empereour envoia à Rome Narses contre Thotila le roy des Ghotiens.

(1) Thotila le roy des Ghotiens alla en Secile; la terre prist et gasta, puis retorna à Rome et l'assiégea. Les Romains qui dedans estoient, furent si pressés de faim que ils voulurent mangier leurs enfans : si furent si durement confondus de batailles et de continuels assauts, que ils ne povoient mais la cité deffendre. Thotila et sa gent qui bien savoient que ils estoient à telle destresse, rompit les murs par devers Hoiste (2), et entra en la cité; plus tendoit à eus espargner que à eus détruire : pour ce fit-il jouer de la trompe et buisiner toute la nuit que il y entra, car il voloit que les Romains s'effroyassent pour le son des buisines (3), et que ils se tapissent ès églises et en autres lieux, pour que ils ne fussent occis. Une pièce du temps habita avec eus, plus trouvèrent en lui pitié et amour paternel que cruauté ni félonnie de tyran. Tant de pitié et de débonnaireté lui avoit donné monseigneur saint Beneoit, qui l'avoit repris et chastié (4) des cruautés que il faisoit.

Aucuns des sénateurs de Rome qui souloient estre en gloire et en louange de tout le monde, et lors estoient chétifs remanans (5) de la cité déserte, allèrent à l'empereour de Constantinoble. En grant humilité le prièrent que il leur fist secours envers les Ghotiens en servitude et subjection

---

(1) *Aimoin. lib. II, cap.* 33.
(2) *A parte Hostiensi.* (Aimoin.)
(3) *Buisines.* Trompettes.
(4) *Chastié,* ou *chastoyé,* averti, gourmandé.
(5) *Miseræ reliquiæ.* (Aimoin.)

de qui ils estoient. Cesar moult troublé de ces nouvelles et des meschéances qui par male fortune estoient advenues au royaume espériel, (c'est au royaume d'Italie, qui ainsi est apelé pour une étoile qui à ces parties est prochaine, ou par la raison d'un roy qui au païs régna, et eut nom Esperus.) Il commanda à Narses que il alast en ces parties pour délivrer les Romains de la subjection en quoi ils estoient. Cil Narses estoit eunuque, (c'est-à-dire, homme chaste (1) et hors de toute volonté de femmes). L'un des chambellans du palais estoit homme de grande prouesce, esprouvé en maint péril et en mainte bataille. Patrice et deffenseur le fist de toute Secile et de toute Italie; hastivement s'apareilla; car il n'avoit pas temps de longuement demeurer. Grande compagnie prist de chevaliers et de bonnes gens, la mer passa qui est entre Grèce et Secile, en Lombardie vint. Quant il fu allié aus Lombars et il les eut reçus en son aide, il se combatti au roy Thotila et à sa gent. En cette bataille furent les Goths desconfits et Thotila occis selon la parole de monseigneur saint Beneoit, qui devant lui avoit dit ce qu'il lui devoit advenir. En telle manière furent les Romains délivrés de la servitude en quoi ils avoient esté.

(2) Narses combatti contre Bucellenne : de ce Bucellenne avons dessus parlé et comment le roy de France Theodebert le laissa en Italie, lui et deux autres ducs pour le païs conquérir. L'un avoit nom Leuthere, frère de Bucellenne, et l'autre avoit nom Amingues. Ils occirent le très vaillant Bélisaire qui de par l'empereour estoit là envoié pour prendre le païs. Ainsi roboient le païs que ils conquéroient; et envoyoient au roy Theodebert les despouilles de leurs ennemis. En ce point que Narses entra au païs, ils s'estoient

---

(1) *Chaste.* Autrefois cet adjectif convenoit proprement à tous ceux chez qui la tempérance étoit l'effet de la nécessité.

(2) *Aimoin. lib. II, cap.* 34.

traits en la terre de Champagne (1) pour yverner. Bucellenne estoit adonc malade d'une maladie qui est apelée dissenterie. Narses appareilla ses gens pour combatre et Bucellenne aussi d'autre part. En cette bataille fu Bucellenne occis. Son compagnon Amingues acompagna après cette bataille un comte des Ghotiens, qui avoit nom Guidin. Tous deux rapareillèrent bataille contre Narses, mais tous deux furent vaincus : Guidin fu pris et amené en Constantinoble : Amingues fu occis d'un glaive par la main de Narses. Leuthaire le troisième duc des François mourut de sa propre mort entre Verone et Tridente (2), ainsi comme il retournoit en France chargé des despouilles qu'il avoit au païs conquises.

Après ces victoires, Narses se combatti contre Sisuliud le roy des Gépidiens (3), qui encore estoit demeuré de la lignée des Héruliens que Odoacre avoit amenés quant il entra au païs de Lombardie. Narses lui fit moult de bénéfices au commencement, pour ce que il s'estoit à lui joint et allié loyaument; mais au dernier devint orgueilleux et rebelle; et accroissoit sa seigneurie par Lombardie, tant comme il povoit. Narses qui ce ne lui voulut pas souffrir le prist en bataille, puis le pendi à un haut tref (4). Narses fu premièrement garde des instrumens et des autentiques impériaus (5); puis fu sénéschal du palais; très débonnaire homme estoit, plein de foy et de religion, grant aumonier, en relever et redresser églyses deligent, et attentif en vigiles et en oraisons dévotes; plus vainquoit ses ennemis par oraisons et par dévotes prières que il faisoit à Dieu, que il ne faisoit par armes.

(1) *Champaigne*. Campania.
(2) *Tridente*. Trente.
(3) *Adversus Siswald, Brentorum regem.* (Aimoin.)
(4) *Celsaque de trabe suspendit.* (Aimoin.)
(5) *Primò cartularius fuit.* (Aimoin.)

XXII.

D'aucunes incidences, et de la mort le roy Clotaire.

(1) *Incidence.* Alboin fils Aldoin estoit en ce temps roy d'une gent qui est apelé Gépidiens. Il se combatti contre Turisme le fils d'un autre roy. En ce point que les deux parties combatoient fermement, Alboin frappa Turisme de son espée parmi le chief, si que il le rua mort. Quant ses gens virent que leur sire fu mort, qui estoit de si grant prouesse que lui seul soustenoit le plus grant faix de la bataille, ils se prirent tous à fuir. Alboin retourna à son père liés et joyeux de sa victoire : roy fu après son père, qui morut en brief temps après.

(2) *Incidence.* Lors avint que l'évesque de Clermont en Auvergne fist un cas qui pas n'apartenoit à lui (3). Un prestre estoit en la cité qui estoit apelé Anastaise, noble homme de haut lignage. Cest évesque l'amonesta par plusieurs fois, une heure par prières et par promesses, autre heure par menaces, que il lui donnast sa propriété et son héritage que il tenoit confirmée et scelée par la charte de la glorieuse royne Crotilde : et pour ce qu'il ne vouloit pas consentir à cette chose, il le fit prendre, puis le fit lier par ses sergens et leur commanda que ils le fissent tant jeuner, que il fust affamé, s'il ne leur octroioit sa requeste. Celui-ci afirmoit alors par grande constance que pour faim ni pour soif, ni pour mésaise que ils lui fissent souffrir, il ne bailleroit ses chartes ni ne deshériteroit ceus qui après lui les devoient avoir. Au mous-

---

(1) *Aimoini lib. II, cap. 35.*
(2) *Aimoini lib. II, cap. 36.*
(3) *Rem mauditam fecisse memoratur.* (Aimoin.)

tier Saint-Cassien avoit une croute (1); leans estoit un grant cercueil de marbre, en quoi un homme avoit esté mis nouvellement. L'évesque commanda que le prestre fut là dedans mis avec le mort : mis y fu ainsi comme il le commanda et couvert d'un couvercle, de façon que il ne povoit issir : sergens y mist pour garder que il n'eschapast par nulle cautelle (2). Le prestre prioit moult dévotement à nostre Seigneur que il le délivrast de si cruelle prison. Ceus qui garder le devoient, burent tant que ils commencièrent à dormir. Quant il senti que ils dormoient, il leva les bras amont, que il avoit tout délivrés ( ) pour ce que le tombeau estoit grand et profond, et fit tant qu'il tourna le couvercle à une part; puis bouta la teste hors, et s'efforça tant des piés et des bras, que il issi hors délivrement. Car (4) il estoit granment grevé de la puanteur du corps qui dedans estoit, ainsi comme il reconnut après. Au commencement de la nuit advint cette chose : il s'en alla moult tost à la porte de la croute, mais il ne la trouva pas deffermée. Il regarda parmi les fendaces, et vit d'aventure un homme passer qui portoit sur son col une grande coignée; il l'apela à voix bassete, afin que ceus qui dormoient ne s'éveillassent, et le pria que il lui desfermast l'uis avec sa coignée : celui-ci fist sa requeste. Quant le prestre fu hors issu, il pria celui-ci que il ne révélast à nul cette chose. A son ostel alla au plustost que il put, en France vint hastivement : sa complainte fit au roy Clotaire des griefs que cet évesque lui avoit faits et lui conta toute la besogne. Le roy et les barons qui avec lui estoient tinrent cette chose à moult grande merveille et à trop grande félonie, et dirent que Hérode et Néron n'avoient onques

(1) *Croute*. Grotte. C'est du latin *crypta*, d'où nous avons gardé *grotte*.
(2) *Cautelle*. Expédient.
(3) *Délivrés*. Libres. *Brachia tantummodo libera*. (Aimoin.)
(4) Ce *Car* rend mal l'*autem* d'Aimoin.

fait si grande cruauté. Le roy fit l'évesque mander : quant il fu venu devant le roy et mis à raison (1) de ce cas, il respondi que la vilenie qu'on avoit faite, si comme il disoit, n'avoit esté de son commandement. Le prestre le convainqui par bons tesmoins et lui fit reconnoistre toute la vérité : à tant se parti l'évesque à honte et à confusion, et le prestre tint son héritage paisiblement.

Incidence. En ce temps trespassa de ce siècle à la joie de paradis messire saint Mard, qui évesque estoit de Vermans (2), plein de vertus et de bonnes œuvres. Le roy Clotaire fit mettre moult richement les reliques de son corps en la cité de Soissons.

(3) Volenté prist au roy Clotaire d'aller à Tours requerir les prières et les suffrages de Monseigneur saint Martin; en humble oraison et en dévotion demeura longuement. Il prioit au confesseur et à tous les saints de paradis qu'ils priassent à nostre Seigneur qu'il lui pardonnast ses péchés : grans dons et nobles donna à l'églyse, comme il apartenoit à homme de telle noblesse; large aumosnier fu et libéral aus églyses des saints et aus abbayes, et leur donna abondamment rentes et possessions. En France (4) retourna, quant il eut fait son pélerinage.

Un jour advint qu'il alla chasser en forêt pour soi déduire, comme coustume est des François, qui plus volontiers s'y esbatent que autres gens. Plus se travailla que il ne put souffrir; car plus estoit alègre et vigoureux de cuer que il n'estoit de corps. Il estoit de grant aage, et debrisié des grands travaux et des grands peines qu'il avoit eues toute sa vie de guerroyer : et du grief qu'il eut en cette chasse lui

---

(1) *Mis à raison.* Interrogé.
(2) *Vermandensis episcopus.* (Aimoin.)
(3) *Aimoin. lib. II, cap.* 37.
(4) *En France.* Dans l'Ile de France.

prist une fièvre continue trop outrageusement forte.
En ce point que il estoit ainsi tourmenté de diverses passions (1) de froideur et de chaleur, et qu'il tournoit et
retournoit en son lit, et soupiroit profondément, comme celui qui estoit à grand mésaise de conscience pour ses péchés,
il commença à crier en telle manière : « Heu va, heu va!
» comme est grand et de merveilleuse puissance ce céleste
» roy, qui ainsi humilie et met au-dessous les plus puissans
» roys de la terre (2)! Comme il n'est pas mortel, il est sans
» comparaison meilleur que le plus grand prince de la terre.
» S'il est donques meilleur il est plus puissant, et s'il est
» plus puissant il est miséricord : car il ne se délite pas en
» la vengeance de ceux qui l'ont desservie, ainsi comme font
» maints mortels princes : mais a plus chière la repentance
» et la peneance des pécheurs, selon sa grande pitié. L'on
» doit donques désirer par grande affection le don et la
» grace de sa miséricorde, de laquelle nul, tant soit pécheur,
» ne se doit désespérer. » Tandis comme il recensoit telles
paroles en grande repentance et en grande contrition, il
rendit son esprit : son corps laissa à la terre et son royaume
à ses fils. Quarante et un ans régna noblement et puissamment, et toujours crut et multiplia sa seigneurie jusques à
la fin de sa vie. Quatre fils eut de son corps droits héritiers.
Le premier eut nom Cherebert, le second Gontran, le troisième Chilpéric, et le quatrième Sigebert. Porté fut à Soissons et honnorablement mis en sépulture en l'abeie Saint-Mard, comme il l'avoit avant devisé. Trente lieues et
plus avoit de là où il trespassa jusque là où il fu porté. Ses

(1) *Passions*. Souffrances.
(2) Grégoire de Tours avoit seulement dit : « Cum graviter vexabatur
à febre, aiebat: « Wa! quid putatis qualis est ille rex coelestis qui sic tam
magnos reges interficit. » (lib. IV, cap. 21.) *Wa*, interjection d'un usage,
comme on le voit, si ancien, est peut-être l'origine de notre *va!*

quatre fils estoient présents, qui très honnorablement le firent porter durant toute la voie à grandes processions de clercs et de gens de religions qui l'âme recommandoient à nostre Seigneur, et faisoient ce que à tel office appartenoit.

XXIII.

Comment les quatre frères partagèrent le royaume en quatre parties.

(1) Après la mort le roy Clotaire, fu le royaume départi aux quatre frères. Mais Chilperic qui estoit plus sage et plus malicieux que nul des autres, à qui ne suffisoit mie telle partie comme il devoit avoir par droit sort, alla à Paris au plustost qu'il onques put, et saisi trestous les trésors qui avoient esté à son père et qui en la cité estoient. Tous les plus puissans de France manda par devant lui et fit tant envers eus, qu'il acquist leur bonne volonté, tant comme il onques put. Ceus que il pensa les plus convoiteux attira à son amour par dons et par proumesses que il leur fist, en telle manière se mist en la possession du royaume. Mais les autres trois frères, qui pas ne se voulurent accorder à ce partage, s'assemblèrent à tout grant gent à armes, et entrèrent en la cité si soudainement qu'il n'en sut onques mot, comme celui qui despourvu estoit contre leur venue. Hors de la cité le chascièrent, puis lui mandèrent que s'il vouloit consentir que tout le royaume, que leur père tint, fust départi à eux quatre, en quatre parties égales, ils le rapelleroient ; il respondi que volentiers s'i acordoit. Lors partagèrent le royaume en quatre. Cherebert qui l'aîné estoit, eut le royaume de Paris qui avoit esté à son oncle

(1) *Aimoini lib. III, cap. 1.*

Childebert : Gontran eut le royaume d'Orléans qui avoit esté à son oncle Clodomire : Sigebert le royaume de Metz, dont Theodoric son oncle avoit esté roy : Chilperic celui de Soissons que Clotaire leur père avoit jà tenu. Ainsi fu le royaume départi en quatre parts, tout ainsi comme leur père et leur oncle l'eurent jà partagé, après la mort du fort roy Clovis.

Mais pour ce que nous avons fait mencion de la cité de Metz, que Sigebert eut pour sa part, nous convient un petit entrelaiscer nostre matière, pour raconter aucunes choses de cette cité, que nous avons trouvées ès anciennes escriptures. Jadis advint que les Wandes, les Souaves et les Alains, que aucuns apellent Huns, issirent de leurs contrées pour France destruire et gaster. Un roy avoient qui Crocus estoit apellé : ce Crocus demanda à sa mère avant que il meust de son païs, quelle chose il pourroit faire pour acquérir grand nom ? elle lui respondit : « Beau fils, » dit-elle, « si tu veux estre re-
» nommé par tout le monde, abats et renverse les tours et
» les édifices que les plus grands princes et les plus puissans
» ont restauré jadis ; gaste les plus grandes cités et les plus
» nobles, et tout le peuple mets à l'espée. Car tu ne peus faire
» meilleurs habitacles de ceus qui ont esté faits, ça en ar-
» rière, ni la gloire de ton nom plus accroistre par ba-
» taille ni par autre manière. » Celui-ci fist, tant comme il put, le conseil de sa mère, et crut ses paroles aussi comme si ce fussent divines responses. Il passa le pont d'une cité qui est appelée Mayence ; sur le Rhin sied. Quant il eut cette cité destruite et gastée, il s'en vint à la cité de Metz, pour qui nous avons ce conte commencié. Les murs trébu-chèrent par divine volenté la nuit devant que le tiran y vinst, en telle manière qu'il put entrer dedans sans nulle deffense. En doute fu si nostre Sire le fist pour les péchés et pour les maux des citoyens punir, ou pour la perdition

du tiran, en vengeance des cruautés et des homicides qu'il faisoit; pour qu'il s'abandonnast à ce faire, jusques à tant que il trouvast qui vengeance en prist. Quant il eut fait sa volenté de la cité, il mut droit à la cité de Trèves; mais les citoyens qui de sa venue furent garnis, issirent de la ville, en la plaine dessous la cité s'apareillèrent à bataille contre lui. Quant Crocus vit qu'il ne pourroit d'eus venir à chief, il mit droit à aller à une autre cité qui a à nom Arle : en cette voie, le prist un chevalier qui avoit nom Marie (1), je ne sais par quelle manière, car l'histoire s'en tait. Quant Crocus le tiran fu pris, il fu vilainement mené par les cités qu'il avoit destruites : après ce mourut, et fu tourmenté de divers tourmens selonc ce qu'il avoit deservi.

XXIV.

Comment saint Germain franchi l'abaie Saint-Vincent de Paris; et de l'avision du roy Gontran.

(2) Cherebert, qui roy estoit du siège de Paris, espousa femme qui avoit à nom Ingoberge; deux chambrières avoit, dont l'une estoit appelée Marcovèphe, et l'autre Merophidis. Le roy fu si épris de leur amour que il laissa du tout sa femme pour elles. De ce le reprist et chastia saint Germain, qui à ce temps estoit encore évesque de Paris. Le roy ne s'en voulut amender pour le chastiment du saint homme. De ceste chose se courrouça nostre Sire : car les deux femmes et un fils que le roy avoit eu de l'une d'elles furent frappées de mort soudaine : de quoy le roy fu moult

---

(1) *Marie.* « Mario nomine captus. » (Aimoin.)
(2) *Aimoini lib.* III, *cap.* 2.

dolent; lui-mesme ne vécut pas moult longuement : assez tost après fu mort en la cité de Blaives en Poitou, enterré fu en l'églyse monseigneur Saint-Romain.

Messire saint Germain sentoit bien que le terme de ses jours approchoit de jour en jour, et bien voyoit que l'Église de Rome estoit troublée et affligée de la déjection du pape Silvère et de la mort Vigile, qui après lui eut la dignité receue. Lors se douta moult que l'évesque de Paris, qui après lui estoit à venir, ne grevast par mauvaises coustumes l'église de Sainte-Croix et l'abaie de Saint-Vincent que le roy Childebert avoit fondée, mesmement pour l'occasion d'un précepte que le roy Clotaire mist en une de leurs chartes qui ainsi parle : *Abbatem loci istius constituimus, etc.* Pour ce, voulut le preudhomme faire un statut de leurs franchises. Car la sainte pensée voyoit bien que l'Église de Rome se consentiroit après assez légièrement à confirmer les franchises des devant dites églyses. Après advint, comme le saint homme l'eut prévu, que messire saint Grigoire les confirma en ses décrets.

(1) Gontran qui roy fu d'Orléans, eut quatre fils de diverses soignans. (2) Nous ne les vous voulons pas nommer, pour ce qu'il ne les eut par mariage : mortes furent tantost après qu'elles eurent enfanté. Ce roy Gontran fu roy de souveraine bonté, moult aima pais et concorde, et garda droiture et loyauté. Un seul vice obscurcissoit la gloire de son nom ; car il estoit trop abandonné à luxure et adultère. Celles qui pas n'estoient ses espousées maintenoit, et celles qu'il avoit prises par mariage refusoit.

Un jour alla chascier en bois : quant la chasce fu commenciée, sa gent se départi, l'un çà et l'autre là, si comme il advient souvent en telle chose. Le roy tourna d'une part

(1) *Aimoin, lib. III, cap.* 3.
(2) *Soignans.* Concubines.

entre lui et l'un de ses hommes tant seulement, qui moult estoit de ses privés. Dessous un arbre descendi pour un petit reposer; pour dormir s'inclina au giron de celui qui avec lui estoit. En cette heure qu'il dormoit ainsi, issi de sa bouche une bestelette de telle semblance comme un lésard laquelle commença aller et venir et à chercher entour les rives d'un petit ruisselet qui là couroit; et moult se penoit de passer outre, si elle peust voie trouver. Quant celui qui avec lui estoit vit ce, il prist son espée toute nue et la mit à travers le ruisselet. La bestelette se mist dessus et ala rampant tout outre jusques à l'autre rive, en terre entra par un petit trou dessous le pié d'une montagne. Quant elle eut là-dedans demeuré aussi comme par l'espace de deux heures, elle retourna arrière par dessus l'espée et entra en la bouche du roy, qui encore dormoit. Le roy s'esveilla un peu après et dist à son compagnon que merveilles avoit vu en son dormant: « Je ai, » dist-il, « vu un trop grand
» fleuve, et par dessus un pont de fer; si me sembloit que je
» passois par-dessus jusques à l'autre rive, puis entrois sous
» terre en une cave qui estoit au pié d'une montagne; là
» trouvois plus de richesses que nul ne pourroit priser, et
» les trésors des anciens pères, qui là dedans sont re-
» posés. » A tant monta le roy et alla à l'hostel, puis entendi qu'un autre avoit vu cette mesme avision, et pour ce qu'elles estoient semblables, fist-il le lieu houer et trouer bien profondément. Là trouva or et argent en si grant masse que çe n'estoit si merveille non. De cet or et de cet argent fist le roy faire un couvercle, ainsi comme une châsse à merveille grande et belle, en propos que il l'envoiast au sépulchre nostre Seigneur en Jérusalem. Mais le grief et le péril de la voie et la peur des Sarrazins, qui au païs demeuroient, empeschièrent la voie et le don et la promesse qu'il avoit faite : et pour ce qu'il ne le voulut pas

tenir que il ne fust offert à Dieu, à qui il avoit esté promis, il le fist porter en une abaie qui est près Chalon en Bourgogne, que il avoit fondée en l'honneur de saint Marcel. Sur le corps saint fu mis le vaisseau, qui tant estoit d'œuvre belle et riche que sa pareille ne fu pas trouvée au royaume de France.

XXV.

Comment le roy Sigebert espousa Brunehaut, qui tant de roys de France fist mourir.

Sigebert le roy de Metz savoit bien que ses frères estoient en reproche et au dégabement du monde pour le péché de luxure, et pour ce mesmement qu'ils ne gardoient pas bien la foy ni la loyauté de mariage envers leurs espouses : pour ce envoia au roy d'Espagne Athanailde un sien message, qui Gogone avoit nom. Ce roy Athanailde avoit chascié hors d'Espagne les troupes l'empereour de Constantinoble ; Sigebert lui manda que il lui envoiast une sienne fille, qui estoit appelée Brunehault (2), car il la vouloit espouser par mariage. Celui-ci le fist moult volentiers, qui moult en fu joyeux : livrée fu aus messages à grand plenté de joyaux et de richesses. Quant le roy Sigebert eut la dame reçeue, il la fist baptiser et introduire en la foy de Rome, pour ce qu'elle estoit corrompue de l'hirésie arriene, en quoi elle avoit esté née et nourrie. Son nom lui fit changer premier, si la fist appeler Brunchilde, puis l'espousa à grande solemnité. Quant elle vit qu'elle fu dame et royne clamée du royaume, tant fist par ses paroles que le roy cueilli en trop grant haine icelui Gogone, qui d'Espagne l'avoit amenée. Comte

---

(1) *Aimoin. lib. III, cap. 4.*
(2) *Brunæ nomine.* (Aimoin.)

et maistre estoit adonques du palais, et fu esleu en manière que nous vous dirons : tandis que le roy estoit en son enfance, les princes du royaume avoient esleu un autre qui Crodine estoit apelé, preudhomme estoit et plein de la peur de Dieu, si estoit du plus grand lignage de France. Il refusa cet honneur, et pour soi délivrer et excuser de cette charge, il vint au roy et lui dist ainsi : « Sire, tous les plus
» puissans du royaume m'appartiennent de lignage, et je ne
» puis porter ni souffrir leurs plaids, ni leurs tençons. Car
» ils sont plus hardis et plus prests de grever leurs voisins ;
» pour ce que ils sont mes parens, si ne redoutent pas mes
» paroles, ni mes jugemens, pour ce qu'il leur samble que
» je me doive deporter pour l'afinité de chair qu'ils ont vers
» moi. Mais si tu affirmes que ce soit bien à faire que l'on
» punisse ses parens selon la sentence de droit jugement,
» nul ne peut nier qu'on ne le doive faire, et le peut-on
» prouver par plusieurs essamples. Torquatus fist son fils
» propre décoler, pour ce qu'il avoit despité son commandement : Romulus qui fonda Rome, fist occire Remon
» son frère, pour ce qu'il brisa le ban qu'il avoit fait crier :
» Brutus occist ses deux fils tout en telle manière pour la
» franchise du païs garder. Et ja soit qu'il vaille mieux estre
» repris pour miséricorde que pour cruauté, pourquoi fera-
» t-on miséricorde aus mauvais, lesquels plus les déporte-on,
» pire les a-on : car ils s'enorgueillissent et s'élèvent de la
» grâce qu'on leur fait, en tant qu'ils en font pis. Jamais
» donc ce ne m'aviègne que je soie féru de la perpétuelle
» sentence du souverain juge pour aquérir leur grâce transitoire. » Quant Crodine eut ainsi parlé au roy et aus barons, ils mirent en sa volenté et en son ordonnance l'élection de si grant honneur et de si grande dignité, pour le bien et pour la loyauté qu'ils sentoient en lui. Il se leva lendemain bien matin et prist avec lui aucuns des plus

grands seigneurs du palais : à l'hostel Gogone vint, ses bras(1) lui mist au col et lui donna signe de la seigneurie qui à avenir lui estoit. Puis lui dist : « Nostre sire le roy Sigebert » et tous les princes du royaume m'avoient eslu et esgardé » que je fusse comte et maistre du palais, mais j'ai refusé » ce don Use donc heureusement de ce privilége que je te » déguerpis de ma volenté. » Tout maintenant à l'exemple de lui, ceus qui là estoient créèrent Gogone gouverneur du palais. Bien et noblement se tint Gogone en la seigneurie et en l'office jusques à ce jour que il eut amené Brunchilde d'Espagne. Ce jour qu'il l'amena lui fu mort : et plus profitable chose lui eust esté que il s'en fust devant enfui en exil, que ce que il eust amenée femme plus cruelle que nulle beste sauvage. Car puis que elle fu royne clamée et elle fu bien entrée en l'amour et en l'accointance de son seigneur, elle le pervertit si durement et aliéna de sens, qu'il commanda que Gogone gouverneur du palais fust estranglé et meurtri (2). Tant fu Brunchilde desloiale et pleine de très desmesurée cruauté : tantes occisions furent par ele faites, tant roys de France et tant princes furent par ele occis et péris, que l'on put bien, pour ce, savoir que la prophétie de Sibile fu pour lui dite, grand temps avant, qui est telle : « Brune viendra, » dist-elle, « des parties d'Espagne, les gens » et les roys périront devant son regard ; elle sera deroutée (3) » de piez de chevaux. » Pour ele donques fu la prophétie dite ; car il fu ainsi comme elle le prophétisa.

Ce fenist le secont livre des Croniques de France.

(1) *Ses bras.* Suivant D. Bouquet, le texte d'Aimoin devroit porter ici (au lieu de *brachium*), *brachile*, espèce de vêtement honorifique qui couvroit la poitrine, et étoit attaché sur le bras droit.

(2) Tout ce que nos chroniques diront de Brunehault d'après Aimoin, qui lui-même copioit Fredegaire, portera le cachet de la passion la plus injuste. Ainsi Gogon ne fut pas mis à mort par les sconseils de la nouvelle reine; il vécut encore quinze ans, c'est-à-dire jusqu'en 581. Suivant même toutes les apparences, il conserva la confiance de Brunehault, puisqu'elle le choisit plus tard pour diriger l'enfance de son fils Childebert.

(3) *Déroutée.* Rompue.

CI COMMENCE LE TIERS LIVRE DES GRANDES CHRONIQUES.

I.

Comment le roy Chilperic estrangla sa femme; et comment il laissa la seconde par la malice Fredegonde; et puis comment les Saxons envahirent la France.

(1) Chilperic le roy de Soissons estoit si abandonné à luxure, que toujours menoit-il grant tourbe de femmes avec lui contre l'honesté de son estat; plus le servoient pour sa biauté, que elles ne faisoient pour la noblesse de son lignage. Talent (2) lui prit de faire ainsi comme son frère le roy Sigebert avoit fait. Pour ce manda par ses messages au roy d'Espaigne Athanailde que il lui envoyast sa fille, qui seur estoit de Brunehaut; sa seur aisnée estoit, si avoit nom Galsonde: et bien leur enchargea que ils lui deissent de par lui que s'il la lui envoyoit, il guerpiroit toute compagnie de femme pour elle. Ce roy qui bien pensa qu'il disoit la vérité, la lui envoya volentiers: richement lui donna joyaus et autres richesses: ses propres messages envoya avec sa fille et leur commanda que ils prissent seurté du roy par serment, avant qu'il l'espousast, qu'il ne la guerpiroit pour autre, et qu'elle seroit royne tant comme elle vivroit. Tout ainsi le jura Chilperic comme les messages le devisèrent:

---

(1) *Aimoini lib. III, cap. 5.*
(2) *Talent.* Désir.

à tant retournèrent en leur païs. Le roy la fit baptiser, pour ce qu'elle estoit arriene ainsi comme sa seur avoit esté : puis l'espousa et la prit par mariage. Peu se tint en ses convenances ; car il avoit le cuer muable et de légère volonté : le serment brisa qu'il avoit fait aux messages. Et Fredegonde qui avoit esté jadis apelée la femme au roy Chilperic, avoit si grant envie sur la nouvelle royne qu'elle ne la povoit regarder. Tant fit en peu de temps par sa malice et par l'art de flatterie dont elle estoit maistresse, que le roy la prist et la maintint ainsi comme sa femme. Lors monstra si grant orgueil et si grant outrecuidance, que trop estoit baude et hardie, selon la coustume de telles femmes à faire engresties (1) et félonnies. Par le palais s'en alloit et disoit à tous qu'elle estoit dame et royne ; moult disoit d'outrages et de vilenies à la royne Galsonde, dont elle se plaignoit à son mari et des griefs que celle-ci lui faisoit. Mais le roy qui jà avoit son cuer retrait de son amour, la mocquoit et paissoit de blandes paroles. A si grant forsenerie fu mené par l'effort de Fredegonde, que il l'estrangla une heure qu'elle dormoit en son lit. Grande cruauté et grande félonnie fit, si grant que l'on n'avoit oncques ouy parler de tiran qui si grant l'eust faite. Grande honte estoit aus François, mesmement au roy, que il estranglast sa propre femme en son lit, qui nul mal ne lui faisoit, pour laquelle il deust risquer sa vie pour la secourir, si les ennemis l'eussent ravie. Fort estoit de son sens aliéné, qui, pour l'amonnestement d'une folle femme, conchia et honnit la biauté et l'honneur de si noble mariage, pour celle qui lui mesme povoit faire mourir en peu de tems, si elle y vouloit mettre son sens et sa malice, si comme elle fit puis. Nostre Sire monstra bien que il lui pesoit de ce fait, et qu'il avoit agréable le

---

(1) *Engresties.* Tourmens, injures. Du bas latin, *ingravationes.*

martyre de la royne Galsonde par un miracle qu'il fit pour elle. Une lampe de verre, qui devant son tombeau brûloit, chust d'aventure sur le pavé : le verre, qui assez légèrement brise de sa nature, entra en la dureté du pavé sans nulle fracture et sans nulle corruption, aussi comme il l'eust fait en plain muid de farine buletée. Ses frères, qui surent la desloyauté qu'il avoit faite, assemblèrent leurs troupes et dirent que homme de si grant félonnie ne seroit leur compaignon au royaume leur père : mais par telle légièreté comme la besoigne fu commenciée, par tel manière vint à néant.

(1) Une autre femme prist après, qui eut nom Audovère; trois fils en eut, Théodebert, Mérovée, Clodovée. Mais Frédégonde fist tant puis qu'elle eut fait estrangler la royne Galsonde, qu'elle fu d'elle délivrée en telle manière comme nous vous dirons.

Il advint que le roy Chilperic vint à ost banie (2) avec Sigebert son frère encontre les Saisnes (3). La royne Audovère demeura en l'hostel enceinte : Frédégonde, qui entour elle estoit avec une autre chambrière, lui dist quant elle eut une fille enfanté : « Dame, faites l'enfant baptiser isne-
» lement, pour que le roy ait double joie quant il retour-
» nera, quant il aura une nouvelle fille recouvrée et de ce
» qu'elle sera en saints fons régénérée. » La royne cuida que elle lui donnast bon conseil : pour ce commanda que l'on quist une matrone, qui la levast de fons et fust sa mère spirituelle. Frédégonde respondi que l'on ne pourroit trouver femme plus noble qu'elle pour telle chose faire. Ainsi fu la royne déceue, sa fille leva de fons par le conseil la desloiale Frédégonde, et fu sa mère en deux manières, cor-

(1) *Aimoini lib.* III, *cap.* 6.
(2) *Ost banie.* Armée convoquée.
(3) *Saisnes.* Saxons.

porellement et spirituellement, ce qui estre ne pouvoit ni ne devoit. Quant Frédégonde sut que le roy aprochoit, elle se hasta d'aler encontre, elle lui dit ainsi : « Com est au- » jourd'hui le roy Chilperic glorieux, qui retourne à victoire » de ses ennemis à qui une nouvelle fille est née, Childe- » hinde, qui tant sera noble et de forme et de beauté. Mais » ce sera grande douleur et chose qui bien doit estre esqui- » vée, si madame Audovère gist à nuit avec le roy Chilpe- » ric. » Le roy qui fu esbahi de telles paroles, lui demanda pourquoi elle le disoit. Celle-ci conta comment la chose estoit allée, en semblant qu'elle en fust dolente. Quant le roy oït ce, il dist : « S'il est ainsi que Audovère soit par » droit de moi déseurée, je te prendrai par mariage, si seras » compaigne de mon lit. » A tant entra le roy au palais, la royne, qui avoit esté déceue par sa simplèce, lui vint devant, sa fille entre ses bras, qu'elle avoit par deux fois diversement engendrée, charnellement et spirituellement. Le roy lui dist : « O toi royne, tu as fait une chose dont tu dois estre » moult reprise et blasmée : tu as levée ta propre fille des » fons que tu avois de ta chaire engendrée. Je ne te puis » avoir par mariage par ce que tu es ma commère. » Le roy envoya en exil l'évesque qui l'enfant avoit baptisé : la mère et la fille mist dans un moustier, et leur donna assez rentes et possessions. Frédégonde, qui par sa malice avoit tout ce pourchascié, espousa le roy Chilperic par mariage.

En ce point advint une besoigne et une nécescité au roy Sigebert son frère. Kacanus, le roy d'une gent qui est apellée Huns, entra en son royaume pour sa terre gaster et destruire. Le roy alla encontre atout grande armée pour sa terre deffendre. Bataille y eut grant ; Sigebert surmonta ses ennemis et moult en occist, le remanant pacifia. En ce point qu'il estoit ainsi contre cette gent, son frère le roy Chilperic qui selon ses mœurs aimoit tousjours discorde et querelles, vit que son frère eut sa terre vidée et desgarnie de gent, à Rains vint, qui estoit la plus noble cité du royaume de son frère; soudainement la prist pour ce qu'elle estoit despourvue : car les citoyens ne cuidassent point qu'il fist ce, contre son frère. Quant le roy Sigebert sut ce, il fu moult courroucié, tantost lui rendi le mérite de ce fait : car il saisi la cité de Soissons qui de son royaume estoit chef, et soumist le peuple à sa seigneurie. Théodebert son fils qu'il trouva en la cité, mist en prison; mais il le rendit à son père qui le requist; joyaus et dons lui donna au départir, et lui fist jurer avant qu'il fust délivré que jamais machination ni guerre ne lui feroit. Le serment ne dura pas longuement ferme et stable : car il se combati contre lui; mais il fu desconfi, et il reçut, outre sa volonté, les conditions de pais.

(1) En ce point, les Saisnes qui déjà estoient entrés en Italie avec leurs femmes et leurs enfans par l'assentiment et la volonté du vieux Théodebert, retournèrent en France à grant force de gent. Mummoles le sénéschal du roy Gontran leur vint encontre, pour refréner leur cruauté; tant les mena par force d'armes qu'il les chassa et les fist retourner en Italie dont ils estoient issus. En l'an qui après vint, les Saisnes revindrent derechef jusques au Rhosne pour passer en France. Mais ledit Mummoles leur deffendit le passage. Tant firent envers lui à la fin par dons et par pécune qu'il leur donna congié de passer parmi la terre qu'il deffendoit et de aller outre, jusques au royaume Sigebert. Mais il les reçut si noblement, qu'il les rechassa là dont ils estoient venus. En ce qu'ils retournoient en leur païs, ils déçurent mains marchans en leur voie : car ils leur vendoient et changeoient grant pièces de cuivre doré, par

(1) *Aimoini lib. III, cap. 7.*

tel art qu'il sembloit que ce fust fin or. Par cette fraude furent aucuns menés à si grant povreté qu'ils s'en dolirent puis tous les jours de leur vie. Mais les Saisnes, pour ce que par telle desloyauté les avoient déçus, portèrent la peine de leur malice assez tost après comme par divine vengeance. Car les Souaves et les autres nations qui marchissoient à eux entrèrent en leurs terres, ensemble se combatirent par trois batailles, desconfis furent les Saisnes et menés à si grant confusion qu'ils perdirent entour vingt mille de leurs gens. Ceus qui de celle occision purent eschaper firent pais, en telles conditions comme leurs ennemis voulurent deviser.

II.

De la mort l'empereour Justinien ; et comment les Romains accusèrent Narses faussement vers l'empereour.

(1) *Incidence.* Quant Justinien, l'empereour de Constantinoble duquel nous avons là dessus parlé tant de fois, eut gouverné l'empire bienheureusement trente-trois ans, il trespassa de ce siècle. L'empire laissa à Justin qui le moindre estoit apellé, à la différence du grant Justin qui devant avoit régné. Ce Justinien estoit ferme en la foi chrestienne, père de pauvres, en miséricorde et en pitié descendant, noble cultiveur de droiture et de justice ; et pour ce lui advinrent à bonne fin toutes ses besoignes et toutes ses œuvres. Moult eut victoires en prospérité et en bonne fortune par divers ministres, mesmement par le très vaillant Bélisaire : en causes citoyennes et en compositions de lois fu très merveilleux. Par la raison de ce qu'il vainquit et soumist les Allemans, les Ghotiens, les Huns, les Wandes et les Afriquans, fu-il apellé

(1) *Aimoini lib.* III, *cap.* 8.

par divers surnoms. Il fist un temple en Constantinoble qui est apellé l'églyse Sainte-Sophie, en l'honneur de Jésus-Christ qui est souveraine Sophie (sagesse); et pour cette raison la nomma l'empereour Sainte-Sophie. Cette œuvre est de si grande noblesse qu'elle surmonte de biauté et de bonté toutes les églyses du monde, comme le tesmoignent ceux qui l'ont veue.

(1) Au tems de ce prince vivoit Cassiodore, clerc et renommé en séculière et divine science : Denyse abbé, homme de très merveilleuse disputoison du sacrement et du tems de Pasques (2) : Prisciens en la cité de Césaire fleurissoit en l'art de grammaire, qui bailla les faits des apostres par vers : saint Benoit en la sainte discipline plus heureusement que tous les autres : tous ces preudhommes fleurirent en ce tems en sainte vie et en bonnes œuvres. Messire saint Germain évesque de Paris alla visiter le sépulchre en Jérusalem au temps de ce prince ; par Constantinoble retourna : à grant honneur le reçu l'empereour, donner lui voulut grands dons et or et argent. Le saint homme refusa tout ; mais il le requit des reliques des saints. L'empereour, qui moult fu joyeux de la dévocion du preudhomme, lui donna des espines de la sainte couronne, des reliques des Innocens et l'un des bras de monseigneur saint George : le saint homme les reçut en grande dévocion. Quant il fu retourné en France et qu'il vint à Paris, il en donna une partie à l'églyse Sainte-Croix, et l'autre en l'abbaye Saint-Vincent. L'estude de la bonne amitié que nous avons vers ce prince nous a fait raconter ses mœurs et ses nobles fais (3), et les vies

---

(1) *Aimoini lib. III, cap. 9.*
(2) La traduction du texte latin est fort incomplète: « *Dionysius in Pischalis calculi argumentatione miranda,... effulsit* (Aimoin.)
(3) Le texte d'Aimoin est encore ici rendu péniblement : « *Hæc nos studium boni principis dicere coegit.* »

des preudhommes qui en son tems furent. Désormais raconterons quelques uns des fais de Narses, dont nous avons lassus parlé ; puis retournerons à l'ordre de l'histoire.

(1) Narses que l'empereour avoit envoyé en Italie pour délivrer les Romains de la subjection des Ghotiens, qui la cité avoient prise, dompta et soumit toutes les nacions qui estoient rebelles à l'empire. Moult estoit bien morigené, glorieux en victoires, en justice noble et juge droiturier. Comme il fu tel il s'aperçu bien que l'envie des mauvais le greva plus que la grace des bons ne l'aida. Car comme il se fust mis plusieurs fois en péril de mort pour délivrer le païs et les citoyens de la servitude de leurs ennemis et eust acquise la mal-veillance des nacions voisines pour eus, il en eut guerredon au dernier tel qu'il souffri plus après les batailles de persécucions des siens, qu'il ne fit ès batailles de ses ennemis : et plus estoit en péril entre ceus qu'il avoit delivrés, qu'il n'avoit esté entre ses adversaires. Bien accomplirent les Romains la desloyauté et la felonnie de leurs cuers, qui n'avoient pas honte d'accuser devant l'empereour, là où il n'estoit pas présent, celui qui en tant de périls de mort s'estoit mis pour garder leurs vies et leurs santés. Mais ceste malice ne leur est pas nouvelle : car ils sont entechiés aussi comme par nature du vice d'ingratitude : ingratitude si est, quant aucuns ne se reconnoist ès biens, ni ne sait gré de chose que on lui fasse : et ce peut-on montrer par maint essample encontr'eus. Le grant Scipio, un senatour de Rome, qui estoit apelé African pour ce qu'il avoit soumise à l'empire toute Afrique, et qui moult estoit noble et renomé de tantes victoires que il avoit eues par maintes fois contre ceus de Carthaige, perdit la grace de la cité et s'en alla comme exillé : puis fu mort en exil de deul

(1) *Aimoini lib. III, cap. 10.*

et de tristesse. Un autre Scipion Africain, qui moins n'estoit pas noble du premier, ni en lignage ni en fais, après qu'il eut conquise toute la Libye, il convint qu'il s'excusast devant les senatours des faux fais dont les mauvais cruels l'inculpoient sans raison, qui pas ne prenoient garde aus grandes victoires qu'il avoit eues, et au péril où il s'estoit mis tantes fois pour les choses communes : ainsi fu occis la nuit après en son lit par ceus qui envie lui portoient. En telle manière se révélèrent contre Narses : car ils se complaignirent de lui à l'empereour et à dame Sophie l'impératrice, et disoient qu'ils n'avoient point de preu de ce que ils estoient délivrés de la subjection des Ghotiens : car la seigneurie de Narses les grevoit plus et pressoit que leurs ennemis n'avoient coustume de faire. Cesar qui trop fu courroucé de ces nouvelles envoya tantost un autre en son office, qui Longin le Prevot avoit nom (1). Quant Narses se fu de ce aperçu, il dit ainsi : « Si j'ai mal fait aus Romains, je veuil » bien recevoir la déserte selon mes fais : et si je leur » ai bien fait et ils ne me veuillent rendre bien pour » bien, pourquoi portent-ils faus tesmoins contre mon » chef? » Tant estoit dame Sophie l'impératrice esmue encontre lui, qu'elle lui manda par vilainnes paroles, qu'il estoit féminin sans barbe et sans naturel garnison de homme, et lui escrivit-elle par lettres que il deust desvider une fusée de laine en compagnie de femmes, non pas tenir office ni lieu de senateur, ni conseilleur des Romains. Quant Narses entendi le reproche que l'impératrice lui escrivoit et les vilainnes paroles qu'elle lui mandoit par bouche de message, il respondit tant : « Je filerai, » dit-il, « un fil » dont tel toile sera tissue que Justin et Sophie ne pourront » jà couper en toute leur vie. » Il dit vrai : il manda tel

(1) *Successorem Narseti Longinum direxit præfectum.* (Aimoin.)

homme qui puis fit grant domage et maints grans griefs aux Romains et à l'empire. Ce fu Alboin le roy des Lombars, qui lors demeuroit en Pannonie : en Italie vint et amena son peuple, sa femme et toute sa maison. Narses guerpit la cité de Rome et s'en alla demeurer à Naples. Le pape Jehan, qui le siège avoit reçu après le pape Pelage, alla après lui et tant le pria de retourner qu'il revint à Rome avec lui. Après ces choses, le pape Jehan trespassa de ce siècle. Narses puis ne vescut guères : après sa mort, le corps fu mis en un cercueil de plomb, porté fu en Constantinoble et tout son trésor.

III.

Comment le roy Sigebert fu pris, et comment les trois frères firent pais ensemble.

(1) Au roy Sigebert firent alliance deux manières de gens, desquels les uns sont apelés les Huns et les autres Havares : ces alliances brisèrent et s'espandirent parmi France si soudainement, que le roy et toute sa gent furent surpris comme ceus qui pas ne s'en prenoient garde. Toutesfois apareilla le roy tant de gent comme il pu avoir, pour eus recevoir à bataille. Mais avant que les parties fussent assemblées pour combattre, ses ennemis firent ne sai quels enchantemens, par quoi les François furent si durement espoventés que ils tournèrent tous en fuite. Pris fu le roy ainsi comme il s'apareilloit pour fuir ; mais il fit tant par son sens et par ses promesses qu'il pacifia ses ennemis et retourna à sa gent. Il eut plus cher de retourner vis et en santé par rançon de son avoir, que de

---

(1) *Aimoini lib. III, cap.* 11.

mourir entre leurs mains. En ce fait damna-il le mauvais conseil Crasse (1), qui jadis fu conseiller des Romains : ce Crasse aima mieux apareiller la mort à ses ennemis que rançon pour issir de leur servitude (2). Or vous conterons comment il se combatti contre les Trasciens: desconfi fu et moult perdi de sa gent ; à la parfin fu pris et chu ès mains de ses ennemis ; et pour ce qu'il ne voloit pas souffrir la servitude, ni estre en moquerie ni en dérision de ses ennemis, il féri celui qui le menoit parmi l'œil d'une verge qu'il portoit en sa main pour son cheval haster. Le Barbare qui fu esmu et courroucé pour la douleur du coup, tira son espée et le frappa parmi les costés : ainsi péri Crasse, homme puissant et de grande renomée, qui par aventure povoit encore eschaper sans la grace et sans les bénéfices de ses ennemis (3).

(4) En ce point prit la cité de Bordeaux Clovis l'un des fils de Chilperic, qui appartenoit au royaume de Sigebert son oncle. Le duc Sigulphe, qui en ces parties gardoit la terre de Sigebert, lui courut sus, tant le mena qu'il le bouta hors du païs et le chassa devant lui à cors et à trompettes jusques à Paris, ainsi comme l'on chasse un cerf. Quant le roy Chilperic sut que son fils avoit ainsi esté chassé, il envoya Théodebert, un sien autre fils, pour saisir les cités de Neustrie, (ore appelée Normandie), qui appartenoit au royaume de son frère. Ce Théodebert avoit devant juré à Sigebert son oncle, avant qu'il fust délivré de prison, que jamais rien ne lui mefferoit : moult de cités prist en cette voie, la cité de Tours et de Poitiers, tout Caorsin et

---

(1) *Crasse.* De Crassus. — *Conseiller,* consul.
(2) « Qui ut dedecus servitutis evaderet, non pretium hostibus, sed sibi interitum paravit. » (Aimoin.)
(3) Le traducteur fait ici un contresens : « Sicque vir...... dum de-
» vitat quod fortuito casu, sive beneficio hostis etiam posset evadere,
» incidit in mortem. » (Aimoin.)
(4) *Aimoini lib. III, cap.* 12.

tout Limosin ; moines et clers tourmenta, nonains viola, si dura cette persécucion jusques à Tours. Après qu'ils eurent toute la province d'Aquitaine cerché, moustiers de moines et de chanoines brisés et gastés, à la parfin vinrent à l'églyse Saint-Martin. Tandis qu'aucuns de cette perverse gent s'appareilloient pour passer une eaue qui entre deux estoit, les moines qui furent en l'autre rive leur commencèrent à crier : « O les ennemis de Dieu, ne passez pas ça outre pour faire « force à l'églyse de monseigneur saint Martin! » Ceus-ci retournèrent arrière, quant ils ouyrent ce et eurent contrition en leurs cuers. Mais vingt de cette compagnie qui voulurent parfaire la malice qu'ils avoient en leurs cuers conçue, passèrent outre en une nef, des moines blessèrent et tuèrent, le moustier Saint-Martin brisèrent et robèrent, et des fardaus firent de leurs proies; puis se mirent en leur nef pour retourner; mais le glorieux confesseur n'oublia pas sa vertu et tost en prist vengeance. Quant ils furent au milieu de l'eaue, ils perdirent leurs avirons : ainsi comme ils poussoient la nef de leurs lances, elle effondra dessous leurs pieds ; tous furent noyés, fors un seul qui aus autres dépersuadoit ce mal à faire, et pas de cuer ne s'y estoit accordé. Les moines tirèrent les corps de l'eaue et les choses qu'ils avoient perdues ; les corps misrent en sépulture et les choses restablirent à l'églyse.

En telle manière se demenoit Theodebert en ces parties; et tel estoit aus églyses et aus crestiens que fu jadis Diocletien à ceus qui régissoient la foi crestienne. Il se combatti à Poitiers encontre Gondoald, qui duc estoit du païs, à si grande desconfiture le mena qu'il occist presque toute sa gent. Le roy Chilperic, qui moult avoit grant desdain (1) de ce que les troupes de Sigebert son frère avoient les siennes

---

(1) *Desdain*. Ce mot répondoit alors à celui d'*indignation*. Le latin porte *indignabatur*.

chassées, ne fu pas coi d'autre part, et ne lui suffisoit pas cette victoire que son fils avoit eu à Poitiers : mais entra à grant nombre de gent en Champagne la Rainsienne, gasta tout le païs d'entour Rains. Le roy Sigebert qui bien se fu pourvu de gent, ne refu pas oiseux ; il ne voulut pas souffrir sa gent ni sa terre domager, qu'il n'y mist conseil : mais alla encontre Theodebert son neveu, qui sa terre lui avoit gastée et sa gent desconfite ; embuchemens mist ès destroits par là où il devoit passer ; Theodebert et sa gent fu là toute desconfite, lui-mesme fu occis en fuyant. Le duc Ernoul prist le corps et le fist mettre en sépulture en la cité d'Angoulesme. Après ces choses, le roy Sigebert assembla son povoir de toutes pars, puis vint à bataille contre le roy Chilperic son frère, qui sa terre lui gastoit en la contrée de Rains. Mais sage homme et bonnes gens allèrent tant entre deux, qu'ils les firent accorder ensemble. Après cette accordance ils murent tout maintenant de commun accord sur le roy Gontran leur frère, qui tenoit le royaume de Bourgogne. En ces entrefaites le roy Sigebert manda aus citoïens de Clermont en Auvergne, qu'ils courussent sus à ceux d'Arles le blanc ; mais le roy Gontran, qui ce sut, manda à ceus d'Arles qu'ils se garnissent contre ceus de Clermont. Ils garnirent si les forts lieux et les trespas où ils devoient passer, qu'ils(1) furent occis et desconfits. Le roy Gontran apareilla ses troupes et mut contre ses frères qui sur lui venoient à grants effors. Quant les roys se furent aprochés les uns des autres, le roy Gontran fist ses troupes loger en un lieu qui est apelé Viri ; le roy Chilperic et le roy Sigebert en un autre qui est nommé Archi (2). En tel point estoient jà les troupes

---

(1) *Ils.* Les Clermontois.
(2) *Archi.* Sans doute *Arcis-sur-Aube*, en latin *Arciaca*, ou comme écrit Aimoin ici, *Archiacum*.

qu'il n'i avoit que de commencer la bataille : mais sage et bonne gent, à qui il appartient à donner bon conseil aus princes, pourchassèrent tant que les trois rois vinrent en une concorde et en une pais. A Troies la cité en l'églyse monseigneur saint Leu fu puis cette pais confirmée. Le roy Chilperic et le roy Sigebert jurèrent au roy Gontran que jamais rien ne lui mefferoient, et le roy Gontran aussi à eus : et lors se départirent.

IV.

Comment le roi Sigebert fu occis en son tref par Frédégonde ; et comment Mérovée alla à Rouan vers Brunehaut.

Les François Austrasiens qui estoient du royaume Sigebert commencèrent à murmurer contre lui, et disoient qu'ils estoient venus à son mandement en espérance qu'ils deussent avoir la proie et les despouilles de leurs ennemis ; dont il convenoit qu'il leur rendist leurs despens, ou qu'il leur monstrast leurs adversaires, des proies desquels ils fussent enrichis. Après, ils se complaignoient que, quant le roy traitoit de pais ou de guerre, ils n'y estoient onques apelés, si estoient toujours premiers aus périls et à la bataille, et derniers à l'honneur et aus dons. Puis disoient qu'ils n'estoient de rien esmus encontre le roy Gontran, et que bien leur plaisoit la pais qu'il avoit à lui fermée ; mais de la pais Chilperic leur desplaisoit, qu'ils haïssoient d'ancienne haine : car la vie de lui estoit de tous haïe et la mort désirée. Par telles paroles fu le roy Sigebert contraint et à ce mené qu'il proposa et establi à suivre son frère, qui de ce riens ne savoit ni de telle chose ne se pouvoit douter. Pour ce avoit son ost départi et donné congé à la plus grande partie de sa gent : à tant s'en vint à lui un message, qui lui dist que son frère le suivoit avec tout son camp. Quant il oï ce, il fut moult esbahi, pour ce que il estoit si desgarni de gent : à la cité de Tournay s'enfuit, à tant comme il pu avoir de chevaliers. Le roy Sigebert qui tousjours le chassoit vint à Paris : saint Germain lui vint à l'encontre et lui dist : « Si tu désirres espandre » le sang de ton frère, la fosse que tu lui appareilles » trouveras-tu pour toi appareillée, et trébucheras dedans » selon la voix David le prophète; ni sans raison ne se- » ras-tu pas dit homicide de ton frère, comme tu as » cuer et volonté de ce faire. » Le roy Sigebert ne voulut oïr la parole du saint homme, pour ce qu'il l'avoit aussi comme soupçonneus qu'il ne soustinst la partie de son frère; mais chevaucha avant, entalenté de faire ce qu'il avoit encommencé. A une ville vint qui a nom Vitri; là trouva une grande compagnie de gens et de chevaliers du royaume Chilperic : à lui se rendirent pour sa volonté faire, et tous les princes et les barons se rendirent à lui et guerpirent Chilperic, fors un seul qui avoit nom Ansoualdd. Celui-ci eut plus cher à demeurer avec son seigneur en adversité, et à attendre telle fortune comme il devoit avoir, que briser la foi qu'il lui avoit promise et avoir le nom de traistre. Quant Sigebert vit qu'il avoit si grandes troupes et si grande multitude de chevaliers, il chevaucha avant et prit toutes les cités du royaume son frère; puis revint à Tournay et assist son frère dedans la cité. Quant le roy Chilperic se vit ainsi entrepris, il fu moult esbahi et commença à penser comment ni par quel art il pourroit oster du péril de mort sa femme et ses enfans qu'il avoit avec lui amenés. Mais Frédégonde sa femme pensa de la besogne là où le sens de son seigneur failloit, selon la coustume de femme qui moult plus est de grant engien à mal faire que n'est homme : deux hommes prit et tant les enchanta et introduisit par sa malice, qu'ils despirent et surmontèrent peur de mort par hardiesse et lui promirent qu'ils feroient sa volonté. Lors leur commanda qu'ils alassent au tref Sigebert et qu'ils l'occissent en samblant de lui servir : si leur promit que s'ils retournoient, moult leur donneroit grans dons; et s'ils estoient occis par lui, elle feroit aumosnes pour leurs ames et feroit oblacions aus saints et aus saintes que Dieu leur pardonnast ce péchié. Ils issirent de la cité, et se plongièrent en l'ost qui dehors estoit logié (1); puis alèrent avant petit et petit jusques à tant qu'ils furent en la compagnie de ceus qui estoient familiers du roy. Quant ils virent leur point, ils se joignirent à lui et le frappèrent de couteaus parmi les costes, si qu'il chut maintenant mort. Si grans cris et si grant noise leva aussitost parmi les herberges, que l'on povoit légièrement entendre que le roy estoit mort. L'on courut sur les homicides qui en peu d'eures furent occis et descoupés. Le roy Chilperic, qui dedans la cité estoit, s'esmerveilla moult que ce povoit estre et elle raconta à son seigneur comment elle avoit ouvré. Lendemain issi de la cité ; à lui vindrent les barons, qui devant l'avoient guerpi et il les reçut en grace ainsi comme devant. Le corps de son frère fit enterrer en une ville qui a nom Lambrus (2); puis fu translaté en l'églyse Saint-Mard de Soissons delez le roy Clotaire son père. Tantost après que Sigebert le roy de Mets fu enterré, se mit Chilperic, le roy de Soissons son frère, en la possession du royaume de Paris que Cherebert son autre frère avoit tenu avant qu'il trespassast.

(3) Puis que le roy Sigebert fu ainsi occis, les choses furent

---

(1) Le traducteur a compris imparfaitement : « Urbem egressi, ad castra progrediuntur hostium. » (Aimoin.)
(2) *Lambrus*. Aujourd'hui *Lambres*, village à une demi-lieue de Douay.
(3) *Aimoini lib. III, cap. 14.*

muées en autre point qu'elles n'estoient devant : car maints qui avoient esté ses familiers, s'attendoient (1) moult à avoir la grâce du roy Chilperic. Avant que le roy Sigebert must pour aller encontre son frère, avoit-il mandé sa femme la royne Brunehaut que elle vint à Paris contre lui, quant il retourneroit là : et pour ce estoit-elle en ce point à Paris avec un sien petit fils qui avoit nom Childebert. Quant elle sut la mort de son seigneur, elle fu à grant mesaise de cuer ; en maintes manières se pourpensa comment elle pourroit eschaper et soustraire soi et son fils de péril de mort. Un duc, qui Gondouald avoit nom, prit l'enfant et le mit hors, en une corbeille parmi une fenestre ; à un sien ami le livra, et lui commanda qu'il le portast à Mets. Les barons du païs le reçurent comme leur droit seigneur ; puis le couronnèrent et lui rendirent le royaume de son père par le conseil du devant dit comte Gondouald. Quant Brunehaut eut ainsi son fils délivré, elle fu en grande pensée de sa vie garantir ; tant avoit grande peur de mourir qu'elle ne pouvoit dormir, ni reposer : car elle n'avoit lieu par quoi elle s'en pust fuir. Le roy Chilperic, qui autre mal ne lui voloit faire, l'envoya en exil en la cité de Rouan : ses richesses furent mises au trésor du roy Chilperic et furent baillées à sa fille à garde, qui à Meaux demeuroit.

(2) Le roy Chilperic envoya son fils Mérovée en Berri pour saisir toutes les cités et les villes du rivage de Loire et de tout le païs. Quant il se fu départi de son père, il prisa petit son commandement ; vers la cité du Mans alla aussi comme pour visiter sa mère, qui là estoit en exil, non pas par ses mérites mais par la malice Frédégonde. A la cité de Rouan s'en alla après qu'il eut Audovère sa mère visitée.

(1) *S'attendoient.* S'efforçoient, tendoient à.
(2) *Aimoini lib.* III, *cap.* 15.

Là espousa Brunehaut la femme de son oncle, que le roy Chilperic son père avoit là envoyée en exil. Le roy Chilperic alla à Rouan, quant il sut cette chose, pour le mariage désevrer. Mais quant ils surent qu'il venoit, ils se mirent dedans l'églyse Saint-Martin, qui moult estoit fort maçonnée dessus les murs de la cité. En vain se fust le roy travaillé d'eus traire de léans par force, si ce ne fust par afamer : mais il leur jura avant, sur saints, que jà par lui ne seroient séparés, mais conjoints, si sainte Église s'y assentoit. Ils cuidèrent que voir leur dit ; hors issirent et vinrent à lui en la seurté du serment qu'il leur avoit fait. Saouler et repaistre les fit par deux jours de bonnes viandes : au troisiesme jour s'en parti et enmena son fils avec lui : petit de force eut depuis son serment ; noble jugeur de meurs estoit, qui dampnoit en son fils le mariage qui estre ne povoit selon le droit de sainte Église, et qui ne doutoit pas le jugement de nostre Seigneur pour la transgression de son serment. Mais la raison pour quoi il le faisoit, estoit pour ce qu'il doutoit que la malice et le sens de Brunehaut n'introduisist son fils encontre lui, plus que pour ce qu'il lui pesoit du mariage qui estoit contre la loi de sainte Église. En ce point que le roy s'en retournoit, un message lui annonça que les barons de la Champagne Rainsienne avoient pris la cité de Soissons : maintenant mut le roy contre eus à bataille et les seurmonta et vainqui ; maints des plus nobles occi : la cité recouvra et la restabli à sa seigneurie. Le roy Clovis son fils envoya en Touraine et lui commanda qu'il mist en sa subjection tout le païs de Périgord et d'Agenois. Le duc Desier lui bailla en aide, et lui commanda qu'il usast de son conseil en toutes choses. Le duc Mummoles, qui ces parties deffendoit de par le roy Gontran, vint à bataille contre eus à grant plenté de gent ; il les vainqui et chassa, mais ce ne fu mie sans grant domage des siens. Car de cinquante mille hommes fu son camp descru, qui en cette bataille furent occis : et Clovis, tout fust-il vaincu, n'en perdi-il que vingt mille. Le roy Chilperic eut Mérovée son fils soupçonneus qu'il ne soustinst la partie Brunehaut; et pour cette raison, le fist-il tondre en un moustier, et ordonner à prestre par le conseil Frédégonde sa marrastre.

V.

De diverses incidences de plusieurs choses.

(1) En ce tems, trespassa messire saint Germain évesque de Paris à la gloire perpétuelle, quant il eut vescu entour quatre vingts ans : le corps de lui fu mis en sépulture en l'églyse monseigneur saint Vincent. Ce que Fortunatus raconte de ce saint homme ne fait pas à oublier. Le roy Childebert le vieux lui envoya une fois six mille sols pour départir aus pauvres pour l'amour de nostre Seigneur. Quant le saint homme en eut départi trois mille, il vint au palais : le roy lui demanda s'il avoit mais que donner, il respondit : Oui bien la moitié, pour ce qu'il ne trouvoit à qui il les donnast. Lors lui dit le roy : « Sire, donne (2) ce » que tu as de remanant, car deniers ne nous faillent » encore pas. » Lors entra le roy où l'avesselement estoit, il prit vaissiaus d'or et d'argent et les despeça, puis les bailla à saint Germain pour donner aus pauvres, qu'il ne les perdist. Contention estoit entre l'évesque et le prince ; ils faisoient entr'eus estrif (3) pour pitié, et bataille pour miséricorde, pour ce qu'ils espandissent leurs trésors et que les

---

(1) *Aimoin. lib. III, cap.* 16.
(2) *Donne.* Distribue aux pauvres.
(3) *Estrif.* Lutte, d'où *étriver, retriver,* en vieux françois.

pauvres fussent riches de leurs besans. Une autre fois advint que l'on queroit un cheval pour monseigneur saint Germain : le roy lui donna le sien et le pria qu'il le gardast : après advint qu'un pauvre lui demanda l'aumosne, maintenant lui donna le cheval que le roy lui avoit donné : car il eut plus chière la voix du pauvre que le don du roy. Le roy Chilperic entra en la cité de Paris ; le jour après qu'il y fu venu, un paralytique qui séoit à la porte du moustier saint Vincent, auquel messire saint Germain repose encore, fu redrecié par miracle. Au matin s'assembla le peuple à la porte, là rendirent graces à nostre Seigneur et à saint Germain. Ce miracle fu noncié au roy qui moult en fu liés, et vint le corps adorer en grande dévocion.

Lors envoya le jeune roy Childebert messages au roy Chilperic son oncle, et le requit et pria qu'il lui envoyast Brunehaut sa mère : le roy le fit volontiers pour ce qu'il la demandoit par manière de pais et de concorde.

(1) *Incidence.* Atanahilde le roi d'Espagne, qui père estoit Brunehaut, mourut en ce tems. Leuva et Levigilde tinrent après lui son royaume. Leuva mourut : Levigilde reçut le royaume tout entièrement et espousa Gasinde la royne mère Brunehaut, qui avoit esté femme du devant dit roy Atanahilde.

Cet Alboin, dont nous avons là dessus parlé, qui régnoit sur les Lombars, prit à ce tems grande partie des cités de l'Italie et mit dedans garnison de sa gent ; il chasça hors les Romains, et mesmement ceus qui plus lui estoient à grief (2). Une cité assit qui lors estoit apelée Ticine, mais ore est nommée Papie (3). Au chef de trois ans la prit, il se proposa

---

(1) *Aimoin. lib. III, cap. 17.*
(2) *Romanos, quos vel maxime adversarios putabatur, expulit.* (Aimoin.)
(3) *Papie.* Pavie, autrefois *Ticinum.*

d'occire tout le peuple de la cité comme païen, quant il sut qu'ils estoient crestiens : mais nostre Sire lui changea son propos par une avanture qui lui advint. Ainsi comme il entroit en la cité, son cheval chu au milieu du pont; poussé fu des esperons et battu de bastons, mais lever ne se put ; à la parfin mua son propos qu'il avoit des crestiens occire et converti son cuer en miséricorde par l'admonestement de sa gent. Espousée avoit premièrement Closinde, fille de Clotaire le roy de France : après sa mort en espousa une autre qui avoit nom Rosemonde, fille Cunimont, le roy des Gepidiens qu'il avoit occis. Mais après qu'il eut trois ans régné en Italie, cette Rosemonde le fit occire et mourir de trop cruelle mort par un sien très-privé chambellan, qui estoit apelé Helmechin, en vengeance de la mort son père. A celui-ci peuvent prendre exemple les autres princes ; car lui qui estoit homme si batailleur et de souveraine hardiesse et renommé de tant de victoires, périt par la malice d'une seule femme. Mais elle reçut assez tost après les mérités de son fait et de sa grande cruauté. Car il advint une heure qu'elle tendi à celui Helmechin un breuvage envenimé, si comme il issoit d'un bain, et lui fit entendant que moult lui estoit pourfitable. Quant il en eut une partie bu, il s'aperçu que c'estoit venin, il tira sur elle son espée et lui fit tout boire le remanant. En telle manière furent tous deux punis de l'homicide qu'ils avoient faits. Après Alboin, régna sur les Lombars Clef, un an et six mois tant seulement. Car les Lombars firent lors nouveaus ducs par commun accort pour le peuple gouverner. Leur povoir duroit dix ans : si gouvernoit chascun sa cité tant seulement. Quelques-uns de ces ducs envahirent la France pour convoitise de gain et de proie. Amatus qui du païs estoit desfendeur et séneschal, de par le roy Gontran, se combatti à eus en Provence, occis fu en cette bataille et moult grande partie de Bourguignons et de la gent dont il estoit chevetain (1). Quant le roy Gontran oy ces nouvelles, il manda Mummole, qui estoit homme sage de guerre et de nobles vertus, si lui livra la cure et la séneschauciée de cette terre. Après advint que Lombars revinrent en cette terre de Provence en espérance de gaigner aussi comme ils avoient fait devant. Mummole leur alla au devant, atout (2) grande armée et forte, à eus se combati par deux batailles, tant en occi qu'il les mena à souveraine desconfiture. Ceus qui eschaper purent, s'en refuirent en Lombardie : onques puis ne furent si hardis qu'ils retournassent en France. Mummole ne se tint pas à tant, ni ne lui souffit pas la destruction qu'il avoit d'eus faite, mais les chasça jusques en leur contrée, et prit un chastel qui est appelé Anain (3), lequel sied en la marche de Lombardie. Le duc de ce chastel qui estoit nommé Ragilon s'enfui : desrobé fu, et occis, en ce qu'il cuidoit retourner en son païs, par un duc de France qu'il encontra qui avoit nom Cranniches.

VI.

De l'empereour Tibère, et des messages que le roy Chilperic lui envoya.

(4) *Incidence.* En ce temps gouvernoit l'empire de Constantinoble Justin le moindre : tant estoit plain d'avarice, qu'il fist faire grandes huches ferrées pour recéler l'or et l'argent qu'il toloit et rapinoit. Autre mauvaise coutume avoit,

(1) *Chevetain.* Capitaine.
(2) *Atout.* Ce mot avoit le sens d'*avec*, mais il avoit plus de force.
(3) *Anain.* « Anagnis castrum. » (Aimoin.) Peut-être *Aniane*, dans le bas Languedoc.
(4) *Aimoini lib. III, cap.* 18.

car il estoupoit les oreilles du cuer au commandement nostre Seigneur : et nostre Sire en prist telle vengeance qu'il lui toli son sens et sa mémoire. Quant il vit ce, il acompaigna (1) Tibère Césaire, pour l'empire gouverner : ce Tibère estoit homme plein de grant grace ; car il estoit pourfitable à l'empire, grant aumosnier, sage, droiturier en jugemens, et ce qui tout passe, il estoit très vrai crestien. Après que Justin eut porté le nom d'empereour vingt-un ans, il perdit la vie et l'empire. Les batailles que Narses fist contre les Ghotiens et contre les François, dont nous avons sus parlé, furent commencées au tems le bon empereour Justinien ; mais elles furent parfaites au tems de ce Justin.

Après lui (2), reçut l'empire Tibère Constantin, et fu le cinquantiesme (3) empereour. Au tems qu'il tenoit l'empire sous l'empereour Justin, estoit-il moult large aumosnier et moult aimoit les povres gens : pour laquelle chose nostre Sire, qui ses fais et ses aumosnes prist en gré, lui monstra grant signe d'amour, et lui aministra grant masse d'or par merveilleuse manière. Un jour il alloit par le palais bas regardant ; il vit une table de marbre au pavement signé du signe de la vraie croix. Lors dist : « Pourquoi marchons-» nous (4) à nos piez indignes le signe de la sainte croix, » du quel nous devons garnir nos pis et nos frons contre le » deable? » Lors commanda que cette table fust arrachiée du pavement : quant ostée fu, ils trouvèrent la seconde table et ce mesme signe dessus empreint et puis la tierce tout en telle manière. Quant ces trois tables furent ostées, ils trouvèrent dessous un trésor qui de long tems i avoit

---

(1) *Accompagna.* Associa.
(2) *Aimoini lib. III, cap.* 10.
(3) *Le cinquantiesme.* Il faudroit *soixante-deuxiesme,* comme le latin.
(4) *Marchons-nous.* Foulons-nous. « Conculcamus. » (Aimoin.)

esté repos, qui si grant estoit qu'il estoit sans estimacion d'homme. L'empereour, qui bien sut que nostre Sire lui avoit donné, le départi aus povres. Les trésors Narses refurent aussi trouvés en une cité de Lombardie par un ancien homme du païs qui les revela : tous les despendi l'empereour en aumosnes et en œuvres de miséricorde.

Dame Sophie l'impératrice, qui mal estoit recordant des promesses qu'elle avoit jadis faites à l'empereour Tibère, essaya à le mettre hors de l'empire pour un autre qui avoit nom Justinien; si avoit esté neveu l'empereour Justin son Seigneur. Quant il s'aperçut qu'elle tendoit à l'oster de la seigneurie de l'empire, il la fist mettre en prison : ce Justinien, dont elle vouloit faire empereour, appela et le chastia par belles paroles; puis le reçut en telle amour qu'il promist sa fille à son fils, et son fils à sa fille. Mais la raison n'est pas certaine pourquoi ces mariages demeurèrent (1).

A cet empereour Tibère envoya ses messages le roi de France Chilperic, et l'empereour lui envoia moult de riches ornemens (2) et grans besans d'or, desquels chascun pesoit une livre. En une des parties estoit empreinte l'image l'empereour, et lettres en la circuite qui disoient : « C'est la forme » de Tibère Constantin perpétuel Auguste : » de l'autre part estoit empreints un cornice et lettres tout entour qui disoient : « C'est la gloire des Romains. » Cet empereour envoia ses osts contre les Persiens, qui furent vaincus et menés à grant desconfiture et l'ost l'empereour retourna à si grande abondance de despouilles qu'ils en amenèrent

(1) *Demeurèrent.* Furent arrêtés.
(2) Voici le texte d'Aimoin : « Multa ab eo ornamenta, aureos etiam
» singularum suscepit librarum habentes ab una parte effigiem impera-
» toris; in circulo scriptum : *Tiberi Constantini perpetui augusti;* ab alio
» vero, quadrigam ascensorem, continentesque scriptum : *Gloria Ro-*
» *manorum.* »

vingt olifans et tant d'autres richesses, qu'il sembloit qu'elles dussent suffire à remplir et saouler les cuers de tous les avers hommes du monde.

(1) *Incidence.* En ce point que ces choses avindrent en Orient, autres choses avindrent en Bretagne. Maclianes et Bodiques estoient deux comtes de Bretagne : amistié et alliance firent ensemble et les confirmèrent par leur foi. Après ce, advint que Bodiques mourut : Maclianes chassa hors de la terre son fils qui avoit nom Théodoric. Il pourchassa tant qu'il assembla grant ost, arrière retourna et occist Maclianes et un sien fils qui avoit nom Jacob; puis prist et saisi son héritage : et un autre fils de Maclianes, qui estoit appelé Varoques reçut la terre son père après sa mort.

VII.

Comment Mérovée s'enfui à Tours pour la paour de son père ; et comment il se fist occire de son gré.

(2) Le roi Gontran occist les deux fils Manquaire, qui son serourge avoit esté ; leurs richesses et leurs trésors prist ; ne demeura pas moult longuement que deux fils qu'il avoit moururent. Quant il vit qu'il fu demeuré sans hoir de son corps, il avoua en fils le roy Childebert son neveu et lui donna son royaume après sa mort.

(3) Le roy Chilperic envoia en exil Pretexte l'archevesque de Rouen, pour ce qu'il l'avoit soupçonneux qu'il ne lui appareillast traïson et agais par le conseil Brunehaut.

---

(1) *Aimoini lib.* III, *cap.* 20.
(2) *Manquaire.* « Magnacharis. » (Aimoin.)
(3) *Aimoini lib.* III, *cap.* 21.

Mérovée, dont nous avons là-dessus parlé, que le roi Chilperic avoit fait tondre en un moustier, revint au siècle et fu lais (1) comme devant. Car le duc Gontran, duquel nous parlerons ci-dessous, lui manda par ses messages qu'il s'en issist; un sien familier le revesti et lui donna robe d'homme séculier. Il n'osa au milieu demeurer pour la paour de son père; pour ce fuit à garant en l'abaïe saint Martin de Tours. En celle mesme abaïe s'en vint le duc Gontran à refuge pour la paour du roy Chilperic, qui menacé l'avoit, pour ce que par lui avoit esté occis Théodebert son fils, si comme il lui mettoit sus, en la bataille dont nous avons parlé. Le roy i envoia un sien homme qui estoit nommé Rucolain, et lui commanda qu'il l'amenast à force. Quant ce Rucolain fu là venu, il manda saint Grigoire l'archevesque qu'il boutast Gontran hors de l'églyse, et s'il ne le vouloit faire, bien seust-il qu'il viendroit là à grant compagnie, et qu'il le tireroit hors du moustier à force. Le saint homme lui remanda que onques telle violence n'avoit esté ni par lui seroit faite; le chétif qui pas ne redouta à destruire l'églyse du glorieux confesseur de qui il estoit hebergié, fu soudainement seurpris d'une grant maladie : aporté fu en l'églyse, puis mourut un peu de tems après. Quant Mérovée entra en l'églyse, le saint archevesque chantoit la messe; il lui demanda sa bénéiçon, et pour ce qu'il la lui refusa, il jura qu'il occiroit aucuns du peuple, pour ce qu'il l'avoit escomenié sans le jugement des autres évesques. Lors lui donna sa bénéiçon aussi comme pour l'apaisier : puis manda au roy, par un sien dyacre, comment les choses estoient avenues. Frédégonde qui tous jours pensoit au mal, fist au roy entendant que Mérovée avoit là le clerc envoyé pour lui espier, et pour

(1) *Lais.* Laïc.

ceste raison l'envoia le roy en exil. Il manda à l'archevesque qu'il boutast hors de l'église son ennemi : mais quant il aperçut qu'il tardoit trop à faire son commandement, il commanda qu'on allast là à grant force de gent, pour ceste chose faire. Quant Mérovée sut que le roy envoioit là pour lui prendre, il ne volut issir de la cité. Leudastes comte de la cité occist ses serjans qui en la ville estoient allés pour querir ses nécessités. De ce fu si courroucié qu'il prist un fisicien (1), Moralophes avoit nom, qui de par le roy estoit là venu. Tout lui tolit, or et argent, et ce que il avoit ; à la parfin l'eust-il occis, s'il ne s'en fust fui au moustiers; moult diffamoit son père et sa marastre. Un jour il pria l'archevesque Grigoire qu'il mangeast avec lui, puis lui dist qu'il lust aucune chose qui tournast à édificacion. L'archevesque prist le Livre Salemon, et lut le premier vers qu'il trouva : «Oculum quo aversatur patrem fodient corvi de torrentibus.» Si vaut autant en françois : « Les corbiaus des ruissiaus crèveront l'euil dont l'on regarde son père par mautalent. » L'archevesque s'esmerveilla de ce que les paroles, par quoi le sage chastie le fils envers le père, lui vindrent à main si apareillement : mais Mérovée ne les entendi pas.

(2) Le duc Gontran, qui avec Mérovée s'en estoit fui au moustier à garant, envoia un sien message à une Pitonise, qui par ses sorceries disoit aucunes fois les choses ainsi comme elles avenoient : et cuidoit tout certainement qu'elle dist tousjours voir, pour ce qu'elle lui avoit une fois dit non pas l'an tant seulement, mais le jour et l'heure que le roy Caribert mourut. Le message lui respondi une telle response de son estat et telles paroles : « Le roy Chil-
» peric mourra cette année : Mérovée vaincra tous ses frères,

---

(1) *Fisicien*. Médecin.
(2) *Aimoini lib.* III, *cap.* 22.

» saisira le royaume et puis te fera duc de France ; cinq » ans seras en cet office, au sisième seras évesque. » Gontran raconta à l'archevesque cette response et l'archevesque lui respondi : « Cette response deust mieux estre re- » quise à Dieu qu'au diable. » La royne Frédégonde qui soutenoit la partie Gontran celéément, pour ce qu'il avoit occis Théodebert son fillastre, lui manda qu'il fist tant que Mérovée issist hors du moustier : et le traitre qui cuida qu'ils fussent apareilliés pour le prendre, fist ainsi comme elle lui manda ; mais ce ne lui greva nullement, car il ne fu nul qui le prist.

Le roy envoia par un diacre deux chartes au moustier saint Martin : le parchemin de l'une estoit tout vuide sans escriptures ; la sentence de l'autre estoit telle qu'on l'y récrivit en le vuide, s'il osoit tirer hors Mérovée de l'église. Le diacre atendi là trois jours et n'emporta nulle response. Quant Gontran sut que les messages du roy furent venus, il jura par le paile (1) de l'autel en paroles bobencières qu'il n'istroit hors du moustier que le roi ne le sut.

(2) A la parfin, laissa Mérovée les respons de la devineresse, et se prist aus devins respons : car en ce tems usoit-on communément de telle chose. Trois jours et trois nuits veilla, puis reçu telle response du livre des rois : « Eò quòd reli- » quistis Dominum Deum vestrum, tradidit vos Dominus » in manus inimicorum vestrorum : » Si vaut autant à dire : « Pour ce que vous avez déguerpi vostre Dieu, il vous a » baillié ès mains de vos ennemis. » Du prophète telle :

---

(1) *Le paile.* La nappe. Le latin est assez mal rendu : « Gontrannus nullis regiis venientibus, pallum alteris cum sacramento fidejussorem dedit, jactanter pollicitus nunquam se, inscio rege, templum egressurum. » On voit que Grégoire de Tours, suivi par Aimoin, veut surtout empêcher qu'on ne le soupçonne d'avoir trahi lui-même Mérovée.

(2) *Aimoini lib.* III, *cap.* 23.

« Dejecisti eos dum allevarentur : » c'est-à-dire, « Tu les
» as abaissés et déjetés, quant ils estoient alevés. » Des évangiles telle : « Scitis quia post biduum Pascha fiet : » si vaut
autant à dire : « Ne savez-vous que Pasques seront après
» deux jours. » Pasques en hébreu si vaut autant que trespassement. Quant Mérovée eut entendu que ces paroles
parloient de lui, il alla à la tombe saint Martin et pleura
moult tendrement, puis s'en parti entre lui et Gontran
atout cens hommes et plus : par la cité d'Auxerre trespassa
droit à Dijon : d'iluec s'en alla droit en la Champaigne
Rainsienne : là fu entrepris des gens du païs (1). Lors se douta
moult durement qu'il ne fu là retenu et livré ès mains son
père ; bien pensoit, s'il le pouvoit tenir, que de grièves
paines le puniroit. En si grant désespérance chéit, qu'il
apella un sien familier qui avoit nom Gailènes, et lui pria
qu'il l'occist ; celui-ci fist son commandement : car il le
feri d'un coustel parmi les costes, si qu'il lui transperça
tout outre : en telle manière fini sa vie Mérovée. Ce Gailènes, qui occis l'avoit, eut puis les mains coupées, le nez,
les oreilles et les piés, et mourut ainsi atourné : mais
si ce fu pour ce, nous ne savons mie ; car l'histoire n'en
parole pas.

Un fils que le roy avoit, et avoit à nom Samson, mourut en ce tems : moult eut-il grant duel de la mort de cet
enfant.

(2) *Incidence*. En cette année fu veue au cours de la lune
une estoile clere et resplendisante.

Incidence. Un puissant homme du règne Chilperic, qui

---

(1) « *A Tarabannensibus circumventum est*, » dit Grégoire de Tours.
« *Tarunnensibus*, » ou « *Tarvanensibus*, » dit Aimoin. C'est évidemment les
habitans du *Tardenois*, petite contrée qui séparoit le Soissonnois de la
Champagne Rémoise.

(2) *Aimoini lib. III, cap.* 24.

estoit appelé Gontran Boson, lessa ses filles en l'églyse saint Hillaire de Poitiers, et s'en alla au roy Childebert à Mets au dix-septiesme an du règne de Chilperic et Gontran et du troisiesme de Childebert. Ce Gontran voulut oster ses filles de Poitou pour mener avec lui; mais trop doutoit la force d'un sien aversaire, qui avoit nom Drocolaine, qui moult lui faisoit de persécutions. Pour ce essaya premièrement à lui fléchir par promesses et par dons : celui-ci qui moult estoit orgueilleux et presumcieux en courage, respondit au message, que encore avoit-il la hart, dont il soloit pendre les autres deçus (1), et de laquelle il pendroit Gontran Boson. Quant Gontran oy si orgueilleuse response qu'il se vantoit de le pendre, il tendi ses mains au ciel et réclama le Seigneur qui fait seul les merveilles en ciel et en terre et le pria qu'il le secourut par la prière saint Martin. Il se combati encontre Drocolaine, et le feri de la lance parmi la joue, si qu'il lui tresperça tout outre parmi la goule qui avoit dites les orgueilleuses paroles contre lui; de la selle du cheval le leva, et le flati du cheval mort à terre. Par telle aventure traïst hors ses filles de Poitiers et les mena quelque part qu'il voulut.

(2) *Incidence.* Les Poitevins et les Angevins assemblèrent et joignirent leurs forces ensamble. Varoque le comte de Bretaigne cuidèrent soudainement surprendre; mais il sut leur intention et fu garni de leur venue; sur eus s'embati à minuit, et en fist grant occision; au tiers jour après pacifia-il aus ducs le roy Chilperic : son fils leur bailla en ostages et il rendi ce qu'il avoit pris : la cité de Vanes rendi, en telle manière que le roy la lui laissoit tenir par sa grace, par an

---

(1) *Deçus.* « Deceptos, » dit Aimoin. « Culpabiles, » dit mieux Grégoire de Tours.

(2) *Aimoini lib. III, cap.* 25.

treu (1).rendant. Mais après un peu de tems il failli des convenances qui avoient esté mises; il envoia Eunice l'evesque de Vanes à cour pour avoir response d'aucunes causes; mais le roy lui dist assez de vilaines paroles, quant il fu devant lui venu, et fu si esmu contre lui qu'il l'envoya en essil.

VIII.

Comment Chilperic assembla concile pour dampner Preteste, archevesque de Rouan.

(2) Le roy assambla concile de tous les prélats de son règne en la cité de Paris en l'églyse saint Père, (qui ore est apelée sainte Geneviève). Préteste archevesque de Rouan qu'il avoit exillié rapela, en la présence de tous les prélas le fist venir, puis commença à proposer tous les cas qu'il lui susmettoit. Tout ce faisoit-il par l'incitement de la royne Frédégonde. « Seignours évesques et honorables, dist-il, jà soit
» ce que la royale puissance puisse condampner selonc les
» loix celui qui coupable de conspiration est contre elle,
» je ne vueil pas aller contre les sains canons : pour ce pré-
» sente à votre audience celui qui porte faus nom de Pastour,
» en ce qu'il fait contre moi conspiration. » Quant il eut ce dit, il se retourna devers Préteste et lui dist ainsi : « O
» tu archevesque, dis moi pourquoi tu donnas dons au peu-
» ple contre ma santé? Par quel raison marias-tu Mérovée
» mon fils à la femme son oncle? Ne savois-tu pas ce que les
» canons sentent de tel cas? Pourquoi armas-tu ainsi le fils
» contre son père, qu'il me voloit tollir ma vie et mon rè-
» gne? » Quant le roy eut laissé le parler, les François qui

(1) *Treu.* Tribut.
(2) *Aimoini lib. III, cap.* 26.

au dehors estoient commencèrent à frémir, et s'efforçoient de briser les portes du moustier pour l'archevesque tourmenter; mais le roy ne le voulut souffrir : ains lui donna congé de soi espurger. Celui-ci se purgea en telle manière qu'il nia tout ce que le roi lui avoit mis sus : lors furent faus tesmoings apareillés qui afermèrent qu'il avoit donné dons à aucuns du peuple pour le roy occirre en traïson. Aus tesmoins respondi ainsi : « Je vous confirme » votre parole en ce que vous dites que je vous ai donné » dons ; que féissè-je donques autre chose, si je ne » vous donnasse dons pour dons, quand je suis riche par » vos dons? Mais ce que vous dites après que je aie mal » pourchacé au roy et machiné contre sa santé, je dis que » ce est faus en toutes manières. » Quant il eut ce dit, le roy se leva et s'en alla en son palais. Après ce que le roy s'en fu allé, les prélats demourèrent en l'églyse : lors vint au milieu du couvent des prélats Eutheces (1), archidiacre de Paris et lors dist ainsi : « Seigneurs prélats, or est le tems » venu ou que vous pouvez avoir gloire et louange pour votre » grant constance et pour la partie et la cause de sainte » églyse soustenir vigoureusement; ou que vous soyez en » despit et en reproche de ceus qui après nous sont à ve- » nir, pour la honte et la déjection de votre frère. » Après ces paroles tous les prélats se turent : car tant redoutoient la forsenerie Frédégonde que nul n'osoit mot sonner. Lors commença à parler Grigoire le très vaillant archevesque de Tours et leur dist ainsi : « Seigneurs chiers frères, il nous » convient donner au roy pourfitable conseil, et mesme- » ment ceus qui plus sont ses familiers, qu'il ne soit plus » esmus par aventure, qu'il ne devroit encontre le prélat de » nostre Seigneur, et qu'il n'en soit après plus cruellement

---

(1) *Eutheces.* « Actius. » (Aimoin.)

» puni par celui qui venge les torts fais des innocens. »
Après cette parole se turent tous ainsi comme devant. Lors recommença le saint homme à parler en telle manière :
« Nous qui sommes establis de par nostre Seigneur pour
» les ames du peuple gouverner, devons eschiver cette
» horrible sentence dont Dieu nous menace par le pro-
» phète roi qui dist ainsi : » Se je ai dit au mauvais, tu morras de mort perpétuelle et vous ne lui annunciez, je demanderai sa mort de vos mains. « Donques nous qui somes
» establis en la maison nostre Seigneur pour gaites et pour
» eschargaiteurs (1), ne soions pas si négligens que nous ne
» lui monstrons les périls de son ame, et que l'on ne contre-
» dise sa volenté, si mestier est, par example des an-
» ciens princes : comment Maxime l'empereour fut chassé
» de l'empire, pour ce qu'il contraint S. Martin à faire co-
» munication aus hérétiques, après comment le roy Clodo-
» mire fu occis, pour ce qu'il ne voulut pas croire le conseil
» S. Avit. »

Quant le saint homme eut sa raison finie, tous les prélats du concile se turent aussi comme devant, et furent aucun qui denoncèrent au roy, par flaterie et pour aquerre sa grace, que Grigoire, archevesque de Tours, estoit rébellé encontre le roy. Quant le roy oy ce, il le manda tantost par un des messages du palais : ès jardins estoit adonc, quant le saint vint devant lui, et il s'estoit apuié sur un tabernacle couvert de rainsiaus : à sa destre estoit Bertrand archevesque de Bordiaus, et à la senestre Ranemont evesque de Paris. Quant il le vit en sa présence, il l'arraisona en telle manière : « Dis
» moi tu, qui gardes justice plus droitement que tous les
» autres, pourquoi dis-tu contre ma volenté ? Si, comme il
» me samble, tu te consens aus mauvais, en toi est acom-

---

(1) *Gaites et eschargaiteurs.* Sentinelles.

» pli le proverbe que l'on dist, que le corbeau ne pochera jà
» l'euil à l'autre corbel. » Lors lui respondi le saint homme :
« O tu roy, si je guerpis la voie de loyauté et de justice, il
» sera assez qui m'en reprendra : si tu la guerpis, qui t'en
» reprendra, fors celui seulement qui dist qu'il est vengeur
» des péchés ? pour laquelle chose si nous t'amonestons que
» tu faces justice, et tu ne nous veus oyr, tu en seras
» plus dampné de Dieu que de nous. » A ce respondi le roy :
» Je ai tous jours empetré envers les autres la cause de jus-
» tice, envers toi mille fois. Mais certes je ai trouvé trop
» bonne cause et trop bonne matière de ma vengeance. Je
» amonnesterai à tout le peuple de Tours que tu as à gou-
» verner spirituellement, qu'ils crient contre toi, pour ce
» que tu ne leur fais nul droit. Je mesme qui suis roy,
» me plaindrai avec eus de ce que je ne puis empetrer
» envers toi ce qu'ils requièrent : et quant tu seras don-
» ques ainsi haïs et de moi et du peuple, tu seras dif-
» famé et auras note de faus prélat. » A ce respondi saint
Grigoire : « Roy, si je suis mauvés et mal droiturier, ce
» est plus chose conneue à Dieu que à toi. Mais si tu ne
» veux recevoir nos amonestemens, prens la sentence
» des saints canons et te consens à leur jugement. » Lors
dit le roy au saint homme, pour ce qu'il lui vouloit un
petit le cuer apaisier et asouagier, comme malicieux qu'il
estoit, que estoient en ce point mises les tables, plaines de
vin dessus : « Véez jà, » dist-il, « un mengier que je ai fait
» appareillier pour l'amour de toi, et n'i a autres viandes
» fors cicerres (1) et chars de volailles; siéds-toi avec nous, et
» use de nos viandes. » Lors lui respondi saint Grigoire : «Ma
» viande est de faire la volenté de mon père qui est ès
» cieux. » Il requist au roy qu'il promist qu'il ne feroit rien

(1) *Cicerres.* Pois. Chilperic vouloit rassurer Grégoire contre la crainte d'empoisonnement.

contre les canons. Le roy leva sa main et jura par celui qui vivra par tous les siècles, qu'il ne feroit rien contre les canons, ni contre les statuts de sainte églyse, et de saint Pierre. A tant s'en parti saint Grigoire, et lessa le roy en son palais.

IX.

Comment Preteste fu à tort dampné et envoyé en exil.

Au matin, au point du jour, les messages la royne Frédégonde vinrent à l'hostel saint Grigoire, qui de par elle aportèrent deux livres d'argent, pour ce qu'il se consentist à la dampnacion Preteste, et dirent que les autres preudommes, et de bonne volenté, s'y estoient accordés. Le preudomme les refusa et dist que pour mille livres, ni pour nul avoir il ne s'y asentiroit autrement : moult le prièrent et le tinrent près de cette besoigne. A la parfin il leur otroia qu'il se consentiroit à ses frères selonc les decrès des canons. Ils pristrent lors congié en amour et en graces; car moult bien cuidièrent avoir fait leur besoigne. Aucuns des prélats vinrent à lui et lui requistrent cette mesme chose, et il leur donna cette mesme response. Quant les prélats furent venus au concile, le roy vint entr'eux et leur dist qu'il avoit trouvé ès décrès des canons que l'evesque repris de larrecin doit estre desordonné(1), car il estoit letré. Les prélats commencièrent entr'eux à demander le quel ce estoit qui de tel cas estoit repris. Lors leur dist le roy : « Avez-vous don- » ques oublié ce que je vous dis hier du grant larrecin que » Preteste m'a fait? » Sans faille le roy leur avoit monstré, le jour devant, divers ornemens qu'on prisoit à trois mille livres et un sac en quoi il avoit deux mille deniers d'or,

---

(1) *Desordonné.* Privé des ordres.

et disoit qu'il les lui avoit tous emblés. Mais Preteste se purgea légièrement de ce fait et respondi en telle manière : « Sire, l'excellence de ta royale majesté peut bien ramem-
» brer, s'il lui plest, que Brunehault me lessa en garde
» deus troussiaus de diverses choses, quant elle se partit de
» Rouan; puis les envoia querre par ses serjans : et avant
» que je lui livrasse rien, je te demandai et quis conseil de
» cette chose. Lors me commandas que je leur livrasse l'un
» des troussiaus, pour ce qu'ils n'en pouvoient plus porter à
» celle fois; puis revindrent arrière la seconde fois, et puis
» la tierce, et je leur rendi les autres choses par ton com-
» mandement : puis tu me dis que je me délivrasse de toutes
» ces choses, pour que ire ne montast plus entre nous deus;
» de toutes ces choses ne me demeura riens plus. De quel lar-
» recin m'encoulpes tu donques? » Lors dist le roy : « S'il est
» ainsi comme tu as dit, que tu receus toutes ces choses en
» commande, pourquoi tranchas-tu donques un tissu de fil
» d'or, et le donnas à qui tu vousis, en nostre déjec-
» tion et en nostre nuisance ? » Lors respondi l'archevesque :
« Je l'ai jà une fois dit, et encore le dirai, que je ne leur
» donnai pour autre chose fors pour aquerre leur païs et
» leur grace. Quant mes propres choses me faillirent, je
» m'enhardis à prendre aucunes des choses que je avoie re-
» çues en garde, pour ce que Mérovée ton fils de char, de
» qui elle avoit requis le mariage, estoit mon fils spirituel :
» car je l'avois levé de fons. »

Le roy vit bien qu'il ne le pourroit convaincre, ni sur- monter en telle manière : il se parti du concile et apela aucuns flateours qui plus estoient ses familiers; si leur dist : « Je reconnois que je suis vaincu par les paroles l'e-
» vesque et qu'il a du tout dit vérité : mais pour que nous
» fassions au gré et à la volenté la royne Frédégonde, allez
» à lui ainsi comme de par vous, et lui donnez tel conseil :

» tu peus bien savoir que nostre sire le roy Chilperic est
» homme moult miséricors, et tost pardonne son maltalent
» à ceus qui lui reconnoissent la vérité : va donques, si t'a-
» genoille devant ses piés et reconnois que tu as meffais
» envers lui ; et saches qu'il te pardonra tantost. » A lui
alèrent et lui dirent ces paroles. Deceu fu l'archevesque
par la tricherie de ceus qui lui prometoient que eux mesmes
s'agenoilleroient devant lui et lui baiseroient le solier,
avant qu'il ne lui pardonnast son courrous. A lendemain,
quant le concile fu rassamblé, le roy commença à demander Preteste en telle manière : « Si tu donnas dons pour
» dons, pourquoi délivras-tu Mérovée contre ma santé (1)? »
A ce respondit-il : « Je vous ai jà dit que Mérovée estoit mon
» filleul et mon fils spirituel, et pour cette raison apelai-je
» l'Ange de nostre Seigneur en son aide, si mestier fust. » Après
ce qu'ils eurent longuement disputé ensamble par paroles,
Preteste se leva, puis se lessa cheoir à ses piés et commença à crier : « Très débonnaire roy, aies merci de l'homi-
» cide qui te cuida occirre et faire ton fils régner pour
» toi. » Quant il eut tout ce reconnu devant tout le concile,
le roy se leva et s'agenoilla devant les piés de tous ses
prélats, et dist : « Oiez, Seigneurs très saints evesques, et en-
» tendez le très desloial murtrier qui confesse si grand
» crime. » Les prélats coururent au roi et le levèrent de
terre : il commanda que Preteste fust bouté hors de l'églyse.
En son palais retourna, puis envoia au concile aucun canon
et dedens, un cayer de nouvele escriture, qui contenoit telle
sentence : « L'evesque prouvé d'homicide et d'autres crimes
» doit estre désordoné. » Quant ce canon eut esté lu devant
tous, Bertrand archevesque de Bourdiaus dist à Preteste qui
moult estoit esbahi : « Frère et jadis compains en pre-

(1) *Ma santé*. « Contra meam salutem. » (Aimoin.)

» lacion, si tu ne dessers la grace le roy (1), tu ne peus plus
» user de notre compaignie. » Le roy requist à tout le concile que la robe Preteste fust détranchiée, ou que le cent huitiesme psaume du psautier, en quoi la malédiction Judas est contenue, fust leue desus son chief, ou qu'il fust escommunié perpétuelement. Mais les prélats ne voulurent pas ce faire, et mesmement Grigoire archevesque de Tours : ils boutèrent hors Preteste. Tantost, le roy le fist saisir et metre en prison : cette nuit mesme cuida eschaper ; mais il fu repris et navré et traité vilainement : à la parfin fu envoié en exil en une ile de mer qui sied desous une cité, qui est apelée Constance (2).

X.

De la pais le roy Gontran et du roy Childebert et de plusieurs incidences.

(3) Gontran, le roy d'Orliens, manda à son neveu Childebert, le roy de Metz, qu'il venist encontre lui paisiblement en la marche des deux royaumes, en un lieu qui est apelé Pons Perrous (4) : là vint au commandement de son oncle. Le roy Gontran l'acola et le conjoit moult longuement, et lui dist oiant tous : « Puis qu'il est ainsi que Dieu m'a tolu
» tous les hoirs de mon corps par mon péchié, il me convient
» querre et pourchacier autres fils d'adjonction, à qui je
» lesse mon règne et mes trésors. Beau doux neveu Childe-
» bert, que je aime plus que nul homme, je ai donques

---

(1) *Dessers.* Desservis, te rends digne de.
(2) L'une des deux îles du lac de Constance.
(3) *Aimoini lib. III, cap.* 27.
(4) « *Ad pontem quem Petreum dicunt.* » Ce doit être *Pontpierre*, en Franche-Comté, aujourd'hui village du département du Doubs, et non pas *Pierrepont*, comme le suppose dom Bouquet.

» esgardé et pourveu que tu soies héritier de ma terre et de
» mes trésors ; pour laquelle chose je te prie qu'il i ait tel
» amour entre moi et toi et telle affection comme il doit avoir
» entre père et fils : un mesme escu nous cuevre, et une
» mesme lance nous deffende désormais, et si grant charitez
» nous joigne ensamble, que s'il avenoit que je eusse hoirs,
» et que je engendrasse encore fils, que je ne tolisse pas
» mon héritage que je t'otroi en présent. » Après ces paroles, les barons le roy Childebert regracièrent le roy Gontran, et respondirent pour leur Seigneur ; car il estoit encore enfant. Ensamble mengièrent, grans dons donnèrent les uns aus autres, et s'en retournèrent honorablement chascun en son règne. Mais avant qu'ils se départissent, ils mandèrent au roy Chilperic qu'il leur rendist ce qu'il avoit pris du leur et saisi de leurs terres, ou qu'il s'apareillast contre eus à bataille. Quant le roy Chilperic oy ce mandement il en eut moult grant despit.

En ce tems estoient moult durement diffamés deux evesques, pour les grans outrages qu'ils faisoient parmi le païs : l'un avoit nom Saloine, et l'autre Sagitaire. Saint Nice archevesque de Lyon les avoit nourris dès enfance, et sacrés à ordre de prestre ; puis les avoit élevés à la dignité de prélacion, Saloine d'une cité qui avoit nom Galp (1), et Sagitaire d'une autre qui a nom Ebrène (2). Ils ne se contenoient pas comme evesques, mais comme mauvais tyrans et homicides, robeurs et rapineurs ; en fornication et en adultères despendoient folement leur tems et leur vie : en tant crut leur perversité, qu'ils s'embatirent à force de gens armés en l'hostel Victor, evesque de Troies qui faisoit la feste du jour de sa nativité ; sa robe lui rompirent, ses serjans lui navrèrent et chascièrent, les viandes qu'il avoit apa-

(1) *Galp.* Gap.
(2) *Ebrene.* Embrun.

reillées pour sa feste ravirent : quant ils l'eurent ainsi vilené, ils le laissièrent tout seul en son hostel. La renommée de leurs fais vint au roy Gontran ; lors fist assembler tous le senne (1) des evesques à Lyon. Les deux qui nom portoient d'evesque tant seulement, furent là convaincus des griefs cas qu'ils faisoient, et deposés de leurs siéges en la présence de saint Nice archevesque de Lyon, qui nourris et élevés les avoit ; moult eurent grant desdaing (2) de leur déjection. Puis firent-ils tant qu'ils acquirent la grace le roy par ne sais quelle manière : ses lettres portèrent au pape Jehan et lui firent faussement entendre, qu'ils avoient esté cassés sans raison : tant le deçurent qu'il rescrivit au roy Gontran qu'il les establisist en leurs éveschés. Moult les reprist le roy et chastia de paroles ; puis leur commanda qu'ils retournassent en leurs siéges. Pais et concorde firent à Victor le devant dit evesque, et ils envoièrent ceux qui la vilenie lui avoient faite, pour ce qu'il en prist venjance à sa volenté. Mais il fist selon le commandement de nostre Seigneur, qui commande que l'on ne rende mal pour mal : pour ce leur pardonna tout, et les laissa aller quittes sans paine. Saloine et Sagitaire, qui en leur siége furent restablis, commencèrent à faire pis que devant : car ils firent moult d'homicides en l'ost que Mummole fist contre les Lombars : en leurs citoyens mesmes et au peuple qu'ils avoient à garder spirituellement, estoient-ils si effrénés que plusieurs en navrèrent jusques à l'effusion du sang.

Quant le roy Gontran oy parler de leurs fais qui jà estoient renouvelés, il les fit oster de leurs siéges, et bien les garda en prison jusques à l'audience des prélats. Pour cette chose conçu Sagitaire si grant indignation et si grand despit, qu'il commença à parler trop vilainement contre le roy,

(1) *Le senne.* Le synode.
(2) *Desdaing.* Indignation. « *Craviter indignati.* » (Aimoin.)

et disoit tout apertement que ses fils ne devoient pas estre après lui héritiers, pour ce que leur mère avoit esté aussi comme chambrière de la mesnie Magnaquaire : les fils le roy vivoient encore en ce tems. Pour ces paroles fut le roy durement esmu contre eus, leurs chevaus et ce qu'ils avoient leur tollit, et les fist mettre en deux abaies, l'un moult loing de l'autre, pour faire leurs pénitences, et manda aus propres baillis du lieu qu'ils les fissent garder aus bonnes gens d'armes, qu'ils n'eschappassent par aucune aventure. Lors chéi l'ainsné des fils du roy en maladie : aucuns de ses familiers lui conseillièrent lors qu'il laissast aller les deux évesques en leurs lieux, que l'ire de nostre Seigneur ne chaïst sur sa mesnie pour occasion de leur damnacion. Le roy crut ce conseil; à leurs éveschiés les laissa aller. Lors monstrèrent si grant semblant de religion par dehors qu'il sambloit qu'ils leussent chacun jour leur psautier, et chantoient au moustier à tous les psaumes sans cesser. Mais un petit après retournèrent à leurs vices, ainsi comme le chien à son vomissement : à fornication et à yvrèce furent tout habandonnés. Car à cette heure que les clercs estoient aus matines, ils séoient encore à la table ès vins et ès viandes : au point du jour s'aloient couchier, et dormoient jusques à haute tierce. Telle vie menèrent longuement, et adossèrent nostre Seigneur (1) et ses commandemens; et nostre Sire les adossa, comme vous oyrez ci-après.

(2) Le roy Chilperic prist la cité de Poitiers que son neveu le roy Childebert tenoit : le duc Annode qui de par lui gardoit la terre et toutes les garnisons chassa hors. Ce duc Annode, qui ainsi avoit esté exilé et toutes ses choses saisies, fu rapelé en l'an après ; et lui fu le païs et ses possessions rendues.

_____

(1) *Adossèrent.* « Deum post terga ponentes. » (Aimoin.)
(2) *Aimoin. lib.* III, *cap.* 28.

Un autre noble homme qui estoit apelé Daccon fils Gadorice se départi par maltalent du roy Chilperic, pour ne sais quel cas ; car l'histoire s'en tait. Le duc Dracolène le prist ainsi comme il chevauchoit par les païs de lieu en autre ; par telle condition se rendi à lui qu'il lui jura qu'il n'auroit garde (1) de son corps : mais il le déçut ; car quant il l'eut mené au roy, il fist tant que lui mesme le fist occire. Quant Docun, un autre (2) qui estoit en la prison le roy, sut que celui-ci avoit ainsi esté occis, il confessa ses péchés à un prestre, sans le sçu le roy ; puis fu occis.

Incidence. En cette année envaïrent les Bretons la contrée de Rodais (3), et passèrent jusques à une ville qui est apelée Bourc-cornu (4). Le duc Bibolène fu lors envoié contr'eux, jusques en Bretaigne les chasça, et dégasta tout le païs par feu et par espée : mais les Bretons, qui moult furent couroucíés d'un si grant dommage, ne s'en tinrent pas à tant : ains retournèrent l'année après et ne destruisirent pas tant seulement cette contrée qu'ils eurent devant gastée, mais toute la province de Nantes. Félix l'évesque de la cité leur manda qu'ils cessassent les maus qu'ils faisoient : amandement lui promirent ; mais pour ce ne s'amendèrent.

(5) En ce tems avint qu'un homme de Paris eut sa femme soupeçonnée d'adultère ; elle requist son père et sa mère et à ses parens aide et secours de cette chose ; et eus qui saine et inocente la cuidoient de ce cas, jurèrent à son baron et à ses amis, sur sains, en l'oratoire de saint Denis, qu'elle n'avoit

(1) *N'auroit garde.* N'auroit danger.
(2) *Un autre.* C'est un contre-sens. Il falloit dire *Daccon.* Voici le texte d'Aimoin : « Cum ad regem perduxisset, egit ut interimeretur. Quod ubi Dacco, in custodia positus, agnovit, confessus cuidam presbitero peccata sua, etc. »
(3) *Rodais.* « Redonicam regionem. » Le territoire de Rennes.
(4) « *Ad vicum qui Cornutus dicitur.* » (Aimoin.) C'est *Saint-Aubin le Cormier.*
(5) *Aimoin. lib. III, cap.* 27.

coulpe en ce fait dont il l'acusoit ; mais les parens au seigneur leur dirent, après le serment, qu'ils estoient parjures; tant montèrent les paroles d'une part et d'autre que elles vinrent à grant contention : et pour ce que l'une partie ni l'autre ne se voulut fléchir ni humilier, car ils estoient nobles gens et des plus grans du palais Chilperic, ils sacièrent les espées et s'entreblecièrent moult vilainement. L'églyse qui fu violée pour l'éfusion du sang fu suspendue de divins offices. Tant alla avant la nouvelle de ce cas, qu'elle fu au roy raportée : il jura que les uns ni les autres n'auroient sa grace ni amour, tant qu'ils n'auroient impetré vers Rainemont évesque de Paris en quel diocèse la chapelle estoit, qu'ils fussent absous de l'escomeniement qu'ils avoient reçu par ce fait. Ils firent tant vers l'évesque, qu'il les asout, et l'églyse fu reconciliée. (1) Mais pour ce que l'histoire fait ci-endroit mention de l'oratoire monseigneur saint Denis, ne doit-on pas entendre que ce fust l'abaïe ou les corps saints reposent maintenant : car en ce tems n'estoit encore fondée, ni les corps saints levés de terre : ains put estre la chapelle qui fu fondée au tems de sa passion en l'honneur de lui, où les corps saints reposent et qui ore est apelée saint Denis de l'Estrée.

XI.

De la mort Nantin le comte d'Angoulesme, et comment le roy Chilperic se repenti de ses tors fais.

(2) Nantin le comte d'Augoulesme mourut en ce temps

---

(1) Cette fin de chapitre n'est pas dans Aimoin ; elle est du traducteur. — Quant à la pauvre femme inculpée, Grégoire de Tours ajoute qu'elle fut mise en jugement et condamnée à être étranglée. « Laqueo vitam finivit. » (Lib. V, cap. 33.)

(2) *Aimoini lib. III, cap.* 30.

avec griefs tourmens, par la vengeance de nostre Seigneur, pour les griefs et pour les injures que il faisoit à sainte Eglyse, si comme nous dirons ci-après. Macaire oncle à ce comte Nantin, qui longuement avoit usé de la seigneurie de la comté, alla au clergié et fist tant en peu de temps que il fu évesque de la cité ; mais il ne vesqui pas longuement : car ceus qui pas ne l'aimoient, l'envenimèrent (1). Celui, toutes voies, par qui cette vilenie fu faite, qui Frontin avoit nom, fu évesque après lui, mais il ne vesqui puis que un an. Après Frontin fu le troisième évesque Eracle, qui devant avoit esté archiprestre de Bordiaus. Nantin, dont nous avons parlé, qui la comté avoit achetée au roy pour la mort son oncle vengier, le reprist et blasma de ce que il tenoit entour lui ceus qui son oncle avoient occis par venin. Tant monta la contention d'une part et d'autre, que le comte saisi les viles de l'Eglise que ses oncles avoit données et quitées en son testament, et disoit qu'il n'estoit pas tenu au testament tenir, pour ce que ses propres clercs avoient fait celui morir qui le testament avoit fait. Après monta en plus grant forsenerie : car il occist aucuns du peuple et féri un prestre d'une lance parmi le corps, les mains lui fist lier derrière le dos, tormenter le fist et contraindre, pour ce qu'il cuidoit qu'il lui deust reconnoistre la mort de son oncle. Le prestre qui innocent estoit du fait, vuida tant de sanc de son corps par la plaie qui estoit ouverte, qu'il rendi son esperit comme martyr. Pour tel cas et pour semblables fu Nantin escommunié de l'évesque Eracle. A la parfin pria tant aucuns des évesques qui à Saintes furent assamblés, que ils le firent absoudre par leurs prières, en promettant qu'il s'amenderoit, et que il rendroit tout ce qu'il avoit pris et saisi des choses de l'Eglyse. Quant il fu retourné à Angoulesme, il craventa

---

(1) *L'envenimèrent.* L'empoisonnèrent.

et destruisi toutes les maisons et dist que si l'évesque recevoit ces choses, il les trouveroit désertes. Quant il sut qu'il avoit ce fait depuis que il avoit esté absous, il le rescomenia derechief ; puis ne demeura pas moult qu'il trespassa de cest siècle. Le comte se fist absoudre par aucuns évesques qu'il avoit corrompus par dons. Après cette absolucion, qui peu ou néant lui valut, il cheut en une fort aigre fièvre. En ce point qu'il estoit au plus fort de la fièvre, il crioit à haute voie : « Haro las ! haro las ! comme l'évesque Eracle » me tormente ! il me flaéle et me fait ardoir tout le corps » de son feu : las ! je désire la mort, que je ne vive longue- » ment en si grans doleurs comme je sueffre. » En tels cris et en telle voie fini sa douloureuse vie. Ici doivent prendre garde ceus qui font les griefs à sainte Eglyse, et doivent entendre que nostre Sire venge les tors faits de ceus qui sont greyés sans raison.

(1) Le roy Chilperic qui tousjours vivoit en empirant grevoit moult durement le peuple qui sous lui estoit de griefs tailles et de grièves exactions, par le conseil Frédégonde. Maint en laissièrent leur païs et s'en allèrent habiter en autres terres, ainsi comme exilés, qui mieux amoient à vivre en autres terres franchement, que estre chargés de si griefs treus en leur païs. Entre les mauveses coustumes que il avoit alevées, establit-il que tous, et gentils et vilains, qui vignes avoient, lesquelles ils labouroient ou à leurs deniers ou à leurs bras, rendroient chacun an une orcelée (2) de vin à la table le roy. En la terre d'Aquitaine avoit un prevost pour telles rentes cueillir, qui Marques estoit apelé : les gens contraingnoit vilainement à ces rentes paier par laides paroles et par menaces. Ceus du païs ne purent tous-

---

(1) *Aimoini lib. III, cap. 31.*
(2) *Une orcelée.* Un cruchon. Traduction du latin, *urceolus.* Aimoin dit : « Amphoram vini. »

jours souffrir les vilenies qu'il leur faisoit : pour ce fu occis par son outrage, au païs de Limozin. Chilperic, qui tousjours alloit avant de mal en pis, chut en une fièvre trop forte : mais toutes-voies trespassa-il (1) de cette maladie. En ce qu'il tournoit à garison, un petit fils qu'il avoit, qui encore n'estoit baptisié, commença à estre malade : la royne qui trop en estoit dolente le fist baptisier ; lors lui alegea moult sa dolour, et il recouvra santé après le baptesme : mais elle n'en fu pas moult longuement esjoïe : car un sien frère, qui aisné de lui estoit, chut en infirmeté pestilente, et la maladie s'espandi tellement en toute la lignée le roy, comme si elle fust descendue et acoulée des entrailles paternelles ès corps et ès membres des enfans, et comme si elle vousist conquérir à soi-mesme le royaume et leur héritage(2). A la parfin la royne Frédégonde, qui tantes fois sentoit en son cuer ses doleurs renouveler, comme elle regardoit le corps de ses enfans ainsi comme demi mors, oublia la cruauté de beste sauvage et vesti son cuer de la compassion de l'humain courage. Au roy s'en vint et lui dist en telle manière : « Sire, reconnoistre nous convient la » grâce et les bénéfices que nostre Sire nous fait, qui pas » ne prent la vengeance de la malice en quoi nous avons si » longuement demeuré ; et n'avons-nous pas souffert les fléaus » de la justice de Dieu comme coupables, ains sommes » chasciés par le baston dont nos enfans sont batus : et par » ce povons-nous apercevoir que nostre Sire nous aime, » par l'Escriture qui dist en la personne de lui : Je » chastie ceus que j'aime. Nos enfans a pris comme purs » innocens, pour ce qu'il les aimoit ; nous mesmes a-t-il » chastiés par diverses maladies. Si devons croire que ces

(1) *Trespassa*. Revint.
(2) Phrase mal entendue : « Ac si in filiorum membris hereditariam videretur velle sibi vendicare sedem. »

» persécutions, que nous souffrons, nous viennent par les
» larmes des veuves et des orphelins qui à tort sont par
» nous grevés. Repentons-nous donques des maux que nous
» avons faits, et nous convertissons à nostre Seigneur et le
» prions qu'il soit apaisé de nos meffais. Car il est piteux et
» miséricordieux aux pécheours qui vers lui s'humelient.
» Ardons donques les lettres que nous avons escriptes,
» et pour la santé de nostre lignée et de nos ames effaçons
» les lettres où les exactions sont scélées, qui sont à la
» destruction des povres. Il n'est rien que nous devons
» douter si nous nous repentons vraiement. Si nous avons
» souffert ces grans maux, pas ne devons douter mains griefs:
» quel mal peut home souffrir plus grief que de perdre ce
» qu'il mieux aime? Pourquoi gardons-nous les trésors que
» avons si longuement acquis et amassés, quant nous avons
» perdu tous nos hoirs qui deussent estre nos héritiers?
» Gardons donques que nous ne soions encourus par la sen-
» tence du riche home dont l'Evangile parole, qui amas-
» soit et emplissoit ses greniers, et une voix lui dist qu'il
» ne verroit jà le jour de lendemain, et ne sauroit qui se-
» roit héritier de ces choses. Celui donques peut estre débon-
» naire, qui de nous s'est jà vengié en partie, et plus mi-
» séricors que s'il ne se fust de riens vengié. » Cette amoni-
cion, que Frédégonde fist au roy, lui refrena la forsenerie
et l'avarice de son cuer, et lui amolia tant la dureté de son
corage qu'il geta et ardi au feu les autentiques en quoi
la loi estoit escripte, pour le peuple grever.

Un peu après, fu mort le moindre de leurs fils, mis fu
en sépulture en l'oratoire Saint-Denis; assez tost après,
l'autre qui avoit nom Clodebert fu malade jusques à la
mort : la mère, qui fu angoisseuse des doloreux soupirs de
son enfant, le fist porter à Saint-Mard de Soissons; elle
mesme et le roy y furent et honorèrent le corps saint de

mainte riche offrande. L'enfant trespassa vers minuit : le peuple de la cité vestu de robes de plours convoia le corps jusques à l'églyse Saint-Crespin : là fu enfoui à grant plour et à grant gémissement de la mère. Le troisième enfant, qui avoit nom Theoderic, mourut. Lors s'aperçut bien le roy que c'estoit vengeance de Dieu et que nostre Sire le punissoit en sa lignée : grant paour eut de soi-mesme; aus povres et aus églises commanda à donner grans dons. Un autre fils avoit encore de remanant, mais il n'estoit pas de Frédégonde : en prison le faisoit garder par le conseil de sa marrastre. Le roy avoit jà commandé à ceus qui le gardoient qu'ils l'occissent; et tant estoit chaus et ardans en sa malice, que ce ne souffisoit pas à lui chastoier (1), que nostre Sire le punit de jour en jour et sa lignée, s'il n'acroissoit et esmouvoit le courroux de nostre Seigneur par nouveaux péchiés.

XII.

De diverses incidences qui advinrent en divers lieux, et de diverses choses.

(2) *Incidence*. Au cinquième an du règne Childebert, qui fu le dix-neuvième du règne Chilperic et Gontran, furent si grandes habondances d'eaues par toutes les provinces du royaume de France, que les fleuves s'estendoient plus largement qu'ils n'avoient onques fait que l'on sust; les bestes périrent, les maisons et les édefices furent craventés. Quant il eut cessé à plouvoir et les yaues furent retraites et revenues à leur chanel (3), les arbres flourirent de nouvel

---

(1) *Chastoier*. Reprimander, avertir.
(2) *Aimoini lib. III, cap.* 32.
(3) *Chanel*. Lit.

entour le mois de septembre. En ce temps fu veue la foudre courir parmi l'air, et grans escrois (1) furent oïs par tout le païs, ainsi comme si ce fust de grans arbres qui trébuchassent par force de vent. En la cité de Bordiaus fu grans mouvemens et grans croléis de terre ; grans roches rompirent et trébuchèrent des montagnes qui acraventèrent moult de gens et de bestes. La cité de Bordiaus ardi de feu qui vint soudainement devers le ciel ; moult de gens ardi ce feu ; les greniers et les granges plaines de blez furent arses et peries. La cité d'Orlians fu arse tout en telle manière. Sang decouru sensiblement de la fraction du pain au sacrement de l'autel, en la contrée de Chartres. Un loup sailli d'un bois et se féri en la cité de Poitiers par une des portes ; les citoiens firent les portes clore, puis l'occirent au milieu de la ville. Le ciel fu veu ardoir et le fleuve de Loire crut plus qu'il ne souloit.

Le vent qui est apelé Auster (que aucunes gens nomment Galerne et vient devers Septentrion), venta cette année si roide et si fort, qu'il trébucha les forêts, les murs et les maisons, et tournoit les hommes si fortement, quant il les cueilloit, que à bien petit qu'ils n'en mouroient. Le front de ce tourbillon contenoit de large sept fois comme une charrue peut ouvrer de terre en un jour, et de long plus que nul homme ne pourroit estimer.

Ces signes et ces merveilles qui advinrent cette année, ne furent pas pour rien ; car discordes de roys et batailles de citoyens s'ensuivirent après. Une maladie, que phisiciens apèlent disenterie, pourprist tout le royaume de France. En cette infermeté cheut Austregilde, la femme le roy Gontran : à son seigneur se clama des phisiciens de ce qu'ils avoient esté négligents de la garir, comme elle

_____
(1) *Escrois*. Coups de tonnerre.

disoit, et que par leur défaut l'avoit la maladie si fortement seurmontée que jamais eschaper n'en povoit. Comment que la négligence fust des phisiciens, elle dist voir : car elle morut de cette maladie ; pour ce, commanda le roy que les phisiciens fussent occis et, avant, tourmentés de diverses paines.

(1) En cette année prist le roy Chilperic en la cité de Poitiers les messages Mirion le roy de Galice, qu'il envoioit au roy Gontran à Paris; il les fist mettre en prison ; en l'an après les délivra et les laissa r'aler en leur païs.

Maurilien, l'évesque de Caours, chut en grant langour par un fer ardant que il se fist bouter parmi les cuisses en espérance de guérir de meselerie (2) dont il estoit entechié : (3) plusieurs, quant ils virent qu'il mouroit, convoitèrent l'éveschié ; mais le preudhomme quant il vit ce, 'eslu un preudhomme qui estoit apelé Ursin et le fist sacrer avant qu'il morust ; puis trespassa à la joie perdurable, si comme l'on cuide : car il fu moult grant aumosnier ; si grant clerc estoit en Escriture divine, qu'il savoit ainsi comme par cuer toutes les auctorités et les généalogies du viez Testament : les povres de son églyse et de son éveschié soustenoit et deffendoit contre tous les faus jugemens des félons juges. Pour ce peust-il dire à nostre Seigneur ainsi comme Job disoit : « Je estoie père des povres et soustenoie leur cause par grant » diligence. »

Levigilde le roy d'Espagne envoia au roy Chilperic pour ses messages un des évesques de son païs, qui avoit nom Egelaine ; arrien estoit et pas ne créoit en la foi de l'Eglyse de Rome, mesmement aus articles de la Sainte-Trinité. A

---

(1) *Aimoini lib. III, cap.* 33.
(2) *Meselerie*. Lèpre.
(3) *Entechié*. Affligé. — Aimoin dit seulement : « Propter podagræ infirmitatem. »

lui disputa saint Grigoire archevesque de Tours, et le seurmonta et conclut (1) merveilleusement. Aucune fois avoit cet évesque dit que jà ne seroit catholique, c'est-à-dire, créant en la droite foy de l'Églyse de Rome : mais à la parfin la reçut-il, quant il se vit en péril de mort.

(2) *Incidence.* Tibère Constantin empereour de Constantinoble, duquel nous avons là dessus parlé, sentoit bien que le terme de sa vie aprochoit. Sept ans gouverna l'empire dignement et profitablement par le conseil dame Sophie l'Auguste, qui avoit esté femme l'empereour Justin. A soi apela Morice; né estoit d'une terre de Grèce qui a nom Cappadoce ; l'empire lui laissa à gouverner et une sienne fille douée de grande richesse, et lui dist ainsi : « Je t'octroie » mon empire et cette pucelle ci ; use heureusement de l'im- » périale dignité. Gardes que tu aies toujours en ton cuer » loyauté et justice, qui sont principal signe de bon empe- » reour. » Ce Morice estoit noble homme. Quant le roy eut ce dit : il rendi le treu (3) de nature, et trespassa à la joie de paradis, si comme l'on cuide. Grant plour et grant lamentacion lessa à tout le peuple : car il fu homme de très-grant bonté, large et apareillié en aumosnes, très-sage en jugemens ; tous les aimoit, nul n'avoit en despit, et de tous estoit aimé. Morice fu coronné et vestu de la pourpre impériale, puis fu mené au théâtre qui estoit au milieu de la cité, selon la coustume du païs : il fu le premier empereour du lignage des Grejois.

(4) *Incidence.* En ce temps fu mué l'estat de Lombardie. Les Lombars qui dix ans avoient esté sous la seigneurie des ducs qu'ils avoient créés et establis, par commun accord, pour le

---

(1) *Conclut.* Arrêta, ferma la bouche.
(2) *Aimoini lib.* III, *cap.* 34.
(3) *Treu.* Tribut.
(4) *Aimoini lib.* III, *cap.* 35.

peuple gouverner, firent roy de Flavien le fils au roy Clephonis : et pour ce qu'il n'avoit pas trésors ni pécune par quoi il peust son estat gouverner, tous les ducs qui lors estoient lui donnèrent chacun la moitié de sa sustance et de ce que il avoit, pour soi soustenir et ceus qui estoient en divers offices en son service. Et estoit merveilleuse chose de la grant pais où le païs estoit, que nul n'i faisoit violence, ni force, ni agait, ni traïson ; et aloit chacun tout seurement par là où lui plaisoit.

XIII.

Comment Morice l'empereour envoia au roy Chilperic pécune pour chacier les Lombars d'Italie.

Incidence. Morice l'empereour de Constantinoble envoia par ses messages cinquante mille livres au roy Chilperic par telle manière qu'il chaçast les Lombars d'Ytalie : il apareilla ses osts et entra soudainement en Lombardie. Les Lombars ne s'osèrent à lui combatre, ains se restraindrent en leurs chastiaus et en leurs forteresses. Après firent pais au roy par grant masse d'avoir qu'ils lui donnèrent. Quant l'empereour sut qu'il avoit pacefiés aus Lombars sans autre chose faire, il lui manda qu'il renvoiast l'avoir qu'il avoit de lui receu, ou qu'il lui tenist convenant (1). Mais le roy qui peu le doutoit pour sa force et pour la fierté de sa gent, ne lui daigna onques rendre response de ceste chose.

(2) *Incidence.* En ce temps souffrirent les crestiens grande persécution en Espaigne, de laquelle Gadsonde la mère Brunehault fu la cause en la manière que vous oirez ci conter. Hermenigilde, filleul Levigilde le roy des Ghotiens qui en

---

(1) *Tenist convenant.* Tint les conventions antérieures.
(2) *Aimoini lib.* III, cap. 37.

Espaigne habitoient, avoit espousé Ingonde la serour le roy Childebert; fille estoit Brunehaut la mère ledit roy, et nièce à la devant dite Gadsonde. Cet Hermenigilde fu converti à la foi de Rome et guerpit l'arrienne hérésie, par l'exhortation sa femme et par la prédication l'évesque Leandre. Cette Gadsonde se penoit en toutes manières, comment elle peust sa nièce fléchir à ce qu'elle occist son seigneur; mais onques à ce ne se voulut assentir. Quant Gadsonde vit ce, elle amonesta son seigneur le roy Levigilde qu'il fist son fils demeurer en une autre cité entre lui et sa femme; trop lui desplaisoit à demeurer avec eus, pour ce mesmement qu'ils estoient d'autre foi et d'autre créance. Et comme cet Hermenigilde pour cette moleste ni pour autres ne vousist lessier ni renier la sainte foi de Rome qu'il avoit receue, son père le mist en prison; le jour de la sollempnité de Pasques, qui après vint, il l'escervela d'une coignée; aus autres bons crestiens qui en la terre habitoient fist assez de persécutions. Pour l'ocasion de cette chose Ingonde s'enfuit avec un sien fils, après le martyre son mari : comme elle cuidoit retourner en France, les gens qui deffendoient le païs et estoient à l'empereour contre les Ghotiens, la prirent elle et son fils; menée fu en Sezile, là fu morte et l'enfant fu mené en Constantinoble à l'empereour Morice. Quant le roy Childebert sut que sa serour avoit esté menée en chetivoison (1), et fu certain des choses qui lui furent avenues, il assambla ses osts, et entra en Espaigne pour les tors (2) et pour les hontes de sa serour vengier : grans batailles fist contre les Ghotiens, assez en occist et en mist à confusion; en France retourna atout grans proies et à grans victoires. L'empereour Morice lui manda puis que il allast sur les Lombars; volentiers le fist,

(1) *Chetivoisin*. Captivité.
(2) *Les tors*. Les injures. — Cette expédition eut lieu bien plus tard.

pour ce que il cuidoit que sa serour fust encore en Constantinoble et que l'empereour la lui deust rendre pour ce service. Ses osts assambla et mut, mais retourner lui convint sans plus faire, pour ce que contention monta entre les Alemans et les François qui estoient en son ost.

(1) *Incidences.* Après pape Jehan, reçut la dignité Beneoit. Après Beneoit, fu Pélage ordoné sans le commandement l'empereour : car à ce temps avoient les Ghotiens assis la cité de Rome de toutes parts, si que nul n'en osoit issir. Mummole se parti du roy Gontran pour ne sais quel cas ; au chastel d'Avignon se mist, de tout ce que il put le garni, et s'apareilla de deffendre contre ses ennemis.

Le roy Childebert laissa la pais et l'aliance que il avoit fermée au roy Gontran son oncle et s'allia à son autre oncle le roy Chilperic, qui lui promist que il seroit hoir de son règne après lui ; mais il ne lui tint pas convenant, ainsi comme il faisoit d'autres choses.

Ursion et Berthefride chascièrent Lup le duc de Champaigne, lui et son ost. Quant il eut été tant chacié que il estoit au prendre ou à l'occire, Brunehault le délivra par sa prière, mais les deux princes toutes voies lui craventèrent ses forteresses.

Le roy Chilperic envoia en Aquitaine le duc Desier à grant plenté de gent pour saisir les cités d'Agen et de Pierregort(2); il chassa du païs le duc Regnoalt, sa femme despouilla de toutes ses choses, puis prist et saisi les citez du païs. Leudaste (3) péri en Gascongne et la plus gaande partie de son ost.

En ce temps habitoit un reclus, qui avoit nom Hospice,

---

(1) *Aimoini lib. III, cap.* 38.
(2) *Pierregort.* Périgueux.
(3) *Leudaste.* « Baudastes. » (Aimoin.) « Bladastes. » (Greg. Turon., lib. VI, cap. 12.)

auprès la cité de Nicèse (1); moult faisoit de pénitences pour l'amour de nostre Seigneur; il estoit lié de chaînes de fer dessus la chair nue, par-dessus estoit couvert de haires : un peu de pain et de dattes mengeoit, et en la quarantaine (2), tant seulement les racines de telles herbes comme il croissoit en son hermitage. Moult fist nostre Sire de biaux miracles pour lui en son vivant, pour son nom glorifier et pour son serjant honnorer en terre.

En ce temps trespassa à nostre Seigneur le glorieux saint Martin le Galicien : en Pannonie fu né; en Orient ala les saints lieux visiter; là aprist assez des Escritures, puis s'en retorna par Galice : là fu ordené à évesque en l'église Saint-Martin qui fu la première église d'Espaigne; trente ans gouverna l'évesché, puis trespassa à nostre Seigneur.

En l'an huitième du règne Childebert, qui fu le vingt-et-unième du règne Chilperic et Gontran, fu veue l'estoile comète au ciel le jour de Pasques. Le ciel fu veu ardoir en la cité de Soissons; en la cité de Paris chaï sang d'une nue, si qu'il ensanglanta les robes de maintes gens. Maladies et mortalités furent cette année au royaume de France.

(3) En ce temps mourut le duc Crodine (4), vrai aumosnier et plain de grant bonté et droiturier en toutes choses. Un jour advint que il ensevelissoit le corps d'un mort, à ses serjans commanda que ils feissent une fosse pour le corps enterrer : en ce que ils accomplissoient son commandement, ils trouvèrent un grand trésor; quant ils l'eurent trait hors, il l'aportèrent devant leur seigneur. Lors entendi bien le preudhome que ce estoit don de Dieu, tout le départi aus

---

(1) *Nicèse.* « Apud Nicensem urbem. » (Aimoin.) C'est Nice en Provence.
(2) *En la quarantaine.* En carême.
(3) *Aimoini lib. III, cap. 39.*
(4) *Crodine.* Celui qui refusa d'être maire du palais. (Voyez liv. II, chap. 25.)

povres pour l'amour de celui qui donné lui avoit, et rendi comme bon serjant à son seigneur le besant qu'il lui avoit donné en garde, mouteplié par les mains de povres. Mainte merveille et maints signes furent vus cette année au ciel.

(1) Agricole évesque de Chalons et Dalmathice de Rodais (2) trespassèrent plains de sainteté et de bonne vie de ce siècle. Cet Agricole est celui de qui mention est faite en la vie saint Germain qui fu évesque de Paris. L'églyse de sa cité orna de riches colonnes de marbre, avant qu'il mourust, et la fist paindre moult richement de diverses paintures (3). Dalmathice l'autre évesque fist la sienne par plusieurs fois abattre, et pour ce que il la cuidoit tousjours amender, la lessa-t-il néant parfaite.

XIV.

Comment les prélats contredirent l'hirésie que le roy Chilperic vouloit essaucier (4).

(5) Le roy Chilperic, qui voloit mouteplier une nouvelle hirésie, escrit aus évesques de son royaume que ils dejetassent le nom de la Trinité et dénonçassent celui mesme qui Père est, Fils et Saint-Esperit, et celui qui est Fils et Saint-Esperit, Père, si que nulle division ne fust de personnes en Dieu. De ce amonesta l'archevesque Grigoire de Tours qui tous les autres prélats passoit en bonne vie et sainteté, et lui dist que

(1) *Aimoini lib.* III, cap. 41.
(2) *Rodais.* « Rutenensis. » (Aimoin.) C'est Rodez.
(3) « Ecclesiam suæ civitatis columnis fulcivit, marmore variavit, musivo depinxit. » (Grégoire de Tours, lib. V, ch. 46, et Aimoin.) Ce passage et une foule d'autres de Grégoire de Tours pourroient faire croire qu'une grande partie de ce que nous appelons *antiquités romaines*, date seulement des premiers temps de la monarchie françoise.
(4) *Essaucier.* Exhausser.
(5) *Aimoini lib.* III, cap. 40.

saint Hilaire et saint Augustin estoient contraires à cette raison. Saint Grigoire lui respondi : « Roy, tu dois garder » que celui ne se courrouce à toi, en la foi duquel furent ces » prescheurs que tu connois contraires à cette pesme (1) » doctrine que tu nous veus élever. » Quant le roy lui eut respondu assez orgueilleusement que il conviendroit demander conseil à plus sages que il n'estoit, le saint homme dist que celui-là ne seroit pas sage qui autrement sentiroit de la foy. Salvie, un des évesques d'Albijois, entra en ces paroles au palais ; le roy l'admonesta que il se consentist à lui ; puis lui lut en l'oreille la chartre de l'hirésie que il avoit compilée. Quant l'évesque eut la boulgrerie (2) entendue, il en eut si grant horreur et si grant abominacion, que il l'eust rompue ou arse au feu, s'il la pust avoir tenue. Le roy vit bien que tous les évesques estoient contraires de cette perverse hirésie que il vouloit alever contre la foy : pour ce se retrait-il de ce propos et de cette intention. Mais toutesvoies ajousta-il au nombre de nos lettres ω, cette lettre grecque qui vaut ō, et trois autres dont l'on trouve les caractères ès chartres que il donna et qui furent seelées en son temps. Il manda par toutes les cités du royaume que les enfans fussent introduits en ces lettres, et les livres ponciés et rescrits (3).

(4) Lors fu Leudaste osté de la comté de Tours, pour ce que il grevoit le peuple sans raison et pour la vilenie que il faisoit à l'évesque Grigoire ; et si, lui avoit juré que il ne lui

(1) *Pesme.* Très-mauvaise. De *pessima.*
(2) *Boulgrerie.* Hérésie. Nom formé de celui des *Bulgares* ou *Boulgres*, qui passoient pour hérétiques.
(3) *Ponciés et rescrits.* Ce passage curieux est corrompu dans la plupart des manuscrits. Grégoire de Tours a dit : « Ac libri antiquitus scripti, *planati pumice*, rescriberentur. » C'est-à-dire que les livres anciennement écrits fussent effacés avec la pierre ponce et de nouveau transcrits. — Chilperic a sans doute détruit, par cet absurde caprice, bien des manuscrits de l'antiquité.
(4) *Aimoini lib. III, cap. 42.*

feroit nul grief. Après lui fu comte Eunomie. (En ce temps mettoit-on les comtes ès comtées, ainsi comme l'on fait ore les baillifs ès bailliages ; et n'y estoient-ils fors au temps)(1). Quant Leudaste fu bouté hors, il fu moult esmeu contre l'archevesque Grigoire, soupeçonneux l'avoit que ce ne fust par lui. Le desloial se pourpensa comment il le pourroit meller au courroux du roy. Au roy et à la royne fist entendre que il voloit délivrer la cité au roy Gontran (2); que moult de foles paroles dist du roy qui tournoient à honte et à diffame de la royne; que plainement affirmoit que Bertran l'archevesque de Bordiaus la maintenoit. En ce malice avoit coadjuteur et compaignon un clerc, Rigulphe avoit nom, qui contre son maistre Grigoire ouvroit malicieusement en toutes les manières que il povoit. Le roy qui moult fu esmeu pour cette chose, et mesmement pour les laides paroles qui dites estoient de la royne, fist assambler le senne des évesques à une ville qui a nom Bretueil (3). Quant assamblés furent les prélats, l'archevesque Bertran se complaint moult du blasme dont il estoit diffamé sans raison. L'archevesque Grigoire se purgea de ce que l'on lui metoit sus ; selon le décret et selon l'esgard des frères, jura par trois fois que onques n'avoit dites paroles qui tournassent à honte ni à diffame du roy ni de la royne. Les prélats savoient bien que ce estoit contre droit et contraire aus canons et aus auctorités, que nul prélat fist telle manière de purgacion : mais toutesvoies le firent pour le roy apaisier, qui moult estoit dolent des vilaines paroles qui dites eurent esté. Pour ce dirent après au roy en telle manière : « Grigoire nostre frère s'est

(1) *Fors au temps*. Si ce n'est temporairement. Cette réflexion est du traducteur.

(2) *Gontran*. Aimoin s'est trompé; Grégoire de Tours dit : « Filio Sigiberti. » C'est-à-dire, à *Childebert*.

(3) *Bretueil*. « Britannicum. » (Aimoin.) C'est une faute ; il falloit comme dans Grégoire de Tours, *Brennacum*, Braine.—*Senne*. Synode.

» rendu innocent des cas, par serement. Que juges-tu don-
» que que l'on doive faire de toi et de l'archevesque Ber-
» tran, par qui il est scandalisé, fors que vous soiez escom-
» meniés? » Le roy leur respondi lors que il ne disoit pas
ces paroles de soi, mais par Leudaste qui ce lui avoit fait
entendant. Il fut demandé et quis ; mais il ne fu pas trouvé,
car il s'enfuit quant il sut que les prélats devoient assambler, comme celui qui bien se sentoit coupable. Tous les
prélats qui là furent, l'escommunièrent; aus autres qui
pas là n'estoient rescrirent que ils l'escommuniassent.
Moult s'esmerveillèrent tous de la pacience que le roy
eut en ce point : car jà soit ce que telle vilenie fust dite de
la royne, onques pource n'en fist nul grief à nul sans raison, ce que il n'avoit pas de coustume ; fors tant seulement que il commanda que Leudaste, qui estoit escommunié, fust banni de son royaume pour la fausseté que
il avoit dite contre l'archevesque Grigoire. Toutes ses choses
et tout ce que il lui avoit souffert à avoir fist prendre,
saisir et apporter de Tours à Bourges. Longuement erra
par le païs amont et aval; puis fist tant que il fu réconcilié
à sainte Eglyse, et que le roy le reçut en grâce. L'archevesque Grigoire qui pas ne se prenoit garde aus vilenies et
aus griefs que l'on lui avoit fait, le fist sage (1) que il se gardast des agais la royne, qui encore povoit estre esmeue contre
lui. Mais il ne mist pas à œuvre l'admonicion du saint
homme, dont il fist que fou. Un jour entra en une chapelle
où elle estoit ainsi comme en oroison ; à ses piés se laissa choir
pour soi réconcilier à elle, s'il peust; mais elle l'eut en
grant despit, quand elle le vit devant lui, et le rejeta de
soi. Il issi de la chapelle moult dolent, quant il vit que
elle l'eut ainsi refusé : en maintes manières se pourpensa

(1) *Le fit sage.* Lui fit savoir.

comment il porroit avoir son amour : à ce mena son propos que il acheteroit joiaus pour lui présenter. En ce point que il estoit en la mercerie pour ce faire, elle envoia sergens pour lui occire ; mais quant il se vit ainsi enclos, il en féri l'un de son espée, tant fist que il eschapa de leurs mains et se mist à la fuite parmi Paris. En ce que il fuioit ainsi, le pié lui coula si raidement entre les ais du pont de fust, (1) que il eut la jambe brisiée. Le roy le fist porter hors de la cité, et commanda que on le fist garir : mais la royne, qui pas ne pensoit à sa garison, lui fist la gorge rompre entre deus fusts ; en telle manière fenist sa vie le maleureus, qui devant avoit maint homme jeté en prison, batu, vilené et contraint à faus tesmoignage, pour diffamer saint Grigoire ; mais il ne forlignoit pas de mal faire ; car assez lui venoit par nature de lignage. Serf avoit premièrement esté, tant fist que il fu au service du palais ; mais pour ce que il avoit les ieulz chachieus, fu mis en l'office du pestrin ; là se prouva si honteusement que il en fu bouté hors par larrecin. Arrière revint par plusours fois ; mais pour ce qu'il ne se put tenir d'embler, eut-il au derrenier l'oreille coupée. Bien vit que il ne porroit cette chose celer : à la femme le roy Caribert s'en ala ; tant fist par flaterie que il eut sa grâce et que il fu gardé des chevaus, et mestre par-dessus tous. Ses affaires mena puis tant, que le roy Caribert lui bailla la comtée de Tours après la mort la royne, dont il fu geté honteusement, comme vous avez oy. Riculphe le clerc, qui avoit avec lui porté faus tesmoignage contre son archevesque, fu pris par le commandement le roy ; tormenté fu si cruellement et si longuement, que s'il fust tout de fer et de cuivre, si fust-ce merveille comment il povoit tant de tourmens endurer. Le chief lui eust le roy fait couper,

---

(1) *Le pont de fust.* Sans doute *le petit pont.*

si ne fust la prière l'archevesque Grigoire. Il reconnut ès tourmens que il avoit telles paroles dites de la royne, pour que elle fust jetée du royaume, et que Clovis, qui tout seul estoit demeuré des fils de Chilperic, fust roy après son décès.

Ce Clovis estoit fils le roy Chilperic d'une autre femme : il l'avoit envoié au chastel de Braine, quant ses fils que il avoit eus de Frédégonde furent morts : tout ce fist-il par le conseil sa marrastre ; car elle cuidoit que il deust là morir d'une maladie que on apèle disenterie, dont les autres estoient morts, pour ce que cette maladie couroit plus en cette terre que ailleurs. Quant il fu tout eschapé de cette pestilence, il s'aperçut bien de la malice de sa marrastre : trop présompcieument la desprisoit et se vantoit que il estoit tout seul demeuré hoir du royaume son père. Assez fu qui ces paroles reporta à sa marastre, et non mie tant seulement ce que il disoit contre elle, mais autres mençonges dont il n'avoit onques parlé : plus, lui firent entendre que ses enfans estoient morts par les enchantemens et par les sorceries d'une vieille qui estoit mère à une meschine (1) qui se couchoit avec Clovis. La royne qui fu ainsi comme toute forsenée après ces paroles, fist la meschine prendre et tormenter de divers tourmens, et puis la fist enhaster en un pel (2) et ficher en terre, droit devant l'hostel Clovis : la vieille fist tant battre et tourmenter, que elle lui fist regehir (3), fust voir ou mençonge, ce que on lui metoit sus : après demanda au roy vengeance de son fils. Au bois ala le roy chacer ; son fils manda que il venist parler à lui : quant il fu venu, il le fist lier et puis l'envoia à sa marastre ; elle, en prison le fist mettre, en maintes manières le tenta et lui

---

(1) *Meschine.* Fille. Servante.
(2) *Enhaster en un pel.* Embrocher en un pieu.
(3) *Regehir.* Confesser.

demanda la vérité de cette chose et lesquels barons du royaume se tenoient à lui. Il ne reconnut pas ce que elle l'avoit soupeçonneux; mais il accusa ses familiers. Deux jours après elle l'envoia en une ville qui a nom Noçai (1); à ceus qui le gardoient manda qu'ils lui boutassent un coutel parmi les entrailles sans retraire hors : puis fist entendre au roy par personnes introduites qu'il mesme s'estoit occis par désespérance, et que le coutiau estoit encore en la plaie. Le roy qui pour lui ne fist ni duel ni plour, manda que il fust là mesme mis en sépulture. Audovère qui mère estoit Clovis et que le roy eut premièrement espousée, fu occise : sa fille que le roy eut en lui engendrée, fu honnie et corrompue par les sergens Frédégonde; puis fu mise et recluse en un moustier. La vieille, qui mère estoit à la meschine Clovis, fu jugée à ardoir; fortement se deffendi du cas que la royne lui mettoit sus, et disoit que ce que elle avoit reconneu estoit par l'angoisse des tormens que ou lui faisoit : liée fu à une estache (2), arse fu toute vive. Le trésorier Clovis, qui Cupane avoit nom, fu pris et lié, à la royne fu mené ; mais il fu délivré par la prière l'archevesque Grigoire de Tours.

XV.

D'une manière de jeux que le roy Chilperic establi; et de la discorde du roy Childebert et du roy Gontran.

(3) En ce temps fist le roy Chilperic establir à Paris et à Soissons une manière de jeus qui sont apelés cirques, à la manière que les Romains souloient faire anciennement (4). (Si

---

(1) *Noçai.* « Trans matronam in villam *Nocetum* nomine. » C'est *Noisy-le-Sec.*

(2) *Estache.* Poteau.

(3) *Aimoin. lib. III, cap.* 43.

(4) Voyez page 196, note 3.

vaut autant à dire comme cerne qui est fait à la ronde, en une place large, dedans laquelle les chevaus courent, sans issir hors des bornes qui y sont mises. Telles manières de jeus souloient les anciens, qui paiens estoient, sacrifier à leurs fausses idoles et à leurs faux dieux : pour les dieux Castor et Polus fu jadis ce jeu establi, si comme les fables le racontent) (1).

Après cette assamblée d'évesques dont nous avons parlé, saint Grigoire et saint Salvie estoient un jour à Paris en secret conseil en un jardin assez près de la salle le roy. Si comme ils parloient ensamble, saint Salvie torna son vis (2) vers le palais, et vit le glaive de l'ire nostre Seigneur qui pendoit à la couverture du palais. Il appela saint Grigoire et lui dist : « Biau frère, ne vois-tu pas ce que je vois? » Saint Grigoire qui cuida qu'il se jouast ainsi comme il faisoit aucunes fois, lui dist que il ne veoit rien, fors le palais et la couverture : lors lui conta saint Salvie ce qu'il avoit veu. Il n'eut pas sans raison cette avision : car vingt jours après, les deux fils le roy morurent, desquels nous parlerons ci-après.

Messire saint Grigoire vit une nuit que il se fu couchié après matines, en avision, un angel volant par-dessus l'églyse et criant à haute voix : « Heu, heu, Dieu a feru » Chilperic et tous ses fils et nul de ceus qui vivent ne lui » demeureront. » Cette parole dist pour ce que il en avoit encore quatre vivans.

En ce temps fu le concile à Lyon, par lequel maints évesques qui négligement vivoient amendèrent leur vie.

(3) Un jour venoit le roy à Paris d'une ville qui est apelée

---

(1) Cette parenthèse est du traducteur françois.
(2) *Vis*. Visage.
(3) *Aimoin. lib.* III, *cap.* 44.

Nogent (1). Saint Grigoire, l'archevesque de Tours, qui estoit avec lui, pria que il baptizast un Juif, qui moult estoit son familier, et avoit nom Prisque : mais le Juif le refusa et dist que il ne creoit pas en nostre foy, et la blasmoit tant comme il povoit. Le saint homme disputa à lui et le rendi confus par moult belles raisons. Quant le roy vit que le Juif refusoit le baptesme et sa benéicon, il dist à saint Grigoire : « Pour ce que le desloial refuse la benéicon, elle sera » esloigniée de lui. Mais je te dis en la personne de Jacob » et ès paroles que il dist à l'ange quant il luttoit à lui : » Que je ne te laisserai mie jusques à tant que tu m'aie » donné ta benéicon. » Quant le prudomme l'eut beni et ils eurent mengié ensamble, il se départi de lui et s'en ala à Tours en son propre siège.

Incidence. En ce temps morut un reclus à Angolesme qui avoit nom Parchus (2), homme de sainte vie et de grant hautesce, qui resuscita un homme qui mort estoit et pendu au gibet pour larrecin.

(3) En ce temps advint que Dinamie, qui la terre de Provence gardoit, prist Théodore l'évesque de Marseille ; assez lui fist de hontes et de vilenies sans raison : à la parfin le laissa aler. Mais ainsi que il s'en aloit au roy Childebert, le roy Gontran le prist : ses chanoines et ses clercs qui pas ne l'aimoient saisirent les biens de l'églyse, quant ils surent que il fust pris ; ses greniers et ses celiers vidèrent ; de maint crime l'inculpèrent sans raison. Lors manda le roy Childebert au roy Gontran son oncle, que il lui rendist la moitié de Marseille, que il lui avoit donnée après la mort son père ; et si ce ne voloit faire, il en prendroit plus grant choses que ce ne montoit. De ce ne voulut le roy Gontran

---

(1) *Nogent.* « Novientum. » Plus tard *Saint-Cloud.*
(2) *Parchus.* « Eparchius. » (Aimoin.)
(3) *Aimoini lib. III, cap.* 45.

rien faire : ains commanda que les chemins fussent si bien gardés, que nul de par lui ne peust ni venir ni aler. Le roy Childebert fist un duc d'un sien familier : Gondolfe avoit nom, noble homme estoit de lignage, et descendu de la lignée des sénateurs : puis l'envoia à Marseille, par la cité de Tours ala : l'archevesque Grigoire le reçut à grant joie, pour ce que il estoit oncle à sa mère; quinze jours le fist séjourner; au départir lui livra ses nécessités et ce que il lui falloit à sa voie parfaire. De la prison le roy Gontran estoit jà eschapé l'évesque Théodore, qui s'acompaigna à lui en espérance que il fust par lui restabli en son éveschié et en possession des biens que les clercs lui avoient tolus. Quant à Marseille furent venus, Dinamie denia à Gondolfe l'entrée de la cité, et les clercs l'entrée de l'églyse à Théodore. Gondolfe et l'évesque Théodore enortèrent Dinamie, qu'il venist parler à eus en l'églyse Saint-Estienne, qui estoit ainsi comme ajoignant des murs de la cité. Ceus qui l'huis du moustier gardoient le laissièrent entrer tout seul, et ceus qui avec lui estoient venus enfermèrent; en un oratoire le menèrent, moult le blasmèrent et reprirent de ses fais. Ceus qui dehors estoient demourés, eurent grant despit de ce que ils estoient ainsi forclos et bouté arrière. Gondolfe commanda que on prist des plus vieux, pour ce que il les voloit envoier en la cité pour faire ouvrir les portes. Dinamie, qui bien aperçut que il estoit pris, se laissa couler à leurs piés et leur promist que il feroit ouvrir les portes de la cité et que désormais il seroit bon et loial envers le roy Childebert et à l'évesque. Sur ces paroles le laissièrent aler, bien leur tint leurs convenances; car il leur fist ouvrir les portes et furent léens receus à grant joie du pueple de la cité. Les clercs qui si desloiaument avoient ouvré envers leur évesque, s'enfuirent en leurs hostels; mais le duc Gondolfe les contraigni à ce que ils lui donnèrent bonne sureté,

18

que ils se présenteroient au roy Childebert et s'obligeroient à telle paine comme il jugeroit, en vengeance de leurs excès. Quant Gondolfe eut ainsi la cité receu et l'évesque restabli en son siège, il retourna au roy Childebert. Après ce que il s'en fu parti, Dinamie ne tint pas longuement les convenances qu'il avoit à l'évesque promises, il manda au roy Gontran que il lui voloit livrer la cité ; mais l'évesque lui contredist (1); et plus entendant le fist que les citoyens disoient que ils ne lui obéiroient ja, s'il n'envoioit l'évesque Théodore en exil. Moult fu le roy Gontran esmeu de ces paroles : il manda que on le préist, et que on l'amenast tout lié. L'évesque qui se douta, n'osa pas issir seurement de la cité ; mais il advint nécessité d'une églyse dédier, qui estoit au dehors de la ville ; là convint que il alast par force pour faire l'office à quoi il estoit tenu. Ceus qui pour lui prendre estoient venus, saillirent soudainement de leur embuchement, les clercs qui avec lui estoient batirent et chacièrent en fuite, l'évesque abatirent jus de son cheval, vilainement au roy le menèrent sur un roncin, à une cité qui estoit apelée Aquense (2). Un évesque qui estoit nommé Pience le reçu comme preudhomme, et donna clercs et mesnie et ce que mestier lui fu en cette voie. Le roy enquist diligemment s'il avoit coulpe au cas que on l'avoit accusé, bien trouva que il n'i avoit : et pour ce que il avoit conscience des hontes et des vilenies que on lui avoit faites sans raison, il lui donna plusieurs dons et lui dist que il retournast en pais en son éveschié. Quant retourné fu arrière, le peuple le reçu à grant joie ; mais les clercs avoient jà saisies toutes ses propres choses. Pour cette cause et pour

(1) Il falloit pour bien traduire : *mais que l'évesque lui contredisoit, et que les citoyens disoient*, etc. : « Mittit qui dicerent se quidem urbem tra-
» dere velle, sed Theodorum obstare ; nec illi cives ullatenus parituros,
» nisi sacerdos alicubi traderetur exilio. » (Aimoin.)

(2) *Aquense*. Aix en Provence.

autres furent rompues les alliances qui estoient fermées entre le roy Gontran et le roy Childebert, et la pais muée en grant discorde.

Incidence. Un bourgeois de Tours, qui Lous estoit appelé, eut propos qu'il devint clerc, pour ce que sa femme estoit morte : un sien frère, qui Ambroise estoit appelé, lui desconseilla cette chose et lui promist qu'il le pourvoiroit de femme bonne et bele et de lignage, à son avenant. Tandis comme il pourchaçoit cette besoigne, l'un et l'autre fu occis d'un avoultre (1) qui maintenoit la femme Ambroise : et quant celui-ci se penoit de soustraire à Dieu son frère et le rendre aus délis de ce siècle, ils furent tous deux perdus.

Incidence. En ce tems fu esclipse de lune. En Touraine découru vrai sang de la fraction du pain au sacrement de l'autel, de quoi nul ne doit douter que ce ne soit le vrai corps et le vrai sang Jésus-Christ. Au terroir de Senlis se leva un homme au matin, et vit sa maison sanglante par dedens. En la cité d'Angiers fu croléis (2) et grans mouvemens de terre : les loups entrèrent en la cité et mangièrent les chiens feu fu veu parmi le ciel.

XVI.

Comment le roy Chilperic faisoit les juis baptisier ; et comment il haoit le roy Gontran.

(3) Le roy Chilperic fist en ce tems moult baptisier de juis, des fons les levoit et estoit leur parrain ; mais en nule manière ne put onques convertir Prisque le juis, qui estoit son familier. Pour ce commanda que il fust mis en prison ;

---

(1) *Avoultre.* Homme adultère.
(2) *Croléis.* Tremblement.
(3) *Aimoin. lib.* III, *cap.* 46.

mais le juis le deçut par dons, et empetra à lui que il souffrist (1) tant que il eust envoié un sien fils à sa femme qui à Marseille demeuroit et puis feroit sa volonté : mais le malicieux, qui son Créatour ne voloit reconnoistre, descendi en enfer assez tost après. Car contention mut entre lui et un autre, qui de juis estoit converti en patarin (2) : tant montèrent leurs paroles que celui-ci le féri d'un glaive.

(3) Nonice le duc de Limoges prist deus hommes qui de par Charthère l'évesque de Perrigort portoient lettres, ès quelles moult de malédictions du roy Chilperic estoient contenues. Entre les autres choses estoit escrit en ces lettres comment cet évesque se complaignoit de ce qu'il estoit bouté hors de paradis et descendu en enfer ; et c'estoit, selon son entencion, qu'il estoit descendu du roiaume le roy Gontran en la seignourie le roi Chilperic : pris fu et envoié au roy avec les mesages. Devant le roy fu amené pour rendre raison pourquoi il avoit telles lettres escrites ; mais pour ce qu'il ne put pas estre légièrement convaincu, le roy lui donna congié sans nul grief faire de retourner en son païs.

(4) Etherie évesque de Lexovie (5) racheta un clerc trente deniers d'or : ce clerc estoit jugié à mort pour une femme qu'il avoit esforciée. L'évesque lui donna les escoles de cette cité, pour ce qu'il disoit qu'il estoit maistre d'escole de gramaire. Souvent l'apeloient les bourgeois, de qui les enfans il aprenoit, pour mengier avec eus : tant fréquenta leur ostel qu'il en ama la mère à l'un de ses escoliers : de foles amours

---

(1) *Souffrist.* Prist patience.
(2) Le traducteur n'a pas compris Almoin : « *Nam orto inter ipsum ac quemdam Patirum ex judæo conversum jurgio*, etc. » Patire est un nom propre, et non pas une espèce d'hérésie. On ne parla des *Patarins* que bien plus tard.
(3) *Aimoin. lib. III, cap.* 48.
(4) *Aimoin. lib. III, cap.* 25.
(5) *Lexovie.* Lisieux.

la requist; celle-ci qui fu preude femme le dist à son seignour. Le bourgeois fist tant qu'il tint le clerc pour lui occirre. L'évesque qui ce sut le délivra et lui rendit ses escoles. Un jour advint que cet évesque estoit issu aus chans pour soi esbattre; le malheureux clerc, qui tost eut oublié les bénéfices qu'il lui avoit fais, courut après lui une hache à son col; lors se retourna vers lui et lui demanda pourquoi il le suivoit avec cette coignié. Celui-ci lui chait maintenant aus piez, et lui dist : « Biau père, aies merci de » moi, et me pardonnes les péchiés dont je me suis envers toi » meffait. Si te dis pour vérité que je ne fais pas ce de moi, » mais, par l'enortement de l'archidiacre, je te voloie tuer. » L'évesque lui commanda que il celast cette chose, puis retourna à sa maison. Bien vit l'archidiacre qu'il ne le porroit pas légièrement grever par autrui : par soi mesme faint l'esclande, et dist qu'il avoit veu une fole femme issir de sa chambre. Tout maintenant lui courut sus, lui et le devant dit clerc et ses autres aides, et commanda qu'il fust fortement lié. Par les mains donques fut pris et lié qu'il avoit plusieurs fois des liens délivré; par celui fu emprisonné qu'il avoit plusieurs fois racheté. Bien vit qu'il avoit perdu tout confort et qu'il n'avoit espérance à nule humaine aide. Pour ce converti toute pensée à nostre Seignour et à nostre Dame, et leur pria de bon cuer qu'ils le confortassent. Les liens lui chaïrent tantost et ceus qui le gardoient s'endormirent. Quant il se vit en tel point, il s'enfuit hors de la prison, et s'en vint au roy Gontran. Ses adversaires feignirent leur accusation contre lui, et mandèrent au roy Chilperic qu'il voloit la cité trahir; mais le peuple de la vile, qui moult estoit dolent des griefs qu'on lui avoit faits, suplièrent au roy qu'il leur rendist leur évesque. Lors manda le roy Chilperic au roy Gontran, qu'il lui renvoiast et qu'il n'avoit nule male volonté vers lui. Car il ne savoit cas nul

18.

par quoi il feust coupable. Le roy Gontran l'en fist retourner en son siége à la requeste de son frère : assez lui donna richesses et autres choses : aus évesques de son roiaume manda par ses lettres qu'ils l'onorassent de dons et de présens. Tant lui donna-on d'avoir et de richesses, en cette voie, comme il en put porter.

(1) Le roy Chilperic fist mettre gardes aus ponts de Paris(2), pour ce que les espies(3) le roy Gontran fussent retenues, et commanda que tous les trespas(4) fussent bien gardés. Le duc Esclepie surprist une nuit ces gardes, qui les ponts gardoient : tous les occist et roba toutes les rues qui près des ponts estoient (5). De cette chose fu le roy Chilperic si esmeu qu'il voulut mouvoir contre le roy Gontran à ostbanie(6). Mais toutes-voies changea son propos par le conseil de preudomes ; et manda à son frère qu'il lui amendast le mal et domage qu'on lui avoit fait par lui : et celui-ci qui aimoit droiture et loyauté, l'amenda tout à sa volenté : mais le roy Chilperic, comme il estoit pervers homme de sa nature, ne s'en tint pas à tant ; ains lui toli aucune de ses cités qui appartenoient à son roiaume ; provos et baillis y mist de par lui, et commanda que les rentes fussent aportées en ses trésors.

(7) La roine Frédégonde se délivra d'un fils ; baptisié fu à Paris, et eut nom Théoderic.

---

(1) *Aimoin. lib. III, cap.* 47.
(2) *Aus ponts de Paris.* L'erreur est ici le fait d'Aimoin qui entend l'*apud Pontem urbiensem civitatis parisiensis*, par *apud pontem parisiacæ urbis*. Mais *Pons urbiensis* est *Pont-sur-Orge;* aujourd'hui, suivant toutes les probabilités, *Savigny-sur-Orge*, bourgade du territoire de Paris qui séparoit les états des deux rois Chilperic et Gontran.
(3) *Espies.* Espions.
(4) *Trespas.* Passages.
(5) Traduction inexacte. « Pagumque ponti proximum. » (Aimoin.)
(6) *Banie.* Convoquée.
(7) *Aimoini lib. III, cap.* 48.

XVII.

Comment les deux rois murent guerre contre le tiers, et comment ils firent pais.

(1) Le roy Childebert envoia Gillon l'archevesque de Rains et aucuns des princes de son règne en mesage au roy Chilperic son oncle, pour confermer pais et aliances. L'archevesque commença la parole et dist ainsi : « Chilperic noble » roy, nostre sire le roy Childebert ton neveu te requiert » que la pais et l'aliance qui entre vous deux fu pieça esta- » blie, soit du tout en tout confirmée. Il ne puet avoir l'a- » mour ni la bonne volenté le roy Gontran ton frère, pour » ce qu'il demande la moitié de Marseille qu'il retient sans » raison, ni rendre ne lui veult les fugitifs de son roiaume : » si vous vouliez donques estre d'un accord et d'une vo- » lenté, et joindre vos deux forces ensemble, assez tost » pourriez prendre vengeance des tors qu'il vous fait. » Lors respondi le roy et dit ainsi : « La colpe et le meffait » de mon frère est si apert qu'il ne puet pas légièrement » estre celé : et si mon doux neveu recensoit bien et dili- » gemment en son cuer comment les choses sont allées, il » trouveroit que son père fu occis par la tricherie et par la » desloiauté de lui. Pour laquelle chose je lui promets aide » et secours en toutes manières, et moi et mes compagnons, » de aidier de vengier la mort son père, de laquelle je suis » moult dolent. Car j'ai perdu mon frère et mon ami, qui » moult m'amast, s'il fust en vie. » Après ces paroles ils con- fermèrent les aliances et donnèrent ostages d'une part et d'au-

(1) *Aimoini lib.* III, cap. 49.

tre : puis partirent à tant les mesages (1). Le roy Chilperic fist ses osts assembler, et mut pour le païs gaster et pour prendre les cités et les villes du roiaume Gontran; les ducs et les chevetains envoia en diverses parties pour prendre la cité de Bourges. D'une part, le duc Bérulphe les envaï lequel estoit chevetain des Touranjaus et des Angevins ; Desier et Bladaste d'autre part atout grant multitude de gent. Le roy leur avoit commandé qu'ils préissent les fois et les sermens des cités qu'ils prendroient en son nom. Mès les Biturigiens, qui de leur venue furent avisés, vindrent encontre le duc Desier à quinze mile hommes, à un chastel qui estoit nomé Mediolens (2). A lui se combatirent, et pendant qu'ils se combatoient, les autres ducs assistrent la cité. Le roy Chilperic se hasta moult d'eus ensuivre, tous ses osts fist passer parmi Paris, ja soit que les osts Childebert son neveu ne feussent pas encore venues, mais il avoit aucuns de ses princes en sa compaignie ; tout le païs alèrent gastant et robant jusques à Melenn, puis que ils eurent passé le terroir de Paris. Le roy Gontran, qui bien se refut pourquis, ne redouta pas à venir contre eus à bataille ; ses conforts et son espérance estoit tout en nostre Seigneur. La nuit après issi hors de ses herberges, ainsi comme pour son ost escharguetier, une compaignie de ses anemis encontra qui des autres s'estoient partis pour gaaignier ; sus leur courut, et les desconfi assez briement. Lendemain quant les osts furent armés et apareilliés d'une part et d'autre, et qu'ils estoient ainsi comme à l'assambler, aucuns preudomes qui avoient pitié de la perdicion du pueple et des rois qui frères estoient ger-

---

(1) *Les messages*. Les hommes chargés de réunir l'armée.
(2) *Mediolens*. « Mediolanense castrum, quod nunc Magdunum dicitur. » On croit que cette explication a été ajoutée plus tard au texte d'Almoin, et l'abbé Lebeuf a soutenu avec beaucoup de vraisemblance qu'il falloit reconnoître dans ce nom, *Château-Meillan*, petite ville du Berry, aujourd'hui département du Cher, arrondissement de Saint-Amand.

mains, se travaillièrent tant que à la pais vinrent, et fu entr'eus concorde et aliance fermée : si promirent que l'un amenderoit à l'autre tout ce que il lui auroit meffait. Le roy Chilperic commanda à sa gent qu'ils se tenissent de tolir et de rober le païs : pas ne s'en voulurent tenir, dont le roy fu si courroucié qu'il férit le conte de Rouan d'un glaive parmi le corps : en telle manière restraint et refrena la rapine des autres : les proies qu'ils avoient prises fist rendre, et les prisons qu'ils avoient pris aussi. A ceus qui la cité de Bourges avoient assise manda qu'ils s'en retournassent : mais en leur retour fu pris aus mains tout ce que ils porent à eus choisir.

(1) Le roy Childebert tenoit son ost d'autre part tout assamblé en une champaigne : les murmures et la noise du menu pueple monta à mie-nuit. Tous frémissoient de ire et de mautalent contre Gilon l'archevesque de Rhains et vers les autres ducs de l'ost, et crioient en telle manière : « Ceus- » ci devroient estre ostés de la présence et de la compaignie » le roy, qui son roiaume lui honnissent et le soumettent » à autrui seignourie. » Au plustost qu'ils purent le jour apercevoir, ils vindrent au tref le roy tout apensséement, pour occire l'archevesque Gilon. Quant il aperçu le péril où il estoit, il monta et s'enfuit à peu de gent au plustost qu'il put ; tant avoit grant paour qu'il n'osa reprendre une bande dont il couvroit son chief, qui cheue lui estoit. A celui fu grand bénéfice que ses anemis n'avoient pas chevaus apareilliés pour lui ensuivre. En la cité de Rhains se feri, tandis comme ils s'appareilloient pour lui chascier.

Le roy Gontran rendi au roy Childebert sa part de la cité de Marseille, qu'il tenoit contre sa volenté. Le roy Chilperic retarda les noces de sa fille, qu'il avoit promise

---

(1) *Aimoini lib.* III, *cap.* 50.

au roi d'Espaigne, pour le doel qu'il avoit de la mort d'un sien fils, dont nous avons Jasus parlé. Les mesages qui estoient meus en Espaigne fist rapeler. Après eus renvoia autres, qui denoncièrent qu'il ne povoit célébrer les noces au temps qu'il avoit establi, pour le duel de son fils. Mais les mesages qui retournés furent, se tinrent moult près de la besoigne; pour ce se pourpensa que il envoieroit là une sienne fille qu'il avoit eue de la royne Audovère sa première femme. Cette damoisele avoit mis en reclus en un moustier en la cité de Poitiers; mais Frédégonde sa marastre destourna cette besoigne (1).

XVIII.

Comment Frédégonde fist justice des sorcières; et comment le roy Chilperic envoia sa fille en Espaigne.

L'on fist entendant à la royne Frédégonde que son fils qui nouvelement estoit mort, dont elle et le roy avoient si grant duel conceu, estoit péri par le provost Mummole, et qu'il devoit avoir tant fait vers aucunes femmes sorcières, que elles avoient l'enfant fait morir. La royne crut plus légièrement ces paroles, pour ce qu'elle n'amoit pas le baillif Mummole : les femmes fist prendre et metre à gehene : bien reconnurent qu'elles avoient tué maint inocent par leurs sorceries et par leurs charmes; après reconnurent qu'elles avoient donné la vie de son fils pour la santé Mummole. Lors devint la royne aussi comme foursenée; les unes

---

(1) *Mais Frédégonde.* Etourderie du traducteur. C'est la bienheureuse Radegonde, la veuve de Clotaire, qui détourna Chilperic de la marier. « Sed à beata Redegonde prohibitus est? » (Aimoin.) — Resistente præ- » cipuè beata Redegunde, et dicente : *non est dignum ut puella Christo » dicata iterùm ad sœculi voluptatis revertatur.* (Gregori Tur., lib. IV, cap. 24.)

en fist ardoir toutes vives, les autres fist lier en roues, et tourmenter en tournoiant. Après fist sa complainte au roy de Mummole. Le roy le fist venir devant lui estraint et lié de bonnes chainnes, pendre le fist à un tref les mains derrière le dos; puis lui demanda s'il savoit rien du cas dont les femmes l'avoient acusé. Il respondi que de la mort de son fils ne savoit-il rien; mais il reconnut bien qu'il avoit aucunes fois receu de leurs bevrages et de divers charmes pour aquerre la grace du roy et de la royne. Lors le fist le roy despendre et geter en prison; puis lui manda Mummole quant il fu en prison que de ce que l'on lui avoit fait de tourmens il ne sentoit ni mal ni doleur. Moult s'en esmerveilla le roy et dit que c'estoit un enchanteur : en telle haine le cueilli pour cette parole, qu'il commanda qu'il fust occis : toutes-voies pria la royne que sa vie lui fu respitée, mais ce ne fut pas moult longuement : car assez tost morut après pour la dolour des tourmens qu'il avoit avant soufferts. La royne fist prendre les robes et les trésors de son enfant : ses vestemens fist ardoir, et l'or et l'argent fist fondre en fornaise et jeter en terre bien parfonde, pour ce que elle ne voloit rien veoir qui son fils lui ramenast en mémoire pour son duel renouveler. (1) Ne demoura pas après longuement que elle eut un moult biau fils, Clotaire fu apelé. Le roy en eut si grant joie que il commanda que les prisons et les geoles fussent ouvertes par tout son roiaume, et que tous les prisonniers, pour quelque cas que ce fust, s'en allassent tout quites et délivrés. A Paris vint le roy et y entra ainsi comme par force, contre les convenances qu'il avoit aus citoiens, c'est à savoir qu'il ne devoit jamais entrer en la vile à armes, par raison de seignourie : pour ce dut-il perdre par droit telle porcion et telle seignourie comme il avoit en la vile.

(1) *Aimoini lib. III, cap.* 53.

(1) *Incidence.* Théodosie l'évesque de Rodais trespassa de ce siècle. En ce tems Innocent, conte d'une cité qui est apelée Gaiète (2), reçut après lui l'éveschié par le décret et par l'esgart la royne Brunehaut. Remi l'archevesque de Bourges moru : Suplice fu après lui en la dignité, par l'assentiment le roy Gontran, jasoit que maint y béassent ou par don ou par prières; dont le roy dist une parole qui bien fait à noter. « Ce n'est pas, » dist-il, « la coustume de nostre dé-
» bonnaireté que nous vendons les églyses de nostre Sei-
» gnour, ni les bénéfices de son patrimoine pour dons ni
» pour services; car ce seroit simonie. » (A l'exemple de ce prince seculier devroient prendre garde les prélats, qui autrement les donnent que ils ne doivent.) (3)

Incidence. En cette année furent veues roses au mois de janvier; et les arbres, qui avoient porté fruit en juin, reflourirent en septembre.

(4) Le roy Chilperic qui se doutoit que son frère, le roy Gontran, et son nepveu, le roy Childebert, ne feissent conspiracion contre lui, fist ses trésors porter en la cité de Cambrai : tout son povoir et sa deffense fist et establi en cette ville; souvent faisoit assembler et gesir (5) ès chans, en paveillons, ainsi comme s'il deust ostoier (6). (7) Es calendes de septembre envoia sa fille en Espaigne pour espouser, en telle manière comme nous vous dirons. Quant il fu à Paris reparié, il sépara les fils des pères qui estoient ses hommes de fief, et les contraignit par force d'aler en Espaigne avec sa fille, desquels aucuns se pendirent pour ce que ils ne vouloient pas

---

(1) *Aimoini lib. III, cap.* 54.
(2) Gavalitanorum. Javoulx.
(3) Cette parenthèse est une réflexion du traducteur.
(4) *Aimoini lib. III, cap.* 53.
(5) *Gésir.* Coucher. De *jacere.*
(6) *Ostoier.* Guerroyer.
(7) *Aimoini lib. III, cap.* 55.

laisser leur contrée ni leurs parens ; et aucuns de ceus qui furent contraints à aler là, firent leur testament ainsi comme s'ils deussent morir. Tels cris et tels plours y eut lors à Paris, comme il eut jadis en Egypte, quant les Egypciens virent morts les aisnés de leurs fils. Lors manda le roy Childebert au roi Chilperic que il ne donnast à sa fille nul des trésors ni des richèces que il avoit ravies ès cités que il lui avoit tolues, ni des chetifs que il avoit emprisonnés. L'un de ces mesages fu occis secretement : le roy mesme fu soupeçonné du fait. Par les deus autres mesages manda à son nepveu que il ne feroit nule presumcion (1) contre la deffense que il lui avoit faite et que il avoit assez à donner à sa fille d'autres choses, de ses propres trésors. La royne lui donna tant en or et en argent et en joiaus que il sembloit au roy que il demouroit povre. Elle s'apercu bien que il ne plaisoit pas bien à son seignour, que elle lui donnast tant ; pour ce dist, une heure, aus François qui entour lui estoient, si apertement et si haut que le roy l'entendi bien : « Sei- » gneurs, » dist-elle, « vous ne devez pas cuider que ce jouel » que nous avons donné à nostre fille soient des trésors le » roy ; le roy mesme m'en donna une partie en douaire, » l'autre partie j'ai aquise et conquestée par mon propre » labour : et vous mesmes, seigneurs François, m'en avez » donné une partie. » Par telle satisfacion apaisa le courage le roy. Les plus nobles des barons de France firent à la damoisèle présens de diverses manières de joiaus. La royne et les barons lui donnèrent si largement que sept chars furent tout chargiés de ses trésors et de ses joiaus. De Paris issi à grans plours et à grans soupirs : droitement ainsi que elle issoit de la porte de la cité, une des roues de son char brisa si qu'elle cheï à terre : pluseurs furent qui cette chose no-

(1) *Presumcion*. Prise préalable.

TOME I.

tèrent en male senificacion, et dist le peuple que ce estoit signe de mauvaise fortune. Quant ceus qui la demoisèle conduisoient l'eurent convoié près de huit lieues, ils tendirent leurs tentes pour eus reposer. Tandis que ils faisoient ce, cinquante homes ravirent cent de leurs chevaus tous enselés et tout enfrenés de lorains (1) dorés, et s'enfuirent au roy Childebert. Quant le roy Chilperic oy ce, il se douta moult que son nepveu ou ses frères n'eussent agais basti pour sa fille desrober : quatre mille homes fist armer pour lui conduire; livrés furent à deus chevetains qui avoient nom Bobon et Wadon : et manda le roy que leurs despens fussent pris sur le peuple et sur les povres gens, tant comme ils la conduiroient, pour que ses trésors n'apétissassent. A telle procession et à tel plenté de mesnie d'homes et de femmes s'en aloit-elle en Espaigne. Ceus qui la conduisoient gastoient tout le païs avant eus. A tel boban parti de France comme vous avez oy ; mais sa prospérité fu puis muée en adversité, ains que elle fust hors du royaume; si comme vous oirez assez tost après.

XIX.

Comment Fredegonde fit occire le roy Chilperic, son seigneur.

(2) Moult estoit bele femme la royne Fredegonde, en conseil sage et cavilleuse (3), en tricherie ni en malice n'avoit son pareil fors Brunehault tant seulement. Le roi Chilperic avoit si deceu et si aveuglé, par la gloutonnie de luxure, comme telles femmes savent faire à ceus qui à elles s'abandonnent trop, que il mesme la servoit ainsi comme féist un

---

(1) *Lorains.* Mords.
(2) *Aimoini lib. III, cap.* 56.
(3) *Cavilleuse.* Subtile.

garson (1). Un jour s'apareilla pour aler chacier en bois, il commanda que les seles feussent mises; du palais descendi en la cour. La royne qui cuida qu'il deust monter sans plus retourner amont, entra en une garde-robe pour son chief laver. Le roy retourna en la sale avant que il montast; il entra là où elle estoit, si coiement qu'elle ne s'en aperçut mie et comme elle se fu adentée sur un banc (2) sus oreilliers et sus carriaus. Il la féri en riant au-dessous des rains d'un bastoncel que il tenoit. Elle ne se retourna pas pour lui regarder; car elle cuida certainement que ce fust un autre. Lors dist : « Landri, Landri ! mar y fais (3), comment oses-tu ce faire? » Ce Landri estoit cuens du palais et le graindre (4) de la maison le roy, il honnissoit le de sa femme et la maintenoit en adultère. Quant le roy oy cette parole, il cheï en un soupeçon de jalousie et devint ainsi comme tout foursené; il sailli de la sale et deçà et delà aloit, angoisseux et destrois de cuer comme celui qui ne savoit que il peust faire ni dire : toutes-voies ala en bois pour oublier et pour assouagier la tristèce de son cuer. Fredegonde aperçu bien que ce avoit été le roy; et que il n'avoit pas porté de bon cuer la parole que elle avoit dite. Lors pensa bien que elle estoit en péril, si elle attendoit sa revenue; pour ce jeta jus toute paour, et prist toute hardiesse de femme; Landri manda que il venist à elle parler. Lors lui dist : « Landri, la cause de ton » chief est en présent (5); pense plus de ta sépulture que de ton » lit, si tu ne t'avertis comment tu pouras guérir. » Lors lui

(1) *Garson.* Valet. Ce mot se prenoit au moyen âge presque toujours en aussi mauvaise part qu'aujourd'hui son acception féminine.
(2) « Ut jacebat super scamnum acclinem. » (Aimoin). — *Adentée*, c'est-à-dire couchée sur les dents.
(3) *Mar y fais.* Tu fais mal. *Mar* est la vieille traduction de l'adverbe *malè.*
(4) *Graindre.* Le plus grand. De *grandior.* — *Cuens.* Comte.
(5) *La cause*, etc. Il s'agit de la tête maintenant.

conta comment la parole avoit esté dite. Moult fut Landri esbahi, quant il oy ce; il commença à recorder et à réciter ses meffais à lui-mesme en grant douleur de cuer. L'aiguillon de conscience le poignoit moult aigrement; il ne véoit lieu où il peust fuir, ni comment il peust eschaper; il lui sambloit que il fust pris et retenu ainsi comme le poisson à la roie (1); fortement prist à gemir et à soupirer et à dire : « Hélas, malheureux! pourquoi ajourna (2) hui ce jour » au quel je suis cheu en si grant amertume de cuer? Las, » chetif, je suis tourmenté en ma conscience; je ne sais que » je puisse faire, ni où je puisse vertir ni tourner. » Lors lui dist Fredegonde : « Esconte, Landri, si oiras ce que » je veuil que tu faces qui pourfitable nous sera. Quant il » viendra de chascier tout tart, si comme il a de coustume » de venir par nuit aucune fois, garde que tu aies apareillié » homicides (3), et que tu faces tant vers eus par dons que ils » veuillent mettre leur vie en péril, si que tantost que il » sera descendu, il soit occis de coutiaus. Quant ce sera » fait, nous serons asseurés (4) de la mort, et régnerons entre » nous et notre fils Clotaire. » Landri loua moult ce conseil, il se pourvut de son afaire. Tout tart vint le roy du bois : ceus qui avec lui furent venus n'atendirent pas à lui, ainsi alèrent les uns çà et les autres là, comme coustume est de chaceours. Les murtriers qui entour lui furent tout prests, le ferirent de coutiaus parmi le cors et l'occirent en telle manière. Lors commencièrent ceus mesmes qui occis l'avoient à crier : « Hai! hai! mors est le roy Chilperic. Son » nepveu Childebert l'a fait occire par ses espies, qui main- » tenant tournent en fuie. » Tous retournèrent en la place

(1) *A la roie*. Aux rets. « Velut circumventum quibusdam retibus. » (Aimoin.)
(2) *Ajourna*. Arriva.
(3) *Appareillié homicides*. Disposé des assassins.
(4) *Asseurés*. Mis en sécurité contre la mort.

où le roy gisoit mors, quand ils oïrent cris : aucuns montèrent sus leurs chevaus et commencièrent à chascier ceus qu'ils ne veoient pas : quant ils eurent une grant pièce chascié ceus que pas ne trouvassent légièrement, ils retournèrent arrière. Madulphes, l'évesque de Senlis, qui trois jours avoit jà demouré à court, ni au roy ne povoit parler pour le grant orgueil dont il estoit plain, vint avant quant il sut qu'il fu occi; le cors fist atourner, puis le fist metre en une nef et le fist mener à Paris. Ce cas avint à une ville qui siet sur Marne et soloit être et encore est appelée Chielle. Il fu mis en sépoulture en l'église Saint-Vincent, à qui il avoit donné moult de possessions et de franchises.

En son tems furent mis peu de clers en éveschiés; volontiers contredisoit les églyses à ceus qui nouvelement estoient convertis à la foi. Homme fu plain de si grande présompcion que il cuidoit estre plus sage que tous ceus de son temps. Il compila deus livres ainsi comme Sedule avoit fait, par vers estoient ces livres bailliés; les sillabes brièves estoient mises pour longues et longues pour brièves; et ne povoient estre receus par nule raison ni ne devoient : pour ce furent ostés et effaciés de toute mémoire d'homme, après sa mort. Les querelles des povres gens ne lessoit-il pas légièrement venir devant lui; les églyses et les abaïes avoit en trop grant despit, dont il disoit aucunes fois devant tous, quant il séoit en son palais : « Toutes nos richesces descendent aus » églyses; clers et prélats règnent et sont honorés sur toutes » autres gens. » Des prestres et des ministres de sainte église se gaboit et les avoit tournés en proverbe et en dérision. Pourquoi raconterions-nous plus de ses meurs? l'on peut dire qu'il n'aima onques nului ni de nului ne fu aimé. Ainsi périt, comme vous avez oï; aus siens haineus et non aimé des estrangers.

19.

XX.

Comment Frédégonde mit elle et son fils en la garde du roy Gontran.

Après la mort du roi Chilperic, les Orlénois et les Blesois coururent soudainement sur les Dunois (1); tous les meubles que ils purent trover ravirent, les maisons et autres choses ardirent. Quant retournés furent en leur païs, les Chartrains et les Dunois s'allièrent et retournèrent sur les Orlenois et les Blesois, et leur firent grand dommage. A la parfin ils consentirent à venir à pais, par les chefs des deux parties.

(2) Quant la royne Frédégonde vit que son mari fu mort, elle mit à garant elle et ses trésors en l'églyse Notre-Dame de Paris, et l'évesque Rainemont la reçut elle et les siens liément. Ceus qui le trésor Chilperic gardoient, prirent tout ce que ils trouvèrent à Chielle, la ville où il estoit mort et un vaissel d'or moult riche et moult bel que il avoit fait faire, puis s'enfuirent au roy Childebert. Frédégonde manda au roy Gontran que volentiers se mettroit en sa garde lui et son enfant qui son neveu estoit. Le roy Gontran vint à Paris au plustost que il put, quant il fu certain de la mort de son frère. Frédégonde alla à l'encontre de lui et le reçu en la cité. Depuis après revint le roy Childebert, mais les citoiens lui refusèrent l'entrée et lui fermèrent les portes; il manda à son oncle qui en la cité estoit que les aliances que ils avoient jà afermées ensemble tenissent. Quant les messages furent devant le roy Gontran, il les blasma et les reprit de tricherie et de desloiauté, pour ce que

---

(1) *Dunois*. Les habitants de *Dunum*, aujourd'hui *Châteaudun*.
(2) *Aimoini lib. III, cap.* 57.

par eus et par leur mauvais conseil estoient rompues les amitiés et les aliances. A leur seigneur raportèrent les paroles, et il lui remanda que il lui délivrast le royaume qui avoit esté son oncle, que par droit lui estoit-il escheu. Le roy Gontran lui remanda que il le devoit mieux tenir que lui, qui frère au mort estoit, et jamais l'héritage qui de son frère lui estoit descendu à autrui ne lairoit. Après, lui remanda le roy Childebert par le tiers message que il lui livrast Frédégonde pour tourmenter et pour faire justice, qui lui avoit son père et son oncle occis. Le roy Gontran lui remanda que volentiers auroit à lui parlement pour traitier de cette chose et d'autres : car il soutenoit repostement (1) la partie Frédégonde, souvent la semonoit (2) pour mangier avec lui. Un jour advint que ils mangièrent ensemble, elle se leva du mangier; le roy lui dit que elle se séist et mangeast encore un petit; elle respondit que elle ne se povoit séoir si longuement, pour le mal de son ventre. Le roy se prit à merveillier comment ce povoit estre : car il savoit bien tout certainement que il n'avoit pas encore quatre mois que elle avoit eu enfant.

(3) Ansouald et aucuns des autres princes du roy Chilperic prirent Clotaire l'enfant, qui leur sire estoit et hoir du royaume, par toutes les cités le menèrent et prirent les sermens et reçurent les hommages des chevaliers et des nobles hommes du règne en son nom et au nom le roy Gontran. Tous ceus que le roy Chilperic avoit abaissiés et grevés à tort, le roy Gontran relevoit et dreçoit ; aus églyses rendoit les testamens que il avoit tolus ; moult se doutoit de la malice de ceus qui entour lui repairoient; pour ce n'aloit nule part sans bonne garde de gent à armes. Un jour dit

---

(1) *Repostement.* Secrètement.
(2) *Semonoit.* Invitoit.
(3) *Aimoin lib. III, cap.* 58.

au peuple en plaine églyse quant il eut fait crier que chascun se teust : « Seigneurs, » dit-il, « qui cy estes assamblés, » je vous prie que vous soiez plus loials vers moi que vous » n'avez esté vers mes frères, si que je puisse mes neveus » norrir en pais et vous garder selon droit et selon justice ; » que il n'aviegne, dont Dieu vous gart, que ils demeurent » sans nourisseurs et vous sans gouverneurs. » Quant le peuple eut oy le roy parler en telle manière, ils s'esmerveillièrent tous de sa bonne volenté et de ses douces paroles ; si prièrent tous à nostre Seigneur que il le gardast de mal et lui donnast bonne santé et bonne vie.

(1) Tandis que ces choses advinrent en France, Rigonde la fille le roy Chilperic, qui en Espaigne s'en aloit à telle pompe comme vous avez oy, demeura à Thoulouse pour aucunes nécessités ; mais quant Desier le comte de la cité sut certainement que le roy Chilperic estoit trespassé, il saisi tous ses trésors, en une fort maison les mit seelés de son seel et en la commande de bonne gent qui en garde les reçurent. La damoiselle, ainsi de tous ses biens despoillée, s'enfui en l'églyse Notre-Dame : là lui fit le comte Desier livrer ses despens assez estroitement, puis s'en alla à Mummole qui demeuroit en une autre cité.

XXI.

Comment Gondoald fu né, et comment il fu fait roy.

(2) Nouviaus plais et nouvele cause fu meue de rechief contre Theodore l'évesque de Marseille, pour ce que il avoit receu en la cité Gondoald, qui se vantoit que il estoit frère le roy Gontran. De ce Gondoald voudrons brievement non-

(1) *Aimoin. lib. III, cap. 59.*
(2) *Aimoin. lib. III, cap. 60.*

cier comment il fu norri et comment il vint avant : car nous deviserons cy-après pluseurs choses de lui et de ses fais. En France fu né, sa mère le norri selon la coustume que l'on soloit norrir les rois de France anciennement ; les cheveus avoit espars par les espaules, selon l'ancienne coustume ; sa mère le présenta au viel roy Childebert et lui fit entendant que il estoit fils Clotaire son frère, si l'amenoit à lui pour ce que son oncle estoit et pour ce que son père l'avoit cueilli en haine. Le roy Childebert le reçu pour ce que il n'avoit nul hoir ; puis l'envoia au roy Clotaire qui veoir le voloit. Quant il le vit il lui fit roigner les cheveus et lui dit que son fils n'estoit-il pas. Mort fu le roi Clotaire : son fils le roy Caribert le prit et le norri comme son frère ; mais le roy Sigebert le rapela puis et lui refit roigner les cheveus, et le fit garder en prison en la cité de Couloigne. De cette prison eschapa, à Narsès s'enfui, qui lors gardoit l'Italie de par l'empereour de Constantinople ; d'iluec ala à l'empereour Justin de qui il fu moult familier. Lors advint que Gontran-Boson le trouva là qui aloit en Jérusalem en pélerinage au sépulcre ; moult l'exhorta et conseilla que il retournast en France. Gondoald crut son conseil. Quant à Marseille fu arrivé, l'évesque Theodore le reçut, chevaus lui pourchaça et autres harnois. D'iluec s'en alla en la cité d'Avignon au duc Mummole qui s'estoit mal parti du roy Gontran. Quant Gontran-Boson sut que l'évesque avoit ce fait, il le mit en prison, pour ce que il avoit reçu en la cité l'espieur et l'ennemi du royaume, si comme il lui mettoit sus. L'évesque qui en trop fort prison estoit, pria à nostre Seigneur que il le confortast : tout maintenant, une si grande clarté resplendi en la prison où il estoit, que le duc Gontran en fu espoventé et de cette prison fu osté et mené au roy Gontran, entre lui et un autre évesque qui avoit à nom

Epiphane, qui d'une cité de Lombardie estoit venu à Marseille à l'évesque Theodore. Le roy les refit tous deux mettre en prison : cet évesque Epiphane mourut ; mais Theodore, qui en nul cas ne fu trouvé coupable, s'en revint à Marseille quite et délivré. La raison pour quoi il fu délivré si légièrement fu pour ce que il monstra une lettre que la gent et les familiers le roy Childebert lui avoient envoiée, qui disoient que il reçust Gondoald honorablement.

Le duc Gontran et un autre duc du roy Gontran prisrent le trésor Gondoald et le départirent : d'or et d'argent grand masse en firent porter en la cité de Clermont en Auvergne. Ce trésor avoit mis Gondoald en une ile de mer jusques à tant qu'il véist à quoi sa besoigne torneroit. Après ceste chose s'en alla Gontran-Boson au roy Childebert. Quant avec lui eut demouré, ne sai combien de tems, et il se fu mis au retour lui et un sien fils, il fu pris et mené au roy Gontran. Fortement le menaça le roy et lui dist qu'il lui feroit paine soufrir, pour ce qu'il avoit receu en la cité Gondoald. Il lui respondi et dist ainsi : « Je proverai bien que je » n'ai colpé (1) en ce que tu me mets sus, si je te laisse mon » fils en ostage jusques à tant que je t'aie livré Mummole » qui est coupable de ce fait. » A ceste chose s'acorda le roy, son fils retint et lui laissa aller. A tant s'en alla Gontran-Boson, et asiégea la cité d'Avignon à grant multitude de gent ; moult avoit grant désir de parler à Mummole : sus la rive du fleuve qui près de la cité court se mist. Mummole, qui en l'autre rive fu, lui cria qu'il passast outre hardiement, qu'il n'avoit garde de lui (2). Celui-ci sailli en l'eaue entre lui et un sien compagnon qui fut noié. Gontran alla tant deçà en là, si comme les ondes le boutoient, qu'il vint d'autre part à rive ; hors issi par une lance que un chevalier lui

(1) *Colpé.* Failli.
(2) *Qu'il n'avoit garde.* Qu'il n'avoit pas sujet de se garder.

tendi. Mummole lui dist assez d'outrages et de vilenies.
Adont vint là le duc Gondolfe, que le roy Childebert avoit
envoié pour lever le siége de la cité ; avec lui enmena
Mummole en la cité de Clermont. Quant il eut là demouré
une pièce, il s'en retourna, pour ce que si longue demeure
lui tournoit à anui : il s'acompaigna au duc Desier, qui à lui
estoit venu de Toulousain. (1) Gondoald mandèrent et le firent
roy sur eus, sus un escu le levèrent, voiant tout le peuple,
et commencièrent à crier : « Vive le roy, vive le roy! » selon
la coustume que l'en sieut (2) faire anciennement aus roys de
France. Par trois fois le portèrent sur l'escu tout entor
l'ost ; mais l'escu leur cheut soudainement, atout leur roy,
si qu'à paine put-il estre relevé.

XXII.

*Comment le roy Gontran traita vilainement les messages le roy
Childebert son neveu.*

(3) Le roy Gontran envoia ses ducs et ses baillis pour prendre
et saisir les cités que le roy Sigebert son frère avoit jà tenues,
qui estoient du royaume Caribert son autre frère, et ceus
aussi que le roy Chilperic avoit tolues au roy Childebert
son neveu. Mais le comte Garrique, qui les parties le roy
Childebert deffendoit, tantost comme il sut la mort Chilperic, prist la foy et les seremens des Limozins au nom son
seigneur ; puis s'en revint à Poitiers. Là le reçurent les Poitevins et lui firent tel serement que ceus de Limoges
lui avoient fait. Lors oït dire que ceus de Bourges, qui estoient de la partie le roy Gontran, avoient envaï ceux de

(1) *De Toulousain.* « A pago Tholosano. » (Aimoin.)
(2) *Sieut.* L'on a coutume.
(3) *Aimoini lib.* III, *cap.* 61.

Tours qui se tenoient au roy Childebert, tout leur païs avoient destruit et gasté, et une ville arse qui avoit nom Maroel (1). En cette ville estoit dédiée une églyse en l'honour S. Martin, qui toute fu arse et brulée. Là apparut apertement les vertus du glorieux confesseur : car la paile qui sur l'autel estoit demora saine et entière sans nule tache d'arsure ni de corruption, et l'herbe verte, qui entour l'autel est poudrée, ne fu arse ni blémie par la chaleur du feu. Grant merveille fu donques, quant le grant tref et toute la couverture fu arse et brulée, et la tendrour de la verte herbe et la molesse de la paile ne furent corrompues ni violées. Le comte Garrique, qui entendi comment les choses estoient allées, manda à ceus de Tours que en nule manière ils ne se tinssent de la partie le roy Gontran. Le saint archevesque de la cité Grigoire respondi ainsi aus messages : « Nous » savons bien, » dist-il, « que tout le royaume de France » doit revenir au roy Gontran, puisque tous ses frères » sont mors ; et par telle raison comme le roy Clotaire ré- » gna pardessus tous ses fils tant comme il vesqui, aussi » doit le roy Gontran régner pardessus tous ses neveux toute » sa vie, et jà contre lui ne serons. Et fait le roy Childe- » bert grant folie, quant il cuide contester à si grant » prince (2). » Quant le comte Garrigue sut que ceus de Touraine n'obéiroient pas au commandement son seigneur, il

---

(1) *Maroel.* « Maroialensis vicus » dit Aimoin. C'est Mareuil-sur-le-Cher, sur les confins du diocèse de Tours.

(2) Cette manière de comprendre l'hérédité est curieuse ; mais Grégoire de Tours ne dit pas précisément cela. Suivant ce principe, Childebert n'auroit pas dû recueillir la succession de son père Sigebert, et pourtant personne, même Chilperic, ne lui en avoit contesté le droit. Au reste, voici les paroles de Grégoire de Tours : « Nos vero.... adscren- » tes hunc (Gontramnum) esse nunc patrem super duos filios, Sigiberti » scilicet et Chilperici, *qui ei fuerant adoptati*; et sic tenere regni princi- » patum ut quondam Chlotarius rex fecerat pater ejus. » Gontran ne réclamoit peut-être que la régence, jusqu'à la majorité de ses neveux.

laissa Eberon le chamberlenc le roy Childebert en la cité de Poitiers; puis mut et mena son ost en la terre d'Orlénois, le païs commença fortement à gaster par rapines et par feu. Les Orlénois lui mandèrent que volontiers feroient une pais avec lui, et que il cessast les maux que il leur faisoit jusques au parlement qui estoit pris des deux roys; lors obéiroient volontiers à celui qui leur sire seroit. Le duc leur respondi que les commandements son seigneur devoient aller devant leur requeste, et que il ne les trespasseroit mie pour faire leur volonté. Tandis que le comte estoit en Orlénois, se tournèrent les Poitevins et furent sermentés et féables au roy Gontran : toute la gent le roy Childebert jetèrent hors de la cité; mais le serment qu'ils avoient fait au roy Gontran ne demeura pas après ce moult longuement que ils ne le brisassent (selon la manière du païs) (1).

Le jour du parlement aprocha. Le roy Childebert envoia ses messages au roy Gontran avant que le jour en chéust. Giles l'archevesque de Rains en fu l'un. Quant devant le roy furent venus, Giles commença premier à parler en telle manière : « O très-noble roy, nous rendons grâces à » Dieu le tout-puissant, pour ce que il ne t'a pas donné tant » seulement pais et tranquillité, mais bonnes avantures et » accroissement de seigneurie. » Le roy lui respondi : « A » celui doit-on rendre grace et merci qui est souverain de

(1) *Selon la manière du païs.* Cette parenthèse est du traducteur et atteste la mauvaise renommée qu'avoient autrefois les Poitevins. Dans le roman de *Garin le Loherain* on trouve les mêmes reproches :

« Mauvais traïstres, déléaus, foi-mentis,
» A vos natures devés bien revenir;
» Car vous issites des hoirs aus Poitevins,
» Onques n'amèrent né parens né voisins,
» N'à lor signor ne vourent obéir
» S'il ne le porent engignier ou traïr.

(Tom. II, p. 137.)

» tous les roys, non mie à toi qui est le plus desloyal de
» tous les hommes qui vivent, par qui conseil mes villes et
» mes cités sont arses et gastées; qui sous l'habit de religion
» ne porte pas l'ordre de prestre nostre Seigneur, mais de
» félon et de pessime traitour. » Comme l'archevesque se
tut pour le mautalent et pour la grant indignation que il
avoit des paroles que le roy luy avoit dites, un des autres
messages parla en telle manière : « Ton neveu le glorieux
» roy Childebert demande que tu lui restablisses entière-
» ment tout le royaume que son père tint. » Le roy respondi : « Je cuidoie que je eusse assez suffisamment respondu à
» cette cause : je en respondis à l'autre parlement cela
» mesme que je en respondrai maintenant. Car je di que je
» le tieng par les convenances qui jà coururent entre nous,
» et tous jours le tendrai, si ce n'est par grace ou par
» amistié(1). » Après cestui, parla le troisième message et dist
ainsi : « Bon roy, s'il est ainsi que nous ne puissions em-
» pétrer nulles des besoignes que nous requerons, une chose
» voïlliez faire que nostre sire te requiert, que tu lui envoies
» Frédégonde à prendre vengeance de la mort son père
» et de son oncle que elle fist occirre. » A ce respondi le roy:
« Frédégonde ne vous doit-on pas livrer. Car elle a fils roy
» et engendré de roy ; en sus, je ne cuide mie que elle ait
» colpé en ce que on lui met sus. »

Après ces paroles Gontran-Boson qui au roy Childebert
s'estoit tourné et fust venu avec les messages, se trait vers
le roy tout bellement, aussi comme s'il voulust dire aucune chose privéement. Le roy, qui vers lui le vit venir,
lui commanda que il se teust, et avant que il peust parler,
il lui dist telles paroles ainsi comme par yronie. (Yronie

---

(1) *Si ce n'est par grace ou par amitié.* Il falloit dire : *A moins que je ne le cède en consideration de notre amitié.* « Nec me ulli cis cessurum, nisi » gratia amicitiarum. » (Almoin.)

est une figure ainsi comme de barbarime ; elle est faite quant on dist aucunes paroles en desdain qui sont contraires à ce que l'on entent) (1) : « Et vous, sire preudhome, que di-
» rez vous, » dit-il, « qui allastes au sépulcre en Jérusalem, et
» cerchastes tout le règne d'Orient pour ramener un bas-
» tard (2) (ainsi apeloit-il Gondoald), qui nous a nos cités
» prises et gastées? Tousjours as esté traitre, onques ne tins
» foi ni loyauté aus choses que tu promis. » Lors lui respondi Boson : « Roi, quant tu sieds en ton trône royal, nul n'ose
» à toi parler ni contredire chose que tu dies ; mais si un
» autre, qui mon pareil fust, me dist telle vilenie et tel
» blame comme tu me dis, je le contredirois par mon cors
» et par mes armes, et le rendrois connoissant de cette faus-
» seté en ta présence. » Tous se turent les autres : mais le roi qui courroucié estoit parla encore et dist : « Tous ceus
» qui bien veullent se devroient efforcier que ce tiran fust
» mis à perdition qui de néant est estrait. Car son père fu
» munier premièrement et après fu tisseran(3), et de ces deux
» mestiers se soustint toute sa vie. » Et bien que un homme puist bien savoir l'art de deux mestiers, l'un des messages dist au roy : « Roy, ne di pas telles paroles ; car elles ne sont
» belles en bouche de roy. En quelle manière puet-ce estre
» que un seul homme puist avoir deux pères ? » De cette parole qui fut simplement dite commencièrent à rire tous ceus qui là estoient. Au congié prendre, parla un des

---

(1) Cette parenthèse est du traducteur, et le mot *ironia* ne se trouve même ni dans Aimoin ni dans Grégoire de Tours. — *Barbarime*. Mot étranger. — Au reste voici la définition de l'académie : « *Ironie*, figure de rhétorique, par laquelle on dit le contraire de ce qu'on veut faire entendre. » L'académie n'auroit-elle pas bien fait d'ajouter le *en dedain* de notre texte ?

(2) *Bastard*. « Ballomerem quemdam. » Du Chesne, dans son édition de Grégoire de Tours, l'explique : *falsus princeps*.

(3) *Et après*. Le texte d'Aimoin justifie mieux la réponse du messager : « Cujus pater procurator fuit molendinorum regalium, et ut verius fatear,
» lanæ opificio vitam produxit suam. »

messages et dist : « Roy, nous te commandons à Dieu : et
» pour ce que tu ne veux recevoir la pais de ton neveu,
» saches que la cogniée qui tes frères à tués, est toute apa-
» reillée pour ton chief coper. » Après ces paroles commanda
le roy que on les boutast hors du palais et que l'on cueillist
boue et ordure parmi les rues pour geter à leurs visages.
Pour ces vilenies qui aux messages furent faites, monta
grant haine entre les deux roys.

(1) *Incidences.* En cette année au mois de décembre apparu-
rent ès vignes les bourgeons et les raisins tous formés, et
les fleurs ès arbres. Un grant brandon de feu courut à mie-
nuit parmi le ciel en si grant abondance, que l'air en resplendi ainsi comme s'il fust cler jour. Une grant colonne
de feu fu veue aussi comme si elle pendit du ciel ; au-
dessus estoit une estoile. Maints furent en grand soupeçon
de ces signes : car la terre trembla, et maintes autres merveilles aparurent : aucuns vouloient dire que ce estoit signe de la mort de Gondoald.

XXIII.

*Comment Preteste fust rappelé d'exil, et comment Frédégonde
cuida faire occire Brunehaut.*

(2) Lienar, qui avoit esté l'un des princes le roy Chilperic à
son vivant, vint lors à la royne Frédégonde des parties de
Toulouse : encore estoit-elle en l'églyse Nostre-Dame de
Paris (3). Il lui dist que il s'estoit échapé par fuite, et que
sa fille estoit estroitement gardée et en grande povreté de
robes et de viandes. Frédégonde qui de telles nouveles fust

---

(1) *Aimoini lib. III, cap.* 60.
(2) *Aimoini lib. III, cap.* 62.
(3) *En l'églyse Notre-Dame.* « In majore ecclesia Parrhisiaca. » (Aimoin.)

courroucée, conçut si grant haine contre lui que elle lui desceignit le baudrier, et lui tolit toute la dignité que le roy Chilperic lui avoit donnée : tous ceus qui du service sa fille se furent partis osta de leurs honneurs, ou elle les tormenta de diverses paines : et pas ne doutoit à faire ces maus, pour la paour de Dieu ni de sa douce mère, en laquelle églyse elle estoit tournée à garant et à refuge. Un pervers compaignon avoit pour les maus que elle faisoit, Audoin avoit nom ; pour sa desloiauté et pour sa malice l'eust un jour le peuple occis, s'il ne se fust feru au moustier.

(1) Le roy Gontran commanda que Préteste l'archevesque de Rouan, que le roy Chilperic avoit envoié en essil, fust rapelé : mais pour ce faire fist avant rassambler le concile des prélats, quant Renemon l'évesque de Paris lui dist que il n'estoit pas mestier; pour ce que il n'avoit pas esté dampné par concile. Lors fu rapelé et restabli en son siége.

(2) Un povre homme s'en vint au roy priveement, et lui dist que il se gardast de Pharulphe qui chamberlenc avoit esté au roy Chilperic ; car il savoit certainement que il avoit pris conseil de lui occire. Le roy fist celui venir devant lui et lui demanda si ce estoit voire ou non. Celui-ci nia tout : à tant le laissa aller sans plus faire ; mais puis ce jour se fist si bien garder que il n'alloit nule part ni au moustier que il n'eust grant plenté de sa gent armée entour lui. Il envoia Frédégonde en une ville qui est assez près de Rouan pour accomplir le remanant de sa vie. Aucun des barons de France, qui plus avoient esté amis au roy Chilperic son seigneur, allèrent à elle et lui dirent qu'ils estoient aparcilliés d'obéir à son enfant Clotaire comme à leur droit seigneur en lieu et en tems. Là demeura Frédégonde ; et fu avec elle

---

(1) *Aimoin. lib. III, cap.* 63.
(2) *Aimoin. lib. III, cap.* 64.

Melaine qui avoit esté osté de l'archeveschié de Rouan, quant Préteste fu rapelé.

Frédégonde avoit moult grant duel en son cuer de ce que elle estoit ainsi dégetée et abaissée de la hautesse et de l'honneur en quoi elle souloit estre. Et lui faisoit assez pis ce que elle savoit bien, que Brunehaut estoit plus puissante et plus honorée : pour ce apela un homme qui Holerique avoit nom(1), et moult estoit malicieux et desloial : si lui dist que il se pourpensast en toutes les manières comment il pourroit occire Brunehaut. Celui-ci qui de sa dame voulut accomplir la male volonté lui dist que il en penseroit bien : à Brunehaut vint et lui dist que tant estoit Frédégonde diverse et plaine de cruauté, que nul ne pouvoit entour lui durer : et pour ce que il avoit oï parler de la débonnaireté et de la grant courtoisie que elle avoit à toutes gens, estoit-il à elle venu. Tant fist par ses beles paroles que il aquist sa grace en partie; et avenoit aucunes fois, quant elle alloit couchier, que il la pourmenoit jusques à l'huis de sa chambre. Tous ceus de son hostel blandisoit de paroles, l'amour et la bonne volonté avoit de ceus qui ses pareils estoient; aus souverains estoit suget et obéissant. Longuement ne se put pas céler que l'on n'eust de lui soupeçon. Il fut contraint à reconnoistre qui il estoit, et pourquoi il estoit là venu : à la parfin confessa tout le secret de sa première dame ; batu fu et tourmenté, puis renvoié à Frédégonde : tout lui raconta ce que il lui estoit avenu : et pour ce que il n'avoit pas accompli son commandement, elle lui fist couper les piés et les mains, en guerredon de son service.

---

(1) *Qui Holerique avoit nom.* Voilà l'une des fortes erreurs de notre traducteur. « Clericum quemdam fallendi dolis instructum ad eam dirigit. » Il falloit donc : *Elle appela un certain clerc qui moult, etc.* Au reste la bévue appartient à l'un des copistes d'Aimoin, suivi dans l'édition de 1567. On y trouve en effet : *Olericum quemdam*.

XXIV.

Comment le roy Gontran fist occire Eberulphe en l'âtre S. Martin de Tours.

(1) Le roy Gontran alla en la cité de Chalons; là enquist et demanda au plus diligement que il put, par qui le roy Chilperic avoit esté occis. De par Frédégonde lui fu dit que Eberulphe qui estoit maistre chamberlenc du palais avoit esté capitaine et principal du fait. Pour ce l'accusa que il l'avoit lessiée, et que il ne vouloit demeurer avec elle. Le roy qui trop fu courroucié, jura que il ne destruiroit pas lui tant seulement, mais toute sa génération, pour ce que les autres se chastiassent (2) à l'exemple de lui, et que nul ne fust jamais si osé que il occist roy de France. Ce Eberulphe qui moult fu espouventé des menaces le roy s'enfui à garant au moustier Saint-Martin de Tours. Le roy quant il le sut, fist commander aus Orlénois et aux Blésois que ils gardassent le moustier chacun à son tour, en telle manière que il n'en peust eschapper de nulle part. Comme ils alloient ainsi et venoient, ils faisoient moult de dommages en leurs voies et prenoient et ravissoient tout ce qu'ils pouvoient bailler : dont il avint que deux de cette gent ravirent mules qui estoient de la maison de l'églyse Saint-Martin. Ils tournèrent à la maison d'un vilain pour demander à boire, et il leur dist que il n'avoit de quoi eus aaisier. L'un sailli avant pour lui férir; mais le vilain s'avança et le féri tellement d'un glaive qu'il l'occist. L'autre qui son compagnon vit mort s'enfuit, et eut si grant paour que il laissa les mules saint Martin que ils avoient ravies. Le roy donna tout l'avoir

---

(1) *Aimoin. lib. III, cap. 65.*
(2) *Se chastiassent.* Se corrigeassent.

et tout le meuble d'Eberulphe, qui moult estoit grant. Une maison avoit en la cité de Tours, que il fist craventer et abatre, si que il n'i demeura que les parois toutes nues. Eberulphe avoit soupeçonneux l'archevesque Grigoire et cuidoit que le roy lui feist tout ce par son commandement : pour ce le menaçoit fortement, et disoit que si il povoit jamais recouvrer la grace le roy, il lui mériroit ceste bonté(1) : mais le saint homme estoit plus esmu en pitié et en compassion des griefs que on lui faisoit, que il n'estoit de mautalent vers lui, pour les vilenies que il lui disoit. Hors de l'églyse n'osoit issir; en une des parties du moustier demeuroit ainsi comme en un parloir ; les chapelains et ceus qui le moustier gardoient fermèrent les portes. Un huis avoit en cette part où il estoit, qui pas ne fu fermé : par là entrèrent léans enfans et pucelles et un autre qui renverchièrent tous les ornemens de l'églyse : quant les gardes les aperçurent, ils les boutèrent hors et fermèrent cet huis. L'évesque et les clers se levèrent entour mie-nuit pour chanter Matines, et pour faire le service nostre Seigneur. Eberulphe fist grant noise et grant tempeste par léans, et tant leur dist de vilenies que il convint que ils laissassent le service Dieu à faire. Il prist un clerc, comme homme qui ivre estoit, et l'estendi sur un ban, puis le bati tant que presque il le tua, pour ce que il ne lui voloit donner du vin. Mains autres bati et féri jusques au sang en l'âtre et au moustier monseigneur saint Martin. Et ne doutoit pas à faire tel cas et telles violences en l'églyse saint Martin, en laquelle protection il s'estoit mis, et à qui aide il requéroit chacun jour.

Saint Grigoire l'archevesque vit une nuit une avision en dormant, que il raconta lendemain à Eberulphe. Il lui sembloit que il estoit à l'autel saint Martin, et célébroit le pré-

---

(1) *Il lui mériroit cette bonté.* Il lui vaudroit cette bonne volonté.

cieux sacrement du corps et du sang nostre Seigneur ; en ce point, le roy Gontran entroit en l'églyse et commandoit à sa gent que ils prissent Eberulphe, qui s'estoit attaché à la paile de l'autel, et que ils le sachassent hors du moustier à force : il laissoit son office à faire, et se mettoit au devant du roy et le tenoit que il n'aprochast de lui : mais celui-ci laissoit la paile, et fuyoit çà et là en grant doutance. L'archevesque qui moult estoit dolent, lui faisoit signe que il se tenist à la paile de l'autel. En ce point s'esveilla saint Grigoire. Quant il eut cette avision racontée, Eberulphe lui respondi que sa pensée s'accordoit bien à ce songe. Lors lui demanda saint Grigoire de son propos et que il tendoit à faire : « Je » bee », fait-il, « si le roy Gontran me voloit sachier de » ce moustier à force, à tenir la paile de cet autel à l'une main, » et à l'autre occire toi et tous tes clers. » En ce entendi bien saint Grigoire que il avoit le deable au corps qui ce lui faisoit dire ; ne demeura pas longuement que la chose commença ainsi comme l'archevesque l'avoit veue en révélacion. Car le roy fit querre un homme qui par son art et par sa malice fist tant, que il le traisist du moustier, et l'amenast lié ou que il l'occist. Un tel homme, qui avoit nom Claudie, se pouroffri au roy, et lui dit que il avoit trouvé un bon procureour de telle besoigne. Le roy lui promit grant loier, s'il povoit ce faire. A tant s'en parti et vint à Eberulphe, et lui jura par Dieu et par ses saints que il ne trouveroit nului qui mieus lui pust ni vousist aider vers le roy que il feroit. Le malicieus pensoit bien que il ne le povoit en nule manière mieus decevoir que par son faus serment : celui-ci le crut et cuida que il dist voir, pour le serment que il lui avoit fait. Eberulphe le semont lendemain à mangier avec lui ; après mangier s'allèrent esbattre parmi l'astre du moustier. Claudie le commença fortement à blandir de paroles et à promettre par serment son amour et tout ce que il porroit faire; et puis lui dit si l'on péust trouver de très bon vin que volentiers en bust. Eberulphe lui dit que volentiers lui en donneroit de très bon, mais que il attendist que il fust aporté de son hostel. Tous ses serjans envoya querre de ce bon vin, si que il demeura tout seul de sa mesnie. Quant Claudie le vit tout seul, il tendi ses mains vers la chasse de monseigneur saint Martin et dit ainsi : « Saint Martin bon confesseur nostre Seigneur, je te » prie que je puisse encore veoir ma femme et mon fils. » Après ces paroles il sacha l'espée et courut à celui sus : l'un de ses serjans, qui ces paroles entendi, sailli avant, il embraça Eberulphe si navré comme il estoit, et le geta tout envers. Claudie, qui l'espée tint toute nue, lui tresperça les costés : les autres serjans Claudie saillirent de toutes pars, tant lui getèrent de coups d'espée et de javelots que ils l'occirent en la place. Claudie qui en lui mesme se senti coupable de la très grande traïson que il avoit faite, s'enfui en la celle d'un abbé : blécié estoit au costé et avoit un des pouces perdu ; à l'abbé pria que il le reçust en aucune repostaille (1) lui et ses serjans. Quant la mesnie Eberulphe furent retournés, et ils l'eurent trouvé occis, ils coururent après Claudie ; la maison de l'abbé qui l'avoit receté environnèrent de toutes pars; bien apareillés de toutes armures estoient, glaives et javelots lançoient parmi les fenestres ; deus clers, qui l'huis ouvrirent, sachièrent hors l'abbé à grande peine. Ceus qui par dehors estoient se férirent ens, quant ils virent l'huis ouvert : Claudie cerchièrent tant qu'ils le trouvèrent dessous un lit ; lui et tous les serjans occirent, puis sachièrent les corps hors de la maison. Leurs parens et leurs amis les recueillirent et les mirent en sépulture. Les povres et les contrets (2), qui assiduement

---

(1) *Repostaille*. Lieu retiré. Cachette.
(2) *Contrets*. Les contrefaits.

seoient aus portes de l'églyse, furent si courouciés de l'homicide qui avoit esté fait en l'âtre, que ils allèrent après, au mieux qu'ils purent à bastons et à pierres, pour la honte du corps saint vengier. Le roy Gontran fu premièrement moult courroucié de cette chose, jusques à tant que il eust la vérité sçeue. Ceus à qui le roy avoit donné les possessions et les meubles Eberulphe, ravirent premièrement tout et prirent si rez à rez, que ils laissièrent sa femme à grande pouvreté.

XXV.

Comment Gondoald transmit ses messages au roy Gontran ; et comment celui-ci saisi une partie du royaume.

(1) En l'an vingt-quatriesme du règne Gontran et disiesme du règne Childebert, le roy Gontran assembla son ost de toutes les cités de son royaume, et vint contre Gondoald. Ceus d'Orlénois et ceus de Bourges allèrent sur ceus de Poitiers, qui jà s'estoient soustraits de la feauté le roy; tant les contraindrent que par force les firent venir à obédience ainsi comme ils estoient devant. Moult estoient esmus contre l'évesque de la cité et entalentés de lui faire vilenie : mais il leur donna un calice d'or qui estoit en l'églyse, et par ce délivra soi mesme d'exil et le peuple de chetivoison (2).

(3) En ce point venoit Gondoald de Poitiers ; mais quant il sut que l'ost le roy Gontran estoit là, il retourna à Angolesme ; là le reçurent honorablement l'évesque et les barons. Quant il les eut merciés, il s'en retourna vers la cité de Perrigort, et pour ce que l'évesque ne le reçut pas en grace ni en faveur, comme il lui sembla, il le frappa assez

(1) *Aimoini lib.* III, *cap.* 66.
(2) *Chetivoison.* Captivité.
(3) *Aimoini lib.* III, *cap.* 67.

vileinement et lui fit assez de persécucions. De là s'en alla vers Tholouse; mais avant envoya aucuns de ses chevaliers, et manda à l'évesque que il lui venist à l'encontre. L'évesque, qui Manulphe eut nom, assambla le peuple de la cité et les amonesta tant comme il put, que ils se tenissent vigoureusement contre lui, que ils ne rechaïssent par avanture en telle subjection comme ils souffrirent jà dessous Sigulphe (1). Puis leur dit que bien leur devoit souvenir du duc de la cité Desier, que trop de mal souffrirent sous lui, quant il les requit de telle chose. Par telles paroles les enortoit à contester; mais la peur de l'ost qui sur eus venoit les admonesta des portes ouvrir; ainsi reçurent donques Gondoald en la cité. L'évesque, qui avec lui mangea, commença à parler à lui en telle manière : « Bien que tu affirmes que tu soies fils le roy Clo-
» taire, et que tu dies que tu dois avoir le royaume, trop
» nous semble forte chose à parfaire ce que tu as encom-
» mencié. » Gondoald lui respondi : « Je dis que je suis fils
» Clotaire, et que je ai jà une partie du royaume conquis,
» si comme il appert : quant je aurai la cité de Paris prise,
» je establirai là le siège de mon royaume ». — « Jà », dit l'évesque, « si Dieu plaist, ce n'accompliras, ni ce que tu dis
» n'adviendra tant comme il y aura hoir de royale lignée. »
Quant l'évesque eut ce dit, Mummole le féri de la paume parmi la face et puis lui dit : « Mauvais évesque ! n'as-tu pas
» honte de parler si outrageusement à nostre seigneur le roy
» Gondoald ? » Quant le duc Desier sut que il avoit amonesté le peuple contre lui, il le fit battre de bastons et de poings, les choses de l'églyse ravit et saisit, une corde lui lacha au col, puis l'envoya en exil.

Les François, qui devant estoient esmus contre Gondoald, vindrent jusques à un fleuve qui est apelé Dor-

(1) Voy. ci-dessus, *lib. III, cap.* 3.

dogne, là attendirent pour savoir s'ils oiroient de lui nule nouvelle. A lui s'estoit accompagnié Galdon le chamberlenc Rigonde fille le roy Chilperic, le duc Desier, Mummole et Bladaste et Sagitaire, à qui il avoit promis l'éveschié de Thoulouse : tous ceus estoient ses très privés ; tout estoit ordoné et fait par leur conseil. Lors envoya Gondoald à ses amis qui demeuroient en la souveraine France (1), (ce sont les parties qui sont de la cité de Rhains jusques à la cité de Mets), deus épitres leur envoya par deus clers, desquels un qui estoit né de la cité de Cahours prit les lettres que il portoit et les mit en parfont ès tabliaus d'une table de fust (2); puis le couvri de cire pardessus pour ce qu'elles ne fussent trouvées, qui cerchier les vousist : mais cette cautèle lui valut peu ; car les gens le roy Gontran prirent lui et son compaignon ; toute la cause de leur voie reconnurent ; puis furent mis en prison.

A la cité de Bordiaus vint Gondoald ; l'archevesque Bertran le reçu moult volentiers ; là demeura ne sais combien de jours. A l'archevesque Bertran demanda une heure (3) par quelle chose il seroit si seur que il ne peust estre surmonté de ses ennemis. Un de ses familiers lui respondi que un roy d'Orient avoit eu plusieurs fois victoire de ses ennemis, tant comme il portoit les reliques de saint Serge le martyr liées sur son bras. Lors demanda qui avoit les reliques de ce saint martyr : l'archevesque Bertran lui respondi que un marcheaut d'Orient demeuroit en la ville, qui avoit nom Eufrone, et avoit de là ces reliques aportées ; une églyse avoit faite en sa maison, en quoi il les gardoit en

---

(1) « In superiori Francia. » (Aimoin.) La parenthèse explicative est le fait du traducteur.

(2) « Ligneam quam ferebat cavans tabulam. » (Aimoin.) C'est-à-dire : *Creusant une tablette de bois qu'il portoit.* « Cavata codicis tabula..... » (Grégoire de Tours.) C'est-à-dire : *Ayant creusé la couverture d'un livre.*

(3) *Une heure.* Un certain jour.

grant révérence : et entre les autres miracles que nostre Sire fit pour le martyr, en fist-il un qui bien fait à ramembrer : car la cité ardi (1) et cette chapelle n'eut garde (2). L'archevesque et le duc Mummole furent là envoyés pour les reliques querir ; au marcheant dirent que ils estoient là envoyés de par le roy Gondoald pour les reliques querir de saint Serge le martyr que il avoit en garde. Eufrone le marcheant leur respondi : « Seigneurs, je vous prie que vous » ne me traveilliez, moi qui suis vieus et desbrisié, et que vous » ne fassiez au saint force ni vilenie ; je vous donerai » cent besans d'or, si vous souffrez de cette chose (3). » Ils lui respondirent s'il leur en donnoit deus cens que ne s'en sofferroient-ils pas. L'archevesque regarda amont (4), si vit une filatière (5) qui pendoit à la parois : maintenant fit drecier une eschièle amont ; et commanda à son diacre que il montast pour ataindre les reliques. Quant il fu monté, une si grande peur le prit que ceus qui à terre estoient, cuidèrent que il chaïst jus. Toutes-voies prit la filatière, la tendit à Mummole qui la reçut comme présumpcieux ; le vaissel ouvri à son coutel et départi les reliques en trois parties. Le saint martyr monstra lors un petit de ses vertus ; car une peur prit à ceus qui là estoient si très grant, que ils furent merveilleusement espoventés : les reliques saillirent en loin d'eus, et se perdirent si que nul ne les put voir. Tous se couchièrent en oroisons et commencièrent à pleurer, mesmement Eufrone le vieillard qui moult se doloit de son domage, et de ce qu'il estoit despoillié de si précieux trésor. Soudainement

---

(1) *Ardi.* Brûla.
(2) *N'eut garde.* N'eut atteinte. — Dans Aimoin, c'est toujours l'archevêque qui parle.
(3) *Si vous souffrez de.* Si vous vous abstenez.
(4) *Amont.* En haut.
(5) *Filatière.* Chasse. Coffret.

aparurent les reliques delez eus; Mummole en prit une partie, et ils s'en tornèrent à tant. Le martyr monstra bien que ce que ils avoient fait ne lui plaisoit pas, car il ne voulut onques secourir ni aider celui par lequel commandement ses reliques avoient esté ostées. Ces mesmes messages envoya Gondoald au roy Gontran; il leur commanda que ils portassent rameaus d'olive(1) selon l'ancienne coustume de France, pour ce que tous sussent que messages fussent et que on ne leur fist nulle vilennie; mais ils ne se contindrent pas si sagement que mestier leur fust. Car ils racontèrent au peuple la cause de leur voie, avant que ils fussent au roy présentés (2). Quant devant lui furent venus, il leur demanda qui ils estoient et qui les avoit envoyés à lui; leur besoigne racontèrent tout ordenéement, que message estoient leur seigneur Gondoald, fils le roy Clotaire, si comme il disoit, lequel lui mandoit que il lui délivrast sa partie de la terre son père, et si ce ne voloit faire hastivement, bien seust-il que il entreroit en la terre à grande force, gasteroit le païs et saisiroit les cités et les chastiaus. Car en brief tems auroit grandes osts assemblées; et sans le peuple d'Aquitaine, qui à lui se tenoit, atendoit-il grant secours du règne d'Austrie (3) et des plus puissans barons du royaume Childebert. Ainsi respondirent les messages à la première demande que le roy leur fit. Lors commanda que ils fussent estendus ainsi comme sur chevaus de fust (4), et battus longuement. Ce commandement

(1) *Rameaus d'olive.* « Virgas ferre sacratas, » ou « consecratas, » disent Aimoin et Grégoire de Tours.

(2) Le texte d'Aimoin et surtout celui de Grégoire de Tours sont ici mal rendus. Ce dernier dit : « Itaque vincti catenis, in regis præsentiam » deducuntur. Tunc... negare non ausi, » etc.

(3) *Austrie.* Austrasie.

(4) *Chevaus de fust.* « Ad trocleas extensi. » (Aimoin.) La *troclée* étoit une espèce de roue sur laquelle on lioit de cordes ceux qu'on vouloit tourmenter. Il en est fréquemment parlé dans les actes des martyrs.

bien fu fait contre raison et contre la franchise de légacion. Car messages ne doivent avoir mal ni mal oïr. Puis reconnurent que Rigonde la fille au roy Chilperic, et Manulphe l'évesque de Thoulouse estoient envoiés en exil (1). Lors commanda le roy que ils fussent mis en prison et gardés jusques à l'autre audience.

(1) Le traducteur ici rend exactement le texte d'Aimoin; mais Aimoin n'avoit pas exactement lu le texte de Grégoire de Tours. Il falloit : « Ils reconnurent que Rigonde la fille au roy Chilperic, exilée ainsi que l'éveque de Toulouse Manulphe, avoit rendu à Gondoald les trésors qu'on lui avoit ravis. » « Aiunt neptem illius, id est regis Chilperici filiam, cum Magnulfo exilio deputatam, thesauros omnes ab ipso Gondobaldo sublatos reddidisse. » (Greg. Tur., *lib.* VII, *cap.* 32.) Au reste, ce passage de Grégoire de Tours est peut-être corrompu lui-même, et il sembleroit plus naturel de suivre le sens que va lui donner Aimoin dans le chapitre suivant.

CI COMMENCE LE QUART LIVRE DES GRANDES CHRONIQUES.

I.

Comment le roy Gontran otroia son royaume au roy Childebert son neveu après sa mort.

(1) Après ces choses, le roy Gontran manda au roy Childebert son neveu que il venist au parlement qui avoit esté pris par commun accort. Le roy Childebert vint à tout grant plenté de ses barons, et le roy Gontran d'autre part. Quant le parlement fu assemblé, le roy Gontran commanda que les messages le roy Gondoald fussent amenés avant, en la présence de tous : lors leur fu commandé que ils racontassent leur message, ainsi comme ils avoient fait devant. Quant tout l'eurent par ordre récapitulé, puis y eurent ajousté que Gondoald avoit saisi tous les trésors que le roy Chilperic avoit donné à Rigonde sa fille en mariage, quant il la dut envoier au roy d'Espaigne, et que il avoit dit aucune fois que il estoit retourné en France des parties d'Orient par l'enhortement Gontran-Boson; et quant ils confessèrent après que les barons du royaume Childebert savoient bien toutes ces choses, les deux rois chaïrent en soupeçon et pensèrent que, pour ce, n'estoient pas venus à ce parlement aucuns des barons du règne Childebert.

(1) *Aimoin. lib. III, cap.* 68.

Le roy Gontran tendi à son neveu une hanste (1) qu'il tenoit, et lui dit ainsi : « Biau très-dous neveu, par ce signe pues-
» tu savoir que tu règneras après moi en mon règne; je te baille
» mon povoir et la seigneurie de toutes les cités de ma terre,
» et veuil que tu en ordonnes et faces tout à ta volenté comme
» des tiennes choses : si te souviégne bien que il n'y a de-
» meuré que toi et Clotaire mon autre neveu de toute
» notre lignée. » Quant il eut ce dit devant tout le peuple,
il trait à une part son neveu pour conseillier d'aucunes
choses : moult le pria qu'il ne révélast à nului ce que il
lui diroit. Lors l'instruisit et enseigna à qui il se devoit
conseillier de ses besoignes et de son royaume gouverner,
lesquels il osteroit de son conseil, et ès quels il se fieroit
pour garder son corps et sa santé; puis lui dit que il se
gardast des agais et malice Brunehaut sa mère (2) et de Gilon
l'archevesque de Rhains, qui estoit parjure et desloial. Quant
le parlement fu finé et ils eurent traitié et ordené des besoignes, ils s'assirent au mengier. Tandis que le barnage
séoit aus tables, le noble roy Gontran commença à parler
aus barons et aus chevaliers, et leur dit en telle manière :
« Seigneurs princes du royaume de France, je vous prie et
» requiers que vous portez foi et honeur à mon neveu, qui
» jà est hoir de France; et apert bien à son afaire que il doit
» venir à grant chose, si Dieu lui donne vie : ne l'aiez pas
» en despit pour ce que il est enfant, mais honorez-le comme
» seigneur. » Lors lui rendi toutes les cités que son père
avoit jadis tenues. Congié prit l'un à l'autre, et retourna
chascun en son règne.

(3) Tandis que ces choses advinrent fu la fortune Gon-

---

(1) *Hanste*. Bois de lance. (Hasta.)
(2) Grégoire de Tours ne parle pas ici de Brunehault. C'est Aimoin qui fait dire cela à Gontran.
(3) *Aimoin. lib. III, cap.* 69.

doald muée en un autre point : car le duc Desier, Mummole, Bladaste, Galdon et Sagitaire qui à lui s'estoient aliés, le guerpirent (1) comme vous oirez ci-après. En une cité se mit, qui est outre l'eaue de Gironde, sur le coupet d'une montagne haute et loin de toutes autres(2). Au pié du mont sourd une fontaine, pardessus est une haute tour fermée, qui deffend les citoiens de leurs ennemis, quant ils descendent par une voie pour querre l'yaue, ou pour leurs bestes abreuver. Le peuple de la ville deçut par tel barat que il leur dit et conseilla que ils portassent leurs biens amont et en leur forteresce pour leurs ennemis qui là devoient venir : ainsi le firent comme il leur loa. Puis leur fit entendant que leurs adversaires venoient, si estoient jà assés près, et que bonne chose seroit que on issist contre eus pour que ils ne fussent léans soudainement assis. Quant tous furent issis, il bouta hors l'évesque de la cité et ferma moult bien les portes ; après s'apareilla de deffendre entre lui et les serjans, qui léans s'estoient mis en garnison. Comme est avuglée la pensée humaine et mal avertie des choses qui sont à venir! Car il fu puis telle heure que il fu aussi geté de la cité et que il vousist que il eust ceus retenus dedans que il avoit hors boutés, et ceus dégeté que il avoit léans reçus, lesquels il cuidoit loials amis.

(1) *Le guerpirent.* Le traducteur a mal interprété la phrase d'Aimoin qui présente, il est vrai, quelque ambiguité, mais que Grégoire de Tours permet de comprendre parfaitement : « Relictus a Desiderio duce, Ga-» ronnam cum Sagittario episcopo, Mummolo et Bladaste ducibus atque » Wuaddone transivit. » (Grégoire de Tours, lib. VII, cap. 34.) Ainsi, Didier seul avoit *guerpi* ou laissé Gondoald.

(2) C'étoit la ville de Comminges. — Le *coupet.* La pointe.

II.

Comment Gondoald fu assis en la cité de Bordiaus.

(1) Ci commence la manière comment Gondoald fu assis en la cité. Le roy Gontran lui envoia une lettre au nom de Brunehaut qui lui mandoit, si comme les lettres feignoient, que il despartist toutes les gens que il avoit assamblés pour ostoier (2), et que il alast à Bordiaus pour yverner : ainsi le fit, comme les lettres le dévisèrent. Quant les chevetains de l'ost le roy Gontran, qui s'estoient logiés sur l'eau de Dordogne, surent que Gondoald avoit passé le fleuve de Gironde, ils prirent des meilleurs chevaliers et des plus hardis que ils eussent, puis ordonèrent comment ils passeroient amont l'eaue de Gironde. Là furent aucuns noiés, pour ce que l'eaue estoit fort et raide, et ils estoient mauvèsement montés. Mais quant ils furent de l'autre part arrivés, ils trouvèrent grant plenté de mules et de chamiaus chargiés d'or et d'argent et d'autres richesces que leurs ennemis, qui devant eus s'enfuioient, avoient lessiés : à l'autre partie de l'ost qui demourée estoit, les envoièrent. Puis chevauchièrent après Gondoald au plus isnelement que ils purent : au terroir de Gaune (3) vinrent ; au moustier saint Vincent cuidèrent entrer : mais ceus du païs qui leurs meubles y avoient mis pour garantir, leur fermèrent les portes. Maintenant boutèrent ens le feu et les ardirent, puis emportèrent tout ce que ils en purent porter, comme crois et

---

(1) *Aimoin. lib. III, cap.* 70.
(2) *Ostoier.* Guerroyer.
(3) *Gaune.* Variante : *Ginnes.* Il falloit *Agen*, ou plutôt *Saint-Vincent*. « Venientes ad basilicam sancti Vincentis, Agennensis territorii. » (Aimoin.) Saint-Vincent aujourd'hui est une commune du département de Lot-et-Garonne, à sept lieues d'Agen.

calices et ornemens d'autel : mais tantost furent punis de la vengeance nostre Seigneur; car les uns eurent les mains arses du feu d'enfer, les autres devenoient hors du sens, les autres s'occioient à leurs propres mains. Aucuns qui pas ne furent punis pour ce, par aventure, que ils n'avoient rien meffait au martyr, vinrent devant la cité où Gondoald estoit et les siens, aus champs tendirent leurs tentes : le forbourg (1) et la contrée d'entour ardirent et gastèrent premièrement; mais aucuns qui furent ardens et convoiteus de corir en proie s'esloignièrent plus des autres que mestier ne leur fust : car ils furent pris et occis de ceus qui gardoient les villes voisines. Quant la cité fu assise, aucuns qui plus estoient hardis que les autres montèrent sur une montaigne qui assez près estoit; lors commencièrent à laidengier Gondoald par telles paroles : « O tu, Ballo-
» mire! dont te vient telle présumpcion, que tu te fais roy
» apeler? pour tes bobans et pour tes outrages te firent
» les roys de France tondre et te dampnèrent pour en-
» voier en exil. Chetif, mauvais! respons-nous, et nous
» nomme ceus qui sont en ton aide et qui te font telle chose
» faire. Il ne peut estre que tu ne soies pris prochainement,
» si seras puni et tormenté par ton orgueil. » Pour telles vilenies ni pour semblables ne se mouvoit de rien Gondoald; mais il disoit engigneusement que bien lui souvenoit des vilenies que son père lui avoit faites, et que ses proches l'avoient exilié de son païs. Des estrangers estoit reçu en amour et en miséricorde, et ses amis le haïssoient comme ses mortels ennemis : quant il estoit en estranges terres, les princes et les roys lui donnoient grans dons et grandes richesces, dont il estoit aimé et chéri de l'empereour de Constantinople, quant Gontran-Boson le deçu par ses fallaces :

(1) *Forbourg.* D'où nous avons fait *fauboury.* (Forisburgum.)

« Il me trouva », dit-il, « en Constantinople, quant il aloit en
» Jérusalem en pélerinage : je qui estoie curieus de mon père
» et de mon païs, lui demandai de lui et de mes frères et
» de l'estat du royaume. Lors me respondi ainsi : Tu de-
» mandes de ton père, je te dis que lui et ses frères sont
» morts, à peine en y a un tout seul demeuré en vie ; Gon-
» tran tout seul est demeuré, mais tous ses enfans sont morts,
» si n'y a demeuré que un sien petit neveu qui fu fils le roy
» Sigebert. Et lors lui dis : Biau dous ami, que me loes-tu
» que je fasse? Adonc me loa que je retornasse en France, et
» me dit que les François me desiroient moult, et que vo-
» lentiers me bailleroient le royaume, et mesmement ceus
» du royaume mon neveu Childebert, pour ce que il n'avoit
» pas sens ni aage du royaume gouverner. Vous donques
» biaus seigneurs, povez bien savoir que je suis vostre sire.
» Ostez donques le siège dont vous m'avez enclos en cette
» cité, et faites tant que je puisse avoir la pais et l'accordance
» le roy Gontran mon frère. » Quant Gondoald eut ainsi
parlé à ceux qui sur la montaigne estoient, ils commencièrent à maudire et à menachier, et lui lançoient dars et javelots dedans la cité.

III.

Comment Gondoald fu traï de sa gent.

Cinq jours avoit jà que ils avoient la cité assise : Leudegesile (1) prevot et connestable, que le roy Gontran avoit fait
maistre et capitaine de tout l'ost, commanda que l'on aprochast les tormens et les engins pour les murs acraventer.
Ces engins estoient fais en la manière de chars couvers

---

(1) *Prevot et connestable.* « Regalium propositus equorum, quem vulgo
» comistabilem vocant. » (Aimoin.)

de gros entablemens, de grans futs et de claies par dessus. Dedans estoient les creuseurs qui minoient les murs; mais ces instrumens leur valurent peu : car ceux de dedans qui fortement se deffendoient, leur laschoient grans mairins (1) aigus et grandes pierres pesantes, dont ils refreignoient leurs effors; et les moutons n'estoient moult convenables, pour ce que on les povoit légièrement ardoir : car ils leur lançoient menuement souffre et poix boulliant et buches sèches tout ardans, si que ceus de defors n'osoient près aprochier. Toute jour dura la deffense et l'assaut en telle manière; l'endemain se pourpensèrent ceus de defors comment ils porroient ceus dedans grever. Un moult grant assemblement firent de verges et ramiaus d'arbres pour emplir la valée qui moult estoit parfonde; mais envain se traveillièrent pour la valée qui trop estoit grande, et pour ce que ceux de la forteresce leur lançoient pierres et feu ardant si durement que ils ne s'osoient près approchier.

Leudegesile vit bien que leurs effors estoient vains et que pour néant se travailloient : lors se pourpensa comment il les porroit decevoir par traïson. Mummole fit apeler pour parler à lui privéement; lors le commença à blasmer et à reprendre de ce que il avoit laissié le roy Gontran, qui tant estoit miséricord et débonnaire, et de ce que s'estoit alié à un felon tiran. « Que demeures-tu tant? » dit-il, « attens-tu que » la cité soit prise et que tu périsses par ta déserte? retrai-toi » de lui et repaires à ton droit seigneur : car il sera pris en » brief tems et puni selon ce qu'il a desservi. » Mummole lui respondi que moult volentiers s'en conseilleroit; arrière retourna, si apela Sagittaire et Galdon. Car Bladaste qui se doutoit que la cité ne fust prise, bouta le feu au moustier et tandis que les autres entendoient au feu estaindre, il

---

(1) *Mairins*. Madriers. Blocs de bois.

s'enfui repostement. Avec ces deux apela un citoien de la ville qui avoit nom Cariulphe, de ses biens vivoit qui estoient grans ; car il estoit moult riche homme. Puis leur monstra comment leurs choses estoient establies en felon lieu, et comment ils estoient haineus à toute gent, pour ce que ils avoient fait roy d'un homme et s'estoient à lui soumis, de quelle nacion ils n'estoient pas certains. A la parfin les amonesta que ils donnassent lieu à fortune qui si leur estoit contraire, et que s'il leur voloient donner seurté que ils n'auroient garde de perdre vie ni membre, ils leur rendroient la cité qui jà estoit au prendre, et le faus roy à qui ils s'estoient aliés : à ce s'accordèrent tous. Mummole fit savoir à Leudegesile que il venist parler à lui : lors lui raconta ce que il avoit trouvé en son conseil, et que bien plaisoit cette chose à lui et à ses compaignons. Leudegesile loua moult leur sens et leur prudence de ce que ils avoient tel conseil eu : le serment leur fit que il empetreroit leur pais vers le roy Gontran : et s'il advenoit par aventure que la volenté le roy durast longuement en ire envers eus, il les encloroit en un moustier jusques à tant que le maltalent le roy fust refroidi. Mummole qui par cette malice fu deceu, s'en ala à Gondoald et lui dit ainsi : « Tu as bien esprouvé
« que je ai toujours esté loial envers toi, et que je t'ai servi
» de bon cuer et de pensée enterrine. Et le peus-tu savoir par
» ce que je t'ai toujours donné bons conseils et loiaus, et
» me suis combattu contre tes ennemis ; et tant comme
» tu as usé de mon conseil, tes choses sont venues en pros-
» périté ; aussi grant talent ai-je encore de toi conseillier
» loiaument, comme je eus onques : car tu l'as bien vers moi
» desservi. Si te dis ore cette chose, pour ce que je ai parlé
» à nos adversaires qui là hors sont, pour sentir et pour es-
» saier quel courage (1) ils ont vers nous ; mais de tant comme

(1) *Courage*. Cœur.

» je en puis percevoir, ils n'ont pas male volenté vers toi ;
» ains dient que ils s'esmerveillent moult pourquoi tu fuis
» et eschives ton frère le roy, et dient encore que ils cuident
» que ce soit pour ce que tu ne veus pas disputer à ceus qui
» savent la généalogie de ton lignage, pour ce que tu n'en es
» pas certain : pour ce ne veus venir en la présence de ton
» frère qui volentiers te verroit. Si tu me veus donques oyr
» de ce que je te dirai, je te loue que tu ailles au roy Gontran
» ton frère avec eus et avec moi ; ainsi te metras hors de
» soupçon, car je crois que ce sera cause de ta pais et
» de ta santé. »

IV.

Comment Gondoald fu tué, et ceus qui traï l'avoient occis.

Gondoald bien s'aperçut qu'il ne lui disoit telles paroles fors que pour lui decevoir : il lui respondi en telle manière : « Je deguerpis jadis ces parties contre ma volenté, et
» m'en alai en Europe(1) par vous et par vos amonestemens.
» Mais toutes-voies ai-je toujours vos parties soustenues en
» bonne volenté et en bonne foy. Et bien que la desloiauté
» soit aperte de celui qui en ces parties me fit retourner, en
» ce que il s'en est fui et m'a laissié en tel péril, emportant
» une partie de mes trésors; je vous ai tousjours amé
» comme mes frères et comme ceus de qui je avoie
» bonne opinion qeu vous fussiez garde de mon corps et de
» ma santé. S'il est donques ainsi que vous autrement le
» vueilliez faire et que vous me vueilliez decevoir ou
» traïr, comme je ai mis en vos mains mon corps, ma vie,

(1) *En Europe.* Vers Constantinople, contrée à laquelle étoit spécialement donné le nom d'*Europe.*

» et mes richesces, celui qui sait et connoist le secret des
» cuers des hommes vous avertisse et vous doint empes-
» chement que vous ne puissiez ce faire. » Quant il lui eut ce
dit, il lui otroia que il iroit aus tentes de leurs ennemis
avec eus. Mummole lui dit que il n'y alast pas si orgueilleusement ni en si noble habit, et que il lui baillast le baudrier d'or que il avoit çaint et que il lui avoit jadis donné,
et çaingnist le sien qui pas n'estoit si riche ni si resplendi-
sant. « En ce », dit Gondoald, « paroit bien ta desloiauté, que
» tu demandes maintenant ce que tu m'as pieça donné, et
» que je ai eu jusques à cette heure. » Le traistre lui respondi
que pas ne se doutast ; car en nulle manière il ne le boiseroit (1). A la porte vinrent ainsi parlant ; là les atendoient
leurs ennemis, Boson et Bollon (2) le quens de Bourges, à
grande compaignie de chevaliers et de sergens bien armés
et bien apareilliés. Mummole fit les portes ouvrir, Gondoald leur livra ; puis retourna en la cité et fit les portes
refermer

Quant Gondoald vit que les siens l'eurent ainsi traï et
livré ès mains de ses ennemis morteus, les portes de la
cité fermées, et il se vit sans espérance de retour, il leva ses
mains vers le ciel en grans gémissemens et en grant doleur
de cuer et pria nostre Seigneur par telles paroles : « Dieu
» qui es juge pardurable et vengieur des inocens, à qui tous
» secrets sont révélés, à qui la tricherie de nul ne plaist, qui
» pas ne te delites en la boisdie (3) des mauvais ; soies ven-
» gieur de mes injures et retourne les laz de déception en ceus
» qui m'ont traï et livré ès mains de mes ennemis. » Quant
il eut ce dit, il garni son front et son corps du signe de la
sainte crois. Lors le menèrent aus herberges, ainsi comme

---

(1) *Boiseroit.* Tromperoit.
(2) *Bollon.* Ollone, dit Grégoire de Tours.
(3) *Boisdie.* Tromperie.

un autre prisonnier; mais ils n'avoient encore pas passé un haùt tertre qui apert pardessus la cité, quant Boson le bouta si raidement que il cheut tout aussitôt sur son viaire (1), et roula de ce mesme coup en la valée qui moult estoit parfonde. Quant il fu redrescié et il eut levé le chief contremont pour regarder, Boson lui lança une pierre si roidement que il le féri parmi le chief et tout l'escervela. Sachié fu contremont (2) parmi les piés à cordes; le haubert que il avoit vestu lui despoillièrent, et jà fust-ce que il fu mort, le trespercièrent-ils de glaives en plusieurs lieus et d'espies (3); puis le firent trainer par tout l'ost, ainsi comme un murtrier. Mummole le traitre, qui en la cité fu retourné, prit tandis tous les trésors Gondoald et les cacha en divers lieus. Lendemain ouvrit les portes de la cité à ceus qui dehors estoient : lors firent si grande occision que ils n'espargnoient ni homme ni femme, ni petit ni grant, et estoient si enragiés et si encharnés en l'occision, qu'ils occioient les prestres qui célébroient aus autels. A la parfin boutèrent le feu partout et ardirent la vile et le remanant du peuple qui par aucune aventure estoit eschapé de la mortalité. Le duc Ler-degesile, qui de l'ost estoit capitaine, manda au roy Gontran que sentence il donnast des traitres qui leur seigneur et la cité avoient traïe : et il lui remanda que ils fussent occis, pour que cette coustume fust ostée du royaume de France, que un tiran n'aidast l'autre contre son seigneur. Galdon et Cariolphe, qui cela surent, s'enfuirent. Quant Mummole vit que aucuns courroient aus armes parmi l'ost, il s'aperçu bien que ce estoit pour lui, et que on lui voloit courir sus; droit en la tente Leudegesile s'enfui et commença à crier que il gardast bien son serment que il avoit envers lui. Leudege-

---

(1) *Viaire*. Visage.
(2) *Sachié fut contremont*. Il fut tiré en haut.
(3) *Espies*. Epieux.

sile lui respondi qu'il istroit (1) hors et qu'il les feroit tous tenir en pais. Lors mit un des piés hors de son tref et fit signe aus siens que ils occissent Mummole et l'évesque Sagitaire. Quant ils eurent ce signe entendu, ils s'apareillièrent de faire son commandement; mais Mummole commanda à ses serjens, dont il avoit aucuns avec lui, que ils deffendissent l'entrée du paveillon jusques à tant que il eust son corps armé. A l'huis du pavillon vint et se mit contre ses ennemis, si vertueusement se deffendi que il les fit traire en sus et les enchasça arrière. Mais il s'abandonna trop, car il issi du paveillon et s'esloigna de sa forteresce; avironné fu de toutes pars, il ne put retourner quant il volut; tant reçut coups d'espées et de glaives que il morut en la place. L'évesque Sagittaire, qui moult grant peur avoit, se tenoit tout esbahi tant que l'un lui dit : « Evesque, que » fais-tu ici, ainsi comme homme fors du sens, pourquoi ne » cuevres-tu ton chief, et ne t'enfuies au bois isnelement? » Sagittaire, qui s'averti, couvri sa teste et se mit à la fuite : mais un autre qui l'aperçu courru après et le féri d'une espée, si que il lui fit la teste voler à toute la couverture. Leudegesile retorna en France après que il eut esploitié ainsi : mais de ce que il ne deffendi pas à sa gent de tolir et de voler, ils gastèrent tout le païs par là où ils passèrent.

V.

Comment Frédégonde envoia quérir sa fille qui estoit en exil, et de la promotion saint Grigoire.

(2) Frédégonde, qui moult estoit à grant douleur et mesaise à cause de sa fille, envoia un sien chamberlenc, si

---

(1) *Istroit.* Sortiroit.
(2) *Aimoini lib. III, cap. 71.*

avoit nom Cupane, pour enquerir en quel point elle estoit, et lui commanda que il l'en amenast, s'il povoit en nule manière. Celui-ci qui moult se penoit de son commandement accomplir, vint à Thoulouse, où la damoiselle demeuroit en exil. En povre point et en grande humelité la trouva, au plus coiement et au plus sagement que il put la ramena.

Le roy Gontran commanda que on lui aportast le trésor Mummole, qui ainsi avoit esté occis, comme vous avez oï : à sa femme en laissa une partie par grace pour ce que elle estoit noble et estraite de haute gent. La somme de ces trésors fu prisée à trente mille besans d'or et deux cents cinquante d'argent. Le roy Gontran et le roy Childebert les départirent également, si en prirent chacun leur partie ; mais ils n'en laissièrent rien à l'enfant Clotaire le fils de Chilperic. Le roy Gontran n'en voulut onques rien retenir ; ains départi toute sa part aus églises et en autres aumosnes. Lors lui fu présenté un homme de la mesnie Mummole, qui estoit trois piés plus grans que un autre homme (1).

(2) *Incidence.* En ce tems régnoit le roy Autharis sur les Lombars. Lors fu si grant déluge d'eaue en la terre de Venise, en une partie de Lombardie qui est apelée Ligurie, et en maintes autres terres d'Italie, que on cuidoit que onques mais n'eust esté si grant abondance d'eaue, puis le tems de Noé. En cette grant tempeste, le Tibre qui parmi Rome cort surabonda si durement que il surmonta les murs de la ville, et porprist moult de régions du païs. Ce second déluge en-

(1) A compter d'ici, Aimoin et par conséquent nos Chroniques, cessent de s'appuyer sur l'histoire de Grégoire de Tours. Il faut croire que le manuscrit unique qu'en possédoit Aimoin n'alloit pas au-delà du quarante-unième chapitre du VIIe livre. Car, au quarante-deuxième, Grégoire continue les récits précédens, et l'on ne voit pas pourquoi Aimoin se seroit arrêté précisément là. Nous aurons soin maintenant d'indiquer les différentes sources auxquelles il va puiser le reste de sa narration.

(2) *Aimoini*, selon P. *Diacre, lib. III, cap.* 11.

suivi une pestilence que on apèle esquinancie (1) : le pape Pélage estraignit premièrement. Tant s'espandi et seurmonta cette maladie que ils mouroient par grans monciaus en la cité de Rome.

(2) En ce point que ils estoient en telle tribulation, mesire saint Grigoire qui lors estoit diacre sous le pape Pelage, et garde des trésors et de la vaissele d'argent, fu esleu de tout le clergié et de tout le peuple à la dignité. En l'élection et en l'ordination des apostoles ne falloit autre chose, en ce tems, fors que l'assentiment et le commandement l'empereour de Constantinoble; et pas ne povoit-on eslire qui que on vousist, sans son assentiment. Le saint homme messire saint Grigoire, à qui l'élection qui de lui estoit faite ne plesoit pas, envoia une lettre à l'empereour qui Maurice estoit apelé : moult le prioit que il ne s'asentist point à l'élection que le peuple avoit de lui célébrée. Mais le prévot de la cité toli les lettres au message, et les dérompi toutes par pièces ; puis rescrivit à l'empereour l'asentiment du clergé et du peuple. De cette chose fut l'empereour moult lié, pour ce que il avoit occasion et lieu d'honourer son diacre, que il aimoit de grant amour, et qu'il avoit en grant familiarité pour sa sainteté et pour ce que il estoit son compère. Lors commanda que il fust tantost ordoné : sacré fu donques et assis au siège. Le glorieux messire saint Grigoire tant fut sage et tant fu humble en tous ses fais que (comme l'on poroit savoir par ses livres et par les saintes escriptures que il compila, dont sainte églyse est enluminée,) puis son tems ne fu nul qui à lui peust estre comparé en flour d'éloquence, en pureté de doctrine, ni en sainteté de vie.

(3) En ce tems S. Grigoire envoia Augustin, Mellite et Je-

---

(1) *Esquinancie.* « Quam inguinariam vocant. » (Almoin.)
(2) *Aimoini lib. III, cap.* 73. Selon *P. Diacre, id., id.*
(3) *Aimoini. id., id.* Selon *P. Diacre, lib. III, cap.* 12.

han, et autres preecheours de la foi crestienne en la grant Bretaigne, qui ore est apelée Engleterre, pour le peuple convertir en la foi Jésus-Christ. Par ses lettres les recommanda au roy de France et aus prélats de son royaume, car par là devoient passer. A la prédication de ces preudomes fu destruite l'errour et la mécréandise, et la sainte foi semée et preschiée. De cette chose eut le saint si grant joie, que il en fait mention au livre des Moralités que il fist, et s'esjoï à nostre Seigneur du fruit de ses œuvres, et dist ainsi : « La » langue des Bretons, qui ne soloit faire autre chose que » bretonner divers langages (1), s'estudie aujourd'hui à » chanter Alleluya en loenge de son Créatour.

VI.

De plusieurs incidences, qui en ce temps advinrent.

(2) *Incidence.* En l'an vingt-cinquième du règne le roy Gontran, fu Mummole occis en la cité de Sens, par son commandement, pour ce que il s'estoit contre lui relevé. Domnule et Gandalmare les chamberlens le roy lui amenèrent sa femme et tous ses trésors.

En l'an qui après fu, il ostoia en Espaigne ; mais pour ce que l'air fu cette année plus désatemprée que il souloit, il ramena ses osts sans perfection de nule grant besoigne. En l'an après, Leudegesile fu séneschal en Provence. En cet an mesme reçut le roy Childebert un fils, qui eut nom Théodebert.

En cette année fu si grant crue en Bourgoigne que les

---

(1) *Bretonner divers langages.* « Barbarum frendere. » (Aimoin.)
(2) *Aimoini lib. III*, cap. 74. Selon *Fredegarii chronicon*, cap. 4, 5 et 6. On voit qu'Aimoin revient ici sur ses pas, pour se mettre au courant de Frédégaire.

eaues des fleuves issirent hors des chanels. Un grant brandon de feu cheut du ciel tout ardant en grans escrois et en grans tonnerres.

Le roy Gontran envoia cette année en Constantinoble le comte Siagre pour réfermer et renouveler pais envers l'empereour : là se pena moult d'aquérir une comtée par guille et par boisdie (1). La besoigne commença, mais il ne la put mener à perfection.

Leuvigilde le roy d'Espaigne mourut en cette année. Ricarede son fils fu après lui roy.

(2) En l'an vingt-huitiesme du règne le roy Gontran, il eut nouvele que le roy Childebert avoit un enfant receu qui eut nom Théoderic; de cette chose fu moult liés. Pour ce le manda et sa mère Brunehaut qu'ils venissent à lui en un lieu qui est nommé Andelaon (3). Son testament renovela et le fist hoir de toute sa terre. Là furent présens la femme et la serour le roy Childebert, et maint baron de France et de Bourgoigne; pour ce que chacun seust que le roy Childebert devoit avoir le royaume de Bourgoigne après la mort le roy Gontran son oncle.

(4) Setacechingue, Gontran-Boson, Ursie et Berthefrois, barons du royaume Childebert, furent en cette année occis, pour ce qu'ils vouloient le roy murtrir en traïson. Leudefrois un duc d'Alemaigne eut le mautalent le roy Childebert; pour ce s'enfui et se cacha que il ne fust occis. Un autre qui eut à nom Uncelène fu duc après lui de la duchée que il tenoit.

---

(1) *Une comtée.* Il falloit le *patriciat.* « Inibi fraude patriciatum assumere voluit », dit Aimoin. Et Fredegaire : « Ibique fraude patricius ordinatur. »

(2) *Aimoini lib. III, cap.* 76. — *Fredegarius, cap.* 7.

(3) *Andelaon.* C'est Andelot, aujourd'hui petite ville du département de la Haute-Marne (Champagne).

(4) *Aimoini lib. III, cap.* 76. — *Fredeg., cap.* 8.

(1) Thassile fu roy de Bavière après Caribaut par le don le roy Childebert. Assez tost entra en Esclavonnie à grans osts, la terre gasta et destruit, puis retorna à grant victoire et à grans proies. (2) Ce Caribaut fu gendre le roy Authaire de Lombardie en telle manière comme je vous dirai. Il advint que il alla au païs en guise de message : sa fille (3) Theudelinde vit au palais, qui moult estoit bele; tant lui plut qu'il l'aima moult en son cuer. Quant il fu retorné en son païs, il la manda par ses messages et le roy Authaire la lui envoia volentiers.

Ricarède le roy des Ghotiens n'ensuivi pas l'errour ni la mauvaise créance son père le roy Levigilde, mais la droite foi de sainte Églyse que son frère Ermenigilde avoit tenue ; baptisié fu par les mains l'évesque Léandre. Puis esploita tant que il fist baptisier tous les Ghotiens qui estoient de la secte arrienne, et les ramena à l'unité de sainte Églyse. Tous les livres qui cette errour contenoient fist querir et puis les fist tous ardoir en la cité de Thoulète.

(4) Le roy Gontran assambla ses osts de Bourgoigne pour ostoier en Espaigne au vingt-neuviesme an de son règne; au conduit du prince Boson les livra. Quant ils furent en Espaigne entrés, les Ghotiens qui leur païs deffendoient en occirent la plus grant partie par la négligence et par la paresse de lui ; tant perdi de sa gent que à peine put-il retorner en son païs.

(1) *Paul Diacre, lib. IV, cap.* 2.
(2) *Paul Diacre, lib. III, cap.* 14.
(3) *Sa fille.* La fille d'Authaire, ou Autaric.
(4) *Fredegar., cap.* 10. — *En Espagne*, ou plutôt *en Septimanie*, comme l'atteste Grégoire de Tours. (*Lib. IX, cap.* 31.)

VII.

Comment la cote nostre Seigneur Jésus-Christ fu trouvée outre mer en une cité qui a nom Zaphas, et aportée en Jérusalem.

(1)Au trentiesme an du règne le roy Gontran vola une nouvelle par tout le royaume de France, que l'on avoit trouvé outre mer la cote nostre Seigneur J. C. que il eut vestue le jour de sa passion : et estoit celle mesme dont l'Evangile parole (2), sur quoi les tirants(3) getèrent leur sort au quel elle seroit, pour accomplir la prophétie. De cette cote dist-on que elle estoit sans cousture et que Nostre-Dame l'avoit faite de ses précieuses mains ; mais l'Evangile n'en parole pas. Par un homme fu encusée qui avoit nom Simon, fils d'un autre qui avoit nom Jacques : par quatorze jours fu contraint, avant que il la vousist enseignier. En la parfin reconnu que elle estoit en une cité qui avoit nom Zaphas(4), loin de Jérusalem, en une huche de marbre. Grigoire d'Anthioce, Thomas de Jérusalem, Jehan de Constantinoble patriarche et maint archevesque et évesque allèrent là en dévotion. Mais, avant, eurent-ils esté, eus et tout le peuple, en oroisons et en jeunes par trois jours et par trois nuits; le précieux Saintuaire trouvèrent, comme celui-ci l'avoit dit, et le translatèrent en grant léesce et en grant révérence en Jérusalem, comme il estoit en la huche de marbre, qui si légière sambloit à ceus qui la portoient, que il leur estoit avis qu'elle ne pesoit comme nules riens. En la cité fu mise là où la sainte Crois estoit adorée.

(1) *Aimoini lib. III, cap. 77. — Fredeg., cap. 11.*
(2) *Parole.* Parle.
(3) *Les tirants.* Les persécuteurs, les bourreaux.
(4) *Zaphas.* Jaffa.

(1) En cette année devint la lune toute obscure; si eut grant bataille entre les Bretons et les François sur l'eaue de Wisone (2). Un duc de France qui avoit nom Bépeline, fu là occis par la traïson d'un autre duc qui avoit nom Ebrechaire. Cet Ebrechaire cheu puis en grant povreté, pour ce que il fu contraint à rendre la grant somme d'avoir que la loi commande que l'on rende aus enfans dont le père est occis.

(3) Authaire le roy de Lombardie envoia messages au roy Gontran pour renouveler pais et concorde. Le roy les reçu volentiers, puis les renvoia au roy Childebert son neveu, pour ce que il voloit que l'aliance fust faite par son assentiment. (4) Tandis que les messages furent en France, ce roy Authaire morut par venin, comme aucuns cuidièrent, en une cité du païs qui est nommée Thicine. Tantost comme le roy fu mort, les Lombars envoièrent autre message au roy Gontran, pour ce que ils nunçassent au roy la mort Authaire, et renouvelassent la pais derechief et la concorde. Le roy les reçu honorablement, et leur proumist que il garderoit endroit soi fermement et loiaument la concorde que il avoit à eus fermée. Mais, ne sai combien de tems après, ne tint pas ceste convenance.

(5) Quant le roy Authaire fu mort, Theudelinde la royne qui assez avoit la favour et la grace des Lombars, prist à seignour un duc de Turin qui avoit nom Agilulphe et Ago, par le gré et par l'assentiment des barons de Lombardie. Celui-ci qui estoit noble homme et bon chevalier, fu en tele manière roy de Lombardie (6). A cette royne Theudelinde envoia mesire saint Grigoire trois livres de son

---

(1) *Fredeg.*, cap. 12.
(2) *Wisone.* « Wisnona. » Aimoin.) C'est la *Vilaine*.
(3) *Aimoini lib.* III, cap. 78. — P. *Diacre, lib.* III, cap. 17.
(4) P. *Diacre, lib.* III, cap. 18.
(5) *Aimoini lib.* III, cap. 79. — P. *Diacre, lib.* III, cap. 18.
(6) P. *Diacre, lib.* IV, cap. 2.

dialogue, pour ce que il savoit bien qu'elle estoit abandonnée et ferme à la foi de J. C. et ornée de bonnes mœurs et de bons fais.

(1) En ce tems brisèrent et robèrent les Lombars l'abaie de Mont-Cassin, dont mesire S. Beneoit fu abbé long tems devant : tout ravirent ce que ils purrent prendre : mais onques nul de moynes de léans tenir ne purent; pour ce que la prophétie que mesire S. Beneoit avoit devant dite fust accomplie, qui telle fu : « Je ai, » dist-il, « à paines » empétré vers notre Seignor que les ames de cest lieu ne » fussent perdues à perdition. » Les moynes guerpirent l'abaie et s'enfuirent à Rome ; avec eus emportèrent le livre de la riule (2), que le saint homme avoit compilé et aucuns autres escris, le poids du pain, la mesure du vin, et tout ce que ils purent emporter de leurs choses. Cette abaie de Mont-Cassin gouverna, après monseigneur saint Beneoit, un abbé qui eut nom Constentin, le troisiesme Suplice, le quart Vitale, le cinquiesme Bonin : au tems de cestui fu le lieu destruit, comme vous avez oï.

(3) Au trente-deuxiesme an du règne le roy Gontran, le cours dn soleil devint si petit que à paine en parut-il la tierce partie : et dura cet éclipse du matin jusques à midi.

VIII.

De la mort le roy Gontran, et comment les osts le roy Childebert furent desconfis par le sens Frédégonde.

(4) Après que le roy Gontran eut régné trente-trois ans et son royaume noblement gouverné, il laissa le règne transi-

(1) *P. Diacre, lib. IV, cap. 6.*
(2) *Riule. Règle.*
(3) *Fredeg., cap. 13.*
(4) *Aimoini lib. III, cap. 80.* — *Fredeg., cap. 14.*

toire et trespassa, comme on cuide, au règne perpétuel : car il fu homme bien morigené, de bonne conscience et bon aumonier. En sépulture fu mis en l'abaie S. Marcel de lez Chaalons que il avoit fondée au bourg de la cité : moines y mist de l'ordre S. Benoit, le lieu enrichit de grans rentes et grans possessions. Un concile y fist assambler de quarante évesques pour l'Eglyse dédier, et pour confirmer le service que S. Avit et les autres évesques qui en son tems furent eurent jà confirmés en l'églyse S. Morisse de Gaunes, au tems le roy Segismont de Bourgoigne, qui fondée l'avoit. Ce mesme ordre et ces mesmes us de chanter et de lire estoient, devant ce, tenus en l'églyse S. Martin de Tours, et de là furent tenus et establis en l'abaie S. Vincent de Paris par monseigneur S. Germain, et puis après en l'églyse monseigneur S. Denis de France par le roy Dagobert qui l'églyse fonda, comme nous dirons ci-après. L'ordre est tel comme il est escrit en la riule, pas ne le volons ci deviser, pour ce que il ne tornast à charge et à anui à ceus qui n'ont pas mis leurs cuers en telles choses oïr(1). Des bonnes coutumes du roy Gontran porroit-on assez dire : large aumonier fu vers les prélats et vers les ministres de sainte église, humble et dous vers ses propres gens, et de bonne volenté aus estrangers paisibles. Pour ce que il resplendi de telles vertus, maint estrangers magnefièrent son nom et sa loenge. Son royaume laissa au roy Childebert son neveu, comme il lui avoit promis.

(2) Moult fu le roy Childebert puissant, quant il fu en possession des deux royaumes. Lors se pourpensa comment il porroit vengier la mort son père et son oncle qui avoient esté occis par Frédégonde. Les osts de ses deux royaumes assambla, Wintrion et Gondoald fist capitaines, et leur com-

(1) Le détail de ces cérémonies est dans Aimoin.
(2) *Aimoini lib. III, cap. 31.* — *Gesta Regum Francorum*, cap. 36.

manda que ils entrassent au royaume que Frédégonde tenoit pour la raison de son fils Clotaire ; que ils ardissent villes et prissent proies, et le peuple menassent en captivité. Atant se partirent de Champaigne la Rainsienne, en la contrée de Soissons s'embatirent, pour tout le païs gaster et destruire. Mais Frédégonde, qui tant sut de malice, se pourchaça d'autre part ; elle manda tous les barons du royaume son fils, et Landri que le roy Gontran avoit fait devant tuteur et manbourg (1) son fils, pour ce que il estoit encore en enfance. Quant tous furent assamblés, elle les araisonna par telles paroles, l'enfant entre ses bras, qui encore suçoit les mameles (2) : « Seigneurs, nobles princes du royaume de
» France, vous ne devez pas avoir en despit vostre seigneur
» et vostre roy pour cela que il est petit ; et ne devez pas le
» noble royaume de France souffrir estre gasté par ses ennemis
» ni les vostres. Or vous souviègne dont que vous me proumeistes que vous ne le despiseriez mie comme enfant, ains
» lui porteriez honneur comme roy. Et devez norrir l'amour
» que vous lui devez, en enfance, jusques à tant que il soit
» en droit age, et rendre mouteplicité (3) en lieu et en tems ;
» que il ne soit pas vuide d'honneur, quant il la devra
» avoir. Et sachiez bien que je serai en si haut lieu que je
» surveillerai la bataille ; tesmoin de ce que chacun fera pour
» mon fils, proesce ou mauvestié ; et je guerredonnerai (4)
» à chacun pour mon fils tout ce que il fera. » Quant Frédégonde eut ainsi les barons admonnestés et rendus plus fervens et plus courageux à la bataille, elle leur dist au derrenier : « Seigneurs, ne vous espoventez pas de la multitude
» de vos ennemis, si vous vous combatez à eus front à front :

(1) *Manbourg* ou *mainbourg*. Protecteur, avoué.
(2) Cela ne peut être. Clotaire avoit alors neuf ans.
(3) *Mouteplicité*. C'est-à-dire, et en donner des preuves.
(4) *Guerredonnerai*. Récompenserai.

« car je ai pourpensé un barat parquoi vous aurez victoire,
» et eus honte et confusion. Je m'en irai devant, et vous me
» suivrez et ferez ce que vous verrez que Landri fera. »

La sentence la royne plut à tous : elle chevaucha devant,
le petit enfant entre ses bras, les batailles de chevaliers
armés alloient après toutes ordenées. Quant la nuit fu venue, Landri le connestable les mena en une forest qui d'eux
n'estoit pas loin; il coupa un ramel d'arbre long et foillu, au
col de son cheval pendi un clarain (1) tel que l'on attache
au cou de ces bestes qui vont en pastures ez boscages : à ses
compaignons commanda que ils feissent tous ainsi. Ils descendirent communément, et firent tous comme il avoit
fait; puis remontèrent sus les chevaus et chevauchièrent
tous en telle manière jusques assez près des heberges de
leurs ennemis. La royne Frédégonde alloit tout devant, le
petit roy entre ses bras, jusques au lieu de la bataille. Pitié
contraignoit les barons à ce qu'ils eussent compassion de
l'enfant, qui d'estat de roy devenist chetif prisonnier, s'ils
fussent vaincus. Ceus qui l'ost de leurs ennemis devoient
escharguetier, virent ceus-ci venir ainsi atournés : bien matin estoit encore, et petit paroissoit il encore de clarté du
jour. Celui qui le gait conduisoit demanda à l'un de ses
compaignons que ce povoit estre : « Hier soir, » dist-il, « à la
» vesprée ne paroissoit là où je vois cette forest, nule rien, ni
» haies, ni buissons, ni brosses (2). » Lors respondi un
de ses compains : « Encore routes-tu (3) la viande que tu
» mangeas hier soir; et n'es pas bien encore desenyvré du vin
» que tu beus : tu as tout oublié ce que tu feis hier. Dont
» ne vois-tu que ce est un bois ? que nous avons trouvé pas-

---

(1) *Clarain.* « Suspensumque tintinnabulum. » On voit que de là vient *clarinette.*
(2) *Brosses.* Taillis. D'où *broussailles.*
(3) *Routes-tu.* Digères-tu.

» ture anuit à nos chevaus? dont n'entens tu les clarains et
» tympanes des bestes qui vont paissant parmi cette forest? »
Car coustume estoit aus François, au tems de lors, et mesmement à ceus du païs dont ils estoient, que ils pendoient volentiers tels clarains au col de leurs chevaus, quant ils les chassoient ès pastures des forests, pour ce que ils ne se perdissent par le bois, et que on les trouvast par le son des tympanes. Tandis que ceus-ci parloient entr'eus en telle manière, les autres getèrent les rameaus que ils portoient : et ce qui premier sambloit bois à leurs ennemis leur aparut bataille des chevaliers armés de clères armes et resplandissans. Moult furent esbahis, quant ils virent leurs ennemis tous appareilliés de combatre : mais ceus-ci ne furent mie esbahis qui sur eus venoient. Les osts de leurs ennemis estoient en tel point que tous dormoient ou gisoient en leurs lits, las et travaillés de la journée que ils avoient faite le jour devant; et pas ne cuidoient que leurs ennemis les osassent assaillir en telle manière; ils se férirent ès herberges de plain eslan, assez en occirent et prirent, plusieurs en eschapèrent par fuite. Le duc et les grants seigneurs de l'ost montèrent sur leurs chevaus et eschapèrent à quelque paine. Landri qui chevetain estoit de l'ost Frédégonde enchasça Wintrion, mais prendre ne le put : car il estoit sur un isnel (1) cheval et tout désarmé. Ainsi eurent victoire de leurs ennemis par la malice et le sens la royne, et gaingnièrent les tentes et les despoilles de leurs ennemis : pas ne se tinrent à tant, ains entrèrent en Champaigne Rainsienne, les gens occirent et le païs robèrent; par nuit ardoient, tous ceux qui estoient convenables à bataille estoient occis : les autres estoient menés en servitude. Quant tout le païs eurent mis en tel point, Frédégonde et ses osts retornèrent à

---

(1) *Isnel.* Rapide. De l'allemand *snell.*

Soissons. Ces choses furent faites en Soissonnois en un lieu qui est apelé Treuc (1).

IX.

Comment le roy Childebert envoia ses osts en Lombardie pour le païs destruire.

(2) Au secont an après que le roy Childebert eut receu le royaume de Bourgoigne, qui de par son oncle le roy Gontran lui estoit escheu, François et Bretons se combatirent ensemble : moult y eut grant occision d'une part et d'autre.

En l'an qui après vint, aparurent au ciel plusieurs signes; l'estoile comète fu veue qui senefie mort de prince, comme aucuns le vuelent dire.

En cette mesme année l'ost le roy Childebert se combati contre les Auvergnas qui reveler (3) se voloient; ils les surmontèrent tant que ils les menèrent à souveraine desconfiture.

(4) En ce point retorna Grippe de Constantinoble, que le roy eut envoié en message à l'empereour Morice. Moult se loua au roy de l'honnour que l'on lui avoit fait, pour l'amour de lui: après lui dist que moult estoit courroucié des vilenies que ceus de Carthage lui avoient faites, quant il trespassoit par là, et que moult bien l'empereur l'en vengeroit à la volenté le roy. Le roy Childebert envoia vingt ducs en Lombardie, et grant et fort ost pour destruire et effacier de tout en tout

---

(1) *Treuc.* Suivant Aimoin *Truecum.* Suivant l'auteur des Gestes des rois de France *Truccium* ou *Trucciacum.* Ce doit être, dans l'opinion de l'abbé Lebeuf, *Droissy,* ou *Droizy,* village du diocèse de Soissons.
(2) *Aimoini lib. III, cap.* 82. — *Fredegaire, cap.* 15.
(3) *Reveler.* Révolter.
(4) P. *Diacre, lib. III, cap.* 15.

la gent et le nom des Lombars. De tous ces ducs, Andoal, Olon et Cedine furent les principaux et les plus renomés. Olon qui pas ne se garda sagement, fu féru sous la mamelle d'un quarrel devant un chastel qu'il avoit assis, et estoit apelé Bilitais (1) : de ce coup cheut à terre et fu mort. Tout maintenant Andoal et six des autres ducs prirent une partie de leur gent; si alèrent assegier la cité de Millen. Là vinrent à eus les messages l'empereour, qui leur firent entendant que l'empereour leur envoioit son ost en aide et en secours, et que dedans trois jours seroit avec eus ajousté et seroient certains par ce signe de leur venue, quant ils verroient ardoir une ville sur une haute montagne, et la fumée monter vers le ciel. Mais quant ils eurent atendu six jours après, il ne virent pas ceus-ci venir de nule part, ni nul signe de leur venue. Cedine et les autres ducs tournèrent à la senestre partie de Lombardie : cinq chastiaus saisirent, les foys et les seremens en prirent du peuple, en la feauté le roy Childebert : puis passèrent avant au terroir d'une cité qui est nommée Tridente (2); dix chastiaus prirent en cette marche, tous les habitans mirent en chetivoison. Ingène l'évesque de Savone et Agnelle évesque de Tridente prièrent et supplièrent aus François que ils espargnassent un chastel qui a à nom Ferruge : par leur prière demoura la forteresse en estant (3); mais ils levèrent de chascune personne raençon de douze deniers : de quoi la somme de deniers monta à six cents sols. Esté estoit lors, et la saison estoit chaude. Pour ce que ils n'avoient pas le païs apris, et pour la desatrempance (4) de l'air corut parmi l'ost une maladie qui est apelée disen-

---

(1) *Bilitais.* Le vieux traducteur de P. Diacre, Foubert, traduit le mot *Bilitionis* par *Billon.*
(2) *Tridente.* Trente.
(3) *En estant.* Debout. Comme nous disons : *Sur son séant.*
(4) *Desatrempance.* Intempérance.

terie. Trois mois tous plains avoient jà ostoié parmi la Lombardie, le roy de la terre alant quérants ; mais trouver ne le purent : car il s'estoit mis en seureté en la cité de Tridente ; et pour ce que cette maladie surprenoit tout l'ost si durement que ils ne povoient plus endurer, ils retornèrent au païs dont ils estoient meus.

X.

Comment le roy Childebert fu mort, et comment ses deux fils partagèrent le royaume.

(1) Le roy Childebert trespassa de ce siècle au vingt et cinquième an de son aage, au vingt-deuxiesme de son règne : car il n'avoit que deux ans quant le royaume lui fu livré ; et au quart an du règne de Bourgoigne (2). il et sa femme morurent tous ensamble : et cuidièrent aucuns qu'ils feussent empoisonnés. Ce roy Childebert fu fils le roy Sigebert et fu apelé le jeune Childebert, pour ce que il en y eut un autre devant lui. Deux fils eut qui encore estoient jeunes et petits, et demoroient au bail (3) et en la garde de Brunehault leur aïeule. L'un eut nom Theodebert, et le mainsné Theoderic. Le royaume partagèrent en telle manière que Theodebert l'aisné eut le royaume d'Austrasie, que leur père tenoit par son droit héritage, et Theoderic le mainsné eut le royaume de Bourgoigne, que le roy Gontran avoit donné à leur père. (Mais pour ce que tous ne savent pas en quelle partie siet le royaume d'Austrasie, nous disons, selon ce que on en peut savoir par l'histoire, que ce royaume commence dès

---

(1) *Aimoini lib. III, cap. 83. — Paul Diacre, lib. IV, cap. 4.*
(2) *Au quart an.* C'est-à-dire la quatrième année depuis la mort de Gontran.
(3) *Au bail.* En la tutèle.

Champaigne la Rainsienne jusque outre la Loraine, et d'autre part jusque bien avant en Alemaigne; si estoit dèslors le siège en la cité de Metz. Ainsi fu apelée pour le nom d'un prince qui au païs régna jadis, qui avoit nom Austrase, selon l'opinion d'aucuns; ou pour le nom d'un vent qui de ces parties vient, qui a nom Auster, comme aucuns le veulent dire.) (1)

A ces deux frères et à Brunehault leur aieule envoia saint Grigoire une épistre, pour recommander saint Augustin que il envoioit en Angleterre pour le peuple convertir. En cette lettre fait mencion comment il envoie à cette royne Brunehault des reliques de saint Pière et de saint Pol, que elle lui avoit requises.

(2) *Incidence.* En ce temps issirent les Huns de Pannonie et firent moult de grièves batailles contre François, en Loraine. Mais à la parfin les fist retorner en leur païs la royne Brunehault et ses neveus, par avoir que ils leur donnèrent. (Cette manière de gens qui lors estoient apelés Huns et la terre Pannonie, orendroit est nomée Esclavonie et le peuple Esclavons.) (3)

(4) Agon le roy des Lombars envoia en France Agnel l'évesque de Tridente, pour la rançon des prisons que les François avoient pris ès chastiaus qui sont sujets à cette cité : aucuns en amena que Brunehault avoit rachetés de ses propres deniers. Après ce, envoia en France Enion le duc de cette cité mesme, pour empetrer pais et concorde envers les François : en pais retorna quant il eut fait la besoigne.

(5) En cette année que le roy Childebert mourut, la royne

---

(1) Cette parenthèse est de notre traducteur.
(2) *Aimoini lib. III, cap. 84.* — *P. Diacon., lib. IV, cap. 4.*
(3) Cette parenthèse est encore de notre traducteur.
(4) *P. Diac., lib. IV, cap. 1.*
(5) *Aimoini lib. III, cap. 85.* — *Fredeg., cap. 17.*

Frédégonde, qui moult s'estoit enorgueillie de la victoire qu'elle avoit eue contre lui, en la manière que nous avons dit, assembla ses osts et ce que elle put avoir de gent d'armes de Paris et des autres cités du royaume Clotaire son fils : sur les deux frères Theodebert et Theoderic coururent, qui d'autre part avoient leurs osts assemblés. Grief bataille y eut et longue (1), les gens Frédégonde firent grant occision de leurs ennemis : ceus qui de l'occision eschapèrent s'enfuirent.

Au secont an du règne Theodebert et Theoderic, mourut la royne Frédégonde ancienne et plaine de jours; ensepulturée fu en l'abaie Saint-Vincent delez Paris, en laquelle le roy Chilperic son sire gist. (2) Au tiers an du règne de ces deux roys, le duc Guintrie fu occis par l'attisement (3) Brunehault. En l'an après Colain qui estoit François de lignage, fu patrice et sénéchal.

Incidence. En ce temps courut pestilence en la cité de Marseille et aus autres cités de Prouvence. Car quelques glandes naissoient ès gorges aus gens soudainement, ainsi comme une petite noisette, dont ils moroient.

Incidence. En un lac qui est près d'un chastel qui est apelé Dun, chiet une eaue qui est apelée Arule, (4) qui en ce temps devint si chaude et si boillante que les poissons arrivoient aus rives tout cuits à grans monciaus.

---

(1) Le traducteur omet le nom du lieu qu'Aimoin avoit cependant indiqué : « *Loco nominato Latofas.* » C'est *Laffaux*, aujourd'hui village du département de l'Aisne, à deux lieues de Soissons.

(2) *Fredegar.*, cap. 10.

(3) *Attisement.* Instigation. *Guintrie* ou *Wintrie* étoit duc de Champagne.

(4) *Arule. L'Aigre*, rivière de l'ancien Dunois. Ce passage est mal traduit. Il eut fallu : *Dans un lac du territoire de Dun, lequel est alimenté par l'Arule, l'eau devint si bouillante,* etc. « In lacu quoque Dunensi, in quem » Arula flumen influit, aqua fervens adeo ebullivit ut, » etc. (Aimoin.)

Garnicaire graindre du palais (1) morut; tout ce que il avoit laissa pour departir aus povres.

(2) Le roy Theodebert et les barons du royaume boutèrent hors de la terre Brunehault, pour les homicides que elle faisoit et pour les desloiautés. Un povre home la trouva toute seule et toute esgarée; elle pria que il la conduisist jusques vers son neveu le roy Theoderic. Quant à lui fu venue, il la reçut comme son aieule, car il lui sambloit que il estoit tenu à l'honnorer. Avec lui demoura tant comme il vesqui; (mais mieux lui fust venu que il l'eust hors de son règne bannie : car puis le fist-elle mourir par venin, si comme vous orrez ci-après) (3). Au povre homme qui l'avoit amenée fist donner l'éveschié d'Aucerre en guerredon de son service.

XI.

Comment les deux frères Theodebert et Theoderic desconfirent le roy Clotaire par Brunehault.

(4) *Incidence.* Au cinquième an des deux devant dits roys, ces mesmes signes qui devant estoient aparus furent veus au ciel : car grans brandons de feu couroient parmi l'air, aussi comme ces traces de feu qui paroissent aucunes fois au ciel. Ces signes avinrent ès parties d'Occident.

(5) Au sizième an du règne Theodebert et Theoderic, fu occis le duc Racain (6), et un autre en l'an après, qui avoit nom

---

(1) *Graindre.* Maire. « Major-domus. » Il falloit ajouter : *Du roi Théoderic.*
(2) *Aimoini lib.* III, *cap.* 85. — *Fredegar., cap.* 19.
(3) Cette parenthèse est du traducteur. Aimoin dit simplement d'après Fredegaire : « Theodoricus aviam, eo quo digna erat honore susceptum, » secum quod vixit fecit manere. »
(4) *Fredeg., cap.* 20.
(5) *Aimoini lib.* III, *cap.* 88. — *Fredeg., cap.* 20.
(6) *Racain.* « Catinus. »

Egile; sans raison fu occis par l'enortement Brunehault. Le roy Theodebert reçut un fils d'une meschine, qui eut à nom Sigebert.

En ce temps Theodebert et Theoderic firent bataille contre les Gascons; si les desconfirent et outrèrent par armes: un duc establirent sur eus qui eut nom Geniale.

Incidence. En ce temps fu couronné à roy de Lombardie Adoloald par la volenté Agilulphe son père, en la présence des messages le roy Theodebert, qui sa fille requéroient pour leur seigneur : et par ce mariage fu la pais confirmée entre François et Lombars. En ce temps se combatirent François contre les Sennes ; grant occision y eut d'une part et d'autre.

(1) Les deux frères, le roy Theodebert et le roy Theoderic, descouvrirent à la parfin la haine que ils avoient conceue encontre le roy Clotaire : sur lui vindrent à grans osts par l'enortement Brunehault; à lui se combatirent près d'une ville que on appelle Dormelle, sur une eaue qui a nom Araune, qui descent devers Flagi par dessous Dormelle et chiet en l'estang de Moret (2). Là eut grant occision de part et d'autre, et mesmement des gens le roy Clotaire ; et le chanel de la rivière fut si plain de la charoigne des occis, que il ne put parfaire son droit cours. (Le lieu où la plus grant desconfiture fu est encore aujourd'hui appelé *Mortchamps*, selon la renommée des anciens du païs). (3) En cette bataille fu veu un ange qui tenoit un glaive tout sanglant. Quant le roy Clotaire vit l'occision de sa gent qui

---

(1) *Aimoini lib.* III, cap. 87.

(2) *Moret.* « Super fluvium Aruenna, nec procul a Doromello vico. » (Aimoin et Fredegaire.) *Dormelles* est aujourd'hui un village du département de Seine-et-Marne, à cinq lieues de Fontainebleau et près de la petite rivière d'Orvanne.

(3) *Du pays.* Cette curieuse parenthèse n'est dans Aimoin ni dans Fredegaire. Il est certain qu'à cinq cents pas de Flagy se trouve encore aujourd'hui un lieu nommé *Champmert*.

si grant estoit, il se mist à la fuite; à Meleun s'en vint fuiant et d'illec à Paris. Les deux roys le chascièrent encore : grant parties des cités de son règne gastèrent, et soumirent les citoiens en leur subjection. Par force convint que le roy Clotaire pacifiast à eus tout à leur volenté. La manière de la pais fu telle, que le roy Theodebert tiendroit toute la terre qui siet entre Loire et Saine, comme elle se comporte, jusques à la mer de la petite Bretaigne ; et le roy Theoderic celle qui siet entre Saine et Oise jusques au rivage de la mer; et douze contrées entre Saine et Oise demouroient au roy Clotaire. (1)

(2) *Incidence.* Saint Echonius évesque de Therouanne trouva en cette année les corps de trois glorieus confesseurs, saint Victor, saint Salodore et saint Ursin, en telle manière comme nous vous dirons. Une nuit se reposoit en son lit en la cité dont il estoit évesque, amonesté fu par sainte révélacion que il alast hastivement à une églyse que la royne Seleube (3) de Bourgoigne avoit faite jadis et fondée au dehors d'Orliens ; et au milieu de l'églyse trouveroit le lieu où les corps saints estoient enfouis. Le saint homme se leva et s'acompaigna de deux évesques, Rustic et Patrice; puis alèrent à Orliens : trois jours furent en abstinences et en oroisons. La nuit après aparut une grant clarté sur le lieu où

---

(1) Il faut, pour mettre le lecteur bien en état d'étudier ce passage, donner le texte latin : « Chlotarius tenorem pacti... firmavit ut inter Ligerim et Sequanam usque ad mare Oceanum limitemque Britonum dilataretur Theodorici regnum; et inter Sequanam et Isoram ducatus integer Denteleni, itemque usque ad mare, Theodeberto cederet. — Duodecim tantum pagi, inter Sequanam ac Isaram usquè ad maris Oceani littora, Chlotario remanserunt. » (Aimoin.)

(2) *Aimoini lib. III, cap.* 89. — *Fredeg., cap.* 22.

(3) *Seleube.* « Sedelcuba, quondam Burgundiorum regina in suburbano Genabensi construxit. » (Aimoin.) Cette Sedelcube étoit, dit-on, femme de Gaudisele, roi bourguignon mort en 430, et c'est à Genève, la *Genavensis* de Fredegaire, non pas à Orléans, la *Genabum* des Romains, qu'elle avoit construit l'église dont il est ici parlé.

les corps saints reposoient : lors levèrent une pierre, dont les reliques estoient couvertes : et les trouvèrent en une chasse d'argent ; les faces des glorieus amis nostre Seigneur resplendissoient sept fois plus que de nul homme vivant. A cette sainte invention fu présent le roy Theoderic, qui donna au lieu grant partie de l'avoir que Garnicaire le maistre de son palais avoit lessié pour départir aus povres. Maints miracles fist puis nostre Sire à la sépulture de ces glorieus confesseurs.

En cet an mourut Etherie évesque de Langres. Un autre qui Secun avoit nom fu après lui ordoné. (1) En cet an reçut le roy Theoderic un fils d'une sienne concubine ; Childebert eut nom ainsi comme son aieul. En cet an fu un senne d'évesques en la cité de Chaalons de Borgoigne. Lors fu osté de son siège, Desier l'évesque de Vienne, et l'envoièrent en exil par la malice Brunehault et Aride l'archevesque de Lyon. Après lui fu évesque un autre qui Domnile avoit nom. En cet an fu éclipse de soleil. (2) En l'an neuf du règne Theoderic fu né un sien fils qui eut à nom Corbes.

XII.

Comment Berthoal comte du palais Theoderic fu occis, et comment le roy Clotaire fu derechief desconfi.

A ce temps estoit Berthoal comte du palais Theoderic, sage homme et cauteleux, fort en bataille, et loial vers son seigneur en ce que il lui livroit en garde ; bien se conformoit aus meurs et à la manière le roy. Un autre estoit en la court, Prothadie avoit nom, Romain estoit de nacion ; moult paroissoit familier et acointe à Brunehault, comme s'il la

---

(1) *Fredeg.*, cap. 24.
(2) *Aimoini lib. III*, cap. 90.

maintenist : pour ce fist tant qu'il fu duc d'une duchée que le duc Dalmare avoit devant tenue (1) : et tant plus comme l'acoustumance du pechié croissoit, tant recroissoit plus la volenté la royne de l'avancier et mettre en plus grant estat. Pour ce pourpensa comment elle pourroit faire. En si grant presomcion et en si grant hardiesse monta, que elle pria Theoderic son neveu que il commandast que Berthoal fust occis, et que Prothadie fust maistre du palais. En ce point avoit envoié le roy ce Berthoal atout trois cents chevaliers en Neustrie, (qui ore est apelée Normandie,) pour deffendre ces parties. Mais quant le roy Clotaire le sut, il envoia là un sien fils Merovée et Landri le maistre de son palais à grant plenté de bonne gent pour lui prendre. Berthoal sut certainement par ses espies que ses ennemis venoient sur lui ; si vit bien que il n'avoit gent par quoi il leur peut contrester, ni leur effort soustenir sans trop grant meschief. Pour ce s'enfui à garant en la cité d'Orliens. Saint Austrene l'évesque de la ville le reçut moult volentiers. Landri et Merovée vinrent après atout leur ost, ils commencièrent à huchier après Berthoal que il issist hors, pour combattre à eus. Celui-ci respondi : « Vous vous fiez en la » grant plenté de gent que vous avez : car vous savez bien » que je n'ai mie avec moi ma gent, parquoi je vous peusse » seurmonter ; mais si tu faisois traire ta gent arrière par » tel manière que tu ni je n'eussions aide pour besoin » que nul de nous deus eust, je sortirois pour combattre » à toi corps à corps. » Landri refusa la bataille dont celui-ci le poignoit. Lors lui dist Berthoal de rechief : « Pour » ce que tu n'oses combattre maintenant contre moi, il ne » demourera pas longuement que messire le roy Theoderic » ne vienne çà, pour deffendre la partie de son règne que tu

---

(1) *Tenue.* « In pago ultrajurano post Wandalmarum ab ea dux consti» tutus. » C'est toute la Bourgogne transjurane.

» as saisie, et si sais bien que ton sire le roy Clotaire venra
» d'autre part. Quant les deus osts donques se combatront en-
» samble, nous nous combatrons moi et toi corps à corps, (1)
» si tu le veux ainsi otroier ; lors porras sentir ma mauvais-
» tié, et essaier ta proesce et ta valeur. » A cette chose s'a-
corda Landri par telle condicion, que eust honte et perpétuel reproche celui qui des convenances défaudroit. (2)
Cette chose avint le jour d'une feste saint Martin.

Quant le roy Theoderic sut après que le roy Clotaire
avoit cette partie de son royaume saisie, il esmeut ses osts
le jour mesme de la Nativité nostre Seigneur ; à Estampes
vint, de l'une des parties de l'iaue de Jugne (3) ordona ses batailles contre le roy Clotaire, qui plus pareceusement ne
s'apareilloit pas de l'encontrer ; mais pource que le passage
de l'iaue estoit estroit, la bataille fu commenciée avant que
tout l'ost le roy Clotaire fust outre passé. En ce point que
la bataille estoit plénière et l'occision grant d'une partie
et d'autre, Berthoal aloit quérant Landri parmi l'estour, et
le huchoit que il venist à lui jouster selon les convenances
que il avoit à lui fermées. Mais Landri qui bien l'entendi,
refusa la bataille et se retrait arrière petit et petit. Berthoal à qui il ne chaloit mais de sa vie, se féri en la bataille au plus dru de ses ennemis, et pour ce que il savoit
bien que Brunehault tendoit à l'oster de l'estat et de l'honnour où il estoit et Prothadie mettre en son lieu, il eut plus
chier à morir en l'estour en honnour, que à parfaire le remanant de sa vie à deshonnour. Lors se commença à com-

---

(1) *Corps-à-corps*. Fredegaire et, d'après lui, Aimoin ajoutent les mots : « Induamur, ego et tu, vestibus *vermiolis*. » Ce passage est curieux. Le dernier mot *vermeils* atteste l'existence d'une langue vulgaire, et les autres celle des mœurs chevaleresques, dès le temps de Fredegaire, c'est-à-dire dès le septième siècle.
(2) *Fredeg.*, cap. 26.
(3) *Jugne*. La Juinne.

batre trop vertueusement encontre ses ennemis ; ceus qui vers lui venoient occioit de son espée. En ce que il se combatoit ainsi, il s'abandonna trop et s'esloigna tant de sa gent, que il fu avironné de toutes parts ; et pour ce que un seul homme ne puet pas durer contre plusours, il fu occis en combatant. A la parfin courut le meschief sur les gens le roy Clotaire ; son fils Mérovée fu pris en cette bataille. Lui et Landri tornèrent en fuite, quant ils virent la desconfiture et les meschiefs de leur gent. Le roy Theoderic, qui l'estour avoit vaincu, les chaça jusques à Paris et entra en la cité. Ne sais combien de temps après le roy Theodebert vint à Compiègne avec le roy Clotaire ; puis en firent leurs osts retourner sans bataille.

XIII.

Comment les deux roys s'esmurent l'un vers l'autre, et comment Prothadie fu occis.

(1) Au dizième an du règne le roy Theoderic, ce Prothadie dont nous avons ci-dessus parlé fu toutes-voies maistre du palais par le commandement le roy, selon la volenté Brunehault : sage homme estoit et de grant conseil, mais avare et convoiteux sur toutes riens ; pour les trésors le roy emplir et pour soi-mesme enrichir grevoit-il le peuple et les riches hommes ; mesmement tous les plus nobles hommes et les plus hauts de Bourgoigne grevoit, toutes leurs choses prenoit et ravissoit à force et sans raison : tous les voloit mettre sous piés, que nul ne le peust grever ni oster de l'estat où il estoit. Pour ce ne povoit-il nul puissant homme trouver qui à lui voulut parler débonnairement, ni avoir

---

(1) *Aimoini lib. III, cap.* 91. — *Fredeg., cap.* 27.

amour à lui ni familiarité. Mais la desloiale Brunehault, qui pas n'avoit encore oublié que son autre neveu le roy Theodebert l'avoit chaciée d'entour lui et bannie de son royaume, se pourpensa en quelle manière elle se pourroit vengier. Elle conseilla au roy Theoderic que il demandast au roy Theodebert son frère les trésors de son père que il avoit soustraits ; entendant lui fist que il estoit fils d'un courtillier, (1) que il n'avoit onques esté engendré du roy Childebert, et que pas ne devoit par droit estre héritier. Prothadie lui conseilloit d'autre part que il escoutast Brunehault son aieule. Le roy Theoderic qui à la parfin se consenti à leur malice esmut ses osts contre son frère, à une ville qui est apelée Carici (2) fist tendre ses herberges. Lendemain proposa à combatre le roy Theodebert, qui pas n'estoit loin de là avec grant compaignie de bons chevaliers de son royaume. Les barons et les hauts hommes de son ost lui conseilloient que il pacifiast à son frère, et que il ne brisast pas la biauté et l'honnour fraternel pour la convoitise mauvaise : mais Prothadie estoit contraire à la sentence de tous ceus qui la pais pourchaçoient et disoit que il ne convenoit pas que l'on feist si légièrement pais. Tous les barons virent bien que il estoit tout seul contraire à leurs conseils et au profit du royaume ; lors commencièrent à dire entr'eus que meilleure chose seroit que il morut tout seul, que tout l'ost fust mis en péril. Le roy qui issi hors de sa tente pour visiter son ost, entendi par aucunes nouvelles que les barons voloient occirre Prothadie. En ce que il se voult mettre avant pour refreignier leur mautalent et pour deffendre que on ne lui feist nule vilenie, ses gens le detinrent aussi comme à force. Lors apela un che-

(1) *Courtillier.* Jardinier. (Hortulano.)
(2) *Carici.* C'est Quierzy-sur-Oise (Carisiacum), où les Merovingiens avoient un célèbre palais.

valier et lui dist qu'il alast aus barons, et leur commandast et deffendist que ils ne meissent main à Prothadie pour lui mal faire. Ce chevalier à qui il avoit commandé ce message, qui Uncelin avoit nom, ala aus barons et tourna la parole en autre sentence. Tous estoient là pour le fait faire, entour la tente le roy où Prothadie séoit, et jouoit aus tables (1) à un phisicien qui avoit nom Pierre. Lors leur dit Uncelin: « Ce » commande le roy que Prothadie soit occis, qui est con- » traire à toute pais. » Après ces paroles ils saillirent tous au pavillon, et occirent l'ennemi de pais et de concorde. Après alèrent au roy, et lui apaisièrent son cuer, et le menèrent à ce que il s'acorda à pais; puis départirent leur osts et retourna chascun en sa contrée.

(2) Après Prothadie, fu maistre du palais un autre qui Romain estoit de nation ainsi comme son devancier; Claudie avoit nom, sage homme et loial et de beles paroles estoit, joieux et aimable à tous, et de grant pourveance (3); mais moult cras et pesant: sa pais gardoit envers chacun, et bien qu'il eust telle manière de sa nature, toutes-voies devoit-il estre chastié par l'exemple de son devancier (4).

XIV.

Comment Brunehaut vengea la mort Prothadie, et comment le roy Clotaire, celui de Lombardie et celui d'Espaigne s'alièrent contre le roy Theoderic.

(5) Au douziesme an du règne Theoderic, Uncelin qui avoit esté cause de la mort Prothadie se garda mauvaise-

---

(1) *Aux tables.* Aux échecs. « Ad tabulas. » Le jeu des tables est pourtant plus exactement le *tric-trac*.
(2) *Fredeg.*, cap. 28.
(3) *De grant pourvéance.* « Providus in cunctis. »
(4) *Chastié.* Instruit, averti.
(5) *Aimoini lib. III*, cap. 92. — *Fredeg.*, cap. 29.

ment des agais Brunehaut : car elle fist tant que il eut un des piés coupés, et lui tollit-on tout ce que il avoit, tant que il fu en grant povreté. Volfus un autre riche homme fu occis par le commandement le roy et par l'incitement Brunehaut, à une ville qui est apelée Phareni(1) pour ce que il s'estoit assenti à la mort Prothadie. Le roy Theoderic reçut lors un fils d'une meschine, lequel le roy Clotaire leva de fons et eut nom Mérovée. Le roy Theoderic rapela lors d'exil Desier l'évesque de Vienne, puis le fist lapider par l'énortement Brunehaut et Aride l'archevesque de Lyon. Mais nostre Sire qui en gré reçut sa pascience, fist puis maint miracle à sa sépulture.

(2) En ce tems envoia le roy Theoderic ses messages à Bettric le roy d'Espaigne Les messages furent cet Aride l'archevesque de Lyon, Roccone et Eborin qui estoient deux grans seigneurs en son palais : par eus lui manda que il lui envoiast sa fille, et bien prist, s'il vousist, le serement des messages que elle seroit royne clamée tous les jours de sa vie. Le roy Bettric fu moult liés de ceste chose ; sa fille livra aus messages, avoir et joiaus lui chargea assez. Le roy Theoderic la reçut moult volentiers et moult en fu liés, une pièce de temps l'aima moult. Mais la desloiale Brunehaut fist tant par ses sorceleries, que il ne la connut onques charnelement ; plus fist le diable que elle le mena à ce que il lui tollist tout son trésor et ses joiaus, et la renvoiast en Espaigne. La dame avoit nom Mauberge (3). Moult fu le roy Bettric courroucié de ce que il avoit ainsi refusé sa fille ; pour ce manda au roy Clotaire que s'il avoit talent de vengier les vilenies que le roy Theoderic lui avoit fait, vo-

---

(1) *Phareni.* « Fariniaco. » C'est Favernay, en Franche-Comté, aujourd'hui département de la Haute-Saône.
(2) *Aimoini lib. III*, cap. 93. — *Fredeg.*, cap. 38.
(3) *Mauberge.* « Hermenborgam. » — *Fredeg.*, cap. 31.

lentiers s'alieroit à lui pour prendre vengeance de la honte que il avoit faite à sa fille. Le roy Clotaire s'accorda volentiers à cette chose; puis envoia ces mesmes messages au roy Theodebert pour savoir s'il s'accompaigneroit à eus en cette besoigne. Il respondi aus messages que volentiers le feroit. Après furent les messages au roy Agon de Lombardie pour savoir s'il voudroit estre le quatriesme, tellement qu'ils coureussent sus au roy Theoderic tout d'un acort, et lui tollissent règne et vie. Quant le roy Theoderic sut que ces quatre roys eurent ainsi fait conspiration contre lui, il en eut moult grant desdain. A tant retournèrent les messages en Espaigne à leur seigneur, et bien cuidièrent avoir fournie leur besoigne.

XV.

Comment S. Colombin fu envoié en exil par la desloiale Brunehaut.

(1) En l'an treiziesme du règne Theoderic et Theodebert, issi d'une île de mer qui est apelée Islande saint Colombin; au royaume Theodebert arriva, qui moult volentiers le reçut. Mais quant la vie et la bonté du saint homme fu conneue au païs, tant vint à lui de peuple de toutes pars, que il ne voulut là plus demeurer : car il désirroit sur toutes riens à mener solitaire vie. Pour ce se départi de ce païs, et s'en vint au royaume Theoderic, et habita en un lieu qui est apelé Lieu-berbis, (2) par la volenté le roy. Le roy mesme descendoit souvent à lui pour lui visiter : souvent le blasmoit le saint

---

(1) *Aimoini lib. III, cap. 94.* — *Fredeg., cap. 36.*
(2) *Lieu-berbis.* « Luxovium ou *Lussovium.* » Notre traducteur aura estimé qu'il falloit lire : *Locus ovium*, ce qui pourroit bien être en effet l'origine du nom de *Luxeuil.* Cette ville est dans l'ancienne Franche-Comté, aujourd'hui département de la Haute-Saône.

homme de ce que il avoit guerpi sa femme espousée et maintenoit en adultère autres foles femmes, qui pas à lui n'appartenoient : et pour ce escoutoit le roy volentiers ses chastoiements et ses saintes paroles. Brunehaut qui fu moult emflambée des amonnestemeus du deable qui en elle estoit, conçu grant ire et grant indignation contre lui. Saint Colombin vint un jour à elle pour son ire refraindre en une ville qui est apelée Bruquele (1) : mais toutes voies ala-elle encontre lui, quant elle le vit venir, ses deux neveus devant elle : si le pria que il leur donnast sa bénéiçon ; car ils estoient de royale lignée. Et il respondi que ils ne tiendroient jà le sceptre royal, pour ce que ils estoient bastarts. (2) Moult durement fu enflée la royne de cette parole que il eut dite ; elle commanda aus enfans que ils s'en allassent : elle mesme s'en alla tantost après eus. Saint Colombin s'en retourna à tant : comme il issoit de la sale, un tonnaire cheït soudainement si grant que il sambla que tout le palais croulast. Mais onques, pour ce, le serpentin cuer de la royne n'en fu espoventé ; ains en fu esprise de plus grant ire et de plus grant indignation vers le saint homme. Elle ne se povoit souffrir que le roy se mariast : car s'il preist une haute dame fille de roy, et délaissast les meschines qui estoient de bas et de povre lignage, elle avoit paour que elle ne fust abaissiée de tout honour et getée hors du royaume. Elle deffendi à saint Colombin et à ses desciples qui avec lui demeuroient, que ils issisent hors de leur moustier. Après commanda aus chevaliers et aus gens qui près d'eus demeuroient que ils ne les recéussent en leur ostel.

(1) *Bruquele.* « Burchariaco. » C'est *Bourcheresse*, alors maison royale, située à peu de distance d'Autun, vers Châlons-sur-Saône.

(2) Je ne puis m'empêcher de remarquer ici que cette réponse de saint Colomban étoit d'autant plus indiscrète, que plusieurs exemples antérieurs, entre autres celui de Thierry, fils de Clovis, attestoient que les bâtards n'étoient pas alors privés de la couronne.

Saint Colombin alla un jour à elle derechief pour la prier que elle rappelast le commandement que elle avoit fait pour le grever. Un jour que il vint là à une ville qui a nom Spinsi (1), il avint d'aventure que le roy estoit avec lui : il lui fu dit que le saint homme estoit au dehors des portes et que il ne voloit dedens entrer. Lors eut le roy grant paour du courous nostre Seigneur, et dist que ce estoit meilleure chose d'honorer l'homme Dieu, et donner ce que mestier lui seroit, que de desservir l'ire et le mautalent de notre Seigneur, en despisant ses serviteurs. Lors commanda que l'on lui apareillast à mengier, et que on lui administrast tout ce que mestier lui seroit : tost fu fait quant il l'eust commandé. Les serviteurs du palais lui aportèrent assez viandes pour lui et pour ses compaignons ; mais quant le saint homme les vit, il leur respondi et dist : « Si comme l'Escripture tesmoigne, les dons des félons ne sont » pas agréables à Dieu, pour ce ne doivent ses serviteurs re- » cevoir les dons de ceus que ils savent que il het. » Quant il eut ce dit, les vaissels en quoi les serviteurs avoient la viande aportée cheurent en pièces, et les vaissels aussi en quoi le vin estoit furent fraints (2) et brisiés, et le vin par terre espandu. Les serviteurs furent fortement espoventés : au roy retornèrent et lui racontèrent ce que ils avoient veu. Le roy qui moult eut grant paour vint au saint homme parler, avec lui son aieule Brunehaut ; il lui requist pardon de ses péchiés, c'est-à-dire que il priast à nostre Seigneur que il lui pardonnast ; et lui promist que il amenderoit sa vie désormais. Le saint homme apaisa son courage par les prou- messes qui le roy lui fist d'amender sa vie. Lors retourna arrière à son moustier : mais la promesse que le roy fist ne fist

---

(1) *Spinsi.* « Spinsia. » C'est *Epoisses*, aujourd'hui bourg du département de la Côte-d'Or.
(2) *Fraints.* Rompus.

nul fruit, car il se roula en l'ordure de luxure, comme il avoit devant accoustumé, et le cuer de la desloiale Brunehaut norri et endurci en sa malice, ne se refraignit onques pour la sainte correction : car elle fist tant que il fut envoié en exil en un chastel bien loin de son païs (1); puis le fist rapeler pour pis avoir et convoier en la grant Bretaigne, pour ce que quant il auroit la mer passée il ne retornast plus en France. Le saint homme qui avoit proposé que jamais en son païs n'enterroit, pour ce ne voulut pas aller en Engleterre ; ains s'en ala par le royaume de Theodebert droit en Lombardie. Là fonda une abaie qui est apelée Bobion (2); en peu de tems après trespassa de ceste mortele vie à la célestiale joie, vieux et plain de jours.

XVI.

Comment le roy Theoderic desconfit le roy Theodebert son frère, et comment il s'enfui à Couloigne.

(3) Le roy Theodebert qui cuida aucune chose aquérir et conquester sur le roy Theoderic son frère, esmut ses osts contre lui au quinziesme an de son règne : mais par le conseil d'aucun preudome qui de la pais pourchacier entre les frères se pénèrent, fu pris un jour de pais en un lieu qui est apelé Saloise (4) : là fut ordené que ils venroient un jour

---

(1) *Bien loin de son païs.* C'est-à-dire à Besançon, qui n'étoit guère éloigné de plus de dix lieues de Luxeuil. Au reste, notre traducteur n'a pas exprimé toute l'indignation exagérée d'Aimoin ou de Fredegaire. Le premier dit : « Eo usquè processit spiritus immanitatis ferox ut nepoti » suaderet sanctum Dei in oppidum Vesuntionum exilio relegari. »

(2) *Bobion.* Bobio, entre le Milanais et la Ligurie.

(3) *Aimoini lib. III, cap. 95. — Fredeg., cap. 37.*

(4) *Saloise.* Aujourd'hui Seltz, proche du Rhin, célèbre par ses eaux minérales.

à peu de compaignie (1), et amenroient de leurs plus grans barons et des plus sages, pour plustost acorder ensamble. Le roy Theoderic amena dix mil hommes tant seulement; mais le roy Theodebert amena trop plus grant compaignie de barons et d'autres gens, en propos de troubler la pais, si son frère ne lui otroioit sa volenté. Le roy Theoderic eut grant paour, quant il vit que il avoit amené si grant plenté de gent; pour ce s'acorda à la pais tele comme il la voulut tailler; mais ce ne fu pas de bonne volenté. L'accord fu en tele manière ordené, que le roy Theodebert auroit la comté de Touraine et de Champaigne (2), et les tendroit à tousjours-mais en ses propres ainsi comme les siens. Alors, se départirent et s'entrecommandèrent à Dieu en grace et en amour par semblant; mais le cuer ni la volenté ne s'i acordoit pas.

(3) En cette année entrèrent Alemans en la contrée des Veniciens : de cette gent estoient chevetains deux princes : l'un avoit nom Cambelin, et l'autre Herpin. A eus combatirent les Veniciens; mais vaincus furent et menés jusques aus montaignes; là se mirent à garant pour la mort esquiver. Ceus-ci passèrent outre, tout metoient à l'espée, villes ardoient et prenoient proies, pluseurs mirent en prison, puis retornère en leur païs chargiés de despoilles.

(4) En cette année occist le roy Theodebert sa femme, qui avoit nom Belechilde. Brunehaut lui avoit fait espouser cette femme et l'avoit achetée de marchéans, pour ce que

---

(1) *A peu de compagnie.* « Cum paucis. » Aimoin a ajouté au texte de Fredegaire ces mots qui rendent la pensée obscure.

(2) *De Touraine et de Champagne*; la bevue d'Aimoin a entraîné celle de notre traducteur. Le compilateur latin auroit dû dire avec Fredegaire : *Sugentenses, et Turenses, et Campanenses.* C'est-à-dire les habitans du Suntgaw, du Turgow et de la Champagne.

(3) *Aimoini lib. III, cap.* 96. — Au lieu *des Veniciens*, avec Aimoin, lisez avec Fredegaire *des Avenciens.* Ceux d'Avanches en Suisse.

(4) *Aimoini lib. III, cap.* 97.

elle estoit trop bele (1). Une autre en espousa après qui avoit nom Theudechilde.

Moult fu le roy Theoderic en grant désirier de prendre vengeance de son frère, qui sa terre lui avoit ainsi tolue : pour ce, se conseilla à sa gent comment il porroit le grever. Par le conseil de ses barons manda au roy Clotaire telles paroles : « Je bée à prendre vengeance de mon frère » des injures et des torts que il m'a fait, si j'estoie sûr que » tu ne lui deusses aidier : pour laquelle chose je te pri que » tu te tiegnes en pais, et que tu me promettes que tu ne lui » feras nul secours contre moi : et si je puis avoir victoire » et que je lui puisse tolir la vie et le royaume, je te pro- » mets loiaument que je te rendrai la duchée Dentelène (2) » que il t'a tolue à force. » (3) Le roy Clotaire s'acorda volentiers à cette chose, par la condition devant dite. Lors assembla ses osts le roy Theoderic à une ville qui est apelée Langres. Il prist tous les meilleurs chevaliers que il put avoir et toute la flour de son royaume, puis marcha à ost banie contre son frère. Par la cité de Verdun trespassa qui lors premièrement estoit commenciée, delà s'en ala droit à la cité de Toul (4). Là vint d'autre part le roy Theodebert à moult grant ost et à tout l'effort du royaume d'Austrasie. Lors assamblèrent à ba-

(1) *Trop*. Très.
(2) *Dentelène*. Ce duché, nommé pour la première fois par Fredegaire, est écrit *Dentilonis ducatus*, par l'auteur des *Gesta Dagoberti*. Suivant toutes les apparences, il comprenoit, à peu de chose près, ce qu'on a depuis désigné sous le nom de *Picardie*.
(3) *Fredegar.*, *cap.* 38.
(4) Il faut, dans la poursuite de ces marches, remonter au texte primitif, celui de Fredegaire. « Dirigensque per *Andelaum*, *Nasio* castro capto, *Tullum* civitatem perrexit. » Ainsi Theoderic s'avance vers Andelot, puis prend le château de Nasium, le *Naisil* du roman de Garin le Loherain, et entre dans Toul. J'ignore d'après quelle autorité Aimoin a mis à la place de l'*Andelaum* de Fredegaire, le « *Vernona* castrum, tunc » temporis ædificari cœptum. » Verdun ou Vernon n'étoient pas sur la route de Theoderic.

taille; fort estour et pesant y eut, et grant occision d'une part et d'autre. Mais à la parfin fu l'ost du roy Theodebert desconfi; quant il vit le meschief, il se mist à la fuite, la cité de Metz trespassa et les landes de Vosage (1); il vint à la cité de Couloigne. Le roy Theoderic se hasta tant comme il put de le suivre. Tandis que il chassoit son frère, il encontra S. Eleusin évesque de Magonce : le saint homme lui prescha tant que il se retrait et retourna, parmi Ardane trespassa, puis vint à une ville qui est apelée Tulbie (2). Et retorna plus volentiers, pour les paroles du saint homme parce que il savoit bien que il lui disoit pour son preu, que il l'amoit et haïssoit le péchié de son frère et sa folie.

En ces entrefaites le roy Theodebert qui à Couloigne s'estoit enfui, rapareilla de ses forces ce que il put; les Saisnes et les autres nacions d'Alemaigne la supérieure apela en son aide : puis vint à bataille (3) contre son frère au devant dit chastel de Tulbie; aigrement et longuement se combatirent. Le roy Theodebert se tint comme il put, la bataille soustenoit à grant meschief, bien que ses ennemis tronçonnassent ses gens comme brebis. Mais quant il vit que fortune lui fu contraire et que le domage grandissoit durement sur lui, il vit bien que il ne porroit longuement souffrir le faix de la bataille; il s'enfui et donna lieu à fortune et à ses ennemis; tous les siens se mirent à la fuite après lui.

(1) *Les landes de Vosage.* « Saltum Vosagum », dit Aimoin. — « Transito Vosago », dit Fredegaire. C'est les *Vosges*.

(2) *Tulbie.* Ici notre traducteur a mal démêlé l'obscurité du texte d'Aimoin. Le saint évêque de Magonce ou Mayence avoit excité Theoderic à poursuivre Theodebert, et c'étoit pour suivre ses avis charitables que de la campagne de Toul Theoderic marchoit par les Ardennes sur Tulbie, ou Tolbiac.

(3) *Puis vint à bataille.* Il falloit dire avec Fredegaire que Theodebert cessa de fuir quand il eut atteint Cologne, et que même ayant trouvé là un renfort de Saxons et de Turingiens, il accepta la bataille qu'on lui offroit.

Car gent concueillie de diverses nacions est tost desconfite, et mesmement quant ils n'ont point de chief. La plus grande partie fu occise en fuiant, le remenant s'enfui à Cologne avec le roy. Es premières venues de cette bataille avoit esté l'estour si aspre et si fort d'une part et d'autre, et si hardiment s'estoient entrevaïs, que les occis demeuroient sur les chevaus ainsi comme tout vifs, et que chéoir ne povoient pour les vifs qui les pressoient; et ils estoient boutés deçà et delà, comme la bataille les demenoit. Mais quant la partie Theodebert se prit à desconfire et les presses à laschier, les morts churent à terre à si grant plenté que les voies, les champs et les bois estoient couverts de morts et que à paine y parut-il si charoignes non (1).

XVII.

Comment le roy Theodebert fu occis en la cité par ceus du païs.

(2) Quant le roy Theoderic sut que son frère fu eschapé, il proposa que il le suivroit, pour ce que il pensoit bien que il auroit la guerre et les batailles afinées, si tel prince estoit occis. Lors se prit-il et les siens à l'enchacier, en la contrée de Ribuairie entra (3), tout ardit et gasta devant lui. Ceus de cette terre lui vinrent au devant, et le prièrent que il espargnast leur païs et que il ne le destruisist mie pour la coulpe d'un seul homme : car eus et la

---

(1) *Si charoignes non.* Sinon des charognes, ou cadavres.
(2) *Gesta regum Francorum,* cap. 38.
(3) *Ribuairie.* « In Ribuariorum fines. » (Almoin.) Sur le territoire des Ripuaires.

terre estoient toute à son commandement comme à celui qui l'avoit conquise par droit de bataille. Le roy respondi et dit ainsi : « Vous ne vueil-je pas occire, mais » Theodebert mon frère; et si vous voulez avoir ma grace » et que je espargne le païs, il convient que vous m'aportiez » son chief ou que vous me le rendiez pris. » Ceus-ci vinrent à Coloigne et entrèrent au palais; au roy Theodebert parlèrent en telle manière : « Ce te mande le roi Theoderic » ton frère, que si tu lui veus rendre la partie des trésors de » son père que tu as saisis, il retornera à tant en son païs » et déguerpira cette contrée. Pour ce, te prions que » tu lui rendes telle part comme il en doit avoir, et que » tu ne soufres pas que ce païs soit destruit pour ochoison » de cette chose. » Le roy s'assenti à eus certainement, et cuida que ils lui dissent vérité; au trésor où les grandes richesses estoient les mena. Tandis que il pensoit quel don il lui doneroit en manière que il n'en fust adomagié, l'un de ceus qui entour lui estoient tira l'espée et lui coupa le chief, après le geta hors par dessus les murs de la cité. Le roy Theoderic, qui bien aperçut cette chose, entra maintenant en la ville et prit toutes les richesses qui ès trésors estoient de long tems amassées. Après fit venir devant lui tous les haus hommes de la cité en l'églyse Saint-Gerion, pour les homages recevoir; à ce les contraignit que ils lui firent tous homage. Tandis que il prenoit les sermens en ladite églyse, il lui sembla que un homme le férist un trop grant coup du poing au costé. Lors se retorna devers ses gens, et leur commanda tantost que ils fermassent les portes du moustier, pour que nul n'en pust issir hors : car il cuidoit que quelqu'un des parjures le vousist occire. Quant les portes du moustier furent fermées, ses chambellans le despoillèrent de sa robe pour garder s'il avoit nule plaie : mais ils ne trouvèrent nul coup d'armes, fors seulement le signe d'un coup tout rouge, qui lui paroissoit au costé, et cuide-on que ce ne fu autre chose fors signe et démonstrance que il devoit mourir prochainement. Quant il eut les choses ordonées comme il lui plut, il parti chargé de grans despoilles; ses neveus, les fils de son frère, enmena et une de leurs seurs qui moult estoit bele : à Mets vint, là trouva Brunehaut son aieule qui lui estoit à l'encontre venue. Elle prit ses neveus les enfans du roy Theodebert et les occit tout maintenant; Merovée, le plus jeune de tous qui encore estoit en aube, féri si raidement à un pilier que elle lui fit la cervele voler (1).

XVIII.

Comment Brunehaut empoisonna son neveu le roy Theoderic.

Ainsi fu le roy Theodebert occis, lui et ses enfans, comme vous avez oï, en l'an de son règne dis-septiesme; bien que quelques auteurs aient escrit (2) que, après cette grande victoire que le roy Theoderic avoit eue de lui, il s'en ala outre le Rhin : et que quant le roy Theoderic eut prise Coloigne, il envoia après lui, pour le prendre, un sien chambellan qui avoit nom Berthaire : quant il l'eut pris et amené devant lui, il lui fit oster les garnemens royaus, puis l'envoia en exil en la cité de Chaslons : à ce Berthaire qui pris l'avoit, donna

---

(1) Aimoin, dans le récit de ces derniers événemens, n'a suivi ni les *Gesta regum*, ni *Fredegaire*; il a ajouté ce qu'ils n'avoient osé imputer à Brunehaut. Les *Gestes* laissent croire que ce fut Theoderic qui tua les deux enfans de Theodebert; Fredegaire ne parle que d'un de ses fils dans les termes suivans : « Filius ejus, nomine Merovcus parvulus, jussu » Theoderici adprehensus, à quodam per pedem ad petram percuti- » tur. » (Cap. 38.)

(2) *Aient escrit.* Entr'autres Fredegaire, le plus ancien de tous.

son cheval et une ymage roiale, (1) en guerredon de son servise.

(2) Le roy Theoderic rendit au roy Clotaire la duchée devant dite, selon ce que il lui avoit en convenant, pour ce que il ne fist nul secours à son frère contre lui. Mais après ce, quant il vit qu'il estoit sire des deus royaumes, et que tous les barons du royaume qui à son frère avoit esté obéissoient à lui volentiers, il lui remanda que il lui rendist la duchée que il lui avoit donnée : et si ce ne voloit faire, bien seust-il que il le greveroit prochainement en toutes les manières que il porroit.

(3) Tandis que le roy Theoderic demeuroit en la cité de Mets, il fu surpris de l'amour sa nièce que il avoit amenée de Couloigne : espouser la voulut ; mais Brunehaut lui deffendi ; et quant il lui demanda quelle offense et quels maus ce seroit s'il la prenoit par mariage, elle respondi que il ne devoit pas espouser sa nièce, fille de son frère. Quant le roy entendi cette parole, il fu merveilleusement courroucié et dit ainsi : « O toi desloiale, haïe de Dieu » et du monde, et contraire à tout bien, ne m'avoies-tu » donques fait entendre que il n'estoit pas mon frère et » que il estoit fils d'un cortiller? Pourquoi m'as-tu mis en » tel péchié que je l'ai occis et suis, par toi, homicide de » mon frère (4)? » Quant il eut ce dit, il tira l'espée et lui courut sus pour lui occire ; mais ceus qui entour lui estoient,

---

(1) *Une image roiale.* Notre traducteur a lu *statuta* ou *statura* au lieu de *stratura*, qui se prenoit dans le sens de notre *harnois* ou *équipement*. Voyez Ducange au mot *Stratorium.* 3.

(2) *Aimoini lib. III, cap.* 98.

(3) *Aimoini lib. III, cap.* 99. — *Gesta reg. Franc., cap.* 39.

(4) Pour admettre la vérité de cette querelle, il faut supposer la mort violente de Theoderic que dément Fredegaire, le plus partial des ennemis de Brunehaut.

se mirent au devant et l'enmenèrent en dehors de la sale. Ainsi eschapa du péril de mort.

De là en avant se pourpensa la desloiale Brunehaut comment elle pourroit vengier cette honte, et comment elle le pourroit faire mourir. Elle esgarda pour ce faire une heure que le roy se baignoit; aus ministres d'entour lui que elle eut deceue par promesses et par dons bailla poisons, et leur commanda que ils les tendissent au roy pour boire, quant il devroit issir du bain. Le roy but le venin que ceus-ci lui tendirent; tantost fu mort sans confession et sans repentance des grans péchiés que il avoit fais tout le tems de sa vie (1).

XIX.

Comment Brunehaut fu prise et au roy Clotaire présentée, et ses deus neveus occis.

(2) Quant tous les roys qui de la ligniée le fort roy Clovis estoient descendus eurent ainsi esté morts et occis, et ils eurent régné puis le tems leur bisaieul (3) entour cinquante et un ans, tous les quatre royaumes revinrent en la main le roy Clotaire fils du roy Chilperic (et père du bon roy Dagobert, qui puis fonda l'églyse de Saint-Denis en France (4).) Plus n'y avoit demouré de drois hoirs qui déussent estre

---

(1) Dans tout ce qui regarde Brunehaut, le traducteur de Saint-Denis a renchéri sur Aimoin; Aimoin a renchéri sur l'auteur des *Gesta*, et celui-ci sur Fredegaire, lequel a évidemment calomnié cette princesse en plusieurs circonstances. Fredegaire fait mourir Theoderic à Metz d'un flux de ventre. C'est lui qu'il faut croire ici.

(2) *Aimoini lib. IV, cap. 1.*

(3) *Leur bisaieul*, c'est-à-dire Clotaire, bisaieul de Theoderic et de Theodebert.

(4) Cette parenthèse est du traducteur; le reste de l'alinéa est d'Aimoin seul.

héritiers : pour ce convenoit par droit que toute la monarchie revenist à lui. Mais Brunehaut cherchoit moult comment Sigebert le fils Theoderic, qui bastart estoit, peust avoir le règne d'Austrasie, dont le siège est à Mets. Car ce Theoderic avoit eu quatre fils de meschines qui pas n'estoient ses espouses, Sigebert, Corbe, Childebert et Merovée : et pour ce que ils n'estoient pas nobles ni gentils par devers les mères, n'estoient-ils pas égaux de lignage, ni dignes de royaume gouverner. Autre raison y avoit pour quoi ils ne povoient régner : car on pensoit bien que Brunehaut en avoit un esleu, pour que il portast seulement le nom de roy sans nul autre povoir et que elle fust par dessus, pour le royaume gouverner et aus besoignes ordoner, et que elle eust la cure par dessus tous. Et les barons du païs ne vouloient pas estre si longuement au gouvernement d'une tele femme. Pour telles raisons ne povoit pas parvenir Brunehaut à ce que elle tendoit.

(1) En ces entrefaites, Ernoul et Pepin qui estoient les deus plus puissans des barons austrasiens, firent à savoir au roy Clotaire que il venist à l'encontre d'eus, au chastel de Cathoniac (2). Quant Brunehaut, qui estoit en un autre chastel qui avoit nom Garmat (3), sut que le roy Clotaire venoit en ces parties, elle lui manda et conjura que il issist du royaume le roy Theoderic que il avoit laissié à ses fils. Le roy Clotaire lui remanda que elle devroit asambler le parlement des barons, et se devroit à eus conseillier, comment elle devroit ouvrer des choses communes du royaume, et que il estoit tout préparé d'obéir à leur commandement et à leur ordonnance. Brunehaut s'aperçut bien que elle estoit deceue par

(1) *Fredegar.*, cap. 40.
(2) *Cathoniac.* Fredegaire dit *Antonnacum*, et Aimoin *Captonnacum*. On croit que c'est *Andernach*, sur le Rhin.
(3) *Garmat.* Le *Warmatia* d'Aimoin. C'est *Wormes*.

paroles et que elle avoit sa cause perdue, si elle s'atendoit à ce. Pour ce, envoia en Toringe outre le Rhin Sigebert l'aisné fils du roy Theoderic, et Garnier le maistre du palais, et Alboin l'un des plus grans maistres des Austrasiens, pour alier à lui les gens du païs contre le roy Clotaire. Elle eut souspeçon de Garnier le maistre du palais, qu'il n'eust traïson pourpensée contre lui et que il ne se tournast devers le roy Clotaire. Pour ce, manda par ses lettres à Alboin que il fist tantost occire Garnier. Quant il eut les lettres leues, il les desrompi et geta les pièces à terre. L'un des amis Garnier les recueilli et les assambla, et escrivi la sentence en ses tables (1), puis lui dit privéement le mandement Brunehaut. Garnier pensa bien que sa vie estoit en péril quant il eut cette chose oye. Lors se commença à pourpenser comment les fils Theoderic seroient occis et comment il se rendroit seurement au roy Clotaire. Quant ils furent venus à cette gent où ils estoient envoiés pour avoir secours et aide, il fit tout le contraire de la besoigne: car il leur tolli par ses paroles les cuers et les volentés pour que ils ne s'aliassent à Brunehaut ni à ses neveus. Quant il fu de là retorné, il vint en Borgoigne avec Brunehaut et avec son neveu Sigebert, là tourna à son accort tous les barons et les prélats privéement, par paroles telles que il avoit les Toringiens convertis. Et pour ce mesmement que ils avoient Brunehaut en haine pour sa cruauté et pour son orgueil, lui promirent-ils plus volentiers que ils estoient tous prests de faire sa volenté.

Quant Garnier eut ainsi sa besoigne atournée, il manda au roy Clotaire que s'il le voloit asseurer loiaument que il ne perdroit ni honeur ni vie, il venist hardiement, et que il lui

---

(1) *En ses tables.* C'est-à-dire : *Les transcrivit sur une tablette de cire.* « Ac in tabula cera illa transcripti, eidem sunt ostensi. »

rendroit les deus royaumes et toute la baronnie. (1) Lors vint Sigebert et les Borguignons en Champaigne près de la cité de Chaslons sur une rivière qui est apelée Ayne. Le roy Clotaire vint d'autre part avec ses Austrasiens : si avoit jà grande partie des barons du royaume d'Austrasie en sa compaignie qui à lui s'estoient tournés, et ainsi estoient nommés : Arethée, Roque, Sigoal et Eulane. Tous ceus-ci estoient ducs et les plus grans seigneurs de leur païs; ainsi furent les batailles ordenées d'une part et d'autre. En ce point que ils durent asembler, Garnier monstra signe à ceus qui de son accort estoient, comme il les en avoit devant prevenus. A tant se départi du champ avant que la bataille fust commenciée; tout ainsi firent ceus qui pas n'avoient plus grant talent de combattre que il avoit. Le roy Clotaire ala après tout belement, qui nul mal ne leur vouloit faire, pour ce que il savoit bien que ils seroient encore siens : ainsi alèrent avant et lui après jusques à une rivière qui est apelée Sagone (2). Là furent pris trois des fils Theoderic, Sigebert, Corbe, Merovée. Mais Childebert le quatriesme s'enfui et eschapa par l'isneleté (3) du cheval; ains puis ne sut-on onques que il devint. Le roy Clotaire repaira à une ville qui est apelée Rionne; sur une eaue siet qui a nom Vincenne (4). Là lui fu présentée Brunehaut et Theudeline seur le roy Theoderic, que Garnier et ceus qui de son accort estoient avoient prises. Lors fit le roy occire en sa présence Sigebert et Corbe les neveus Brunehaut. Mais il fit norrir Merovée diligem-

---

(1) *Fredegar.*, cap. 42.
(2) *Sagonne.* Saône.
(3) *Isneleté.* Rapidité.
(4) *Vincenne.* La Vigenne qui prend sa source à peu de distance de Langres et va se jeter dans la Saône, au-dessous de Gray. — *Rionne*, le *Rionna* d'Aimoin, est dans Fredegaire nommé *Rionova*. Je ne l'ai pas retrouvé.

ment et chièrement, pour ce seulement que il estoit son filleul.

XX.

Comment Brunehaut fut tormentée en vengeance des roys de France que elle avoit fait morir.

Le roy commanda que Brunehaut fust devant lui amenée, en la présence de toute la baronnie qui là estoit assamblée de France et de Borgoigne, d'Austrasie et de Normendie. Lors eut-il raison et ochoison de descouvrir la grande haine que il avoit de pieça contre elle conceue. Par quatre fois la fist battre et tormenter; après la fist metre sur un chamel, et la fist ainsi fuster (1) parmi tout l'ost. Avant que elle fust destruite, lui reprocha-il, voiant toute la baronnie, les cruautés et les très grandes desloiautés que elle avoit faites et parla en telle manière : « O toi, » femme mauldite entre toutes les autres femmes, soubtille » et engigneuse à controuver art pour le monde decevoir; » comment put onques entrer en ton cuer si grandes cruau- » tés et si desmesurée desloiauté, que tu n'aies pas eu honte » ni doutance d'occire, d'empoisonner ni de murdrir si » grandes et si nobles généracions des roys de France? — » Dix roys as fait mourir, dont les uns sont morts par ton » conseil, et les autres par tes propres mains; les autres par » poisons que tu leur faisois donner, sans les autres comtes » et ducs qui sont morts par ta malice. Tu dois périr pour » donner exemple au monde, qui es coupable de si grandes » félonnies. Nous savons bien que le roy Sigebert, qui fu » ton sire et mon oncle, se rebéla par ton conseil contre son » frère, pour laquelle chose il reçut mort. Merovée qui mon

(1) *Fuster.* Battre de verges.

» frère fu, eut la haine son père par toi, dont il morut de
» crueuse mort : le roy Chilperic mon père feis-tu occire en
» traïson par tes murtriers. Je ne puis raconter la mort de
» mon chier père sans dolour et sans larmes, de cui confort
» et de cui aide je demourois veuf et orphelin. Je ai honte
» de raconter les osts des frères charnels, les batailles des
» prochains amis et les mortelles haines que tu as semées
» ès cuers des princes et des barons ; comme le torment et la
» tempeste du palais et de tout le royaume, ne meus-tu
» la guerre entre tes neveus, si que l'un en fu occis ? car
» Theoderic qui tes paroles creoit, occist le roy Theodebert
» son frère, pour ce que tu lui feis entendre que il estoit
» fils d'un courtillier, et que il ne lui apartenoit de rien : son
» propre fils Mérovée occist-il aussi à ses propres mains par
» toi. Bien sait-on que l'aisné fils Theodebert ton neveu fu
» par toi occis : le moins âgé qui nouvelement estoit né et
» baptizié hurtas-tu si durement à un pilier, que tu lui feis
» les yeus de la teste voler : plus encore, le roy Theoderic ton
» neveu, par qui tu estois à honnour, empoisonnas-tu
» nouvelement : ses fils qui bastars sont nés pas ne devoient
» estre héritiers ; mais tu as esmeus contre moi bataille, des
» quels les trois sont jà péris par toi. Des autres occisions
» des ducs et barons, qui par toi sont avenues, ne parlerai-
» je ore mie. » (1)

Quant le roy eut toutes ces choses recitées devant le peuple, il se torna vers les barons et leur dist : « Seigneurs, no-
» bles princes de France, mes compagnons et mes cheva-
» liers, jugiez par quel mort et par quels torments doit mo-

---

(1) *Fredeguire* et les *Gesta* donnent le sommaire de ce discours. Il est bien dans le caractère des *rois Merovingiens*, qui firent toujours un grand usage de l'ironie atroce. — Un fils de Clovis, de Clotaire et de Chilperic pouvoit seul froidement accuser Brunehaut de la mort de ceux-là qu'il venoit de faire étrangler lui-même, sous les yeux de la malheureuse reine.

» rir femme qui tant de dolours a faites? » Ils s'écrièrent tous que elle devoit périr par la plus crueuse mort que l'on porroit penser. Lors commanda le roy que elle fu liée parmi les bras et par les cheveux à la queue d'un jeune cheval qui onques n'eust esté dompté, et traînée par tout l'ost. Ainsi comme le roy le commanda fu fait : au premier coup que celui qui estoit sur le cheval feri des esperons, il lança si raidement que il lui fist la cervelle voler des deux piés de derrière. Le cors fu traîné parmi les buissons, par espines, par mons, par valées, tant que elle fu toute dérompue par membres. Lors fu acomplie la prophétie Sebile(1) qui grant tems devant avoit esté dite, que Brunehaut vendroit d'Espaigne, par qui morroient grant partie des roys de France ; et qu'elle seroit dérompue des piés de chevaus.

XXI.

Des églises que Brunehaut fonda en son tems, et comment Austragesile fu archevesque de Bourges.

Ainsi feni la royne Brunehaut, femme exercitée et usée en la mort de ses prochains. Tantost comme ils estoient occis, elle saisissoit leurs trésors et leurs possessions. Le povoir et la prospérité des choses temporelles dont elle usoit à sa volenté la metoient en orgueil ; parquoi elle estoit élevée sur toutes autres femmes(2). Mais toutes-voies ne fu-elle pas si defrénée de tout en tout, que elle n'eut en grant révérence les églises des saints et des saintes, que le roy et les preudomes avoient fondées. Elle mesme fist fonder en

---

(1) *Sebille.* De la Sibylle.
(2) *Sur toutes autres femmes.* « Ut muliebris impotentia suprà modum sese extolleret. » (Aimoin.) Tout le reste du paragraphe est l'ouvrage d'Aimoin, qui ne l'avoit emprunté à *Fredegaire* ni aux *Gesta.*

son tems mainte abbaie et mainte église ; elle fonda l'abbaie Saint-Vincent au dehors des murs de Loon (1), une autre en la cité d'Ostun en l'honneur de saint Martin, dont Siagre, le noble évesque de la cité, estoit procurère de l'euvre en lieu d'elle (2). Mainte autre église fonda en autres lieux en l'honneur de saint Martin : car tousjours se fioit plus en lui et plus le réclamoit que nul des autres saints. Tant fonda d'églises et d'autres édifices qui encore sont, au royaume de France, en Avanterre (3) et en Bourgoigne, que l'on ne trouveroit pas légièrement que une seule femme en eust tant édifié à son tems.

En ce tems que elle régnoit, fleurissoient au royaume de France, en sainte opinion de bonnes œuvres, les saints Pères que je vous nommerai ; saint Etherie archevesque de Lyon, saint Siagre évesque d'Ostun, saint Desier archevesque de Vienne, saint Auvère évesque d'Aucerre, saint Autrene son frère évesque d'Orliens, saint Leu archevesque de Sens, et saint Colombin en ermitage, duquel nous avons dessus parlé.

(4) *Incidence.* Austragesile qui puis fu archevesque de Bourges, si comme nous le dirons ci-après, estoit un vaillant homme qui au palais avoit conversé au tems le roy Gontran, et avoit esté tant son familier que il tenoit la touaille pour ses mains essuier, quant il lavoit (5). Un jour fu accusé devant le roy sans raison par un sien ennemi qui faus estoit et desloial, comme il aparut après. Le crime, dont celui-ci l'inculpoit, estoit que il avoit fait escrits contre le

---

(1) *Loon.* Laon.
(2) *En lieu d'elle.* C'est-à-dire, avec les secours et la coopération de Siagre. « Usa necessarius ad hoc opus ministeriis venerabilis viri Siagrii, prædictæ urbis episcopi » (Aimoin.)
(3) *Avanterre.* En Austrasie.
(4) *Aimoini lib. IV, cap.* 2.
(5) *Quant il lavoit.* C'est-à-dire, quand il étoit prêt de se mettre à table.

roy (1) sans son congié : mais celui-ci le nia moult apertement. A ce vint la besoigne que le roy lui commanda que il se deffendist par gage de bataille, ou ille voudroit avoir ataint de trahison. Celui-ci reçu le gage, et dist que bien se deffendroit à l'aide de nostre Seigneur. Au matin se leva et fist porter ses armes au champ de bataille ; mais ce pendant alla faire ses oroisons au moustier Saint-Marcel et aus autres églises ; à un povre que il encontra donna s'aumosne ; puis se mist en oroisons, et pria à nostre Seigneur que il le conseillast. Le fruit de cette sainte oroison ne périt pas : car quant il s'en aloit au lieu déterminé où il se devoit combatre en la compagnie le roy, un message s'en vint au roy et lui dist que l'adversaire estoit cheu de son cheval, quant il couroit au lieu de la bataille et avoit le col pecoié (2). Moult fu liés le roy de ceste nouvele : lors se retorna devers Austragesile et lui dist : « Beaus amis, soiez liés et joiaus ; » car nostre Sire est ton champion pour que tes ennemis ne te » puissent nuire. » Puis ces choses, avint que il fu archevesque de Bourges : tant mena une sainte vie et honeste que le monde s'esmerveilloit de sa bonté et de ses vertus.

XXII.

Comment l'empereour Morice de Constantinoble vit l'avision en dormant.

(3) *Incidences.* Tandis que ces choses avinrent en France, Morice l'empereour de Constantinoble fu occis et ses trois fils, Theodesie, Thibert, Constantin, par un mal homme

---

(1) *Contre le roi.* Cela est inexact, Il falloit : *Au nom du roi.* « Quædam absque jussione principis, scripta fecisse. » (Aimoin.)
(2) *Pecoié.* Rompu. (*Mis en pièces.*)
(3) *Aimoin. lib. IV, cap. 3.* — *Paul Diac., lib. IV, cap. 8.*

qui avoit nom Focas. Cet empereour fu profitable à la chose commune, souvent eut victoire de ses ennemis ; les Huns, qui or sont apelés Esclavons (1), vainqui et surmonta maintes fois. Quant il estoit au plain povoir de son empire, il voulut metre avant et autoriser nouveles sanctions (2) et nouveles hérésies contraires à la divine foi. Plusieurs fois l'amonesta messire saint Grigoire, qui en ce tems estoit Apostole, que il s'amendast de ces choses ; mais onques amender ne s'en voulut, ains cueilli le saint homme en grant haine, pour ce que il le reprenoit de ses errours ; maintes vilenies que il ne povoit acomplir par fait lui dist-il de paroles, pour ce le chastia nostre Sire en la manière que vous orrez. Un homme qui avoit habit de moine demeuroit en la cité ; de l'une des portes de la ville jusques au milieu du marchié alla criant toute jour, une espée nue en sa main, que l'empereour Morice seroit occis de glaive. Quant il sut ce, il eut moult grant paour ; un sien ami apela, qui estoit l'un des prévôts de la justice et lui dist que il alast parler aus saints hommes qui habitoient en hermitage du désert : par lui leur envoia présens de cire et d'autres choses, et leur requist en toute humelité que ils dépriassent la miséricorde nostre Seigneur pour lui. Lui mesme estoit en oraison envers son Créateur et par jour et par nuit, et lui prioit que il le pugnist de ses meffais en ceste mortelle vie, avant que il le dampnast au grant jour du jugement, de mort pardurable. Le prévôt qui de l'hermitage retournoit, lui dist que les saints hermites lui avoient respondu que nostre Sire avoit oïe sa prière, et que il ne le pugniroit pas de mort pardurable, mais il lui toliroit l'honneur terrienne à grant honte. L'empereour toutes-voies eut grant joie de ce que il fu asseuré que il ne perdroit pas la joie de paradis. Nostre Sire,

(1) *Esclavons.* « Avari. » (Aimoin.)
(2) *Sanctions.* « Præceptiones. »

qui de lui eut pitié, lui fist tant de grace que il le voulut réconforter devant tribulation par une tele avision. Une nuit dormoit en son lit, et lui sambla que il fust ravi devant une image de nostre Seigneur qui estoit au portail du palais ; une voix oyt issir de cette image toute ainsi propre comme si ce fust d'homme vif, et dist : « Bailliez-moi Morice. » Lors saillirent les ministres qui entour lui estoient de telle forme et de telle clarté que il ne reconnoissoit pas ; devant la présence de cette image le menèrent. Lors sonna derechief une voix qui de cette image issit, et lui demanda lequel il avoit plus chier ou à recevoir en ceste vie les désertes de ses meffais, ou atendre jusques à la commune espreuve du jour du jugement. Morice respondit : « Bon Jhesu-Christ,
» qui as le monde racheté par ta passion et par ton précieux
» sanc, commande que je soie tourmenté avant la mort
» pour mes péchiés, si que je ne redoute pas ton avènement
» au grant jour du jugement et que je soie parçonnier (1) de
» la joie du paradis avec tes amis. » Lors dist la voix de cette image : « Livrez Morice, sa femme et ses enfans à
» Focas le chevalier. »

XXIII.

Comment il fu puni en sa vie pour ses meffais.

L'empereour s'esveilla à tant, forment commença à penser à cette avision. Lors commanda que on lui amenast Phelippe : ce Phelippe estoit son gendre ; aucunes fois l'avoit eu soupeçonneux par aucuns médisans, que il ne tendist à avoir l'empire ; si que ce Phelippe savoit bien que il avoit sa male veillance. Quant il oyt que l'empereour le mandoit

(1) *Parçonnier.* Compagnon. Les gens du peuple ont conservé le féminin *parçonnière.*

à telle heure, il eut grant paour que l'ire de l'empereour ne fust du tout consommée contre lui ; sa femme commanda à Dieu en pleurs et en soupirs, comme s'il ne la deust jamais veoir. Quant il entra au palais, l'empereour lui courut au devant et se laissa cheoir à ses piés, humblement le pria que il lui pardonnast tout ce que il avoit meffait envers lui par mauvais soupçon. Phelippe s'esmerveilla moult et fu tout esbahi de ce que il lui estoit avenu contre ce que il cuidoit ; il leva l'empereour de terre et lui dist : « Sire, » mais tu me pardones ce que je t'ai meffait ! » L'empereour lui redist : « Mais tu le me pardones ! » Lors lui demanda s'il savoit nul de sa gent ni de son ost qui fust apelé Focas. Toute l'avision que il avoit veue lui raconta, et Phelippe lui respondi que il ne savoit nul, qui chevalier fust et ainsi fust apelé ; mais un en savoit de la chevalerie de pié de la connestablie Prisce le séneschal, qui Focas avoit nom. En ce point demeura la besoigne : mais en peu de tems après l'empereour fist ses osts asambler pour ostoier sur une gent qui leurs convenances avoit brisiées, et les contrées des Romains envaïes. Quant ils furent entrés en la terre de leurs ennemis, l'empereour contraignist son ost à ce que ils se tenissent de rapiner et de tolir, et il ne leur livroit pas tels gages comme ils souloient avoir, sur tout il voloit que ils demeurassent tout l'iver entre leurs ennemis et en terre déserte. Pour ceste chose mut grant discorde et grant dissencion entre lui et ses gens : et furent esmeus les plus anciens chevaliers et les plus grans contre l'empereour, et commencièrent à murmurer, et à dire entr'eux que ce n'estoit mie chose que ils deussent souffrir, et que l'empereour ne les devoit pas ainsi oppresser ni grever, qui n'estoit de nulle noblesse, ni de nulle lignée des Romains ; et que pas ne souffriroient longuement un estrange tyran, pendant qu'ils avoient en leur ost qui bien les gouverneroit, et qui estoit du lignage des Romains. Quant ils eurent ainsi ceste chose pourparlée, ils s'en alèrent à ce Focas dont nous avons parlé, qui lors estoit centurion, c'est-à-dire qui estoit mestre et connestable de cent chevaliers : ils le prièrent que il receust la cure et le gouvernement de tout l'empire. Il ne s'en fist pas trop prier, ains la reçut moult volentiers. Lors lui ostèrent ses dras et lui vestirent la pourpre et les garnemens empériaus. Quant Morice, qui empereour avoit esté, sut ce, il chaï maintenant en despérance : mais toutes-voies il se reconfortoit ; car il savoit bien par l'avision que ce lui estoit à avenir. Pour ce donna lieu à fortune, et s'enfui en une île de mer, lui, sa femme et ses enfans. Focas l'empereour envoia après lui, et le fist occirre, lui et sa femme et ses enfans. En telle manière acompli le songe.

(1) Messire saint Grigoire qui lors estoit apostole, quant il sut que Focas fu empereour, envoia à lui et à dame Leusthèce (2) l'auguste, une épistre qui moult estoit bele et plaine de paroles de gratulacion et de joie. Et au tems de cet empereour trespassa-il à la gloire Dieu, plein de saintes œuvres, comme celui qui enlumina sainte Eglise par ses divines escriptures et sa sainte doctrine. La dignité reçut après lui un autre qui avoit nom Sabinien, un an et un mois dura. Celui qui après lui fu, eut nom Boniface. Ce Boniface fu celui qui requist à Focas l'empereour que l'église de Rome fust chef de toutes les autres. Car les Grecs voloient dire à ce tems de lors que l'église de Constantinoble devoit estre première, et avoir le siège et la prérogative sur toutes autres églises. L'empereour fist sa requeste et commanda aus Grecs que il cessassent de ceste présomption : car l'église de Rome devoit par droit estre chef et maîtresse de toutes autres. Une autre chose impétra-il vers Focas l'empe-

---

(1) *Aimoini lib. IV, cap.* 4.
(2) *Leusthèce.* « Leontia. »

reour, que un temple de Rome qui estoit apelé Panthéon, en quoi les anciens paiens soloient sacrifier à toutes leurs ydoles, fust nettoié et sacré en l'honneur de nostre dame sainte Marie et de tous saints et de toutes saintes.

XXIV.

Comment Romilde trahist sa cité et ses enfans, pour acomplir la volenté de sa chair.

(1) *Incidence.* En ce tems avint que Cachane le roy d'Esclavonnie (2) se combatit aus Lombars, leur duc occist qui avoit nom Gesuphe et grant partie de sa gent : sa femme qui avoit nom Romilde assist en une cité. Ce roy Cachane estoit moult bel homme : Romilde qui fu deçue de sa beauté, le convoita tant que elle lui rendist la cité, par tel convent que elle giroit une nuit avecques lui : la cité lui livra par telle manière. Quant il eut la cité prise, les richesses ravies, le peuple mis en chetivoison, il jut une nuit avec elle, pour ses convenances aquiter ; après la livra à douze de ses Esclavons qui tous la cognurent après le roy l'un après l'autre, et en firent leur volenté ainsi comme d'une femme commune. Après fist ficher en terre un grant pieu aigu et commanda qu'elle fust assise sur la pointe. Ainsi fu enhastée parmi le corps en guerredon de ses merites, et puis dist : « Tel mari as-tu déservi à avoir. » L'exemple de la perdition de cette fole femme doit-on bien avoir en mémoire. Si ce roy fist un peu de cruauté et de trahison, il monstra bien par ce fait que celle qui fu cause de la trahison, lui desplut. Il se pensa, par aventure, que tost le feroit-

---

(1) *Aimoin. lib. IV, cap.* 5.
(2) *Esclavonnie.* « Rex Avarum, quem sua lingua appellant Cacanum. »

elle morir en trahison ou par venin, si elle estoit longuement avec lui, quant elle avoit trahi ses enfans mesmes et ses prochains. Ainsi péri la desloiale, qui eut plus chier à acomplir la volenté de sa chair, que elle ne pensa à la sauveté de ses enfans ni des citoyens de la ville. Ses filles n'ensuivirent mie la luxure de leur mère, mais l'amour de chasteté; et pour ce que elles ne fussent honnies et corrompues, elles prirent chairs pourries de poucins tout crus, et les mirent entre leurs mamelles, par dessous leurs chemises, pour esviter les atouchemens des barbarins, par la puanteur et la corruption de la pourriture de ces chairs. Ainsi comme elles le pensèrent avint-il : car quant cette gent les voloit atoucher par folie, ils se traoient bientost arrière pour la très-grant puanteur qui de la chair pourrie issoit : fortement les maudissoient et disoient que ces Lombardes puoient toutes. Puis en furent en grant honneur, si comme droit fu, pour ce que elles gardèrent nettement leur corps et leur chasteté : car l'une fu puis royne d'Alemaigne et l'autre duchesse de Bavière. Les fils que cette Romilde avoit eus de son seigneur, s'enfuirent, quant ils virent que la cité fu prise : le plus jeune fu pris d'un barbarin qui après lui corut, pour ce que il avoit plus prompt cheval que les autres. Celui qui l'enfant avoit pris ne le voulut pas occire, pour ce que il estoit trop jeune et trop petit, et pour ce que il estoit trop beau : car il avoit les yeux vairs (1) et les cheveux blonds et estoit de blanche charnure : il se pensa que il le garderoit pour lui servir. Quant l'enfant vit que celui-ci l'enmenoit en chetivoison, il prist à gémir et à soupirer, grant cuer et grant hardement recouvra en son petit corps : lors tira une petite espée que il avoit ceinte selon son âge, et que on lui avoit faite pour

___

(1) *Les yeux vairs.* « Micantibus oculis. »

soi user et exerciter. Celui qui l'enmenoit féri parmi le chief de telle force comme il put avoir : toutes-voies chait celui-ci à terre de ce cop. Quant l'enfant vit que il fu cheu, il torna la resne de son frain et s'enfuit après ses frères. Quant ils virent que il fu échappé des mains de ses ennemis, savoir peut-on que ils en eurent grant joie (1). Désormais retornerons à l'ordre de l'histoire.

XXV.

Comment la monarchie des quatre royaumes vint toute en la main du roy Clotaire; et comment il tint cour général des princes et des prélas de son royaume.

(2) Au trentiesme an que le roy Clotaire eut commencié à régner, revint en sa main la monarchie et toute la seigneurie des quatre royaumes qui, puis le tems le premier Clotaire son aïeul, n'avoient mais esté sous la seigneurie d'un seul homme. Ce Garnier, dont nous avons parlé, fist-il maistre de son palais, par lequel conseil il avoit le royaume de Bourgoigne conquis : serement lui fist que il ne le déposeroit ni autre en lieu de lui ne metteroit, tant comme il vivroit. Au royaume d'Austrasie en mist un autre qui avoit nom Radon, preudome et d'honneste vie : au royaume de Bourgoigne fist Erpon baillif et gouverneur. Cet Erpon estoit François ; pais et concorde aimoit sur toutes riens (3) ; les faits des mauvais punissoit asprement : à la parfin fu

---

(1) Tout ce chapitre a encore été emprunté par Almoin au récit de Paul Diacre, *liv. IV, cap.* 12.

(2) *Aimoini lib. IV, cap.* 6. — *Fredeg., cap.* 42.

(3) *Riens.* Choses. *Riens* n'est en effet que la traduction de *Res*, et la nécessité que le françois moderne s'est imposé de ne l'employer que précédé d'une négation prouve qu'il n'a pas changé de sens.

occis de ceus du païs pour ce, par aventure, que il soustenoit loyauté et justice, par le conseil Alethée et celui de Leudemont évesque d'une cité qui est apelée Sion. Le roy Clotaire et la royne Berthetrude vinrent à une ville qui a nom Maurelac (1). Lors commanda que l'on feist justice de tous les maufaiteurs qui léans estoient en prison. (2) Ce Leudemon évesque de la cité devant nommée vint un jour à la royne Berthetrude par le conseil Alethée, secrètement lui conseilla que elle feist porter ses trésors en la cité de Sion; car il savoit certainement que le roy Clotaire devoit morir en cette année; et si elle vouloit ce faire, Alethée qui estoit le plus haut homme et de la plus haute parenté de toute Bourgoigne, estoit apareillé de laisser sa femme et de la prendre par mariage, et de tout le royaume gouverner. Moult fut la royne courroucée de ces paroles, pour ce mesmement que l'on pensast que elle receust et se consentist à telles paroles et à telle desloiauté volentiers; du mautalent qu'elle eut s'en ala en sa chambre, et se coucha en un lit. Leudemon l'évesque s'aperçut bien que la royne estoit courroucée des paroles que il lui avoit dites, et sut bien que il en seroit mis à raison et trais en cause; pour ce s'en ala à un abbé preudome, qui avoit nom Austrases, et le pria que il feist tant vers le roy que il lui pardonnast le mautalent des paroles que il avoit dites à la royne. Le roy lui pardonna par les prières du preudome, et lui commanda que il retornast hardiement en son siège et n'eust garde de lui; mais Alethée fu mandé à court. Quant il fu en présence et devant tous les barons, le roy l'accusa de conspiracion, comme coupable de majesté

---

(1) *Maurelac*. « Maurologia », ou « Marolegia. » On croit que c'est *Marley*, maison royale, sous les deux premières races, située en Alsace; aujourd'hui *Marlheim*.

(2) *Fredegar.*, cap. 44.

et pour ce que il ne s'en put pas purger comme il dut, il fu condamné par le jugement de ses pairs. Le roy le fist prendre après le jugement, et lui fist le chief couper selon les lois.

Au trente-troisiesme an de son règne le roy semont à sa court Garnier le comte du palais et tous les barons et les prélas de son royaume de Bourgoigne ; aus uns donna grans dons, aus autres leurs péticions et leurs requestes, et fist tant que ils furent ses bons amis au départir.

Ci fine le quatriesme livre des Croniques.

CI COMMENCE LE QUINT LIVRE DES GRANDES CHRONIQUES.

I.

Des meurs le roy Clotaire; comment il absout les Lombars des treus que ils lui devoient.

(1) En la manière que nous avons devisé fu sire des quatre royaumes le roy Clotaire, fils du roy Chilperic, et fu le quatriesme roi chrestien à commencier au fort roy Clovis que saint Remi baptiza (2), et le huitiesme à commencier à Pharamont le premier roy des quatre premiers qui devant furent. Puis que il eut tant fait que il fu en la seigneurie des quatre royaumes entièrement, par la volenté des plus grans princes, il fist moult de nobles faits et eut moult de glorieuses victoires. Entre les autres choses fist-il un merveilleux fait, qui bien est digne de mémoire pour laisser signe et ramembrance de sa fierté et de sa puissance à ceus qui après vendront. Quant les Saisnes se rebelèrent contre lui, il se combati à eus, à souveraine déconfiture les mena par force d'armes, et les dompta tellement que il occist tous les hoirs males qui estoient plus longs que l'espée que il portoit en bataille. Pour ce le

---

(1) Ici notre traducteur abandonne ou intervertit le texte d'Aimoin pour s'attacher à celui des *Gesta domini Dayoberti*, que nous devons à un moine de Saint-Denis du VIIIe siècle. Voyez le *Discours sur les historiens de la première race*.

(2) Notre auteur oublie ici *Caribert*.

fist que la remembrance de ce fait chastiast (1) les autres qui encore estoient à naistre, si que ils ne se rebelassent pas légièrement contre leur seigneur. Tant estoit grande dèslors la puissance du roy et la hardiesse des François! Mais pour ce que nous ne volons pas corrompre l'ordenance de l'histoire, nous dirons plus plainement ci-après comment il fist ceste chose. (2) Ce roy Clotaire fu moult gracieux et bien morigené, homme fu de grant patience : Dieu douta sur toutes riens, sainte église et ses ministres essauça et enrichi de grans dons : large aumosnier fu et débonnaire et piteux à toutes gens, introduit estoit en lettres : noble combateur et hardi estoit en armes ; chaces de bestes sauvages au bois maintenoit assiduement.

(3) Ci endroit requiert l'ordre de l'histoire que nous racontions comment et pourquoi les Lombars paièrent long tems au roy douze mille livres par treuage, et comment ils perdirent deux de leur cité, Auguste et Seusye (4), que les roys de France tinrent, tant comme ils paièrent ce treu (5). Long tems advint après la mort du roy Clep de Lombardie, que tous les princes de la terre establirent ducs de commun acort pour le peuple gouverner, qui tel povoir avoient comme les roys qui devant avoient régné. Lors advint au tems le roy Gontran de France que ces ducs de Lombardie assemblèrent grans osts, et entrèrent en la terre ce roy Gontran par force d'armes ; assez y firent de leurs volentés. Car ils trouvèrent la gent du païs dépourveue et s'en retournèrent à grandes proies et à grant gain ; et pour ce que ils curent ce fait, perdirent-ils les deux devant dites cités qui

(1) *Chastiast.* Instruisit.
(2) La fin de cet alinéa se trouve également dans Fredegaire, *cap.* 42.
(3) *Aimoini lib. IV, cap.* 7. — *Fredeg., cap.* 45.
(4) *Auguste et Seusye.* Aost et Suze.
(5) La fin de cette phrase est mal traduite, ou plutôt il eut fallu supprimer les six derniers mots.

siéent en la marche du royaume de Bourgoigne et marchissent aus Lombars. Lors ordenèrent qu'ils enverroient douze messages en Constantinoble pour confirmer pais et aliance à l'empereour Morice ; aussi envoièrent en France au roy Gontran et au roy Childebert son neveu, pour requérir leur amitié et leur compaignie, par douze mille livres chacun an ; et leur commandèrent que s'ils apercevoient que ils pussent avoir leur concorde et leur amour par cette promesse, ils se travaillassent en toutes manières à ce que ils eussent leur bonne volenté, et que la concorde fust confirmée. Quant tous leurs messages furent retournés et d'Orient et d'Occident, ils se soumirent à la seigneurie de France et en leur garde, et pardessus le treu leur donnèrent une valée qui a nom Amitège (1). Quant ces ducs eurent long-tems régné, les barons et les communs du païs eslurent un roy pour eus gouverner, ainsi comme devant, qui eut nom Agihulphe ; jusques au tems de ce roy paièrent tousjours le devant dit treu. Ce roy envoia en France au roy Clotaire qui à ce tems régnoit trois messages, Aguiolphe, Gauton et Pompée, par lesquels il requéroit que les treus que les Lombars avoient si longuement paiés leur fussent quités. Mais les messages, qui bien virent qu'ils ne porroient rien faire de leur besoigne sans grans dons, donnèrent jusques à la valeur de trois mille livres à ceus que ils cuidèrent du plus estroit conseil du roy : au roy donnèrent trente-six mille livres et le prièrent que il voulust quiter ce treuage : et le roy (qui fu piteux et débonnaire) (2) les franchi de ce service. A tant s'en retornèrent les messages, qui bien eurent leur besoigne faite.

---

(1) *Amitège.* « Ametegis cognomine. » Aimoin et Fredegaire. Paul Diacre, qui le plus souvent copie Fredegaire pour les choses de France, n'a pas dit un mot de ces tributs et de la cession de ces territoires.

(2) Cette parenthèse n'est pas dans le latin.

II.

Comment l'enfant Dagobert esmut le cerf (1) *qui s'enfui sur le corps saint, et comment dame Catulle les mist en sépulture.*

(2) Le roy Clotaire eut un fils de la royne Berthetrude qui eut nom Dagobert. Cet enfant estoit moult beau et moult gracieux, et digne en sens et en force de gouverner le royaume de France après son père. Tandis qu'il estoit encore en enfance et en discipline, le bailla le roy Clotaire à saint Ernoul qui en ce tems estoit évesque de Metz, pour le garder et norrir et enseigner, et introduire en bonnes meurs et en la doctrine de la foi de sainte église. Après ce, advint que l'enfant ala chacier en bois, selon la coustume de François, qui volontiers se déportent en tel déduit. Un cerf esmut, qui assez légèrement fu trouvé; la tourbe des chiens suivit après ainsi comme par estrif (3), aboiant, glatissant : et le cerf qui fu de telle force et légièreté comme telles bestes sont, s'efforçoit en toutes manières pour que les chiens le perdissent et que il leur eschapast : tant corut comme il put par valées, par bois et par landes, et traversant toutes rivières qui lui furent au-devant : tant eut jà couru et fu il si las que il ne put plus. Lors se trait à un hamel, où il n'i avoit que une rue apelée la rue Catullienne (4), et cinq mille avoit de cette rue jusques à la cité de Paris, qui dès long-tems devant estoit siège et cité du royaume et en

---

(1) *Esmut.* Fit lever.
(2) *Gesta Dagoberti, cap.* 2.
(3) *Estrif.* Lutte.
(4) *La rue Catullienne.* « Ad vicum qui Catulliacus dicitur se contulit. » (Gesta Dagoberti.) Le traducteur s'est embrouillé dans le mot *vicus*, qui signifie rue et village. *Catulliacum* ou *Cateuil* est aujourd'hui la rue *Catullienne*, à l'extrémité de la ville de *Saint-Denis*.

laquelle les roys de France avoient tousjours acoustumé à demeurer et porter couronne.

(1) Grant tems avant que ces choses avinssent, (qui avinrent en l'an de l'incarnation six cent vingt-neuf,) avoient jà esté martiriés saint Denis, saint Rustic et saint Eleuthère au pié d'une montaigne qui a nom Monmartre, près de la cité de Paris, des quels compaignons l'un estoit prestre, et l'autre dyacre. Martire souffrirent desous l'empereour Domicien, qui second après Noiron (2) fist tant de persécutions aus crestiens. Une bonne dame nommée Catulle manoit en cette rue au tems que ce advint, et estoit apelée la rue Catullienne par la raison de son nom : elle prist le corps saint Denis premièrement, et puis le corps de ses deux compaignons (3) en la manière que nous vous conterons. Vérité est quant le glorieux saint Denis et ses deux compaignons furent décolés, que il porta, par le conduit des anges, entre ses mains son propre chief qui lui eust esté tranchié, parmi le col, d'une coignée rebouchée et mal tranchant selon le commandement du prince, jusques en la rue Catulliene, dont vous avez oï. Les paiens firent prendre le corps de ses deux compaignons et mettre en sac, et commandèrent qu'ils fussent getés en Saine au plus parfont que on y pourroit trouver. Ceus à qui il fu commandé, les prirent et comme ils les portoient ainsi pour ruer en Saine, pour ce que il ne fust jamais d'eus nule mémoire, et que les crestiens qui jà créoient en la foy, ne les eussent en révérance, ils tournèrent, si comme Dieu voulut, en la maison de cette matrone Catulle. La bonne dame qui jà créoit fermement en la foi, non mie apertement

---

(1) *Gesta Dagob.*, cap. 3.
(2) *Noiron*. Néron.
(3) Le récit du miracle de Saint-Denis n'est pas dans le *Gesta Dagoberti*. Hilduin, moine du huitième siècle, est le premier qui semble l'avoir écrit.

pour la paour des paiens, s'aperçut et sut certainement que ce estoient les cors des martirs saint Rustic et saint Eleuthère; tant donna à boire à ceus qui porter les devoient, que ils furent yvres et ils s'endormirent. Lors osta les sains corps du sac, elle fist metre deux pourceaux dedans, et cil s'en tournèrent ainsi, qui onques ne s'en aperçurent : et la dame prist tous les trois corps saints et les mist en sépulture au plus honourablement que elle put et au plus céléement, pour la paour des mescréans. Desous le lieu où le très-précieux trésor estoit mist enseigne, pour que ceux qui après vendroient y sussent assener en aucun tems. En tele manière jurent en terre cinq cent et trente-trois ans, et les lieux n'avoient nule noblesse ni nul ornement, lors la renommée tant seulement. Et jà soit ce que les anciens roys de France eussent donné aucunes choses pour le lieu maintenir honestement, pour les miracles que nostre Sire y faisoit assiduement, il n'estoit nul qui les administrast comme il deust. La raison si estoit pour ce que le lieu estoit au tems de lors en la juridiction de l'évesque de Paris, qui donnoit le bénéfice à telle personne comme il lui plaisoit : et ceux à qui il estoit donné entendoient plus aus preus temporels (1), comme plusieurs font en ce jour, que ils ne faisoient à servir les martirs ni à tenir le lieu honestement. Une povre chapelete et petite couvroit les martirs, que madame sainte Geneviève avoit jadis faite par grant dévocion, si comme l'on disoit. Mais si comme nous dirons ci-après, les noms et la mémoire des glorieux martirs fu seue et révélée, pour ce que elle profitast au monde. Et, comme nostre Sire mesme procura, le lieu qui si grant patron gardoit en tel vilté, fut après tenu en souveraine honneur et en souveraine révérence. (2) Mais pour ce que je

(1) *Aus preus temporels.* Aux profits temporels.
(2) *Gesta Dagoberti, cap.* 4.

revienne en mon propos, le cerf qui longuement avoit
été parmi la rue deçà et delà, entra en la fin dedens la chapelete des martirs, droit sus les tombes se coucha, comme
celui qui moult estoit lassé. Les chiens qui suivi l'eurent
par traces accoururent là tout droit glapissant et aboiant,
et trouvèrent l'entrée aussi ouverte comme le cerf l'avoit
trouvée : et bien que nul que l'on pust choisir par euil (1)
leur interdist l'entrée, ils ne purent dedens entrer.
Car les glorieux martirs deffendoient leur habitacle, que
il ne fust brisié ni ordé par bestes qui pas n'estoient
netes. Lors véissiez le cerf reposer seurement ; car il sentoit bien que il estoit arrivé à seur refuge, et que il
avoit bons deffendeours. D'autre part véissiez les chiens
courir et recourir tout entour en glapissemens, qui en-
seignoient aus veneours la présence du cerf par leurs cris
et par leurs abais, et en la maison ne povoient entrer. En
ce point vint le vallet Dagobert (2) tout eslaissié sur le grant
chaceour (3), fortement se commença à esbahir de la
merveille que il véoit. Cette chose fu espandue par tout le
païs, et quant la vérité fu certainement seue, le peuple en
fu tout esmu et le lieu tenu en plus grant révérence ;
Dagobert mesme l'honnoura sur tous autres. Car ce peut-on
savoir par ce qu'il fist après que onques lieu ne lui fut si
doux ni si délitable comme celui-ci.

(1) *Choisir par euil.* Apercevoir.
(2) *Le vallet Dagobert.* Le jeune Dagobert. *Vallet* se disoit alors surtout
des jeunes nobles qui n'étoient pas encore chevaliers.
(3) *Chaceour.* Cheval de chasse.

III.

Comment Dagobert coupa la barbe de son maistre, et comment son père le cuida prendre sur les tombes des corps saints.

(1) Au trente-sixiesme an du règne le roy Clotaire morut la royne Bertetrude la mère l'enfant Dagobert. Moult fu le roy courroucié de sa mort, car il l'amoit de grant amour. Tous les princes et les barons l'avoient moult amée et plaignoient fortement sa bonté et sa courtoisie. Une autre espousa qui avoit nom Sichilde : de lui en eut un fils qui eut nom Haribert. (2) Dagobert le noble damoiseau amendoit et croissoit de jour en jour en bonté et en bonnes meurs, ainsi comme il faisoit en âge, et donnoit bonne opinion au monde par ses bonnes enfances, que il fust profitable à gouverner le roiaume de France après le décès de son père. Le père lui bailla un maistre qui avoit nom Sadragesile pour lui garder et enseigner selon la coustume de haut prince, pour ce que il le cuidoit bon et loial : et l'avoit-il mis en tele honour que il lui avoit donné la duchée d'Aquitaine. Mais lui qui de bas en haut fu monté devint orgueilleux pour la hautesse de si grant dignité, et conçut en son cuer une envie et un orgueil contre l'enfant Dagobert son droit seignour, et monta en si grant folie et en si très-grant présumpcion que il tendoit à avoir le roiaume par le povoir que le roy Clotaire lui avoit donné; et bien que feignant par samblant d'amour le faux courage que il avoit vers l'enfant, si ne put-il pas longuement céler ce qu'il avoit empensé; mais n'osoit descouvrir son propos parfait pour la paour du roy Clotaire;

---

(1) *Aimoini lib. IV, cap. 8. — Gesta Dagob., cap. 5.*
(2) *Gesta Dagob., cap. 6.*

toutes-voies monstroit-il à la fois la haine que il avoit vers l'enfant par les despis que il lui faisoit. Et pour ce que il véoit bien que l'on s'en apercevoit, metoit-il cette excusacion avant et disoit que l'enfant estoit encore trop jeune, et que il le convenoit vuitoier (1) et tenir sous pied, pour ce que son cuer, qui estoit encore trop rude et trop enfantif, ne s'enorgueillit de la soubmission des princes, et que la trop hastive seignorie ne rappelast son cuer de l'escole et de l'estude de sens et de doctrine. Tout ce fu conté à l'enfant Dagobert par ceus qui bien s'en apercevoient. Et tout l'aperçut-il bien de soi-mesme; toutes-voies en eut-il plus grand entente par la sentence d'autrui. Et pour ce que il en fust encore plus certain, il se pensa que il l'esprouveroit, et que il querroit tems et lieu d'essaier quel cuer il avoit vers lui. Si advint un jour que le roy Clotaire alla chacier ès forêts bien loingtaines, et que l'enfant et son maistre demourèrent au palais; et quant l'enfant vit que il fu tems d'acomplir son propos, il appela son maistre et lui dist que il mengeast avec lui privéement; et cil qui ne baoit à avoir moins que le roiaume qui à l'enfant devoit venir, s'asist droit encontre lui et ne lui porta pas tel honnour comme il deust. L'enfant lui tendit la coupe pour boire par trois fois; et cil qui jà estoit digne de vengeance dès que il l'eut la première fois receue, la prist de sa main, non mie en la manière que on la doit prendre de son seigneur, mais ainsi comme on la prent de son compaignon. Quant l'enfant vit ce, et il fu bien certain de la vérité, il commença à descouvrir son courage et à dire que il estoit desloial vers son père et vers lui, envieux et haineux à ses compaignons; que il ne soufferroit plus les molestes et les despis que le serf élevé par richesses faisoit vers son seignour, et que il

---

(1) *Vuitoyer*. Humilier.

se vengeroit de lui avant que il montast en plus grant orgueil. Lors commanda que il fust fortement battu, et il prist un coutel et lui coupa la barbe à tous les grenons (1). En ce tems estoit le plus grant dépit et la plus grant honte que l'on peust faire à homme comme de la barbe couper. Lors put Sadragesile savoir combien il estoit loin de la dignité à quoi il tendoit, qui un peu devant béoit à avoir le roiaume, par le grant povoir en quoi il estoit monté soudainement.

(2) Au soir retorna le roy Clotaire de chacier. Celui-ci s'en vint devant lui si deshonesté comme il estoit ; au roy fist sa complainte en plourant de ce que on lui avoit fait et de celui qui ce lui avoit fait. Moult fu le roy courroucié de la honte de son prince (3); son fils prist à menacier ainsi comme tout forscené, et commanda que on l'amenast. L'enfant qui jà savoit le mautalent son père envers lui, ne sut que il peust faire ; car il ne povoit et ne devoit contester à son père. Lors se porpensa que s'il povoit tant faire que il fust dedens la maisonnete des martirs, il n'auroit garde et ainsi pourroit eschiver le mautalent de son père. Par là s'en vint à garant et se mist dedans la chapelle ; ainsi monstra bien par ce fait que il avoit espérance que ceux le peussent garantir qui avoient leur maison deffendue des chiens. Il ne fu pas déceu de son espérance, car il advint tout ainsi comme il le pensa.

(4) Quant son père sut que il s'en estoit là fui, il fu plus courroucié que devant ; sergeans à pié y envoia et leur

---

(1) *A tous les grenons.* Avec toute la moustache. L'auteur des *Gesta* ne parle que de la barbe, mais il ajoute également : *Ea enim tunc præcipua erat injuria.* Ce qui prouve assez bien qu'il n'étoit pas contemporain de Dagobert.
(2) *Gesta Dagob.*, cap. 7.
(3) *De son prince.* « Ducis sui motus injuriis. » (Gest. Dag.)
(4) *Gesta Dagob.*, cap. 8.

commanda que ils l'amenassent tout maintenant. Ils se hastèrent d'acomplir son commandement; mais quant ils furent à demie lieue près, ils ne purent avant aler. Au roy retournèrent, lui contèrent ce que il leur estoit avenu, et ce que ils avoient souffert, et ce qui les avoit empeschié, par la divine puissance. Il ne les crut pas, ains cuida que ils eussent trespassé son commandement pour espargner à son fils; les seconds y envoia, et leur commanda que ils feissent sagement ce que les autres avoient laissié à faire par leur négligence. Mais tout ainsi comme il advint aus premiers, advint aus seconds; au roy retornèrent et lui contèrent ce mesme que les premiers avoient fait. Mais le roy fu de si très-grant fierté que onques ne refraignit l'ire de son cuer pour ceste chose; ains essaia à faire par lui-mesme ce que il ne put faire par ses ministres.

IV.

De l'avision Dagobert, et comment son père lui pardonna son mautalent par le miracle que il vit.

(1) Tandis que ces choses advinrent, l'enfant Dagobert qui estoit en humble prière vers les corps sains, s'endormit dessus leurs tombes; ainsi comme il dormoit enclin le visage devers terre, il lui fu avis que trois hommes s'eslevèrent devant lui, qui moult estoient de noble estature et vestus de robes resplendissantes, desquels l'un avoit blans les cheveux et sembloit estre de plus grant auctorité que nul des autres. Celui-ci l'araisonna et lui dist en telle manière: « O tu jovenciau qui ci gis, saches que nous sommes » ceus de qui tu as oy parler, Denis, Rustic, Eleutère, qui

(1) *Gesta Dagob.*, cap. 9.

» souffrimes martire pour l'amour de nostre Seigneur en
» preschant la foi crestienne; et gisent dessous toy nos
» corps en sépulture. Mais pour ce que la vilté de nos sé-
» pultures et la povreté de cette maisonnette a abaissiée
» et atainte nostre mémoire, si tu voloies promettre
» que tu aorneroies nos sépultures et les tenroies en plus
» grant honour, nous te délivrerions de la mesaise que
» tu sueffres pour la paour de ton père, et t'aiderions en
» tous besoins par la volenté de nostre Seigneur; et pour
» ce que tu ne cuides que ce soit illusions et fantaisie qui
» souvent adviennent en dormant, nous te donrons certains
» signes de la vérité. Car si tu fais ci endroit fouir en terre,
» tu trouveras nos sarcueils et lettres escrites dessus chacun,
» qui devisent quels sont ceus qui ci gisent. » A tant s'esveilla
l'enfant Dagobert, les noms qu'il avoit oys nommer retint
bien en son cuer; moult fu lié et esbaudi de la parole et du
confort que il avoit eu en cette avision et fist tout maintenant veux aus saints et aus martirs, que il accomplit puis
moult noblement.

(1) Le roy Clotaire qui voloit sachier son fils hors de la
maisonnette aus martirs par soi-mesme, s'aprocha du lieu
avec grant plenté de sa gent. Mais la divine puissance
qui aussi bien fait sa volenté des roys comme des autres
hommes, le chastia comme elle avoit fait les sergens
devant; et lui qui les autres reprenoit de mauvaistié, fu
fait mauvais ainsi comme ils furent; si put entendre par ce
fait que bien que il fust puissant, il devoit obéir à plus
puissant que lui. Car les martirs deffendoient leur oste qui
à eus s'en estoit fui à garant, et chastioient de loin ses
ennemis que ils n'approchassent de lui. (2) Moult fu le roy
Clotaire esbahi de cette merveille; il apaisa son cuer et mist

---

(1) *Gesta Dagob.*, cap. 10.
(2) *Gesta Dagob.*, cap 11.

jus sa grant ire, à son fils repaira en amour de père, la colpe et son mautalent lui pardonna entièrement. L'enfant issit hors, il revint au palais et eut l'amour et la grace de son père ainsi comme devant. L'enfant Dagobert qui bien eut la vertu des martirs aperceue, fu en grandes prières et en grandes dévocions vers les martirs, moult donna d'or et d'argent pour leur maison orner, grandes possessions et grandes rentes pour le lieu essaucer, comme nous dirons ci-après plus plainement.

(1) Le roy Clotaire apela son fils Dagobert peu de tems après, et le fist compagnon et parçonnier de son royaume. Au trente-neuvième an que il eut commencé à régner, tout le royaume d'Austrasie lui bailla à gouverner; mais tant en retint comme il en a par deçà la forest de Vosague et d'Ardane, entre Neustrie et Bourgogne (2).

Madame sainte Phare florissoit en ce tems en bonnes œuvres au royaume de France au diocèse de Meaux, en un lieu qui au tems de lors estoit apelé Eborie, et qui ore est dit Pharemoustier pour le nom de la sainte Vierge qui illecques habita en sainte conversacion et en veu de religion; et devant ce tems y avoit-elle demoré longuement, et y avoit donnée partie de l'héritage de son père, qui fu comte de Meaux et eut nom Agueric. Moult enrichit la glorieuse vierge l'église qu'elle fonda au lieu devant dit, de belles possessions et de grans fiés, si comme il apert en son testament qui encore est scellé du scel monseigneur saint Pharon de Meaux, son frère, au tems de lors évesque de Meaux. Entre lesquels dons de la vierge à l'église que elle eut devant fondée, elle donna les fiés et les hommages qui lui estoient deus par son héritage; c'est à savoir l'hommage du

---

(1) *Gesta Dagob.*, cap. 12.
(2) « Retinens sibi quod Ardenna et Vosagus versus Neustriam et Burgundiam excludebant. » (Gesta Dag.) *Vosagus*, les Vosges.

seigneur de Montmirail, du seigneur de Coucy, du seigneur de Tournant en Brie (1), du seigneur de Nangis qui au tems de lors estoit apelé monseigneur Miles de Courteri, du seigneur de Merroles sur Seine (2) qui siet au comté de Meleun, du seigneur de Chastiau-Villain, du seigneur de Centum (3) en Brie, et moult d'autres hommages de plus basses gens ; et si leur donna Champeaux en Brie et toutes ses apartenances et y mist nonnains de son abbaye, qui long-tems furent illecques en sainte conversacion, et y fonda une églyse en l'honneur de monseigneur saint Martin, qu'elle moult aimoit. Grant tems y demorèrent les nonnains jusque à tant que, par ne say quelle occasion, chanoines séculiers y furent mis qui ont ce mesme droit qu'elles y avoient, et sont en la subjection l'évesque de Paris. Messire saint Pharon, qui frère estoit de la glorieuse vierge, ensuyvit la sainteté de sa suer madame sainte Phare, et ce montra-t-il bien par faits et par euvres. Car lui qui estoit comte de Meaux, de la descendue de son père, devint clerc et puis évesque de la cité de Meaux, comme vous avez oy. A son temps il confirma l'exemption de la ville de Pharemoustier pour l'amour qu'il avoit à l'églyse et à sa suer ; et donna à l'églyse spécial privilége qu'elle peut connoistre et juger de toutes causes spirituelles, ainsi comme un juge ordinaire, et pourchassa que ce fust confermé de l'apostoile.

(4) *Incidence.* Au tems de cestui saint Pharon vint d'Escoce

---

(1) *Tournant.* C'est Tournan, aujourd'hui dans le département de Seine-et-Marne.

(2) *Merroles.* C'est Marolles-sur-Seine, aujourd'hui village du département de Seine-et-Marne, à sept lieues de Fontainebleau.

(3) *Centum.* Variante *Centivy.*

(4) Cette légende de S. Fiacre ne se trouve, comme celle de sainte Faro, que dans un petit nombre de manuscrits. Elles ne sont reproduites par *Aimoin*, ni par les *Gesta Dagoberti*.

messire saint Fiacre, et par sainte conversacion se fist tant connoistre à messire saint Pharon que il lui donna un lieu pour habiter secrètement et privément en sainte conversacion; lequel lieu est apelé le Breuil, qui estoit au patrimoine saint Pharon au diocèse de Meaux. Là demoura messire saint Fiacre le cours de sa vie et mourut illecques, comme confesseur, si glorieusement que grant plenté de miracles y resplendissent jusques aujourd'hui en cette terrienne vie, en mémoire de lui et en tesmoin de sa sainteté. En ce mesme tems vivoit saintement saint Coniber archevesque de Couloingne, saint Jehan évesque de Tongres, saint Souplice et saint Ysidore.

V.

Du descort du roy Dagobert et de son père; et puis de deux incidences.

(1) Le roy Dagobert vint en France du royaume d'Austrasie que son père lui avoit baillié, à grant compaignie de ses barons, aourné de toutes manières comme roy, par la volonté de son père; à Clichi desoubs Paris espousa Gomantru (2) la cousine de la royne Sichilde sa marrastre. Entour trois jours après les noces, sourdit contention entre lui et son père Clotaire. Car le roy Dagobert lui requéroit que il le laissast jouir de toutes les apartenances du royaume d'Austrasie; mais son père ne se vouloit à ce accorder. A la parfin firent compromission, et furent esleus douze François preudomes et loyaux, par lequel dit la conten-

---

(1) *Gesta Dagob.*, cap. 13.
(2) *Gomantru.* « Gomantrudem. »

tion du père et du fils devoit estre finée. L'un en fu Ernoul l'évesque de Metz et un autre prélat avec lui (1), pour ce que ils méissent pais entre le père et le fils, comme il apartenoit à sa sainteté (2). Tant firent l'évesque et le preudome (3) qui à ce avoient esté esleus que ils apaisièrent l'un et l'autre, et que il lui rendist ce qui apartenoit au royaume d'Austrasie. Mais toutes-voies en retint-il ce qui siet deçà la forest d'Ardane (4).

(5) *Incidence.* Au quarantième an du règne le roy Clotaire, un marchéant qui avoit nom Samon, François né de la contrée de Sens, ala en Esclavonnie en marchéandise en compagnie d'autres marchéans; là vint en ce point droit que les Esclavons, qui par autre nom sont apelés Guins (6), s'efforçoient et s'apareilloient moult durement à ce que ils fussent hors de la subjection et de la servitude des Huns, qui par autre nom sont apelés Avares. Car ils estoient sous eus en si grant vilté tenus que quant ceus-ci se combatoient encontre leurs ennemis, ils gardoient les tentes de ceus qui se combatoient, et leur faisoient aide quant mestier leur estoit; et si ne demouroit pas, pour ce, que ils ne leur féissent assez honte et persécucion : et tant leur estoient cruels,

---

(1) *Et un autre prélat.* « Cum reliquis episcopis. »

(2) *A sa sainteté.* Aux saintes habitudes d'Ernoul ou Arnoul.

(3) *L'évesque et le preudome.* « Tandem a pontificibus vel sapientissimis viris proceribus.... » (*Gesta Dagob.*)

(4) Cette dernière phrase traduit mal le texte latin d'Aimoin et des *Gesta Dagob.* « Reddensque ei solidatum quod aspiciebat ad regnum Austrasiorum, hoc tantum exinde quod citra Ligerim vel Provinciæ partibus situm erat, suæ ditioni retinuit. » Ainsi Clotaire ne se réservoit rien dans le royaume d'Austrasie.

(5) Aimoin., *lib. IV, cap.* 9. — Fredeg., *cap.* 48.

(6) *Guins.* « Sclavi qui etiam Winidi dicuntur. » (Aimoin.) Ce sont les *Venèdes* qui, selon Jornandès, avoient en effet la même origine que les Slaves et habitoient les bords de la mer Baltique. Voyez sur les Venèdes et les *Avars* les notes de la *Chronique de Nestor*, traduite par M. Louis Paris, bibliothécaire de la ville de Reims.

que tu ne cuidasses pas que ce fussent hommes qui commandassent à autres hommes, mais bestes sauvages qui commandassent à vils jumens. Entre les autres cruautés que ils leur faisoient, qui sont horribles à oïr, leur faisoient-ils une honte et un despit trop grant dont nul n'avoit onques oï parler. Car ils alloient en leur maison mesme ainsi comme pour yverner, si prenoient leurs femmes à force et se couchoient avec elles. Tels griefs et telles desconvenues leur faisoient, et tant avoient jà sourfait les Huns qui sont Esclavons apelés, que les enfants que les Guins avoient engendrés en leurs femmes estoient grants et parcreus (1); et quant ils virent les griefs que leurs pères meismes leur faisoient à eus et à leurs parrastres, ils ne les voulurent plus souffrir, ains s'apareillèrent à bataille contre leurs pères. En ce point vint au païs Samon et ses compagnons, dont nous avons là sus parlé, et fu de la partie aus Esclavons contre les Huns : desconfits furent les Huns par leurs enfans mesmes. En cette bataille fu ce Samon et ses compagnons si preus et si hardis, que ils donnèrent aus autres grant exemple de proesse et de chevalerie ; car ils s'abandonnèrent aus plus grants périls de la bataille, et fesoient merveilleuse occision de leurs ennemis. Pour sa proesse le prirent à roy les Esclavons ; car ils se délitoient merveilleusement en sa fierté et en sa hardiesse. En telle manière devint roy celui qui devant estoit marchéant ; trente-six ans régna puis et gouverna son royaume noblement, il vainquit puis maint fort estour, et pour ce que il usa tousjours de sage conseil fu-il vainqueur en toutes ses batailles ; douze femmes eut à son tems nées du païs et du lignage des Esclavons ; si en eut vingt-deux fils et quinze filles.

(1) Le latin porte seulement : « Verum illi qui de conjugibus Sclavorum et Hunis erant geniti, hoc malum nolentes perpeti, etc. »

28.

(1) *Incidence.* Adaloual, fils Agiulphe qui Agon estoit surnommé, roy des Lombars, régna après son père. Quant il eut régné dix ans avec la royne Theodeline sa mère, il devint hors du sens par un breuvage que un message l'empereour de Constantinoble, qui à lui estoit venu, lui donna ès bains ; ce message estoit apelé Eusébie. Par son conseil et par son amonestement commanda que jusques à douze des plus nobles hommes de Lombardie fussent occis. Quant les autres virent sa forsenerie, ils le chassèrent hors du païs et en couronnèrent un autre qui avoit nom Arioal (2); devant ce estoit comte de Tauringe (3) et avoit espousé Gondeberge la fille Ebroual le roy de Germanie (4). Cette dame estoit et bonne et belle, et si n'estoit pas sans la vertu de chasteté. Un jour advint que elle commença à loer un Lombart de beauté, qui estoit grant homme en son païs, Adalulphe avoit nom ; il sut que la royne avoit ainsi loé sa beauté et cuida que elle l'amast de folle amour : une heure s'aprocha d'elle et lui dist en l'oreille telles paroles : « Dame, » puisque il a plu à vostre bonne volonté que vous avez » loé ma beauté et mon estat, je vous prie que il vous plaise » que je soie compain de vostre lit. » La royne qui moult fu enflée et esmeue de cette parole se retorna vers lui et lui cracha au visage. Lors se douta que elle ne descouvrist cette chose : une grant traïson pourpensa ; il s'en alla au roy et lui dist en telle manière : « Roy, si tu me volois » escouter, je te diroie telle chose qui profitable te seroit. »

---

(1) *Aimoini, lib. IV, cap.* 10. — *Fredeg., cap.* 49.
(2) *Fredeg., cap.* 50 et 51.
(3) *Tauringe.* « Taurinensem ducem. » (Fredeg.) C'est *Turin.*
(4) *Germanie.* Le nom de *Turinge* mis pour celui de *Turin*, pousse ici notre auteur dans une seconde erreur plus grossière. Aimoin dit : « Cui » Gundeberga, Adaloaldi regis germana, in conjugium convenerat. » *Germana*, sœur germaine, a été pris pour *la Germanie.* — Au lieu d'*Ebroual*, comprenez : *Adaloual*, dont on vient de parler plus haut.

Le roy se traist à une part, et celui-ci lui commença à conter la traïson que il avoit pourpensée vers la bonne dame. « Tasson, » dist-il, « le comte de Toscane a parlé pri- » vément par trois jours à la royne, et si sai bien que ils » pourchacent que tu soies envenimé (1) et que il la pregne » après ta mort par mariage. » Le roy crut bien le traiteur, la royne fist tantost prendre et enserrer en un chastel de Ytalie qui est apelé Amello (2). Quant le roy Clotaire sut ce, il reprist le roy Arioal par ses messages et lui manda que il n'avoit pas fait droit, quant la royne sa femme, qui estoit de la royale lignée, avoit ainsi diffamée et deshonestée sans le cas examiner et sans le jugement des lois. Le roy Arioal respondit aus messages que il avoit droite cause de la tenir en prison. Lors lui dist l'un des messages, qui avoit nom Ansoual : « Roy, la vérité de cette chose sera tost » esprouvée, si tu veus consentir que aucun des amis la » royne se combatte pour elle contre celui qui le cas lui met » sus. » Le roy loua moult ce jugement et s'y accorda moult volontiers. Adalulphe reçut le gage, qui si grant paour avoit que il ne l'osa refuser. Aribert un des cousins de la royne envoia contre lui un chevalier qui avoit nom Pitton ; mais puis que ils furent mis ensemble, le traistre fu tantost vaincu et occis. En telle manière fu délivrée la royne Gondeberge, qui trois ans avoit jà esté en prison, et le roy la reçut en grâce ainsi comme devant (3).

(4) Au quarante et un an du règne le roy Clotaire, son fils le roy Dagobert gouverna noblement le royaume d'Aus- trasie : en son palais estoit un chevalier qui estoit du plus

---

(1) *Envenimé.* Empoisonné.
(2) *Amello.* Var. *Amiello.* Fredegaire dit Caumello.
(3) Il ne faut pas oublier que ce récit chevaleresque est extrait de Fredegaire, historien du septième siècle.
(4) *Aimoini lib. IV, cap.* 11. — *Fredeg., cap.* 52.

grant lignage de la terre, Rodoal avoit nom. Le roy lui donna assez richesses et le mist en grant estat, par le conseil saint Ernoul évesque de Metz et de Pepin le maistre de son palais (1). Mais celui qui pas n'usa sagement de l'honneur que le roy lui avoit faite, esmeut son mautalent contre lui par son outrage. Car il prenoit et toloit les autrui choses à force et sans raison; si fou et si orgueilleux estoit devenu que il donnoit loiale matière de détraction à ceus qui le haïssoient et qui envie lui portoient. Pour ces choses et pour semblables eut le roy en pourpos que il le feroit occire : mais Rodoal qui moult eut grant paour s'enfui au roi Clotaire, et le requist que il priast le roy Dagobert son fils que il lui pardonnast son mautalent et lui espargnast la vie. Le roy Clotaire l'en pria quant il le vit, et Dagobert promist à celui espérance de vie, s'il amendoit ses meffais. Ne sai combien de tems après, il vint avecques le roy Dagobert jusques en la cité de Treves : un jour il s'aprocha tant de l'huis de la chambre le roy (s'il avoit riens puis meffait, ce ne savons nous pas, car l'histoire n'en fait pas mencion), mais quant le roy le vit, il commanda à un sien chevalier, qui avoit nom Berthaire, que il lui coupast la teste sans demeure.

(1) Le chroniqueur traduit ici exactement Aimoin, mais Aimoin a mal entendu Fredegaire, qui fait porter l'adhésion de saint Arnould sur la punition et non pas sur l'élévation de *Rodoal*. « Chrodoaldus, in offensam Dagoberti cadens, instigantibus beatissimo viro Arnulpho et Pippino majore domus, etc. »

VI.

Comment le roy Clotaire secourut son fils Dagobert; et comment il occist le duc Berthoal.

(1) Le roy Dagobert qui estoit beau jovenceau, noble, preu et corageux en toutes forces et en toutes légièretés de corps, gouvernoit sagement le royaume d'Austrasie où son père l'avoit envoié, et venoit à chief de tous ses fais et de toutes ses emprises. Du conseil saint Ernoul usoit et d'un noble prince qui estoit maistre de son palais, que son père le roy Clotaire lui avoit baillé et avoit nom Pepin. Et les François Austrasiens, qui habitent vers le Rhin, ès souveraines parties de Gaules, c'est-à-dire ès derreniers parties du royaume de France, le reçurent moult volentiers et le couronnèrent à moult grant solemnité et à grant joie. De ce royaume d'Austrasie, dont le siège souloit estre à Metz, dient aucunes croniques que elle fu aucune fois apelée Loerainne, et que elle comprent toute Avanterre et toute celle première Alemaigne jusques au Rhin d'une part, et d'autre partie une part de Hongrie jusques aus marches d'Austeriche (2).

Les Saisnes qui tousjours sont rebelles et en pais ne puent estre, assamblèrent et concueillirent mainte nation et mainte manière de gent, et vinrent à merveilleux ost contre le roy Dagobert : un chevetain avoient qui avoit nom

---

(1) *Gesta Regum Franc.*, cap. 41. — *Gesta Dagob.*, cap. 14.
(2) Les textes latins disent simplement : « Austrasii vero Franci superiores, congregati in unum, Dagobertum super se regem statuunt. » Au lieu d'*Avanterre*, il faudroit lire, il me semble, *Avauterre*. Terre basse, pays des *Avalois*, cités fréquemment, comme dans ce vers du *Garin le Loherain* :

Li Avallois et cil d'outre le Rin.

le duc Berthoal : et le roy Dagobert, qui pas ne s'apareilla moins vigoureusement, trespassa le Rhin et vint à bataille contre eus. Ses ennemis qui fortement se combatoient lui rendirent pesant estour; car ils estoient trop grant plenté de gent. En cette bataille fu féru d'une espée parmi le hiaume; nule armure ne put le coup retenir que elle ne lui tranchast une pièce de la teste atout les cheveux, si que elle cheut à terre. Mais Achila son escuier descendi et la prist. Quant il senti que il fu ainsi blecié et vit que ses gens estoient malmis et afolés, il apela cet Achila l'escuier et lui dit : « Va tost à mon père » et lui porte la pièce de mon chief atout les cheveux, et lui » dis que il se haste de moi secourre avant que tous mon ost » soit occis. » Celui-ci trespassa le Rhin, et chevauça au plustost que il put jusques à la forest d'Ardanne à un lieu qui a nom Longulaire (1), où le roy Clotaire estoit lors. Quant il lui eut conté comment les choses estoient advenues, et il lui eut monstré la pièce de la teste son fils atout les cheveux, il fu angoisseux et troublé de la grant doleur que il avoit à son cuer. Tantost fit sonner trompes et buisines, et vint par nuit tout à l'ost des François, le Rhin passa à grant haste et vint à son fils. Quant le père et le fils et les deux osts furent ensamble, ils firent moult grant feste et moult grant leesce, les trefs et les tentes tendirent sur une eaue qui est apelée Wisare (2). Berthoal le duc des Saisnes, qui estoit de l'autre part du fleuve tout apareillé de recommencer la bataille, demanda à sa gent que ce estoit, quant il oït la noise et le tumulte que l'on faisoit en l'ost de France; ils lui respondirent que le roy Clotaire estoit venu son fils aidier, et pour ce faisoient les François telle joie. Lors commença à rire fortement et leur respondi : « Vous mentez,

---

(1) *Longulaire*. Aujourd'hui *Glaires*, au diocèse de Liége.
(2) *Wisare*. Le *Weser*.

» ce n'est-il pas ; mais vous le cuidiez pour la grant paour
» que vous en avez ; car nous avons oy dire que il est
» mort. » Le roy Clotaire qui estoit de l'autre part de
l'eaue, bien entendi ces paroles, son hiaume osta de son
chief, et aparut sa cheveleure qui estoit un peu blanche et
entremellée. Quant le chief fu du tout desnué, lors connut
Berthoal le roy, et lui commença à hucier par grant despit :
« Es-tu là, es-tu là, vieille jument chauve (1)? » Le roy qui
bien oy le reproche que il lui crioit, fu moult courroucié
et le porta grief en son cuer ; son destrier hurta des esperons, il se féri en l'eaue par moult grant mautalent, et passa
tout outre à nage du cheval. Quant Berthoal le vit
outrepassé, il s'enfui et le roy après, comme fier et
corageux. Le roy Dagobert et l'ost de France passèrent
outre après le roy Clotaire, qui tant chaça le duc Berthoal
que il l'ataignit et se combati à lui par grant vertu : quant
celui-ci vit que il le destraignoit durement, et qu'il ne
porroit à lui durer longuement, il lui commença à dire :
« O toi roy, retorne à ta gent, que je ne t'occie par aven-
« ture : car si advient que tu m'occies, l'on dira que
« le fort roy Clotaire a occis un sien homme et un sien ser-
» gent ; et si je t'occis, l'on dira que le roy Clotaire a esté
» occis par un sien sergent. » Onques pour si faites paroles ne le voulut le roy Clotaire laissier, ains se combatoit
tousjours plus aigrement et plus fortement. Les François qui
après chevauchoient, lui crioient de loin : « Roy, roy, con-

---

(1) *Vieille jument chauve.* Le texte latin des *Gesta Dagoberti* : « Tu hic eras, bale jumentum, » est ici mal rendu, et notre traducteur n'est pas le seul qui ne l'ait pas compris. Conféré avec la phrase précédente, *sa chevelure blanche et entremellée*, il signifie évidemment : *Es-tu là, jument, ou cheval bai?* C'est-à-dire ayant le poil blond entremêlé de blanc. L'illustre Ducange a donc cru à tort qu'il falloit préférer la leçon : *Bile jumentis* des *Gesta Regum*, et l'interpréter *vile jumentum*. (Voy. Gloss. au mot *Bile*.)

» forte-toi, et reprens ton cuer encontre ton ennemi. » Les bras du roy estoient moult pesants, car il estoit haubergié, et l'eau du fleuve que il avoit tresnoée (1), lui avoit le sein empli et apesanti toutes ses armes. Longuement et fortement se combatirent tant que le roy le feri et l'occist : le chief lui trancha et puis retorna aus François avec la teste de son ennemi; outre passa jusques en Saissoigne, toute la terre gasta par feu et par occision, et n'y laissa-il nul hoir male vivant qui fust plus long de son espée. Ce signe de mémoire laissa en cette région, pour ce que tous ceus qui après lui vendroient sussent, par ce fait, que la tricherie et la desloiauté des Saisnes eust esté grande çà en arrière, et la hardiesse des François noble, et la puissance de leur roy fière contre leurs ennemis.

VII.

De Sisebode le roy d'Espaigne : comment le roy Clotaire occist Godin qui avoit sa marrastre espousée.

(2) *Incidence.* En ce tems morut Bertheric le roy d'Espaigne : après lui tint le royaume un autre qui avoit nom Sisebode, noble homme et vertueux en bataille, bon en conseil, en foi et en loiauté. Il surmonta tous les roys Ghotiens qui devant avoient esté en Espaigne. Une terre conquist qui souloit estre apelée Cantabrie, (et ore est apelée par autre nom Cateloigne.) Cette terre souloient tenir les anciens roys de France, en telle manière que un duc, qui avoit nom Francion, la tenoit d'eus et leur en rendoit tribut. Quant il fu mort, les chevaliers et les gens de l'empe-

---

(1) *Tresnoée.* Traversée. *Transnagée.*
(2) *Aimoini lib. IV*, *cap.* 13. — *Fredeg.*, *cap.* 33.

reour de Constantinoble, qui de par lui gardoient les marches d'Espaigne contre les Gothiens et les autres nations, la conquirent. Mais ce roy Sisebode la leur toli par force, maintes autres cités prist-il aussi sur la marine (1) que il destruit et craventa jusques à terre. Toutes-voies avenoit-il aucunes fois, quant ses gens tronçonnoient et occioient les chevaliers et le peuple qu'ils trouvoient ès cités que ils conqueroient, que le roy Sisebode en avoit merveilleusement grant pitié; il les apeloit et huchoit que ils venissent à lui à garant, ou que ils s'enfuissent pour leur vie sauver, et puis disoit telles paroles à grans soupirs et à grans gémissemens : « Ha las ! » comme suis maleureux, quant au tems que je règne est » fait si grande occision du peuple, et si grant effusion de » sang humain ! » Ainsi fu monteplié et creu le royaume des Gothiens qui habitoient en Espaigne au tems de lors, selon le rivage de la mer jusques aus mons de Pirene.

(2) En l'an quarante-trois du règne le roy Clotaire mourut Garnier (3) le maistre du palais le royaume de Bourgoigne; son fils avoit nom Godin, qui par la légièreté de son cuer espousa sa marrastre, quant son père fu mort, contre le droit des sains canons et la loi de la sainte Eglyse et de mariage. Le roy Clotaire, qui moult fu courroucié de cette chose, commanda à Annobert qui de par lui gardoit le païs que il l'occist, pour ce que il avoit ce fait contre la loi de sainte Eglyse. Godin eut moult grant paour, quant il sut que tel commandement fu fait; il guerpi Borgoigne et s'enfui à garant en Austrasie au roy Dagobert, le priant que il refrainist et amoliast la male volenté de son père, et que il vousist rapeler le commandement que il avoit fait. Le roy Dagobert priast son père que il rapelast la sentence que

---

(1) *Sur la marine.* « Multas urbes maritimas. » (Aimoin.)
(2) *Aimoini lib. IV, cap. 14. — Fredeg., cap. 54.*
(3) *Garnier.* « Warnerius. » (Aimoin.) « Warnacharius. » (Fredeg.)

il avoit donnée, pour l'amour du provost Garnier son père qui si longuement et si loiaument l'avoit servi. Le roy Clotaire reçut les prières son fils, mais ce fu à envis (1), et par telle manière que Godin lessast la marrastre que il avoit espousée contre les drois des canons. Sa femme guerpi comme le roy avoit commandé, puis retourna en Bourgoigne quant il eut la seurté du roy. Mais la chose advint moult autrement que il ne cuida; car sa marrastre qui moult fu dolente de la honte que il lui eut faite, en ce que il l'eut guerpie, prist hardiesse et desloiauté de femme, au roy Clotaire s'en ala et lui dist tout apertement que si Godin povoit tant faire que il venist devant lui, il l'occiroit. Le roy fu en soupeçon pour ces paroles, il voulut et commanda par serement que Godin se purgeast que il n'avoit onques ce pensé. Crannulphe et Gandebert deux des familiers du roy le firent jurer en l'églyse Saint-Mard de Soissons et Saint-Vincent de Paris (2) que il n'avoit onques eu male volenté envers le roy ni propos de lui mal faire; mais pour ce n'en fu-il pas à quite : ains voulurent que il féist ce mesme serement en l'églyse Saint-Aignien d'Orléans et à Saint-Martin de Tours. Ainsi comme il aloit à Tours pour faire le serement, et il fu assis au mengier en la cité de Chartres entre lui et ceus qui avec lui estoient, ce Crannulphe et Gandebert, que nous avons jà nommés, apareillièrent gens pour lui occire par le consentement du roy, si comme l'on cuida; sur lui et sur les siens s'embatirent soudainement; deffendre se voulurent, mais il ne purent. En telle manière fu Godin occis.

Incidence. En cette année, Paladie et Sedoque un sien fils qui estoit évesque de Thoulouse, furent envoiés en essil,

---

(1) *A envis.* Malgré lui.
(2) *Saint-Vincent.* Frodegaire dit : *Saint-Denis.*

pour ce que le duc Agnien les accusa que ils avoient esté coupables et consentans de la guerre des Gascoings.

En cette année occist le duc Anebert Boson le fils Audolène qui estoit né d'Estampes (1) : ce fist-il, si comme l'on cuida, par le commaudement du roy Clotaire ; car il l'avoit soupeçonneux que il n'eust géu (2) à la royne Sichilde.

(3) *Incidence*. En ce tems commença l'hérésie Mahomet le faus prophète, et la fausse loi que les Sarrazins tiennent ; et couroit le tems de l'Incarnation de nostre Seigneur par six cent trente.

VIII.

De la mort le roy Clotaire et de ses meurs, et des preudomes qui furent de son tems.

(4) En cette année assambla le roy Clotaire tous les plus hauts barons du royaume de Bourgoigne, en la cité de Troies. Quant ils furent tous assamblés, il leur demanda quel prince du palais ils vouloient avoir pour le païs gouverner; et ils respondirent tous que ils ne vouloient autrui avoir que lui : car il ne leur plaisoit pas que ils fussent en nule seigneurie fors que en la sienne. De ce fu le roy moult lié, et moult lui plut leur response.

(5) Après rassambla un concile de prélas, et y furent les barons appelés en une vile qui a nom Clichi, pour establir estatuts et commandemens qui fussent profitables à sainte Eglyse et à la pais du royaume. Tandis comme ce concile

---

(1) *D'Estampes*. A Estampes.
(2) *Géu à*. Couché avec.
(3) Cette incidence n'est pas dans *Aimoin*, ni dans les *Gesta Dagob*.
(4) *Aimoini lib. IV, cap.* 15.
(5) *Fredeg., cap.* 55.

séoit, fu occis Hermaire un des hauts hommes du royaume, maistre et gouverneur du palais Haribert le fils du roy Clotaire et qui l'avoit nourri d'enfance. Aginane avoit nom celui qui l'occist, Saisne de nacion et l'un des grans hommes du palais. Pour ceste chose sourdi grande contention en sa cour, et estoit jà la chose à ce menée, que ils voloient courir sus les uns aus autres, si ne fust le roy qui la cause de contention sut, et abaissa la noise et le tumulte par l'auctorité de son commandement. A Aginane qui l'autre avoit occis donna lieu et aisément d'aler sur un mont qui est apelé Marcomire, et envoia avec lui grant nombre de gent bien armés pour lui aidier, si mestier lui fust. Brunulphe un autre prince, frère estoit de la royne Sichilde et oncle de Haribert, de qui séneschal estoit celui qui avoit esté occis, assambla d'autre part grant compaignie de nobles hommes et de sa gent meisme pour combatre contre Aginane. Mais quant le roy le sut, il apela une compaignie qui estoit apelé Leudiens (1); si estoient ceus qui plus estoient désireux de vengier la mort Hermaire; il leur commanda qu'ils feussent en pais, et se tinssent de faire bataille contre Aginane, s'ils voloient avoir son amour et sa bonne vueillance : et ils se tinrent en pais, que plus n'en osèrent faire. Ainsi deffist le roy la contention et la bataille qui devoit estre entre ses barons.

(2) Messire saint Souplice, qui lors estoit archedyacre et puis fu archevesque de Bourges, gari lors le roy Clotaire, par la volenté de notre Seigneur, d'une forte fièvre dont il avoit esté malade longuement : mais avant que il fust gari lui convint-il auparavant trois jours (3) jeuner. Au tems de

---

(1) *Leudiens.* Phrase mal comprise. « Quod agnoscens Chlotarius leudos qui maxime indignabantur... ad se evocat, etc. » (Aimoin.) Au lieu des *Leudes*, Fredegaire met : *Burgundifarones*. Les barons de Bourgogne.

(2) *Aimoin. lib. IV, cap.* 16.

(3) *Trois jours.* Aimoin dit *sept jours.*

ce roy vivoient maint saint homme en bonnes œuvres au royaume de France.

Saint Leu archevesque de Sens fu en ces jours, à qui le roi Clotaire fist un grief par mauvais conseil; car il le bouta hors de son siège et l'envoia en exil. Ce preudhome messire saint Leu fu de grant sainteté et de grant perfection, comme il apert ès escris de ses fais. Car il avint, un jour que il célébroit le saint Sacrement de l'autel, que une pierre précieuse descendi au calice où il tenoit le précieux corps et le précieux sang nostre Seigneur. Le roy qui toutes-voies se repenti du grief que il avoit fait au saint homme, le rapela d'essil, devant lui le fist venir, et lui requist que il lui pardonnast ce que il avoit meffait vers lui. Le preudome lui pardonna de bon cuer et le roy lui donna tels dons comme il voulut prendre, et le renvoia en son lieu honorablement.

Messire saint Eloy qui estoit évesque de Noion et orfèvre le meilleur et le plus esprové que l'on seust en nule terre, fu né de Limoges. Le païs où il fu né lessa et s'en vint en France au roy Clotaire. Un jour lui commanda le roy que il forgeast une selle (1) d'or qui fust convenable à tel homme comme il estoit : livrer lui fist l'or et les despens comme il convenoit; et le saint homme qui avoit cuer et mains sans nulle tache de convoitise fist deux parties de l'or qu'il avoit receu pour faire une seule selle; de l'une des parties en fist une du pois et de la grandeur que on lui avoit commandé; de l'autre partie et de ce qui estoit demeuré en refist une autre de moindre grandeur et de moindre poids, pour ce que le remanant ne fust perdu et gasté par négligence, et que il ne peust avoir nule ochoison de convoitise. Moult le loa le roy et tous ceus qui ce virent, et lui commanda lors que il demeurast au palais.

(1) *Selle*. Siège.

(1) Mort fu le bon roy Clotaire en l'an de l'Incarnacion nostre Seigneur six cents et trente et un (2); du règne que il avoit reçeu de son père quarante-quatre (3), du règne de la monarchie (3) seisiesme. Ce Clotaire fu apelé Clotaire le second, pour le grant Clotaire son aieul, et l'autre fu appelé tiers duquel nous dirons ci-après. De ce Clotaire peut-on dire assez de bien, homme fu de grand patience, bien letré, plein de la paour de nostre Seigneur, aus povres dounoit leur nécessité, et aus prestres donnoit conseil et confort ; mis fu en sépulture en l'abaie Saint-Vincent au dehors de Paris.

IX.

Comment le roy Dagobert donna partie de terre au roy Haribert son frère, et comment il fonda l'églyse S.-Denis après la translacion du corps.

(5) Le roy Dagobert estoit au royaume d'Austrasie quant le roy Clotaire son père trespassa ; mais quant il fu certain de sa mort, il envoia aucuns de ses barons à grant ost au royaume de France et de Bourgoigne, pour ce que ils lui apareillassent l'entrée et la saisine (6) du royaume, sans nul empeschement ; et ne demeura-il pas longuement à mouvoir après eus. Quant il fu en la cité de Rains, tous les prélats et les princes de Bourgoigne qui jà avoient oy son commandement par ceus que il avoit devant envoiés, vinrent

---

(1) *Fredeg.*, cap. 56.
(2) Il eut fallu dire : *Six cent vingt-huit*.
(3) *Quarante-quatre*, il eut fallu dire : *Quarante-cinq*.
(4) *Du règne de la monarchie*. C'est-à-dire : Depuis la réunion de tous les royaumes de France sur sa tête.
(5) *Aimoini lib. IV, cap. 17. — Gesta Dagob.*, cap. 16.
(6) *Saisine*. Possession.

là et le receurent à seigneur de bonne volenté, vers lui firent ce que ils durent. D'autre part revinrent les évesques et les grans seigneurs de France et de Normendie (qui lors estoit apelée Neustrie,) et lui firent comme ceus de Bourgoigne avoient fait.

Un frère avoit le roy Dagobert qui avoit nom Haribert duquel nous avons jà parlé, que son père avoit jà couronné en une des parties de son royaume ; son frère estoit de père tant seulement, car il estoit fils de la royne Sichilde sa marrastre. Moult se penoit comment il peust avoit le royaume qui avoit esté de son père ; simple homme estoit, et pour ce povoit moins avenir à ce que il pensoit. Un oncle qui avoit à nom Brunulphe, frère estoit de sa mère la royne Sichilde, voloit son neveu metre en la possession du royaume par force contre Dagobert ; mais la chose advint moult autrement que il ne cuida, comme la fin le prouva. (A tant se taist de ce l'histoire.) Quant le roy Dagobert fu en possession de tous les royaumes que son père avoit tenus, de France, de Bourgoigne et d'Austrasie, il fu toutes-voies meu de pitié et de miséricorde pour son frère, car il estoit naturellement loial et franc de cuer. Par le conseil des preudommes lui donna une partie du royaume ; et pour ce mesmement que il estoit hoir de loial mariage, lui assigna terre dont il put vivre suffisamment et honorablement, tout le Thoulousain, Cahorsin, Agenois, Pierregort et Saintenois, et ce païs tout outre, comme il se comporte, jusques aus mons de Pyrene : toutes ces contrées lui donna, cités, chastiaus, bours, villes, par tel convent que jamais ne peust rien clamer au royaume son père, ni lui ni ses hoirs. Haribert establi le siège de son règne en la cité de Thoulouse. Quatre ans après ce que il eut commencié à régner, il esmut son ost pour ostoier en Gascoigne ; la terre conquist et la soumist à sa seigneurie, et eslargi de tant son royaume en ces parties par delà. Et le roy Dagobert tint toute France et Neustrie qui ore est apellée Normandie, toute Bourgoigne et toute Austrasie qui contient Loraine et Avanterre et toute la première Alemaigne jusques au Rhin. Désormais nous convient descrire sa vie et ses fais, au plus briement que nous porrons.

(1) En la manière que vous avez oy, tint le roy Dagobert le royaume de son père, par la volenté nostre Seigneur. Entre les autres choses qui sont dignes de grant loenge, en fist-il une qui bien doit estre de grant mémoire à tous les jours du monde. Il n'oublia pas le veu ni la promesse que il avoit faite au glorieux martir saint Denis et à ses compaignons : ains vint au lieu où les corps sains gisoient, la terre fist ouvrir et houer parfont, tant que il trouva les cercueils et les lettres dessus escrites qui disoient les noms de ceus qui dedens estoient. En grant dévocion les fist hors traire, et les translata en un autre lieu de cette mesme rue (2) où ils gisoient encore, l'an de l'Incarnation six cent trente deus, en la diziesme kalende de may. Riches châsses leur fist faire ornées d'or fin et de pierres précieuses ; l'églyse fist fonder si noblement comme il put : et jà soit ce que il l'eust par dedens ornée de merveilleuse biauté, ce ne lui soufi pas encore ; ains couvri l'églyse par dehors de très-fin argent, sur cette partie droitement qui couvroit les tabernacles des corps sains. (3) Après establit-il cent livres de rente pour faire luminaire de l'églyse, sur le tonlieu (4) que on lui paioit chascun an en la cité de Marseille ; et ordonna que les royaux ministres qui là estoient establis pour les rentes du palais recevoir, achetassent l'huile bonne et bele, telle comme ils

---

(1) *Gesta Dagob.*, cap. 17.
(2) *Rue*. Il falloit : *Bourgade*.
(3) *Gesta Dagob.* cap. 18.
(4) *Tonlieu*. Impôt. (Teloneum.)

féissent pour son propre us, et puis la livrassent aus ministres ou aus messages de l'églyse. Et pour ce que il voloit que ceste chose fust faite par grant franchise, il fist un precet (1) qui seelé fu de son anel, que les charrois de six chars, qui ce devoient mener, fussent quites et frans de tonlieux et de toutes autres coustumes à Marseille, à Lyon, à Valence et en tous autres trespas (2), jusques à tant que ils venissent en l'églyse. (3) Après fist faire un vaissel d'argent qui est apelé gazophile (et n'est autre chose à entendre fors que ce soit un tronc), et le fist asseoir en costé le maistre autel de l'églyse, pour mettre ens les offrandes qui léans seroient offertes. Et ordona que elles fussent données aus povres par la main d'un des menistres de léans qui prestre fust, de sorte que cette aumosne fust faite en repost (4) selon l'Evangile, et que nostre Sire, qui tout voit, rendist à chacun le fruit de son bienfait en vie pardurable. Et pour ce que l'on péust plus largement départir aus povres, il envoia tousjours puis, en acroissement des aumosnes, cent livres chacun an, droit ès calendes de septembre, et il commanda que ces deniers fussent mis au gazophile avec les offrandes, en espérance que nostre Sire lui en rendist guerredon (5) après sa mort. Il establi que ses fils et tous ceus qui après vendront ne laissassent mie que ils n'envoiassent à droit jour nomé en ce gazophile cette somme d'argent devant dite, et que nul ne fust si hardi que riens en ostast, mais que tout fust départi aus povres; si que de ce et des aumosnes que les bonnes gens y feroient, fussent les povres et les pélerins repeus et soustenus à tousjours-mais.

(1) *Precet.* Précepte. Ordonnance.
(2) *Trespas.* Traverses, passages.
(3) *Gesta Dagob.*, cap. 19.
(4) *En repost.* En secret. « Fieret abscondita. » (Gest. Dag.)
(5) *Guerredon.* Récompense.

(1) Après commanda à monseigneur saint Eloy, qui en ce temps estoit le plus soubtil orfèvre qui fust au royaume de France, que il forgeast une grant croix d'or pour metre derrière le maistre autel de l'églyse, la plus riche et la plus soubtille que il povoit pourpenser. Et le saint homme la fist telle, à l'aide de Dieu et de sa sainteté, et de pur or et de pierres précieuses, que l'euvre fait esmerveiller ceus qui la voient, pour l'engin et pour la soubtillité du saint homme qui la forgea. Car les meilleurs et les plus engingneux orfèvres qui ore soient tesmoignent que à paine porroit-on trouver nul, tant fust bon maistre, qui tel œuvre seust faire; pour ce mesmement que l'us et la manière de cette euvre est mise en oubli. Lors voulut et établi que l'églyse fust ornée et parée par dedens de pailes et de très-riches dras de soie à marguerites et autres pierres précieuses, et que ils fussent atachiés aux parois, aux colones et aux arcs, aus festes annuelles et autres solemnités. Tant avoit grant amour et grant dévocion vers ses patrons et ses deffendeours, que il voloit que leur églyse surmontast, sans comparoison, toutes autres églyses en richesses et en ornemens, et que elle resplendist de toutes beautés et de toutes noblesses. Si n'est mie légère chose à raconter les grans rentes et les grans possessions que il donna à l'églyse, comme en chastiaus et en bois et en villes, pour ce que il voloit que les noms et la loenge de nostre Seigneur fust tousjours-mais célébrée par ceus qui l'églyse serviroient.

(1) *Gesta Dagob.*, cap. 20.

X.

De la loiauté et des meurs le roy Dagobert, et comment il laissa la royne Gometrude pour ce que elle estoit brehaigne (1), *et espousa dame Nantheut.*

(2) Jà avoit le roy Dagobert régné sept ans puis la mort de son père, quant il alla visiter le royaume de Bourgoigne, à grant compaignie de princes et de barons. Tant avoient grant paour de son avènement les prélats et les riches hommes du païs et des autres terres d'entour, que il estoit craint à merveille de toutes gens. Aus povres, qui à lui se complaignoient en requérant leur droiture, estoit liés et haitiés (3), et se départoient de lui en grant joie. Quant il fu en la cité de Lengres, il faisoit si apert droit et si hastif à tous ceus qui là venoient, fussent povres fussent riches, que tous créoient certainement que ce fust homme de Dieu. Car il ne prenoit don ni service de nul. Egalement acceptoit toutes personnes, et règnoit en la justice qui plaist au souverain Juge. Tandis comme il demeuroit en une ville qui est apelée Lathone (4), il avoit si grant attention au peuple de ce royaume qui à lui venoit, que par le désirier et par la cure que il avoit de cette chose, ne se put-il onques refaire de dormir parfaitement, ni saouler de viande (5). Tousjours tendoit à ce que tous

---

(1) *Brehaigne.* Stérile.
(2) *Gesta Dagob.*, cap. 21. — *Fredegar.*, cap. 58. Ce dernier dit : « Dagobertus, cum jam anno septimo regnaret, maximam partem regni patris assumpsit; Burgundiam ingreditur. » Cette leçon est préférable.
(3) *Liés et haitiés :* Agréable et empressé.
(4) *Lathone.* C'est *Saint-Jean de Laône*, petite ville à sept lieues de Dijon.
(5) « Ut hujus benignitatis desiderio plenus, nec somnum caperet, nec cibo satiaretur. » (Gest. Dag.)

ceus qui venoient en sa présence se départissent de lui liément et que ils eussent leur droit et leur justice. En cette mesme journée que il se départi de la devant dite ville qui a nom Lathone, pour aller à Chalon, entra en un bain avant que il fust jour; puis à deux ducs commanda, Barnagaire et Anerbert et à un patrice qui a nom Guillebert (1), que ils occissent en ce mesme lieu Brunulphe, l'oncle du roy Haribert son frère, pour sa desloiauté : et ceus-ci accomplirent son commandement.

(2) De là s'en alla le roy à Chalon pour faire droit et justice au peuple, et pour savoir comment le païs estoit maintenu et gouverné : de là chevaucha droit en la cité d'Ostun pour telle besoigne mesme, d'Ostun à Auxerre, d'Auxerre à Sens, de Sens retourna à Paris. Lors laissa la royne Gometrude en une ville qui a nom Romilli (3), par le conseil des François, pour ce que elle estoit brehaigne ; serour étoit la royne Sichilde sa marrastre : une autre en espousa qui avoit nom Nantheut (4), pucelle de grant biauté et de grant noblesce (5); et avoit esté ravie en un moustier, si comme aucunes Croniques disent (6). Dès le commencement de son règne avoit tousjours usé du conseil saint Ernoul l'évesque de Metz et de Pepin le maistre du palais d'Austrasie. Par eus gouvernoit son royaume, et mesmement celui d'Austrasie noblement et en si grant prospérité, que il estoit aimé et honnouré de toutes manières de gens. Les noms et la force de sa droitu-

(1) « Ab Amalgario et Arneberto ducibus, et Willibado patricio, interfectus est. » (Gesta Dagob.) Amalgaire étoit duc de la Bourgogne Cis-Jurane, et fut le fondateur du monastère de Bèze, près Dijon.
(2) *Gesta Dagob.*, cap. 22.
(3) *Romilli*. C'est *Reuilly*, faisant aujourd'hui partie du faubourg Saint-Antoine de Paris.
(4) *Nantheut*, pour *Nanthilde*; comme *Bruneheut* ou *Brunehaut*, pour *Brunehilde*.
(5) *De grant biauté*, etc. Les *Gesta* disent seulement : *Speciosissimi decoris puellam*, ce qui me semble différent.
(6) Entre autres celle d'Almoin, j'ignore d'après qui.

rière justice estoient à si grant paour à toutes gens et à toutes nacions, que ils acouroient à lui et se mettoient en sa justice, par grant désirier et par grant dévocion. Le peuple qui marchise aus Huns et aus Esclavons, les Huns mesmes et les Esclavons venoient à lui et se mettoient en sa seigneurie, et lui promettoient que s'il voloit aller après eus en leur païs, ils se rendroient à lui et le recevroient à seigneur. Et quant saint Ernoul fu trespassé à la joie de paradis, il usa tousjours du conseil du devant dit Pepin et de Cunibert l'archevesque de Couloigne : par le conseil de ces prudomes estoit son royaume gouverné en si grant prospérité et en si droiturière justice, que en tous les lieux où il alloit, tout le peuple l'avoit en souveraine amour et en souveraine honneur : plus estoit aimé et honnouré par sa loiauté et par ses loiaus jugemens que nul roy qui devant lui eust régné. En l'églyse Saint-Denis alla, quant il fu retourné du royaume d'Austrasie, pour adorer ses patrons et ses deffendeours ; et pria à nostre Seigneur que il féist en lui le bon propos et la bonne volonté de parfaire ce que il avoit commencié par la prière des glorieux martirs : et pour ce que il les reconciliast plus pleinement à son amour, il leur donna à cette mesme heure une ville de Veuquesin (1) qui a nom Estrepigni (2) ; et confirma le don par chartre de son séel.

(3) Ce très-noble prince le roy Dagobert estoit bien morigené et plein de bonnes graces ; car il estoit sage et de subtil engin envers ses familiers et ses hommes de bonne volonté ; doux et débonnaire aux bons, aus mauvais et à ceus qui lui estoient rebelles horrible et espouventable, aussi fièrement

---

(1) *Veuquesin.* Vexin.
(2) *Estrepigni.* C'est aujourd'hui *Estrepagny*, chef-lieu de canton du département de l'Eure.
(3) *Gesta Dagoberti*, cap. **23**.

comme un lyon mettoit soubs ses piés son ennemi. Si avoit maintes fois noble victoire des estranges nations. Aus églyses et aus povres estoit très-large donneur, en chasse de bois se déportoit assiduement, en apertises (1) et en légiereté de corps estoit moult osé, comme celui qui en telle chose n'avoit point de pareil. Et s'il eut en lui aucuns vices qui féissent à reprendre, pour ce que il greva les églyses, telle fois ce fu pour son royaume gouverner et pour aucunes nécessités, ou s'il féist aucunes fois moins sagement que il ne deust par la légiereté de son cuer, si comme tel âge le donne (car nul n'est parfait en toutes choses), l'on doit croire que il put trouver légièrement miséricorde envers nostre Seigneur, par les larges aumosnes que il donnoit; selon l'Escripture qui dist que « ainsi comme l'eau estaint » le feu, ainsi l'aumosne estaint le péchié »; et par les prières mesmement des saints et des saintes ausquels églyses il fonda et enrichi tous les jours de sa vie par tout son royaume : car plus s'étudioit en si faites œuvres de miséricorde que nul roy qui devant lui eust régné.

XI.

Comment le roy Dagobert engendra en une meschine le roy Sigebert d'Austrasie; et comment il mua ses meurs en vices.

(2) Au huitiesme an de son règne alla visiter le royaume d'Austrasie le roy Dagobert, à telle compaignie et à tel atour comme il avoit, et comme tel roy devoit chevauchier : mais moult estoit dolent de ce que il ne pouvoit avoir nul hoir de son corps, qui après lui gouvernast le royaume de France. Pour cette raison mist en son lit une pucelle qui avoit nom

(1) *Apertises.* Tours d'adresse.
(2) *Aimoini lib. IV, cap.* 20. — *Gesta Dagob., cap.* 24.

Ranetrude, en espérance d'avoir hoirs, pour ce que il n'en pouvoit avoir nul de ses femmes espousées. La dame conçut et eut un enfant male en cette année mesme, qui fut requis à Dieu par maintes prières et par maintes aumosnes. En ce point vint son frère le roy Haribert en la cité d'Orléans : cet enfant, qui son neveu estoit, leva des fons et lui mist nom Sigebert. Lors advint un miracle de nouvelle manière : car quant messire saint Amant baptisoit l'enfant, et il eut dite des oroisons que l'on dit à tel sacrement, nul ne fu, ni clerc ni laïc, de la tourbe de si grant compaignie, qui respondist, *Amen :* et nostre Sire ouvrit la bouche de l'enfant qui n'avoit pas plus de quarante jours, et respondi, *Amen,* voyant tous ceus qui là estoient. Quant les deux roys qui là estoient présens et tout le peuple oïrent ce, et virent tout apertement le miracle, ils en furent pleins de joie et d'admiration, et donnèrent graces à nostre Seigneur, qui met la loenge en la bouche des enfans et des alaictans selon l'Escripture. Le roy livra l'enfant à un noble homme de France qui avoit nom Egua pour le nourrir et garder ; et celui-ci le garda par grant cure et par grant diligence, comme il lui fu commandé.

(1) Le roy Dagobert, qui si bon estoit et si droiturier comme vous avez oï, changea ses graces et ses vertus en vices, tandis qu'il visitoit son royaume. Car il prenoit et toloit aussi comme à force, non mie tant seulement des églyses ni des abaies, mais des bourgeois et des riches hommes qui sous lui habitoient. (2) Entre les autres choses que il prenoit et tolloit aus églyses de France, pour ochoison de l'églyse Saint-Denis noblement orner et enrichir (car ce fu tousjours son étude et

---

(1) *Aimoini. lib. IV, cap.* 20. — *Fredegar.*, *cap.* 70.
(2) Cela se retrouve seulement dans Aimoin ; les *Gesta Dagoberti*, rédigés par un moine de Saint-Denis et la Chronique de Fredegaire n'en parlent pas.

son entencion), il prist quelques portes de cuivre en l'églyse Saint-Ilaire de Poitiers moult belles et moult riches, si les fist mettre en mer et amener par le fleuve de Saine jusques à Saint-Denis. Mais tandis comme il les amenoit par mer, l'une coula dedens ni onques puis ne fu veue. (1) La raison pourquoi il despoilla ainsi l'églyse monseigneur saint Ilaire fu pour ce que un comte qui adonc estoit, et les citoyens de la ville se rebellèrent contre lui : et le roy vint contre eus à grant ost, et destruisist toute la contrée par feu et par occision, car ceus qui se deffendoient occioit, et les autres mettoit-on en prison ; la cité destruisit toute, et craventa les murs et les forteresses jusques en terre ; et si comme aucuns veulent dire, il la fist arer à charrue et semer de sel, pour sinifier qu'elle fust gastée à tousjours mais, et que jamais n'y eust édifices ; et encore apert que ce fust vérité. Car la cité ne siet pas là où elle sist premièrement, si comme l'on peut voir par les anciennes ruines ; si apèle-on encore jusques aujourd'hui ce lieu le vieux Poitiers (2). Quant le roy eut ce fait, il alla en l'églyse Saint-Ilaire, le corps saint prist par grant dévocion, et un fond de marbre porphire, et un aigle de cuivre de l'euvre saint Eloy ; et fist tout aporter en l'églyse saint Denis, en laquelle le corps saint repose encore honorablement et glorieusement, en la louenge de celui qui règne et règnera sans fin.

Tant parestoit (3) le roy Dagobert mué de tel comme il souloit estre, tant estoit abandonné à la volonté du cors et à

(1) La suite de l'alinéa n'a été fournie à notre traducteur par *Fredegaire*, par les *Gesta* ni par *Aimoin*. C'est une tradition recueillie sans doute sur les lieux.

(2) Les historiens de Poitiers n'ont pas remarqué, comme ils le devoient, ce témoignage. Le célèbre antiquaire M. de Caumont pensoit en 1834 que le *vieux Poitiers*, à six lieues de la ville actuelle, étoit l'ancienne ville indiquée dans Antonin sous le nom de *Fines*.

(3) *Parestoit*, ancien conditionnel du verbe *parestre*, aujourd'hui *paroître*.

desmesurée luxure, que il menoit tousjours avecques lui grant
tourbe de concubines, c'est-à-dire, de meschines qui n'estoient pas son espouse, sans les autres trois qu'il avoit d'autre part et avoient et noms et ornemens de roynes ; son cuer
estoit si déceu et si estrangié de Dieu de tout en tout, que il
n'estoit mès cil que devant souloit estre ; et estoit l'ame de
lui en trop grand péril, si nostre Sire ne l'eust visité, qui
lui donna cuer et volonté de racheter ses péchiés par aumosnes. Moult estoit son privé et son familier Pepin, l'un
des plus puissans du royaume d'Austrasie ; il estoit maistre
de son palais, preudome et loial estoit, les mauvais haïssoit,
et eschivoit les pervers et leur compagnie. Aucun des
fils au diable se penèrent moult de lui mêler au roy ; mais
celui lequel commandement il suivoit, faisant droit et justice,
le garda du malice de ses ennemis et de ses agais. Car il
ama tousjours loiauté, et donna adés au roy profitable
conseils et loiaus. Un tel compaignon comme il estoit avoit
encores le roy, Egua estoit nommé, ami et privé estoit du
roy et estoit puissant homme au royaume de France.

XII.

*Comment l'empereour Eracle conquist la sainte Croix, et
comment les Sarrazins destruisirent son empire.*

(1) En ce tems, retournèrent de Constantinoble les messages
le roy, Servace et Paterne avoient nom ; si les avoit envoiés en message à l'empereour Eracle qui après l'empereour
Focas eut l'empire receu ; au roy raportèrent que ils avoient
à lui formé pardurables aliances. Ce Focas, qui en l'empire
avoit devant esté, fu guerpi et laissié de tous les sénatours,
pour ce que il estoit devenu hors du sens. Car il jetoit les

(1) *Aimoini lib. IV, cap.* 21. — *Fredeg., cap.* 63.

trésors et les richesses de l'empire en la mer, et disoit que il voloit sacrefier et apaisier Neptune, le dieu des eaues. Mais Eraclien le prévost d'Afrique l'occist, quant il vit que il estoit ainsi aliéné de son sens. Neuf ans gouverna l'empire. Après lui, fu esleu Eracle le fils Eraclien. Cet Eracle recouvra moult à l'empire et restablit maintes provinces que les Persiens avoient tolues, et maintes en restora qui en partie estoient domagiées. En ce tems estoit Cosdroé prince de Perse, qui toute Surie destruisist jusques en Jérusalem; la cité prist et roba les églises, et entre les autres choses ravi néant dignement (1) la sainte Croix que sainte Eleine, la mère l'empereour Constentin, avoit jadis mise au temple. Au sépulcre nostre Seigneur voulut entrer, mais il ne put; ains s'enfui tous espoventé par la puissance nostre Seigneur. Son royaume laissa gouverner à son fils, et fit faire une tour d'argent et un trosne d'or dedans, en quoi il séoit; mais tant fist-il bien, selon sa mescréandise, que il assist lez lui le signe de nostre rédempcion, ainsi comme compaignie de son royaume. L'empereour Eracle mut à grans osts contre les gens de Perse; mais le fils Cosdroé lui vint au-devant à merveilleuse ost de Persiens, qui plus le suivoient par paour que ils ne faisoient en volonté de lui aidier. A ce s'acordèrent les deux princes à la parfin, que tous deux se combatroient tant seulement pour leurs gens, cors à cors l'un contre l'autre, sur le pont du fleuve qui les deux osts desevroit (2); par telle condicion que celui de leurs gens qui se mouvroit, pour aidier à son prince, auroit les cuisses et les bras brisés, et puis seroit jeté en l'eaue. Longuement dura la bataille des deux princes: lors prist l'empereour Eracle à dire à son adversaire: « Pourquoi brisent » tes gens les convenances qui sont mises entre moi et toi? »

(1) *Néant dignement.* Indignement.
(2) *Desevroit.* Séparoit.

Lors tourna le fils Cosdroé le chief devers son ost pour veoir lesquels ce estoient qui lui venoient aidier, si comme il cuidoit. Et quant l'empereour Eracle vit qu'il eut le chief tourné devers son ost, il le feri, tant que il le rua mort de son cheval. Tout maintenant que les Persiens virent leur seigneur occis, ils se rendirent à l'empereour Eracle. Outre-passa avec tout son ost jusques en Perse; là trouva Cosdroé séant en sa tour d'argent et en son trosne d'or, la sainte Croix delez lui assise. Lors lui demanda s'il voloit re-cevoir baptesme et adorer la sainte Croix que il avoit delez lui assise à grant honor, tout n'en fust-il pas digne. Et le paien lui respondi que de tout ce ne feroit-il noient; l'empereour sacha l'espée et lui coupa le chief tout main-tenant. Un petit-fils avoit qui delez lui estoit assis; celui fist l'empereour baptisier, et lui rendit le royaume de Perse. Quant il eut toute la terre cerchiée et esprovée, l'argent de quoi la tour Cosdroé estoit faite départi à son ost; l'or de son trosne donna pour restorer les églyses destruites. En cette voie conquist la sainte Croix, sept oliphans, grans despoilles et grans proies, en Jérusalem ala, de là retourna en Ravenne et puis en Constantinoble.

(1) Cet empereour Eracle estoit beau et avenant de face, liés et alègre de regardeure, de moiene stature et de noble force, souvent occioit les lyons en la gravele, et pluseurs en occist-il tout seul. Et pour ce que il estoit grant clerc et de par-fonde letréure, devint-il au derrenier astrenomien; bien connut par les signes des estoiles que son empire devoit estre exilé par un pueple circoncis, et pour ce que il cuida que ce deussent estre les Juifs, pria-il par ses messages Dagobert le roy de France que il féist baptiser tous les Juifs de toutes les provinces de son royaume, et que tous ceus qui ce re-fuseroient fussent damnés par exil. Ainsi le fist le roy

(1) *Aimoini, lib. IV, cap.* 22. — *Fredeg., cap.* 65.

Dagobert, car tous ceus qui baptesme ne voulurent recevoir, furent exilés et chassés du royaume de France. Mais l'empereour Eracle fu déceu, car ce ne fu pas démonstré pour les Juifs, mais pour les Sarrazins qui furent jadis apelés Agarains, et estoient dits ainsi pour ce que ils descendirent d'Agar, la chambrière Abraham et ont la circoncision d'Abraham leur père; et ce furent ceus qui puis destruisirent l'empire de Rome au tems de cet Eracle, qui envoia contre eus grans osts et merveilleux, quant il sut que ils furent entrés en l'empire. Mais sa gent fut grièvement desconfite, et en y eut d'occis jusques à cent et cinquante mille; et quant les Agarains eurent les morts despoilliés après la victoire, ils envoièrent les despoilles à l'empereour de ses gens mesmes et lui mandèrent que il les receust, s'il lui plaisoit; mais il les refusa pour ce que il se baoit bien à vengier du dommage que ils lui avoient fait. Lors defferma les portes des montagnes de Caspie, que le grant roy Alexandre avoit jadis fermées, quant il enclost une manière de gent qui sont apelés Alains, et selon l'opinion d'aucuns, Goths et Magoths (1); si en laissa aler cent et cinquante mille à armes en bataille autant que il avoit perdu de sa gent, que il retint tous à soudées. Les Sarrazins estoient si grant peuple que deux de leurs princes menoient deux cent mille hommes armés en bataille. Les osts s'entr'aprochièrent, si que il y eut grant espace entre deux; leurs herberges tendirent en deux pars la nuit devant le jour de la bataille; mais en cette mesme nuit advint grant dolor et grant meschéance en l'ost l'empereour. Car il perdit cinquante et deux mille hommes qui furent trouvés morts en leurs lits. De cette soudaine pestilence furent les autres si espoventés

---

(1) *Goths et Magoths*. Cette action d'Alexandre est racontée dans le faux Callisthènes, et dans les romans poétiques dont Alexandre fut le héros.

que ils tornèrent tous en fuite, et firent proie à leurs ennemis de leur royaume, et de tout ce que ils avoient; et tenoient-ils à grant despit et à grant présumcion de ce que ils avoient osé venir à bataille encontre eux. L'empereour Eracle fu moult dolent de cette meschéance qui à sa gent estoit avenue; si eut paour et chaït en désespérance que il ne peust à eus contrister, car ils avoient jà prise et saisie la plus grant partie d'Asye, et ordonnoient à venir en Jérusalem. Pour ce désespoir chaït en une maladie, et après la maladie du cors cheït-il en une langour de l'ame. Car il se laissa couler en une hérésie qui est apelée la secte euthicienne, quant il espousa une sienne nièce, fille de sa seur: mors fu vingt-cinq ans après ce que il eut receu l'empire. Après lui fu empereour un sien fils qui avoit nom Eraclonas; si gouverna deux ans l'empire entre lui et sa mère Martine, puis se démist de sa volonté, et laissa la monarchie à un sien frère qui avoit nom Constantin.

En ce tems trespassa à la joie de paradis saint Ernoul, qui premièrement fu graindre au palais d'Austrasie (1), après fu esleu à l'éveschié de Metz, à la parfin guerpi le siècle, et fu solitaire en hermitage; là vesquit saintement jusques à la fin de ses jours.

(1) *Graindre*. Maire du palais. Sigebert, dans sa chronique, donne également à S. Arnoul la qualité de maire du palais, que les autres historiens lui contestent.

XIII.

Comment le royaume Haribert eschut au roy Dagobert, et du roy Samon d'Esclavonnie, et comment les Bulgares furent occis.

(1) Au neuvième an du règne le roy Dagobert mourut Haribert son frère le roy d'Aquitaine; un petit-fils laissa hoir de son royaume qui avoit nom Chilperic, après lui ne vesquit pas moult longuement. Le roy Dagobert envoia en ses parties le duc Baronte, quant il en sut nouvelles, pour le royaume saisir et pour amener les trésors. Si fu dit d'aucunes gens que ce duc Baronte fist moult grans despens de ces trésors, et ne les garda pas si loiaument comme il deust avoir fait.

(2) En ce tems allèrent marchéans du royaume de France en Esclavonnie; robés furent et despoilliés de leurs avoirs, et ceus qui se mirent à deffense occis. Pour cette chose amender envoia le roy Dagobert un sien message qui avoit nom Siccaire, à Samon le roy d'Esclavonnie; et celui-ci le requist de par son seigneur qu'il lui féist droit et justice de ceus qui avoient ses marchéans occis et desrobés. Quant Siccaire le message fu là venu, et il sut que le roy Samon avoit deffendu que il ne vint devant lui, il prist tel habit comme ceus du païs vestoient, pour ce que il ne fu cogneu, et fist tant que il vint devant le roy. Lors commença à raconter son message, et dist ainsi au roy Samon, que il ne devoit pas avoir les François en despit, pour ce mesmement que il en estoit né, et que lui et tous les peuples de

---

(1) *Aimoini, lib. IV, cap. 23.— Fredeg., cap. 67.*
(2) *Fredeg., cap. 68.*

son royaume estoient tributaires au roy de France Dagobert. Le roy Samon, qui pour telles paroles se courrouça, respondit que lui et les peuples de sa terre feroient volontiers alliances au roy Dagobert, et obéiroient se il voloit les alliances tenir. A ce respondi Siccaire le message : « Ce ne » puet, » dist-il, « estre que les sergents nostre Seigneur » forment alliances avec chiens. » Et le roy Samon respondit : « Puisque il est ainsi, comme vous dites, que vous » estes sergens Dieu et nous sommes ses chiens, il nous est » otroié que nous vengions en vous par mort, ce que vous » faites outre sa volonté comme mauvais sergens et dignes » de vengeance. » Après ces paroles le fist bouter hors et oster de sa présence. Celui-ci retourna en France au roy Dagobert, et lui conta la response du roy Samon, et de la vilenie que il lui avoit faite. Le roy Dagobert qui moult fu courroucié de cette honte, assembla ses osts au royaume d'Austrasie, et les envoia contre les Esclavons ; si furent en leur aide les Lombarts, et Robert, un duc d'Alemaigne, avec tous ses Alemans. En cette partie où ils se combatirent eurent victoire ; retournèrent à grans despoilles et à grant plenté de prisonniers. Mais les François Austrasiens assiégèrent cinq mille Esclavons en un chastel qui est apelé Vogaste, quant ils surent que ils furent là traits à garant. Et pour ce que ils gardèrent et ameinstrèrent le siège mauvaisement et paresseusement, issirent hors soudainement et leur firent assaillie, et tant les adomagièrent que ils tournèrent en fuite et guerpirent tentes et pavillons et tout ce que il y avoit dedans. Et les Esclavons qui reprirent leur cuer pour cette victoire, s'espandirent par toute Toringe, (qui selon l'opinion d'aucuns est orendroit apelée Loheraine), et ès terres voisines qui aus François marchissoient. Le duc Dervane qui estoit maistre et garde des cités aus Esclavons qui aus François marchissoient, et qui jusques à ce tems avoit esté obéissant à eus, s'enfuit jusques en Esclavonnie pour la désespérance des choses qui ainsi estoient avenues. Les Esclavons n'eurent pas cette victoire tant par leurs proesses comme ils eurent par la paresse des François Austrasiens. La vengeance que le roy Clotaire avoit jadis faite des Saisnes, quant il occist tous ceus qui estoient plus grans que son espée, cette mesme fist son fils le roy Dagobert des Esclavons (1).

(2) En ce tems sourdi contention entre les Avares (qui sont ore apelés Huns) et les Bulgares. Ces deux peuples habitoient desous un mesme roy à ce tems. Si mut pour cela dissencion que chacune partie voloit que le roy fust pris de leur gent ; tant monta la discorde que ils se combatirent ensemble, et eurent les Huns victoire ; les Bulgares furent desconfits et chaciés de leurs terres. Adonc s'en alèrent au roy de France Dagobert, et lui requirent terre pour habiter, et il leur respondi que ils alassent en Bavière pour demeurer cet hyver jusques à tant que il fust conseillé que il feroit d'eus. Tandis comme ils demeuroient ainsi avec les Bavarois en leurs ostels mesmes, le roy se conseilla à ses familiers (3), et pour ce que il se douta que ils ne lui féissent dommage ni grief en aucune manière, il apela à soi-mesme les Bavarois privément, et leur commanda que chacun occist celui qui avec lui demeuroit, et femmes et enfans, tout en une

---

(1) Cette dernière phrase présente un énorme contre-sens. Il falloit : *Autrement*, cette même vengeance.... *eust* fait son fils le roy Dagobert des Esclavons. « Alioquin, vindictam quam sub Clotario in Saxones, hanc ipsam sub Dagoberto in Sclavos exercuissent. » (Aimoin.) Cette réflexion d'Aimoin n'est pas dans Fredegaire, et les *Gesta Dagoberti* n'ont pas parlé de cette défaite de leur héros.

(2) *Aimoini lib. IV, cap.* 24. — *Fredeg., cap.* 72. — *Gesta Dag., cap.* 28.

(3) *Se conseilla à ses familiers.* Fredegaire dit : *Consilio Francorum*, et l'auteur des *Gesta Dagoberti* : *Sapienti consilio Francorum*. Telles étoient donc les mœurs nationales. Il faut se les rappeler, quand il s'agit de juger le caractère particulier de chaque roi. Aimoin est le premier qui ait vu de la cruauté dans cette horrible violation de l'hospitalité.

mesme nuit. Ainsi fu fait comme il le commanda, et furent tous occis en la nuit qui fu assenée pour faire si grant cruauté.

(1) *Incidence.* En ce tems morut en Espaigne le très débonnaire roy Sisebode, duquel l'histoire a fait, là sus, mencion. Après lui régna sus les Ghotiens un autre qui eut nom Sentile, qui fu moult d'autre manière que son devancier n'eut esté. Car il estoit divers à sa gent mesme, et moult fesoit grans cruautés à ses barons. Pour ce vint au roy Dagobert un noble homme d'Espaigne, qui avoit nom Sisenans, et le pria que il lui féist aide, par quoi il peust chasser hors d'Espaigne le roy Sentile. Le roy lui otroia secours, et commanda à toute la chevalerie de Bourgoigne qu'elle fust assemblée pour aller avecques lui pour lui aidier. Si furent chevetains de cet ost Habondance et Venerand ; l'ost fu assemblé et recueilli de gens d'entour la cité de Thoulouse. Quant la nouvelle fu espandue parmi Espaigne que Sisenans amenoit l'ost de France en son aide, tantost lessièrent le roy Sentile ; car ils le haïssoient devant ce, et vinrent à Sisenans, qui sans bataille fu fait plus fort en peu de tems, et puis le couronnèrent et le firent roy d'Espaigne. Habondance et Venerand, qui l'ost de France gouvernoient, le convoyèrent jusques à la cité de Sarragoce. (En cette cité furent martiriés saint Vincent et saint Valérien qui estoit évesque de la cité.) De là les en fist retourner, et donna dons et soudées à eus et aus François ; à lui vinrent les plus nobles des Ghotiens et lui firent feste comme à leur seigneur. Après ces choses faites, le roy Dagobert lui envoia deux messages, celui Venerand qui devant y avoit esté et un autre qui avoit nom Amalgaire, pour requerre sa promesse. Car il lui avoit promis que quant il lui requerroit secours, il lui donneroit un vaissel de fin or qui estoit très

---

(1) *Aimoini lib. IV, cap.* 25. — *Fredeg. cap.* 73.

riche et très beau, que Ethice (1), un patrice des Romains, eut jadis donné à un roy des Ghotiens, qui avoit nom Torsimode; si estoit ce joiau gardé ès trésors des Ghotiens par grant spécialité. Le roy Sisenans reçut les messages moult amiablement, et leur fist livrer ce vaissel moult volontiers que ils requéroient; mais aucuns des Ghotiens, qui ne vouloient pas que si riche joiau fust osté des communs trésors, espièrent les messages entre voies, et leur tolirent ce que ils emportoient; et le roy Sisenans donna et envoia au roy Dagobert deux cent mille livres d'argent pour sa promesse acquiter, et le roy Dagobert les donna tantost à l'abaie de Saint-Denis.

XIV.

Des apers miracles que nostre Sire faisoit pour le martir saint Denis, et des grans dons que le roy leur donna.

(2) En ce tems mourut Landegesile, frère la royne Nantheut; mis fu en sépulture en l'églyse Saint-Denis moult honorablement, par la volonté et par le commandement le roy. Mais la royne sa serour le pria avant sa mort que il donnast à l'églyse des martirs, pour sa sépulture, une ville, entour Paris, qui a nom Auviler (3). Le roy gréa le don moult volontiers, et le conferma par chartre et par conscription de son seel.

(4) En ce tems faisoit nostre Sire si grans miracles et si apers pour les martirs, que quiconque venoit là en dévocion de

---

(1) *Ethice.* « Ab Aetio Romanorum patricio. » (Aimoin.)
(2) *Gesta Dagob.*, cap. 26.
(3) *Alateo-Villare.* « C'étoit, dit Felibien qui ne la nomme pas, une petite terre du Parisis. »
(4) *Gesta Dagob.*, cap. 29.

vrai cuer pour quelque infirmeté que ce fust, il s'en repairoit à grant joie sain et haitié. Car nostre Sire, qui pas ne ment, acomplissoit la promesse que il lui avoit faite devant son martire, que l'amour que il avoit en lui et sa débonnaireté empétreroient pardon à tous ceus pour qui il voudroit prier. Quant le roy Dagobert vit le grant nombre et la quantité des miracles, il orna l'églyse des plus précieux joiaux que il put trouver en ses trésors. Matricule et Senedochium et mains autres lieux (1) donna à l'églyse en cette intencion que les pauvres, hommes et femmes, en fussent soustenus, et les malades qui par la prière des martirs auroient esté guéris; pour que ils voulussent demeurer au service de l'églyse.

(2) Lors oy le roy nouvelles en cet an qui fu le dixième de son règne, que les Guins, qui par autre nom sont apelés Esclavons, estoient entrés en Toringe à grant ost; isnelement assembla les osts du royaume d'Austrasie pour aller encontre eux. De la cité de Metz mut, toute Ardenne trespassa, et vint à la cité de Mayence; il avoit en son ost de la meilleure gent de toute France et de toute Bourgoigne, et les plus esleus chevaliers (3). Ainsi que il ordonnoit ses osts pour passer outre le Rhin, les barons de Saissoigne envoièrent à lui messages par lesquels ils requéroient que il leur quitast le treu que ils avoient paié au tems de lui et de son père, jusques au jour de lors. Ces treus estoient de cent vaches (4), que ils lui envoioient chacun an; par telle condicion requé-

---

(1) *Matricule et Senedochium.* C'est-à-dire : Il fit construire un hospice pour les malades et une maison pour les étrangers. Tel est en effet le sens dans lequel se prenoient les mots *matricula* et *xenodochium*.

(2) *Gesta Dagob.,* cap. 30.

(3) *Aimoini lib. IV, cap.* 26. — *Fredeg.,* cap. 74. — *Gesta Dagob., id.*

(4) *Cent vaches.* « Quingentas enim vaccas inferendales, annis singulis à Chlotario seniore consiti reddebant. » (Gesta Dagob.) Et Aimoin ajoute : « Quæ ideò *inferendales* dicebantur, eò quod singulis inferrentur annis. »

roient cette grace que ils iroient au profit le roy contre les Esclavons, et que ils deffendroient le royaume de France à leur cousts par devers ces parties. Le roy leur otroia leur requeste selon la devant dite condicion, par le conseil des François Austrasiens; et les messages jurèrent sur leurs armeures, selon la coustume de leur païs, pour eux et pour tout le peuple de leur terre, que ils tiendroient sans fausser les convenances dites; mais la promesse que ils jurèrent eut après petit de fruit. Toutes-voies comment que les choses coureussent, puis furent-ils quittes du treu que ils avoient devant paié, et furent quittes par le roy Dagobert de ce dont son père, le roy Clotaire, les avoit jadis chargiés.

(1) En l'an qui après vint, les devant dits Esclavons recommencièrent fortement à guerroier par le commandement le roy Samon; les bornes de leur propre royaume trespassèrent plusieurs fois, et entrèrent en Toringe et ès autres contrées, pour dégaster le royaume de France (2). En ce tems alla le roy Dagobert au royaume d'Austrasie, son fils Sigebert couronna en la cité de Metz, et lui donna tout ce royaume par le conseil des barons et des prélas, et par l'assentiment de tous les nobles hommes de son royaume. Cunibert, l'archevesque de Couloigne, et Adalgis establit-il gouverneurs et maistres du palais; trésors suffisans lui laissa, et lui fist chartre de son seel du don que il lui eut donné. En France retourna quant il l'eut couronné et élevé en tel honneur que il aferoit. Oncques puis ne fu que les François Austrasiens ne deffendissent le royaume en ces parties par delà, contre les Guines et contre les autres nations.

(3) En ce tems eut le roy un autre fils de la royne Nantheut

---

(1) *Gesta Dagob.*, cap 31.
(2) *Fredeg.*, cap. 75.
(3) *Aimoini lib.* IV, cap. 27. — *Fredeg.*, cap. 76.

qui eut nom Loys, au douzième an de son règne. Quant l'enfant fu un peu parcreu, le roy voulut départir son règne à ses deux fils par l'amonestement des François Neustrasiens, pour que contention n'en fust après sa mort. Son fils Sigebert apela, et tous les prélas et les barons de son royaume; sur sains les fist jurer que ils tiendroient fermement ce que il voudroit ordonner: c'est à savoir que tous les royaumes de Neustrie et de Bourgoigne descendroient entièrement à son petit fils Loys après son décès, et que par cette mesme convenance toute Austrasie seroit à la seigneurie le roy Sigebert et toutes les apartenances, pour ce que elle estoit bien aussi grant et d'espace et de peuple; fort tant seulement la duchée Dentelene, qui au roy Loys reviendroit, pour ce que les François Austrasiens l'avoient jadis tolue. Ces devant dites ordonnances jurèrent les Austrasiens, voulussent ou non, pour la paour du roy Dagobert, et les gardèrent loiaument tout le tems Sigebert et Loys (1).

(2) Quant le roy fu repairié en France, il vint en l'églyse du glorieux martir monseigneur saint Denis; chacun jour croissoit l'amour et la dévocion que il avoit à lui et à ses compaignons, pour les très-grans vertus que nostre sire faisoit assiduement à leurs sépultures. Pour ce leur fist don en ce point d'unes places qui sont dedans Paris et par dehors, delez la porte qui siet à la chartre Glaucine, que un sien marchéant, qui avoit nom Salemon, gouvernoit pour lui en ce tems (3). Toutes les coustumes et tous les tonlieux leur

(1) Cette dernière réflexion n'est pas dans Almoin, mais seulement dans Fredegaire.
(2) *Gesta Dagob.*, cap. 33.
(3) Voici le texte des *Gesta Dagoberti*: « Areas quasdam infrà extràque civitatem Parisii et portam ipsius civitatis, quæ posita est juxta carcerem Glaucini, quam negociator suus Salomon eo tempore prævidebat, cum omnibus teloneis, quemadmodum ad suam cameram deserviri videbatur, ad eorum basilicam tradidit. » La *Chastre* ou prison *Glaucine* étoit, suivant toutes les apparences, située vers la porte méridionale de la *cité*.

donna, en la manière que ils revenoient devant en son trésor; et pour ce que ces dons fussent à tousjours mais fermes et estables, en fist-il chartre seelée de son seel. (1) En ce point donna-il aussi une foire qui siet chacun an après la festé saint Denis, entour l'églyse, aus moines qui léans servent nostre Seigneur, et tout le tonlieu et ce que le roy y pouvoit avoir de coustumes dedans la cité de Paris et ès autres villes d'entour; en telle franchise que ceus de Paris ne purent vendre nulle marchandise que l'on vende à la foire, tant comme elle dure, ne ès autres villes d'entour en quelque justice que ce fust. Tout ce donna-il entièrement sans nulle exception pour le remède de l'ame, et confirma le don par chartre bien parlant seelée de son seel.

XV.

Comment le roy Dagobert fist saint Denis héritier de toute la terre Sadragesile le duc d'Aquitaine.

(2) Au treizième an du règne le roy Dagobert, mourut Sadragesile le duc d'Aquitaine; ce fu celui qui fu son maistre en son enfance, et auquel il coupa la barbe, si comme l'histoire a la sus raconté. Deux fils avoit ce duc qui au palais avoient esté nourris, et pour ce que ils savoient bien qui leur père avoit occis, et peussent-ils bien sa mort vengier, mais plus n'en faisoient, les barons jugièrent selon les lois que ils n'aroient rien en l'héritage leur père, pour ce que ils estoient mauvais fils et fourlignables (3). Quant la terre fu revenue en la

Grégoire de Tours la désigne fort bien, sans toutefois la nommer, *lib. VIII, cap.* 33. Cette porte du midi étoit sur l'emplacement du *quai aux Fleurs*, et plus tard la petite églisc de Saint-Denis prit le nom de la *Chartre*, à cause de l'ancien voisinage de cette prison.

(1) *Gesta Dagob.*, cap. 34.
(2) *Aimoini lib. IV, cap.* 34. — *Gesta Dagob.*, cap. 35.
(3) *Fourlignables.* Dignes de perdre le nom qu'ils portoient.

main le roy, il la donna à l'église Saint-Denis; vingt-neuf villes y eut par nombre; c'est-à-dire, Nogent en Anjou, Parciacum, Mouliacum, Pascellarias et Anglarias qui sont en Poitou, et maintes autres villes qui ci ne sont pas nommées (1) et si donna avec tout ce les salines qui sont sur la mer. La moitié de ces villes donna aus frères de léans qui servent l'église, et ordonna que ils chantassent et féissent le service en la manière que l'on le fait à Saint-Morice de Chablies et à Saint-Martin de Tours. L'autre moitié de ces villes donna aus marregliers (2) et aus autres ministres de l'église, tout franchement sans rien retenir. Ce don confirma par bonne chartre seelée de son seel, qui encore est gardée ès escrins de l'église.

(3) En l'an après, commencièrent les Gascons à guerroier contre lui; au royaume qui eut esté son frère le roy Haribert cueillirent maintes proies et firent maints dommages. Ses osts fist assembler au royaume de Bourgoigne, et les conduisit Adoin (4), un des grans maistres du palais; pour ce le fist principal chevetain que il estoit bon chevalier et sur, et eut esté esprouvé en maintes batailles au tems le roy Theodoric. Dix autres ducs mist avec lui pour les osts conduire, Haribert, Almagaire, Leodebert, Gandalmaire, Galdric, Hermanric, Baronte, Hairbert qui estoient drois François de nation, Ramelene qui estoit Romain, le patrice Guillebaut qui estoit Bourguignon, et Agine qui

---

(1) Ces métairies sont mal reconnues aujourd'hui. Voici le texte des *Gesta Dagoberti.* « Easdem villas jam dicti Sadragesili, id est *Novientum*, in pago Andegavense, *Parciacum,* nec non *Podentiniacum* et *Pascellarias* atque *Anglarias,* in pago Pictavense, aliasque tradidit. »

(2) *Marregliers.* « *Matricularii* », les dispensateurs des deniers de la *fabrique*; d'où nos *marguilliers.*

(3) *Gesta Dagob., cap.* 36.

(4) *Adoin.* « Adoindum referendarium. » (*Gesta D.*)

estoit né de Saissoigne (1). Tous ceus furent envoiés en cet ost contre les Gascons, sans les autres comtes qui n'avoient nulle chevetaine sur eux (2), par toutes les terres s'espandirent. Et les Gascons issirent des vallées, et descendirent des montagnes, et vinrent contre eus à batailles ordonnées ; petit soutinrent la bataille, le dos tournèrent et s'enfuirent, car ils virent bien qu'ils ne povoient longuement durer, et François les enchacièrent, et en occirent une partie ès montagnes, et les autres fuirent ès vallées et se tapirrent ès forteresses des lieux. Mais l'ost les suivit si de près, que il en occist une partie, leurs villes et leurs maisons furent robées et puis arses. Et quant les Gascons virent que ils furent ainsi desconfits et mis au dessous, si mandèrent pais aus chevetains de l'ost, et promirent que ils se présenteroient devant le roy Dagobert et se mettroient en sa justice pour faire sa volonté. Ces convenances plurent à Adoin et aus autres chevetains. Ainsi s'en fust l'ost retourné sans nul grief et sans nul dommage, si le duc Haribert et aucuns des plus anciens de ceus que il avoit à conduire n'eussent esté occis par leur négligence. Car les Gascons les assaillirent et les occirent ès destroit d'une vallée qui a nom Robola (3); et tous les autres retournèrent en France sains et saufs à victoire et à grans despoilles de leurs ennemis.

(4) Le roy Dagobert qui à Dieu et à tous ses sains estoit dévot, fist saint Denis héritier de plusieurs villes, et conferma le don, par l'autorité de son seel, de Champaigne-ville, d'une

(1) Ces onze ducs et les comtes qui n'ont pas le douzième duc pour les commander, sont également nommés dans Fredegaire : ils rappellent les *douze pairs de France*, comme cette expédition rappelle la journée de *Roncevaux*.
(2) *Sur eux.* « Qui ducem super se non habebant. » (*Gest. D.*)
(3) *Robola*, ou plutôt comme l'écrit le plus ancien de nos guides, Fredegaire, *Rubola*. C'est la vallée de la *Roule*, qui touche aux anciennes gorges de Roncevaux.
(4) *Gesta Dagob.*, cap. 37.

autre qui a nom Camliacense (1), que une bonne dame lui avoit laissiée, de Tivernon qui siet en Orlénois; cette ville lui avoit eschangié saint Fargeau l'évesque d'Ostun, et de quatre autres villes qui siéent au terroir de Paris, Clippi (2), Idcina (3), Sauz et Aiguepainte; et de Laigni sur Marne qui siet au terroir de Meaux, que le roy avoit eschangié au duc Bobon. Et par dessus tout ce, donna-il cent vaches que il recevoit chacun an de rente de la duchée du Mans. De si très-larges dons et de si nobles enrichit-il l'églyse de Saint-Denis, en espérance que les martirs le deffenderoient des ennemis du corps et de l'ame, comme ils lui avoient promis quant il s'endormit sur leur tombeau.

(4) En ce point séjournoit le roy en son palais à Clippi; ses messages envoia au roy de Bretaigne qui avoit nom Judicail, et lui manda que ses Bretons venissent à lui à merci, et que ils lui amendassent ce que ils avoient mespris vers ses François, (de la mesprisure se taist l'histoire, et pour ce nous en convient taire (5)), et si ce il ne voloit faire, bien séust-il que il envoieroit sur lui l'ost de Bourguignons, qui un peu devant ce avoient desconfi les Gascons. Le roy Judicail eut moult grant paour quant il eut oy les messages; tantost mut de son païs et vint à Clippi où le roy estoit; dons et présens lui fist, et le requist que il lui pardonnast son mautalent, et il lui amenderoit tout à sa volonté ce que ses gens avoient vers lui mespris. Lors devint son homme, et reçut son royaume de lui par telle condition que tous ceux qui après lui viendroient, le tiendroient tousjours mais des roys de France. Le roy le semont à

---

(1) Ce dernier membre de phrase est mal traduit : « *Campania villa quæ sita est in pago camliacense.* »
(2) *Clippi.* C'est *Clichy.*
(3) *Idcina.* Peut-être *Issy.*
(4) *Aimoini lib. IV*, cap. 29. — *Gesta Dagob.*, cap. 38.
(5) Cette parenthèse est du traducteur.

mengier avec lui ; mais le roy Judicail, qui estoit religieux et plain de la paour nostre Seigneur, n'y voulut pas demeurer ; ains s'en issi du palais quant le roy fu assis au mengier, et s'en alla à l'hostel Dadon le maistre du palais (1), qui par autre nom fu apelé Oën, et fu archevesque de Rouen. Pour ce s'en alla avec lui le roy Judicail mengier, que il avoit entendu que il estoit saint homme et de religieuse vie. Lendemain revint à court prendre congié, et le roy l'honora moult, dons et présens lui fist et puis lui donna congié.

XVI.

Comment le roy Dagobert fist son testament devant tous les prélats et les barons du royaume.

(2) Quant eut le roy Dagobert pené et travaillé par son sens et par armes, que il eut, à l'aide nostre Seigneur et du glorieux martir saint Denis, tout son royaume mis en pais, et toutes les estranges nations qui à lui marchisoient mis sous pié ; et il eut ses deux fils couronnés ès deux parties de son royaume, il semont un général parlement de ses deux fils et de tous les princes et les prélats de son royaume en une ville qui lors estoit apelée Bigaurge (3). Quant tous furent assemblés, le roy s'assist en un trosne d'or, une couronne d'or en son chief, comme coustume estoit lors aus roys de France ; si commença à parler ce que le saint Esperit lui enseignoit et dist en telle manière : « O Sei» gneurs rois, mes deux fils, prélats et barons et les très-forts

---

(1) *Le maistre du palais.* « Referendarius. » C'étoit le célèbre saint Ouen.
(2) *Aimoini lib. IV, cap.* 30. — *Gesta Dagob., cap.* 39.
(3) *Bigaurge.* Ou Garges, près Paris.

» princes du royaume de France, entendez-moi. Avant que
» l'heure de la mort nous surprenne, nous convient veiller
» et entendre au salut de nos ames, qu'elle ne nous trouve
» par aventure en tel point que elle nous occie despourveus,
» et nous rende aus tourmens de mort pardurable. Et de-
» vons acheter la joie des cieux des transitoires sustances
» de ce monde, tandis que nous vivons, si que le souverain
» juge qui rendra à chascun selon son mérite, nous rende
» après la mort du corps les biens que nous avons faits à ses
» pauvres en cette mortelle vie, et que nous soions recréés
» et saoulés de ses biens spiritueux en la pardurable joie de
» paradis, et soions abevré de cette vive fontaine qui dure
» sans apetisement, qui senefie la grace du saint Esperit
» selon les Escritures, de laquelle nul n'est escondi, qui en
» parfaite foi la requiert. Et pour ce que je retourné mon
» cuer et ma conscience, et regarde l'examinacion et l'é-
» preuve du grant jour du jugement, et la droiturière justice
» du souverain roy, ai-je grant paour que je ne soie damné
» et feru de cette cruelle sentence par mes péchiés que l'on
» getera sur les mauvais : *Allez vous maldit en l'enfer qui est*
» *appareillié au dyable et à ses anges.* Et d'autre part je
» ai souverain désirier d'estre escrit au livre de vie, et
» que je sois mis en la compagnie des saints qui seront
» mis en la joie de paradis qui durra sans définement. Pour
» ce me semont et amonneste la dévocion de mon cuer,
» d'ordonner et de confirmer mon testament de saine pensée
» et de sain conseil, que le darrain jour de ma vie ne me
» trouve despourveu ni paresceux. Auquel testament nous
» avons ou fondées ou enrichies presque toutes les églyses
» de nostre royaume en nostre tems, et les avons douées,
» et faites hoir de nos propres dons en l'honor de Dieu, des
» saints et des saintes pour le remède de nostre ame. Et
» pour ce, seigneurs rois et barons et prélats, que ces dons

» soient fermes et estables, nous avons escrites quatre
» chartres d'une sentence et d'une lettre, par nos consente-
» mens, èsquels tous les dons que nous avons faits aus
» églyses de nostre royaume sont contenus et nommés par
» propres noms; si seront envoiés par quatre parties du
» royaume. L'une sera portée à Lyon sur le Rhosne, l'autre
» sera mise ès escrins de l'églyse de Paris, la tierce sera
» gardée à Metz en Loheraine, et sera livrée au duc Abbon,
» et la quarte que je tiens ci en ma main sera gardée en
» nostre propre trésor. Ce est donques nostre dévocion, le
» soulas et le confort Jésu-Crist, qui reçoit liement les veus
» qui lui sont offerts de cuer parfait. Car nous savons bien
» que celui-là aura certaine fiance au jour de nécessité, qui
» aura donné aus églyses et aus povres les biens parquoi
» ils seront soustenus et repeus; si lui en rendra le guerredon
» le roy des cieux; et qui despite les povres, il sera despité de
» Dieu selon l'Escriture qui dist que celui qui n'a pitié des
» povres, fait tort à nostre Seigneur. Pour laquelle chose
» nous amoneste nostre dévocion, comme nous avons jà
» dit, d'establir nostre testament en telle manière que quant
» la volonté nostre Seigneur sera que nous trespasserons de
» ce siècle, les prestres et les ministres qui à ce tems seront
» ès offices des églyses à qui nous avons nos dons donnés,
» quant ils seront certains de nostre mort, entreront ès
» possessions des bénéfices que nous leur avons donnés sans
» attendre que autre les y mette, comme il est contenu
» ès chartres; et recevront entièrement et en toute fran-
» chise les appartenances des lieux que nous avons donnés,
» et serviront tousjours mais nostre Seigneur pour le remède
» de nos ames. Si voulons que chacun, puis que il aura re-
» ceues les rentes des bénéfices, escrive nostre nom au livre
» de vie, et nous ramentoive principaument et sans défaut
» nul ès oroisons de sainte églyse, chacun dimenche et en

» toutes les festes des saints. Une autre chose commandons
» où nous avons moult grant fiance, que nous conjurons
» par la vertu du ciel tous les prestres qui à ce tems seront
» ès lieux devant dis, et auront receu les biens que
» nous avons donnés, que chacun célèbre une messe pour
» nostre ame tous les jours des trois premiers ans, et offre
» sacrifice à nostre Seigneur, que il me descharge du faix
» de mes péchiés. Si establissons nostre Seigneur juge et
» tesmoin de cette chose en la présence de tous ceus qui ci
» sont assemblés. Et livrons ce testament au roy Loys et au
» roy Sigebert nos chiers fils, que la largesse nostre Seigneur
» nous a donnés hoirs pour gouverner nostre royaume, et
» ceus qui après seront, si nostre Sire nous en vouloit plus
» donner; et leur commandons que ils tiennent et fassent
» tenir ce nostre commun décret; et si les conjurons eus
» et tous ceus qui après viendront, par la Trinité du nom
» tout puissant et par la vertu de la vierge Marie, des
» anges, des patriarches, des prophètes, des apostres, des
» martirs, des confesseurs et des vierges et de tous les saints
» de paradis, que ils fassent garder fermement et perpé-
» tuellement ce nostre establissement selon la sentence de
» la chartre. Et pour ce que ce précept dure perpétuelle-
» ment, nous le confirmons de l'autorité de nostre seel, et
» commandons à tous ceus qui ci sont présens que ils le
» confirment aussi par leurs sceaux ou par leurs subscritions.
» Et si vous amonestons derechief, seigneurs rois mes hoirs
» et mes chiers fils, et tous ceus qui après vous seront, que
» vous ne brisiez pas nos faits ni nos establissemens, si vous
» voulez que ce que vous ferez après ait fermeté. Car vous
» pouvez bien savoir que si vous ne tenez les statuts de nous
» et de nos ancessours, ceus qui après vous seront ne tien-
» dront pas les vostres. »

Quant le roy eut ainsi parlé, et que le concile l'eut

escouté ententivement, tous le commencièrent à louer de son propos et de sa bonne volenté, et lui souhaitèrent pais et longue vie ; ils pendirent leurs seaus liement pour confirmer le testament. Et bien que il eust devant donné maint riche don à son patron le martir saint Denis, il ne le voulut pas oublier en ce testament : ains lui donna un ville qui lors estoit apelée Braunade, mais ore est apelée Braine, si comme l'on cuide. Quant il eut ce fait, et les choses ordonnées au profit du royaume, le concile se départi, et retourna chacun à joie en sa contrée. Mais la quarte chartre de son testament, que il commanda à mettre en son trésor, est gardée jusques aujourd'hui ès chartriers et ès escrins de l'abaie Saint-Denis.

XVII.

Comment il donna grant rente pour couvrir l'églyse S. Denis, et comment les Gascons vinrent à lui à merci.

(1) Pour ce que le bon roy Dagobert vouloit que l'églyse Saint-Denis fust noblement maintenue de couverture, lui donna-il huit mille livres de plomb, de celui que on lui devoit de rente en la cité de Marseille, et ordonna que il fust chacun an amené par les ministres le roy mesme parmi les villes, sans nulle coustume paier, aussi comme estoit parmi les villes que il avoit donné à l'église, et fust livré au trésorier de léans. En telle manière s'estudia à confirmer ce don que il lia tous ceus qui après furent à tenir cette constitution.

(2) En l'an quinze de son règne vinrent à lui à Clichi, en son

---

(1) *Gesta Dagob.*, cap. 41.
(2) *Aimoini lib. IV*, cap. 31. — *Fred.*, cap. 78. — *Gesta Dagob.*, cap. 41.

palais, Haman le duc de Gascogne. Avec lui enmena les plus hauts hommes et les plus anciens de sa terre pour tenir les convenances que il avoit promises en l'an devant, aus chevetains de l'ost que le roy eut là envoiés. Lors eurent si très-grant paour de lui que ils s'enfuirent à garant au moustier Saint-Denis : et la débonnaireté et la franchise du roy fu si grant, que il leur donna les vies, et les asseura pour l'honneur et pour la révérance des martirs auquel refuge ils estoient fui ; serment lui firent que tousjours mais seroient loials envers lui et à ses fils et au royaume de France. A tant s'en retournèrent en Gascoigne au congié le roy : mais la fin prouva après que ils furent parjures de cette chose selon la coustume et la manière du païs (1).

(2) *Incidence.* En ce tems que le roy Dagobert gouvernoit glorieusement le royaume de France, régnoit Grimoars sur les Lombars, qui le royaume avoit conquis par sa cruauté. Car il avoit occis Gondebert le fils Haribert, qui devant lui avoit régné, et un sien frère chassé d'Italie. Ce roy Grimoars avoit deux frères Tasson et Cocone ; lesquels occist Grégoire, un patrice de Rome, en une cité qui a nom Opiterge (3), par grant traïson ; car il avoit promis à celui Tasson que il seroit son fils adoptif, et que il lui couperoit le sommet de la barbe selon l'ancienne coustume ; et lui avoit-il mandé que il venist à lui surement à peu de gent entre lui et son frère. Celui-ci y vint ainsi comme il lui manda. Quant il fu entré en la cité, lui et tant de gent comme il amenoit, Grégoire fist fermer les portes sur eus, et les fist assaillir par gens armés et apareillés. Et quant ceux-ci aperçurent la traïson, ils surent bien que ils n'en pourroient échapper ; mais toutes voies

---

(1) Cette réflexion n'est pas dans Aimoin ni dans Fredegaire, mais seulement dans les *Gesta Dagob.*
(2) *Aimoini lib. IV, cap.* 32. — *Paul Diac., lib. IV, cap.* 14.
(3) *Opiterge.* Ou *Ordesi.*

se mirent à deffense et garantirent leurs vies tant comme ils purent durer, parmi les places de la cité s'espandirent, et occioient ceus qui vers eus venoient : grant occision firent de leurs ennemis ; mais pour ce que ils étoient peu de gent envers ceus qui les assailloient, et ils ne purent pas longuement souffrir la force de si grant multitude, furent-ils occis à la parfin. Et pour ce que ce patrice Grégoire avoit promis à Tasson que il lui couperoit la barbe, il lui tint bien ce convenant ; car il lui fist couper le chief premièrement, et puis le sommet de la barbe après, pour ce que il ne fust tenu pour parjure (1). Opiterge cette cité assist puis le roy Grimoars toute la rasa et fondi en vengeance de ses frères qui dedens eurent esté occis.

(2) Au tems de ce roy Grimoars, Constantin l'empereour de Constantinoble moult avoit grant désir de chacier les Lombars d'Italie : pour ce esmut ses osts, et passa la mer Adriène, et mist le siège devant la cité de Bonnivent. Le roy Grimoars revint d'autre part atout son ost pour lui lever du siége : de son avènement eut l'empereour si grant paour que il s'enfui ; mais il lessa son ost et un sien prince qui avoit nom Saburre Celui-ci vint à bataille contre le roy Grimoars et se combati à lui : en cet estour estoit Amalingue, un Lombart, qui par coustume portoit adès l'espée du roy après lui : de cette mesme espée féri un Grec ; puis le prist en le sachant (3) de la selle du cheval, et le leva sur son col. Pour ce fait furent les autres Grecs si espoventés, que ils guerpirent la bataille et tournèrent en fuite. Et quant l'empereour Constantin sut que son ost estoit desconfi, il fu moult dolent et moult courroucié ; mais il tourna son courroux sur les Romains : à Rome s'en alla, là le reçut moult

(1) P. Diac., lib. V, cap. 10.
(2) P. Diac., lib. V, cap. 4 et cap. 5.
(3) Sachant. Tirant.

honnorablement l'apostole Vitalien, qui en ce tems gouvernoit sainte Eglyse. Le premier jour que il vint là, il offri un paile d'or à l'autel saint Pierre; lendemain et aus autres douze jours que il demeura après, fist abatre et mettre jus toutes les ymages de cuivre et d'autre métal, et toutes les œuvres qui anciennement avoient esté faites pour biauté et pour ornement de la cité. L'églyse nostre Dame et de tous Saints, qui jadis fu apelée Panthéon, fit couvrir de bauche (1); les riches tables d'airain, dont elle estoit devant couverte, fist oster et porter en Constantinoble avec les devant dites ymages et maint autre riche ornement. Quant il vint en Sésile, il eut la déserte des maus que il avoit fait: si grans cruautés faisoit là, que il mettoit en grief servitude le peuple de Sésile, de Calabre, de Sardaigne et d'Afrique, et desevroit le père du fils, et la femme de son mari. Pour ces desloyautés et pour semblables estoit plus haï de ses ministres que de ses ennemis; dont il advint que ils l'occirent en un bain. Après lui, tint un an l'empire un sien fils qui eut nom Mizantius (2).

Incidence. Au tems de cet empereour Constantin, l'apostole Vitalien envoia en Angleterre un archevesque qui avoit nom Théodore, et un abbé qui estoit nommé Adrien, pour enforcier et pour confirmer la foi qui au tems de saint Grégoire y avoit esté semée.

(3) Longue chose seroit de raconter les graces et les vertus du bon roy Dagobert. Comme il fu sage en conseil, discret et pourveu en jugement, noble et fier en armes, large en aumosnes, estudiant et curieux à confirmer pais entre les églyses, dévot enrichisseur et fondeur d'abaies; si n'est pas

(1) *De bauche.* Sans doute de *chaume.* Ce mot, dans une acception analogue, s'est conservé en Touraine.
(2) *Mizantius.* Ou plutôt *Mizizi*, qui n'étoit pas fils de Constant II, mais qui disputa pendant un an l'empire à son fils, *Constantin-Pogonat.*
(3) *Gesta Dagob.*, cap. 42.

mestier de raconter toutes ces choses par ordre, pour ce par aventure que il ne tournast à anui au liseour et aus escoutans. Bien sait-on que ses œuvres et ses faits sont plus clers que jour, et de si grant auctorité que ils ne puéent mais estre effaciés ni mis hors de mémoire d'homme, tant comme ce siècle (1) durera. Et pour ce que l'humaine nature est de si povre et de si fraile condicion, que elle ne puet eschiver la mort en la fin de ses jours, nous convient désormais entendre à descrire la manière de son trépassement, et à raconter un miracle qui advint droitement en l'heure de sa mort, qui fu trouvé escrit en une ancienne chartre que messire saint Eloy escrivist de ses propres mains, si comme l'on tesmoignoit.

XVIII.

De la mort le bon roy Dagobert.

(2) Quant le bon roy Dagobert eut glorieusement gouverné le royaume de France quatorze ans, une maladie le prist que phisiciens apellent dissenterie, en l'an de l'incarnacion nostre Seigneur six cent quarante-un (3), en une ville qui a nom Espinuel sur Saine (4), si est assez près de la cité de Paris. De là se fist porter en l'églyse Saint-Denis; peu de jours passèrent puis que il sentit sa maladie engregier, et le terme de ses jours aprochier. Lors manda Egua son conseillier et

---

(1) *Ce siècle.* Ce monde.
(2) *Aimoini lib. IV*, cap. 33. — *Fredeg.*, cap. 71.
(3) *Quarante-un.* Cette leçon qu'offre les meilleurs manuscrits de nos chroniques n'a pas été suivie par les précédens éditeurs. Au reste, les savans ne sont pas d'accord entre eux sur l'année de la mort et la durée du règne de Dagobert.
(4) *Espinuel-sur-Seine.* Aujourd'hui *Espinay*, à une lieue de Saint-Denis.

mestre de son palais moult hastivement, et lui commanda par messages que il vinst à lui sans demeure. Quant venu fu, il mist en sa garde sa femme la royne Nantheut et son fils Loys ; pour ce le fist que il le sentoit à sage homme et à loial, et que son fils pourroit bien gouverner son royaume par son sens et par son conseil ; la royne Nantheut et son fils et les plus grans mestres du palais et aucun des barons qui là estoient présent manda, devant lui sur les sains les fist tous jurer selon la coustume qui lors estoit, que ils garderoient la royne et le roy, et conseilleroient le royaume en foy et en loiauté. Après refist son fils et sa femme jurer que ils porteroient loiauté aus barons et aus prélats du royaume.

Et jà soit ce que il eust, devant ce, donné par plusieurs fois à l'églyse Saint-Denis si grans dons et si larges comme l'histoire l'a devisé, encore ne lui suffisoit pas ; ains lui donna en cette heure mesme six villes, c'est à savoir Condum, Accuci, Grantviler, Mainviler, Gelles et Sarcloes, que il avoit devant ce otroiés ; si en fist chartre seellée de son seel. Lors commença un dueil et un plour merveilleux parmi le palais ; mais le roy qui moult estoit jà agregié du mal, les reconforta tous au mieux qu'il put par grant amour et par très-grant débonnaireté ; et entre les autres dous amonestemens que il fist à eus (trop seroient long à raconter), parla à eus et leur dist ainsi : « Comme humaine
» nature soit de chétive condicion et fraile, et chascun
» doit tousjours avoir devant les ieux du cuer la paour du
» grant jor du jugement, tandis comme il est saint et haitié
» en cette mortelle vie ; toutes voies n'est-il nul tant soit
» pécheur, qui se doive désespérer de la miséricorde nostre
» Seigneur, quant il est en maladie ; ains doit veiller en-
» tentivement pour sa vie, et de ses propres choses racheter
» soi-mesme par les aumosnes que il donne aus povres, pour

» ce que le très souverain juge lui en rende les mérites
» après la mort. Et pour ce octroi-je et doing quitement les
» devant dites villes au glorieux martir saint Denis mon
» patron et mon maistre, pour soustenir les ministres de
» l'églyse, en laquelle il gist corporelment, lui et ses com-
» pagnons; et je mesme y désire à estre ensépulturé, et
» vueil que les frères de léans, qui pour nos ames prieront,
» les tiegnent aussi franchement désormais, comme nous
» et nos devanciers les avons tousjours tenues, et que les
» rentes soient en leur profit pour le salut de nos ames,
» pour l'estat et pour la prospérité de nos fils et du royaume.
» Et si ordonnons que nul de nos fils ni des roys qui après
» nous seront, ni évesque ni abbé de l'églyse, ne soit si
» hardi que il les doie tollir ni aliéner, s'il ne veut en-
» courre l'ire de nostre Seigneur et le courroux du glorieux
» martir saint Denis. Et sé il avenoit que il fu fait autre-
» ment, je en apelle celui qui ce fera devant Dieu, que il en
» rende raison au glorieux martir devant la majesté du sou-
» verain juge. Et si ce don est fermement gardé, nous cui-
» dons que il doive suffire à la soutenance des devant dits
» povres, pour que lui et ceus qui après seroient, aient dé-
» lectacion et dévocion à prier pour nos ames, quant ils
» seront plainement repeus et saoulés de nos aumosnes. Et
» pour ce que nous ne povons pas souscrire ni signer la
» présente chartre, pour la penne (1) qui tremble en nostre
» main et pour la maladie qui nous sousprent, nous prions
» Loys nostre doux fils que il la veuille confirmer par le
» seel de son nom, et que Dadon la lui offre, et que tous les
» barons de nostre palais y mettent leur sceaus. » A tant se
tut le roy. Loys son fils confirma la chartre que Dadon lui
offrit, comme le roy l'avoit commandé, et tous les barons
qui là estoient présens la confirmèrent de leurs propres

---

(1) *La penne.* La plume.

subscriptions. Après ces choses faites, ne vesqui pas le roy moult longuement; mort fu plein de foi en la quatrième calende de février, au treizième an de son règne en l'an de l'incarnacion devant dite qui lors estoit six cent et quarante-ung. Pour sa mort fu le palais soudainement rempli de plours et de cris, et tout le royaume de dolour et de lamentacion.

(1) Le corps de lui fu ouvert et embaumé à la manière des roys, à grant dolour et à grant tristece du peuple qui là corut, quant ils surent son trespassement. Mis fu le corps en l'églyse Saint-Denis que il avoit fondée, et fu mis en sépulture glorieusement et noblement en la destre partie du maistre autel, assez près des fiertes (2) des martirs. Tant donna de richesses à l'églyse et de villes, de bours, de chastiaux en diverses parties de son royaume, que nous en laissons ci endroit à faire mencion pour la confusion du nombre. Tant fu large et dévot aus povres, à sainte Eglyse et à ses ministres, que chacun doit avoir en grant merveille la bonne volenté et la dévocion de son cuer. En l'églyse establit les coustumes et l'ordonnance de chanter et de lire en la manière que ceus de saint Morice de Gaune et de saint Martin de Tours la tenoient. Mais elle fu auques relaschiée au tems d'un abbé qui eut nom Aigulphe.

XIX.

De l'avision qui advint en l'heure de sa mort à un solitaire qui avoit nom Jehan.

(3) Ci endroit voulons raconter un miracle qui advint à cette heure mesme que la beneoite ame lui départi du corps;

(1) *Gesta Dag.*, cap. 43.
(2) *Fiertes.* Chasses, de *Feretra.*
(3) *Aimoini lib. IV*, cap. 34 — *Gesta Dagob.*, cap. 44.

par quoi nous cuidons estre tous certains que elle trépassast à la joie de paradis. En ce tems estoit allé en message en Sesile Ansoualdé évesque de Poitiers ; quant il eut la besoigne parfaite pour quoi il y estoit allé, il se mist au retour par mer, en une île arriva en quoi un saint homme solitaire, qui avoit nom Jehan, habitoit. Ancien homme estoit, si menoit honeste vie, à lui venoient plusieurs qui par la mer passoient pour lui requérir l'aide et le suffrage de ses oroisons, et pour le visiter. En cette île donques, qui estoit renommée et ornée de mérites de si grant homme, arriva cet évesque Ansoualdé, par la volonté de nostre Seigneur ; et le saint homme le reçut par grant charité, et l'aisia de ce que il put. Quant ils eurent longuement parlé de la joie de paradis, et de ce qui appartient aus édifications des ames, le saint vieillart lui demanda dont il estoit, et pour quoi il estoit venu en ce païs ; et quant il sut la cause de sa voie et que il estoit de France, il lui requist que il le féist certain de la vie et des meurs Dagobert le roy de France ; et l'évesque Ansoualdé lui descrivi sa vie et ses meurs comme celui qui bien les povoit savoir. Quant le bon vieillart eut tout escouté, si lui commença à raconter la merveille que il avoit veue en la mer : « Un jour, »dist-il, «m'estoie couchié
» pour un petit reposer, comme vieux d'age et travaillié de
» viellesce. En ce que je me reposoie, un homme blanc de
» cheveleure vint devant moi et m'esveilla, puis me dist
» que je me levasse isnelement(1), et que je priasse la misé-
» ricorde de nostre Seigneur pour l'ame Dagobert le roy de
» France, qui en cette heure estoit trespassé. Tandis comme
» je m'apareilloie d'accomplir son commandement, je vis
» en la mer assés près de moi une tourbe de déables, qui
» emmenoient aussi comme en une nacelle l'ame le roy
» Dagobert ; fortement la battoient et tourmentoient, et trai-

(1) *Isnelement*. Promptement.

» noient droit à la chaudière Vulcain. Mais il huçoit et
» apeloit sans cesser en son aide trois des saints de paradis,
» saint Denis de France le martir, saint Martin, saint
» Morice. Ne demoura pas après longuement que je vis es-
» partir merveilleusement foudres, et tempestes chéoir du
» ciel menuement; et puis je vis descendre ces trois glorieux
» saints que il avoit apelé en son aide, ornés et vestus de
» robes blanches; à moi s'aparurent, et je leur demandai
» en grant paour, comme celui qui moult estoit espoventé,
» qui ils estoient? et ils respondirent que ils estoient ceus
» que Dagobert avoit apelé pour sa délivrance, Denis,
» Morice et Martin, et que ils estoient descendus pour le
» délivrer des mains au déable, et puis pour le porter au
» sein saint Abraham. A tant s'esvanouirent de moi, et
» après les ennemis allèrent, et leur tolirent l'ame que ils
» tormentoient de menaces et de battemens, et l'aportèrent
» en la pardurable joie de paradis en chantant ces vers du
» psautier : *Beatus quem elegisti et assumpsisti, Domine; ha-*
» *bitabit in atriis tuis, replebitur in bonis domûs tuæ : sanctum*
» *est templum tuum mirabile in æquitate.* Si vaut autant à
» dire en François : *Sire, celui-ci est beneoit que tu as esleu*
» *et pris; car il habitera tousjours mès en tes herberges, c'est-*
» *à-dire en ton saint Paradis; il sera rempli des biens de ta*
» *meson. Car ton saint temple est merveilleux en justice et en*
» *droiture.* » Quant cet évesque Ansoualt fu en France retorné, il raconta ce que il avoit oy de la bouche du saint
homme, l'heure et le jour et le mois et la kalende furent
notés, et esprouva-t-on certainement que cette avision
advint à ce saint homme en cette mesme heure que l'ame
du roy Dagobert se départit du corps. Entre les autres choses
trouvames ces choses escrites en la devant dite chartre
que messire saint Ouen, qui puis fu archevesque de Rhouen,
escrivist de ses mains. Et n'est pas avis par aventure à aucun

que elles soient si semblables à vérité, comme elles sont vraies (1). Car comme le bon roy Dagobert eust fondées et édifiées toute sa vie diverses églyses et abbaies par tout son royaume, il honnora tousjours ces trois saints sur tous les autres ; tousjours les avoit en honnour et en révérance ; il enrichi leurs lieux de grans rentes et de grans possessions, et pour ce requist-il et apela leur aide après la mort plus spéciaument que nul des autres ; et les glorieux sains que il avoit tousjours spéciaument servi et honnouré ne l'oublièrent pas au tems de necescité, et quant il en fu mestier (2).

(1) Cette phrase semble mal rendre le latin, qui signifie : *Ces faits sont plutôt incontestables que seulement vraisemblables.* « Quæ non tam verisimilia quam verissima, ut arbitror, videri possunt. »

(2) On connoît le curieux tombeau de Dagobert, encore aujourd'hui conservé dans l'église de Saint-Denis. Les sculptures représentent en trois compartimens l'histoire que l'on vient de lire, et que pour la première fois a raconté le vieil auteur des *Gesta Dagoberti*. Elle présente un point de ressemblance de plus avec la légende de Charlemagne, comme on pourra s'en convaincre dans le volume suivant.

CE FENIST LE PREMIER VOLUME
DES GRANDES CHRONIQUES.